帝国と観光

「満洲」ツーリズムの近代

帝国と観光

「満洲」ツーリズムの近代

高媛

岩波書店

目　次

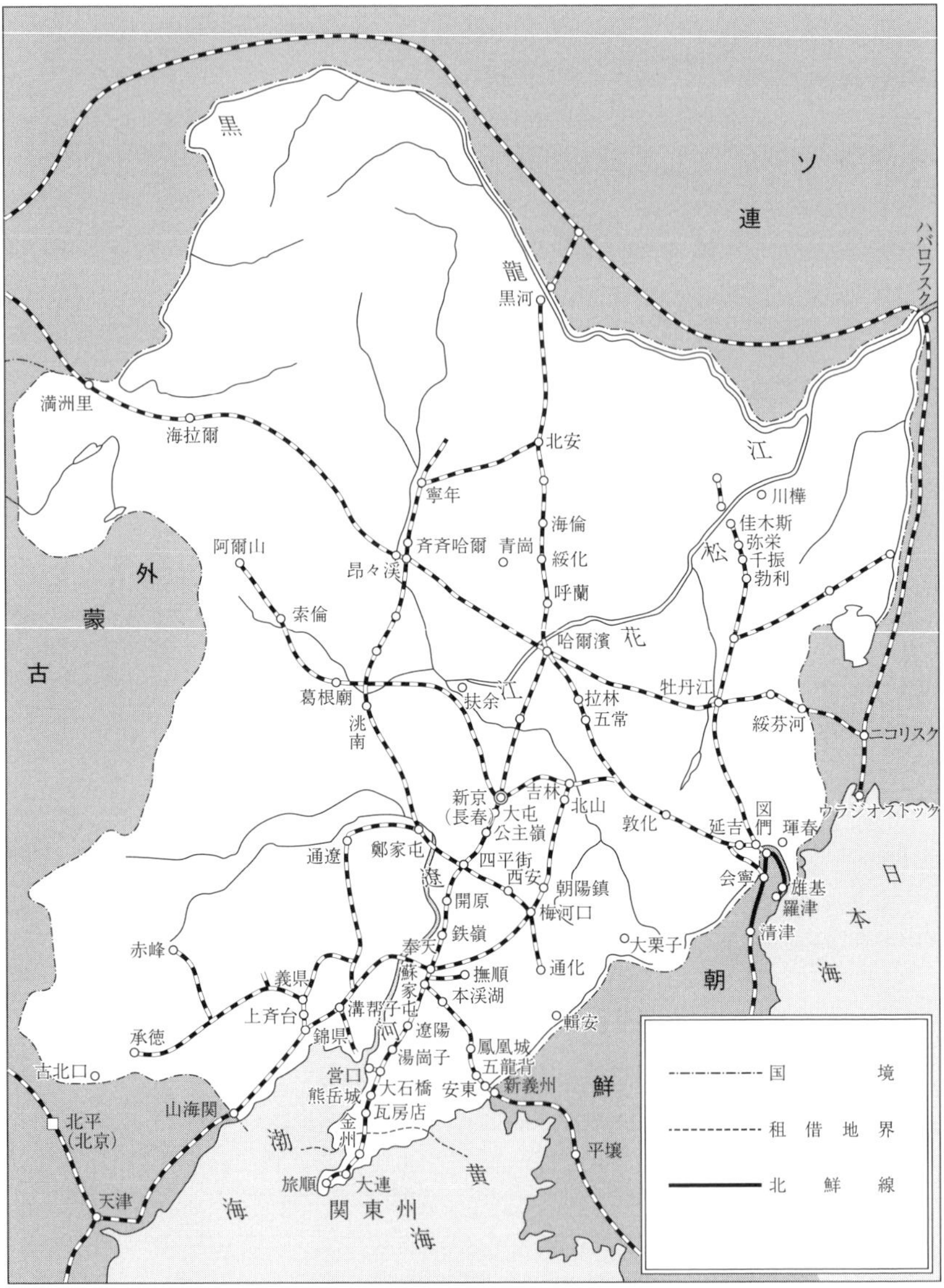

満洲国略図(1937 年)

注 リーフレット『満鉄一覧』(南満洲鉄道株式会社, 1937 年)をもとに作成

凡　例

- 「満洲」の表記については、文献や時代により「満州」と「満洲」の両方が用いられるが、本書では「満洲」に表記を統一した。ただし、引用に際しては原文の表記を尊重した。
- 都市名「哈爾濱」の表記については、文献や時代により「ハルピン」「ハルビン」「哈爾賓」「哈爾浜」「哈爾濱」などさまざまな表記が見られる。本書では「哈爾濱」に表記を統一した。ただし、引用に際しては原文の表記を尊重した。
- 現在では不適切とされる地名や事件名については、本来「　」を付して記載すべきであるが、時代背景を考慮し、歴史的用語として「　」を省略した。
- 引用文中の仮名遣いは原文に従い、漢字は原則として新字体に改めた。また、引用の際には適宜句読点やルビを補い、引用者による注記は〔　〕で示した。引用文中に判読不明な文字がある場合は□で表記し、明らかな誤植が認められる場合には「ママ」を付して傍記した。
- 難読と思われる地名や固有名詞には、初出個所にルビを付した。なお、満洲の地名については、原則として当時の日本における呼称を基にルビを付している。
- 新聞記事からの引用の場合、特に明記がない限りは「朝刊」からの引用である。夕刊の場合のみ「夕刊」と明記する。また、夕刊の日付については欄外に記された日付を採用した。
- 未刊行の旅行日記などの引用に際しては、持ち主のプライバシーに配慮し、著者名は苗字のイニシャルで表記した。

序章

一　本書の主題

今からちょうど一二〇年前、「満洲」(中国東北地方)を舞台に繰り広げられた日露戦争が終結を迎えた。この一九〇五年の勝利は、日本を帝国列強の一角に押し上げる歴史的転機になると同時に、その戦勝の高揚は翌一九〇六年の夏、満洲を訪ねる二つの大規模な団体旅行を生み出す原動力となった。こうして、戦跡巡りと戦勝で得た利権の視察を目的に、満洲ツーリズム(観光)の幕が静かに、そして確実に開けられたのである。

周知のとおり、近代ツーリズム産業の誕生は、大英帝国が最盛期を迎えたビクトリア朝時代に遡る。一八四一年、禁酒運動家トマス・クックは、禁酒大会参加者のために団体列車旅行を成功させ、これが近代ツーリズムの幕開けとなった。それ以降、トマス・クック社はあたかも大英帝国の勢力圏の拡大に歩調を合わせるかのように、国内からヨーロッパ大陸、そして中近東、アフリカ、アメリカ大陸、アジアへと事業を急速に拡大していったのである。植民地戦争によって開かれた観光航路、軍事力によって支えられた「安全・快適」な旅行環境、そして観光の目玉として期待された開発の「偉業」——労働階級に低廉で健全な娯楽を提供することから始まったトマス・クック社は、次第に帝国のまなざしを生産・増殖する「帝国のトラベル・エージェント」へと変貌していった(1)。

大英帝国とトマス・クック社との関係を引き合いに出すまでもなく、帝国の時代は観光の時代でもあった。それは日本においても例外ではなく、むしろ一層特異な展開を見せた。というのも、のちに第2章と第3章で詳述するように、日露戦争終結後の一九〇六年、近代ツーリズム産業の本格的な成立に先駆けて、帝国日本の軍隊自らがあたかも旅行業者のように行動し、それが満洲観光の端緒を開いたからである。

本書は、一九〇六年から二〇〇〇年代半ばに至る約一世紀の時を横断し、日本人による満洲ツーリズムの軌跡を辿るものである。観光という近代的営為を通じて、満洲という地に刻まれた「帝国の物語」がいかにして紡がれ、満洲国崩壊後に「失われた帝国への郷愁」がいかにして醸成されていったのかを探求する。そして、観光が生み出した欲望と記憶の背後に潜む政治的意図を解明し、個人の願望と国家の戦略、さらにその間に立つさまざまな主体の思惑が絡み合う複雑な構造を明らかにしようと試みる。

二　考察の舞台

本書が考察の舞台として「満洲」を選んだのは、次の二つの理由に基づいている。一つは、日清戦争(一八九四～九五年)、日露戦争(一九〇四～〇五年)を起点に、満洲事変(一九三一年)や引揚(一九四五～五八年)に至るまで、満洲が帝国日本の拡大と崩壊、戦争の栄光と敗北が交錯する場所であり、その中で日本の歴史的記憶と感情が深く刻まれたからである。もう一つは、戦前、特に日清戦争から満洲国建国に至るまで、日本と中国、さらにはロシアとの間で複雑に絡み合った勢力図の中で、主権と支配をめぐる激しい争いが繰り広げられた政治的な舞台であったからである。

1　「血で購《あがな》われた地」としての満洲

日清・日露戦争や満洲事変を経て、満洲は日本にとって「血で購われた地」としての意味を深め、感情的に強く結びつく場所となった。特に、日露戦争や満洲事変などで戦死した者たちの血潮がこの地に染み込み、満洲は日本人の戦争に対する誇りや犠牲の象徴となった。

満洲は日本の正式な植民地ではなかったものの、日露戦争を契機に関東州および東清鉄道南部支線が日本の勢力圏に組み入れられた。さらに、満洲事変の翌年（一九三二年）に満洲国が建国されると、その全域が日本の支配下に置かれ、事実上の非公式な領土としての性格を帯びることとなった。帝国日本にとって、満洲は単なる地理的領域にとどまらず、戦争の血で染まった歴史を背負う場所として、戦略的・感情的に極めて重要な意味を持つ地域となった。このような背景において、満洲は単なる（非公式な）領土ではなく、戦争における犠牲と誇りの象徴であり、帝国の拡大と影響力の具現として位置付けられることとなった。

さらに、敗戦後の満洲引揚とその過程での流血の記憶は、満洲の歴史的意義を一層大きなものにした。敗戦後、日本が満洲からの引揚を余儀なくされる中で、一七万六〇〇〇人に及ぶ一般の日本人がソ連軍や現地の民衆との衝突によって命を落とし、その悲劇的な状況は「血で購われた地」の意味をさらに重くした。引揚の際に流された血は、単なる物理的な血潮にとどまらず、満洲支配の終焉と帝国の崩壊を象徴するものであった。

このように、帝国膨張時の誇らしい戦争の歴史と帝国崩壊時の悲惨な引揚の記憶が交錯する中で、満洲は日本にとって単なる地理的領域を超えた、深い感情的なつながりを持つ特別な場所となった。戦争の勝利と敗北、誇りと犠牲、拡大と崩壊の過程を経て、満洲は日本の歴史において、その複雑な感情と記憶を色濃く反映する土地となり、後の世代にとってもその象徴的な意味を持ち続けることとなった。

2　主権と支配をめぐる日中の攻防

日清戦争後の一八九五年、日本は清から遼東半島を手に入れるが、三国干渉によってその領有権を返還させられる。その後、一九〇〇年の義和団事件を契機にロシアが満洲への軍事介入を強化し、影響力を拡大した。このように、満洲は日本、中国、ロシアの間で複雑な力関係が絡み合い、政治的対立が続いた地域であった。

一九〇五年、日本は日露戦争で勝利し、大連・旅順を中心とする遼東半島南部の関東州の租借権や、旅順・長春間の東清鉄道南部支線、および鉄道付属地などの諸権益を獲得した。さらに、一九〇六年に満洲における影響力を強化するために、国策会社・南満洲鉄道株式会社(以下「満鉄」)を設立し、大連・長春間の満鉄本線だけでなく、朝鮮国境に敷設されていた安東と奉天を結ぶ安奉線の経営も行った。

関東州の総面積は三四六二・五平方キロメートルで、鳥取県に相当する規模である。満鉄付属地の総面積は三三〇平方キロメートル余で、東京都二三区の面積のほぼ半分にあたる。(2) 日本は関東州と満鉄付属地の双方において行政権を掌握し、軍隊の駐留権を得て軍事的権限も認められた。これらの地域を統括するため、関東州には関東都督府が設置され、その陸軍部が関東州の防衛と満鉄の保護を担った。その後、一九一九年には関東都督府が廃止され、陸軍部に代わり新たに関東軍が発足した。

この状況で注目すべき点は、一九三二年の満洲国建国前までは、満洲全体の主権が依然として中国に残っていたことである。関東州や満鉄付属地で日本が行政権を握っていたにもかかわらず、満洲全体の主権は清国、そしてその後の中華民国に帰属していた。この点が、台湾や朝鮮半島という日本の正式な植民地とは異なる、満洲の特殊な位置付けを際立たせている。つまり、満洲の特異性は、主権が中国に残りながらも、日本が行政と軍事の支配を行うという二重構造にあった点にある。関東軍の存在が、この二重構造をさらに先鋭化させ、日本の実質的支配を強化する要因となった。

このように、関東州と満鉄付属地は日本が事実上支配しつつも、形式的には中国の主権が維持されていたため、日中両国の対立は常に潜在的に存在し、政治的、軍事的な緊張が続いた。特に一九三一年の満洲事変を契機に関東軍は満洲全域にその勢力を拡大し、最終的には翌一九三二年の満洲国の建国へとつながっていく。満洲の地は、このような力のせめぎ合いが織り成す場所として、日本と中国との間での権力闘争の舞台となった。

このような背景を踏まえると、満洲という地域は日中の政治的力学によって形作られた歴史の褶曲面《しゅうきょくめん》を反映しており、その地に対する記憶もまた何層にも積み重なり、激しい凹凸を持つものとなっている。

「重なりあう領土、からまりあう歴史」(3) の交差点としての「満洲」、そしてこの地で繰り広げられてきた観光の一世紀

――本書は、戦前／戦後、日本／中国という時間と空間の二重の視点を往還しつつ、満洲観光の歴史を通時的かつ共時的に描き出していこうとするものである。

三　先行研究の検討

1「帝国の観光史」研究

一九九〇年代以降、オリエンタリズム論やポストコロニアリズムの影響を受け、帝国主義時代にヨーロッパ人が記した植民地旅行記を通じて、観光と帝国イデオロギーとの関係性を再考する学術的関心が高まっている。

その代表的な研究が、一八～一九世紀のヨーロッパ人によるラテンアメリカ旅行記を分析したメアリ・ルイーズ・プラットの著書『帝国の目』である。プラットは「コンタクト・ゾーン」という用語を用い、それを「植民地の出会いの空間、つまり地理的にも歴史的にも隔てられた人々が互いに接触し、通常、強制、根本的な不平等、および手に負えない紛争を伴う継続的な関係を確立する空間」と定義する。そして、特に「植民地での遭遇における相互作用的かつ即興的な側面」に注目して論じている(4)。

ジョルダン・サンドは、帝国日本の文化史を研究する中で、この「コンタクト・ゾーン」の概念をさらに拡張した。彼はこれを「宗主国本国の空間、さらには個人という一個の主体の精神的また身体的な空間」にも適用している(5)。このようなプラットとサンドの視点は、植民地観光における多様な主体間、さらには各主体内で生じる複雑な葛藤を考察する上で非常に示唆的である。

また、ケネス・ルオフは、一九四〇年に日本で行われた紀元二六〇〇年の記念行事を契機に、国史ブームや朝鮮、満洲への観光、さらには海外同胞大会など、植民地を巻き込んだ消費活動や観光イベントの熱狂ぶりを描き出している(6)。

一方、ケイト・マクドナルドは、戦前の日本人による朝鮮、満洲、台湾への旅行を通じて、帝国日本の「空間政治」がどのように構築されていったのかを検討している。[7] 両者の共通点は、個別の植民地に焦点を当てるのではなく、帝国日本全体の植民地を横断的に捉え、複数の地域を包括的に分析している点にある。

一方、二〇〇〇年代以降、日本国内でも、帝国日本が植民地や非公式領土で展開した観光の諸相に注目する研究が徐々に増えてきた。[8] 特に、台湾における観光政策や観光地の形成に焦点を当てた曽山毅の『植民地台湾と近代ツーリズム』[9]や、朝鮮における日本の温泉文化の移植と変容を辿った竹国友康の『韓国温泉物語』[10]は、この分野における先駆的な研究として特筆すべきものである。

最新の研究成果として、筆者も共著者の一員として参加した千住一、老川慶喜編『帝国日本の観光』が挙げられる。同書は、政策、鉄道、外地という三つの視点から、帝国の拡大がいかなる観光を生み出し、観光がいかに帝国を支えたのかを究明している。[11] 帝国と観光の間に横たわる多層的な相互関係への問いは、本書の核心的な課題とも深く結びついている。

2　「満洲観光史」研究

満洲観光史の分野では、多角的な視点からの研究が進展している。本節では、筆者以外の研究者による研究を検討し、その成果と限界を示す。

戦前の満洲観光史に関する研究として、団体旅行の主要層を構成した旧制中等学校以上の学生や、各都道府県の教育会が主催した教育者の満洲旅行に焦点を当てた研究が充実している。たとえば、松重充浩と阿部安成は山口高等商業学校の校史資料を用いて、商業教育と大陸旅行の関連性を分析している。[12] また、長志珠絵と内田忠賢は東京女子高等師範学校と奈良女子高等師範学校を事例に取り上げ、日中戦争後に女子高等師範学校が実施した満洲旅行の意義を再検討している。[13] 長谷川怜は学習院や神宮皇學館を対象に、それらの学校で行われた満洲修学旅行の特色やその変遷を明らかにしている。[14] 井澤直也は校友会誌を手がかりに商業学校の満洲修学旅行を研究し、満洲現地における校友会の役割についても考察している[15]。また、広島高等師範学校の学生や小学校教員の旅行に注目した宋安寧の一連の研究も、重要な成果として評価できる[16]。

学生の修学旅行や教育者の視察旅行に関する研究と比較すると、一般募集型の満洲観光ツアーに関する研究は依然として限られている。現時点で挙げられるのは、有山輝雄と荒山正彦による二つの事例研究である。有山は、一九〇六年夏に東京・大阪両朝日新聞社が主催した「ロセッタ丸満韓巡遊」を「メディア・イベント」の観点から分析している[17]。一方、荒山は満洲事変前の一九三一年五月に鉄道省東京鉄道局が主催した満鮮旅行の経緯を解明している[18]。これらの研究は重要な先行例であるものの、満洲観光ツアーの全体像を把握するにはさらなる研究が求められる。

満洲旅行記に関する研究も、満洲観光史における重要な一分野を成している。戦前には、夏目漱石をはじめとする文化人や実業家など、多くの日本人が満洲を訪れ、膨大な数の記録を残した。米家泰作は、戦前に刊行された一七五点に及ぶ「鮮満旅行記」を基に、旅行者の主体や時期ごとのツーリズム空間の差異や特徴を明らかにしている[19]。

旅行記の内容分析では、これまで主に文学史の視点から、夏目漱石ら著名作家の満洲旅行記に表れた満洲イメージが研究されてきた[20]。近年では、個別の作家論や作品論の枠を超え、文化史や社会史の視点を取り入れた新たなアプローチが現れつつある。その成果として、東京朝日新聞社の記者であった竹中繁や與謝野晶子の作品を題材に、満洲史の一断面を照射した研究が挙げられる[21]。

また、満洲における在満観光事業者の取り組みに注目した研究も増加しつつある。和田桂子は文化人の満洲旅行における満鉄の働きかけを論じている[22]。貴志俊彦は満鉄鮮満案内所の活動や観光ポスターといったビジュアル・メディアに内在するプロパガンダ性を考察している[23]。さらに、西原和海や白戸健一郎は、満鉄の宣伝機関である弘報課の活動について詳細に分析している[24]。

一方、戦後の満洲観光史については、主として中国国内の戦争・植民地遺跡の保存および観光化に焦点を当てた研究が展開されてきた[25]。中でも、古賀由起子が旧満洲地方の哈爾濱、長春、大連という三都市を対象に、市場経済の影響を受けた植民地遺構の観光化と、それに伴う中国人の葛藤を「喪失の継承」の観点から鋭く掘り下げた貴重な研究は特筆に値する(26)。また、彼女の著書に付された「贖罪の政治経済学」という副題にも示されるように、この視点は、戦後の満洲観光を戦争や植民地の記憶を商品化する政治的営み、すなわち「記憶産業《メモリアル・インダストリー》」として位置付ける筆者の論点とも響き合うものである(27)。

以上のように、満洲観光史の研究は多岐にわたる進展を見せているが、未解明の領域は今なお多く残されている。たとえば、戦前の満洲観光研究では、学校史料や旅行記に依存する傾向が強いため、日本人旅行者の視点に偏りがちで、満洲の観光政策や観光産業に関わる多様な主体の視点が欠けている。一方、戦後の満洲観光史研究では、中国側による戦争・植民地遺跡の観光化に重点が置かれているため、観光現場におけるホスト／ゲストの複雑な相互作用や、観光をめぐる日中双方の認識のずれが見落とされがちである。さらに、満洲観光の全体像を示す包括的な見取り図や、戦前と戦後をつなぐ俯瞰的な分析枠組みは依然として明確ではない。次節では、本書の分析視座と分析概念を解説し、前述の未解明の領域を補完することを目指す。

四　分析視座と分析概念

1　分析視座

本書の視座は、一九〇六年から約一世紀にわたり、戦争や植民地支配と深く結びついた満洲における日本人の観光活動に焦点を当て、帝国の膨張と近代の力学が交錯する観光という「磁場」の中で、複数の権力の伝達回路が絡み合う様子を浮かび上がらせることにある。言い換えれば、これは帝国の権力空間の中で繰り広げられる「観光の政治性」に注目する試みである。

ここでの「観光の政治性」とは、「観光を生み出す政治」と「観光が生み出す政治」という二つの側面を内包している。「観光を生み出す政治」とは、観光を可能にする制度、機関、言説が何であり、観光の構想や営為過程にどのような権力関係が介在し、観光地にどのような象徴的価値が付与されているのか、といった問いに答えるものである。つまり、観光を自然発生的な現象としてではなく、国家や資本が関与する政治的出来事として捉えようとする視点である。「観光を生み出す政治」という議論が、国家や資本の戦略的側面に注目する考察であるのに対し、「観光が生み出す政治」への問いは、観光をさまざまなポジショナリティを持つ主体が社会的実践を行う場として捉え、観光現場で生じた多様なヘゲモニーが不均衡にせめぎ合う協働の様相を明らかにしようとする試みである。これは、プラットが言う非対称的な力関係が交錯する「コンタクト・ゾーン」における「相互作用的かつ即興的な側面」とも深く関わるものである。

2　分析概念

「観光を生み出す政治」と「観光が生み出す政治」の両面から考察するにあたり、本書では「代理ホスト」という新しい分析概念を導入することにする。

従来の観光研究、とりわけ観光人類学では、観光を「ホスト」(観光客を受け入れる社会)と「ゲスト」(観光客)の関係、そしてその仲介者である「文化のブローカー」や「境界人」との関わりに基づいて捉える枠組みが一般的であった。[28] このアプローチは、観光における文化的相互作用を理解する上で有効である。

しかし、こうした枠組みでは、日本と満洲のような帝国と「植民地」の間に横たわる不均衡な権力関係や、植民地観光が抱える複雑な位相を十分に説明することが難しい。

ここでは、帝国の権力空間とコロニアルな歴史的背景を視野に入れ、本来の「ホスト」が機能しない「ホスト不在」の状況、すなわち非対称的な権力構造の下で、「ホスト」(ネイティブ)に君臨し、彼らを表象(代表)する存在である「代理ホスト」という概念を「文化のブローカー」に変えて用いる。ここで言う「代理ホスト」とは、本来の「ホスト」に取って代わり、ゲストの受け入れを一手に担い、ホスト社会の「観光資源」を帝国のまなざしで発見し、解釈し、そして価値付ける「権威の潜在的代行者《エージェント》」[29]を指す。その一方で、「代理ホスト」と「ゲスト」との関係は決して対称的なものではない。「代理ホスト」は、植民地における帝国のまなざしの直接の体現者でありながら、ゲストからはしばしば帝国の周縁者、さらにはホストと一体化する存在として見なされる、両義的な立場を持つ。

戦前の観光において、満洲には本来の意味での「ホスト」が存在しなかった。満洲の主権を有するべき中国側は権力を行使できる状況になく、その代わりに、満鉄をはじめとする在満日本人観光機関や在満県人会、校友会などが「代理ホスト」としての役割を担っていた。

この枠組みによって、戦前満洲における「観光を生み出す政治」の側面への理解が深まるだけでなく、「観光が生み出す政治」に関する新たな視点も開かれる。具体的には、帝国と植民地の非対称的な力関係のもとで展開される、ゲスト（ツーリスト）、代理ホスト（コロニスト）、ホスト（ネイティブ）の三者間におけるまなざしの複雑なせめぎ合いを解明する視座が提示されるのである。

五　用語の定義

本書では「ツーリズム」と「観光」の両方の語をほぼ同義として扱っている。

観光の定義については、時代や著者によってさまざまな解釈が存在するが、本書は一九四〇年に出版された『観光読本』に記された定義を採用している。同書の著者である井上萬壽藏《いのうえますぞう》は、日本の観光政策を主導する鉄道省外局の国際観光局庶務課長を経て、鉄道省大臣官房養成課長を務めた人物である[30]。井上は「観光とは単にいはゆる物見遊山だけではなく、およそ人の興味を満たさうとする意欲のすべての範囲に亘るものである。いはゆる遊覧のほか、視察、見学、研究調査といふやうな方面も観光の範囲にはひつて来る」と述べている[31]。この定義では、「視察」も観光の一部として捉えられている点が特筆される。

この視点は、観光が単なる娯楽にとどまらず、公的な目的を伴う活動も含む広義の概念であることを示している。また、井上の定義は、戦前の時代状況において、「視察」と「観光」の区別が実質的に曖昧であった実態を的確に反映したものといえる。

この実態は、戦前の満洲における事例においても明らかにされている。たとえば、一九二一年に大連で発行された日本語新聞『大連新聞』の記事では、「満鮮教育視察団」として日本内地から訪れた教育団体の視察活動が、実際には満鮮見物を目的とした「満鮮観光」に過ぎないと批判している。[32] この指摘は、表向きには「視察」とされている行動が、実態としては「観光」と区別がつかないことを明らかにしている。このように、人々の意識においては「視察」と「観光」は異なる概念として認識されているものの、現実の旅行の実践においてはその境界が曖昧化している状況がうかがえる。

さらに、一九三九年に満洲移住協会の機関誌『新満洲』に掲載された「満洲旅行の栞 六大都市観光案内」と題する文章には、次のように記されている。「我日本の生命線として偉大なる存在である新天地満洲は、〔中略〕視察には観光が、観光には視察が一つに結び付けられるのです。それ程満洲は旅行者をして全てが強く引付ける土地なのです。そこにこそ新天地としての生命たる魅力があるのでせう」[33]。この記述は、観光と視察がもはや別個のものではなく、相互に結びついていることを示している。また、満洲という土地が、観光と視察の両方を同時に満たすことができる、「新天地」としての特別な魅力を持っている点が重要である。

以上のような背景を踏まえ、本書では視察を含む広義の旅行を観光として扱う井上の定義に従うこととする。このような定義を採用することで、観光の概念が有する多様性とその実践における広がりを明確に示すことができるだろう。

六　方法と構成

1　研究方法

本書では、日本語および中国語で記された公文書をはじめ、満鉄を中心とする在満観光事業者の統計資料、各種ガイドブックやパンフレット、校友会誌、県人会誌、旅行記、未刊行の旅行日記、新聞・雑誌記事といった多様な資料を活用した。これらの資料を基に、観光に関する多様な主体の視点を分析し、特に「観光を生み出す政治」と「観光が生み出す政治」という二つの側面から満洲の観光史を解明することを目指している。

本書の研究方法の特徴は、国家や在満観光機関の意図を明らかにするだけでなく、ゲスト、代理ホスト、ホストといった観光に関与する多様な主体間の相互作用を描き出す点にある。また、これらの主体の反応や経験の多様性に焦点を当て、観光の歴史的実態を単純化することなく、多面的に分析することを重視している。

さらに、戦後の満洲観光については、資料調査に加え、中国東北地方でのフィールドワークや、日中両国の関係旅行会社のキーパーソンへの聞き取り調査も行った。このことによって、戦前の満洲観光との連続性や変容について考察し、満洲観光の歴史を立体的かつ包括的に描き出すことを試みた。

2　全体の構成

次章以降の構成および内容について、概略を述べる。

第1章では、東清鉄道の敷設から日露戦争終結直後にかけて、満洲に対するイメージの変遷を追う。当初「辺界」として認識されていた満洲は、次第に「富源」へと位置付けられ、さらには政治家や利源調査員の特権的な旅行地へと変貌を遂げた。こうした変化は、日露戦争終結の翌年に登場した「観戦鉄道」という見世物と相まって、一般の旅行欲を駆り立て、第2章で取り上げる満洲観光の誕生へとつながっていくことを明らかにする。

第2章および第3章では、一九〇六年の夏に行われた二つの大規模な旅行を中心に、満洲観光の誕生を象徴する出来事を掘り下げる。この時期の観光が持っていた、「戦勝が生み出した観光」としての特質、特徴を浮き彫りにする。

第2章では、満洲観光ツアーの嚆矢として「ロセッタ丸満韓巡遊」を取り上げ、その背景にある新聞社、陸軍、在満日本人団体の連携を描く。このツアーは単なる観光にとどまらず、戦後の満洲に対する日本の関心と戦勝後の高揚感が絡み合っており、関係各団体がどのように協力して観光を企画したのかが重要な視点となる。

第3章では、陸軍省と文部省が共催した「満韓修学旅行」に焦点を当てる。修学旅行は戦跡巡礼を通じて帝国意識を育む通過儀礼として機能し、旅行を通じて忠君愛国の精神が浸透し、教育と観光が交錯したことを考察する。一方で、参加者の反応には多様性も見られたことを明らかにする。

第4章では、満洲を荒涼たる曠野から魅力的な観光地へと変貌させた「代理ホスト」の活動を分析する。満鉄をはじめとする観光事業者（ジャパン・ツーリスト・ビユーロー（以下「JTB」）大連支部、満洲観光聯盟）や在満県人会などが行った活動を通じて、観光空間の拡大と変遷を探り、満洲国時代の観光規模とその発展過程を明らかにする。これにより、満洲観光の全体像を把握するための基盤を提供する。

第5章では、満洲団体客の中でも特に多かった学生客に注目し、満鉄、学校、および「代理ホスト」の一つである在満校友会といった多様なアクターの協力によって実施された満洲旅行の仕組みを解明する。また、学生の間で満洲への憧れがどのように形成されたか、そしてその背後にある教育や社会的要因を検討する。

第6章では、日本旅行会が主催した満洲観光ツアーに焦点を当て、観光が単なるレジャー活動を超えて、消費文化や国策と密接に結びついていることを示す。満洲旅行が手軽に享受できる消費活動でありながら、日本人の帝国意識を強化する場として機能した過程を考察する。

第7章では、満洲国建国後に発足した観光バスを取り上げ、「楽土」のドラマトゥルギーを「聖地」「展望台」「盛り場」「歓楽郷」の四幕の舞台として解析する。観光バスが単なる交通手段を超え、帝国の理念を具現化し、満洲国の正当性と日本の近代性を内外に示す象徴的な装置として機能していたことを検討する。

第8章では、視点を変え、中国人を主体とする満洲最大の民俗行事「娘々祭《ニャンニャンサイ》」の観光化を通じて、満鉄の旅客誘致策や満洲国時代の「廟会工作」の経緯を明らかにする。特に、娘々祭の観光化に伴う変容が、現地社会にどのような影響を与えていたかを考察する。

第9章では、満洲観光の戦後史を辿り、日中両国の記憶が観光という場でどのように交錯し、再構築されてきたかを明らかにする。戦争・植民地遺跡の商品化過程におけるホスト／ゲスト間の記憶の拮抗、共振、感染、流用の諸相を描写する。

終章では、これまでの議論を総括する。

第1章　戦地から旅行地へ——かきたてられる旅行欲

「こゝはお国を何百里／離れてとほき満洲の／赤い夕日にてらされて／友は野末の石の下……」——これは日露戦争終結直後に発表され、長く愛唱されてきた軍歌『戦友』の歌い出しである。『戦友』の歌集が初めて世に出たのは、日露講和条約の調印日からちょうど一週間後の一九〇五(明治三八)年九月一二日、刊行後一年一〇カ月で六七版を重ね、瞬く間に人口に膾炙した。(1)『戦友』の流行により、満洲のイメージは、赤い夕日の感傷と重なり合い、戦友の骨が眠る遥か異国の戦地として国民の脳裏に焼き付けられるようになった。

では、戦地としての満洲は、その後いかにして旅行地として人々の視野に入るようになったのだろうか。本章では、日露戦争前夜、日露戦争中、および日露戦争直後の三つの時期に行われた満洲旅行と、一九〇六年四月に登場した見世物「観戦鉄道」を通じて、満洲への旅行欲がどのようにかきたてられていったのかを考察し、満洲観光の前史を描き出すことを目的とする。

一　日露戦争の前夜までの満洲旅行

1　江戸後期の満洲イメージ

一八世紀末、すでに「満州」や「満洲」は地域名として日本の地図に登場していた。中見立夫の研究によると、一七九四（寛政六）年にまとめられた漂流民・大黒屋《だいこくや》光太夫《こうだゆう》のロシア見聞談『北槎聞略』（桂川甫周《かつらがわほしゅう》編）の付図「亜細亜全図」に、「満州」という表記が見られた。また、天文学者高橋景保《たかはしかげやす》が幕府の命で作製した「日本辺界略図」（一八〇九年）と「新訂万国全図」（一八一〇年）にも、「満洲」の地名が記されていた。[2]

この頃、ロシアの南下に危機感を強めた幕府は、たびたび役人を北方への探検・調査に派遣した。その命を受けた一人である幕臣の近藤守重は、蝦夷地（北海道）や千島方面まで踏査し、一八〇四年に『辺要分界図考』を刊行した。大谷幸太郎によれば、近藤は独自に設定した「辺界」という地理的空間の中に、シベリアのみならず、満洲も取り込み、詳細な地理的解説を行ったのである。[3]

一八〇九年、同じく幕府から派遣された間宮林蔵は、二度目の樺太探検で海峡を渡りアムール川（黒龍江）下流域（東韃《とうだつ》地方）まで赴き調査を行った。その口述記録『東韃（地方）紀行』（一八一〇年）には、地域住民から毛皮などを進貢させ、そのかわりに、絹織物などを賞賜する清国の出張所の様子が、絵入りで詳細に描かれている。間宮はこの出張所を「満州仮府」と名付け、東韃地方における清国の関与の一端を明らかにした。[4]とはいえ、間宮はそれ以上満洲の奥地に足を踏み入れていない。江戸後期の日本人にとって、満洲は依然として実態不明の「辺界」であった。

2　明治初期の軍事探査活動と『単騎遠征録』

明治初頭から明治一〇年代にかけて、日本陸軍の探査活動の一環として、軍事情報の収集を目的とする満洲での実地調査がたびたび実施されていた。一八七二（明治五）年、陸軍少佐池上四郎《いけのうえしろう》らが西郷隆盛の命で満洲に渡り、奉天などで調査活動を行い、翌年に『満洲視察復命書』を提出している。[5]続いて、陸軍参謀本部から派遣された三人の陸軍中尉、島弘毅、玉井朧虎、菊地節蔵は、それぞれ一八七七年、一八八一年と一八八五年に、満洲の奥地まで入り込んだ。三人が書き残した偵察旅行記は、のちに『満洲紀行』として参謀本部より刊行されている。[6]

明治二〇年代に入ると、北海道の屯田兵本部長を務める陸軍少将永山武四郎の『周遊日記』（一八八九年）や、氷屋を営む原田藤一郎の『亜細亜大陸旅行日誌并清韓露三国評論』(一八九四年)など、満洲が旅程の一部として登場する旅行記が刊行されるようになった(7)。中でも特筆に値するのは、ドイツ公使館付武官の陸軍少佐福島安正(旅行中に中佐昇任)が、建設中のシベリア鉄道の実地調査のために、一人で馬に乗りユーラシア大陸を横断した旅行記録『単騎遠征録』である。ロシアが東方進出の大動脈として建設したモスクワとウラジオストクとを結ぶシベリア鉄道は、一八九一年に着工したばかりであった。

福島は一八九二年二月にベルリンを出発し、モスクワを経て満洲に入る。最終的に、ウラジオストク港経由で日本に帰着したのは翌一八九三年六月である。一年四カ月、一万四〇〇〇キロに及ぶこの「壮挙」は、当時日本に存在していたあらゆるメディアが注目し、一大センセーションを巻き起こした(8)。福島の口述に基づいてまとめられた『単騎遠征録』は、一八九三年七月一日から一一月二三日までの『大阪朝日新聞』紙上に全一二〇回にわたって連載され、翌一八九四年六月に、単行本として出版された。単行本の巻頭には「満洲略図」と題する地図が掲載され、満洲に関する記述の分量は全体の約五分の一を占めている(9)。新聞雑誌から錦絵、壮士芝居に至るまで、広く取り上げられた福島のシベリア単騎横断旅行は、日清戦争前の日本人にとって、満洲事情を知る貴重な情報源であったといえよう。

3　東清鉄道の敷設と「大富源」

日清戦争(一八九四〜九五年)中、開戦直後に創刊された人気雑誌『日清戦争実記』(10)や各新聞に掲載された従軍記者の報道などを通して、戦場の一部となった満洲の情報はこれまでにないほど大量に伝えられるようになった。だが劉建輝が指摘するように、日清戦争後に清国から割譲させた遼東半島を三国干渉により返還することになると、たちまち国民の関心は満洲から「新領土」台湾へと移った(11)。

再び満洲が日本中の注目を集めたきっかけは、シベリア鉄道の一部となる東清鉄道の敷設である。日清戦争後、三国干渉の見返りとして、ロシアは満洲域内を横切る東清鉄道の敷設権を清国に認めさせた。一八九八年五月に着工した東清鉄道は、表向きは露清両国の共同事業であったが、実権はロシア側が握っていた。一九〇一年一〇月、東清鉄道は全線竣工し、一九〇三年七月をもって正式に営業を開始した。(12)

東清鉄道の敷設は、ロシアの満洲進出に対する日本人の危機感を募らせるとともに、日本人の関心を満洲へ向けさせることになった。そのことを表す代表的な作品は、一九〇一年五月に出版された『満州旅行記——一名白山黒水録』(以下『満州旅行記』)である。(13) これは探検家の小《お》越平陸《ごしへいりく》が、一八九八年四月から五月、そして一八九九年四月から七月の二回にわたって満洲を踏査した記録である。一八九九年の記録は出版に先立ち、「満洲紀行」と題して一八九九年九月九日より一二月二二日まで『東京朝日新聞』紙上に二二回にわたって連載された。東清鉄道を梃子として、着々と進められたロシアの満洲経営の実状を克明に描き出す『満州旅行記』は好評を博し、出版翌年には抜粋が『中学国語教科書』に収録されるなど広く読まれるようになったのである。(14)

満洲三省を旅行して何物か最も満洲に於ける最大の動機たり最大の顕象たるかを思考するに満洲鉄道の敷設に過ぐる者あらじ満洲鉄道の敷設は満洲旅行者の目に映ずる最大の顕象にして此の最大顕象は現今に於ても各事物の動機となり将来に於て更に最も大なる動機たらんとす之を譬ふれば露国は満洲なる一大貨車を自家の倉庫に運び去らんが為に目下孜々とし東清鉄道てふ一大機関車に点火しつゝあるものと云ふべし(15)

ここで小越が、東清鉄道のもたらす衝撃の大きさを強調するにあたって満洲を「一大貨車」にたとえたところは興味深い。また、「牧畜」「物産」「鉱山」などの項目設定や「満洲は土地広大にして肥沃其山嶽に於ける森林礦物禽獣薬品其江河に於ける魚鼈其原野に於ける穀類、豆類、菜類、瓜類甚多し」(16)といった記述からもうかがえるように、小越は満洲をロシアに狙われるだけの豊饒な資源地として捉えていることが明らかである。

このようなまなざしは、一九〇二年九月に満洲を訪れた東京帝国大学教授の戸《と》水寛人《みずひろんど》にも受け継がれていく。戸水は試運転中の東清鉄道を利用して「ハルピン」(哈爾濱)より旅順、「ダルニー」(大連)まで南下し、沿道の風景を注意深く観察する。「満洲ハ真ニ名ニ於テ露西亜ノ領土ト思ハレル位デス」とロシア勢力の浸透ぶりをまざまざと実感した戸水は、満洲を「世界ノ大富源《ふげん》」と称え、「満州ヲ占領スルモノハ宝ノ庫ヲ掌握スルモノデアリマス」と訴える。(17) ここに至って、満洲のイメージは、もはやかつての「辺界」から、垂涎の的となる「大富源」へと大きく塗り替えられたのである。(18)

一九〇三年六月一〇日、戸水をはじめとする七人の博士は、対露開戦論を盛んに唱え、対露強硬の意見書を政府に提出した。いわゆる「七博士事件」である。前年に行われた満洲旅行は、満洲のイメージを「占領すべき満洲」への欲望を支える「大富源」に結晶化させ、戸水を強固な主戦論者に作り上げる決定的な経験となったのである。

二　日露戦争中の観戦旅行と戦地視察

1　「満洲丸」観戦旅行

一九〇四年二月一〇日、日露両国は相互に宣戦布告しついに日露戦争が始まった。開戦から約四カ月後の六月一二日、海軍省の主催のもと、国内外の名士を乗せた観戦船「満洲丸」が横須賀港より出航した。向後恵里子によれば、この旅行は「内外からむけられる従軍の希望に、公式の従軍戦地視察という形態でこたえ」た、いわば海軍省の対外宣伝の一環として企画されたものである。(19)

観戦者は計六三人。内訳は貴族院議員六人、貴族院書記官一人、衆議院議員一〇人、衆議院書記官一人、外国公使館付海軍武官七人、外国軍事通信員一〇人、国内の新聞記者一五人、学者、画家、写真家など一三人となっている。(20) 『日本風景論』で有名な地理学者・志賀《しが》重昂《しげたか》もその一行に名を連ねた。出発早々、志賀は満洲丸に多大な興味を示す。満洲丸はもともとは、開戦直後に日本海軍が接収したロシアの蒸気客船「マンチュリア号」であった。「特に舳頭に露字にて「マンチゥリア」と刻せるもの黒く之れを抹し去り、金字にて邦語「満州丸」と大書し、抹されたる露字の面影朧気《おぼろげ》に残り、邦字の金色頓《とみ》に燦爛とし、国運の隆昌と映発する概《おもむき》ある処、全くの詩料なり」(21)と、志賀は船名が日本名「満洲丸」に変更された事象から日本の「国運の隆昌」を感じ取ったのである。

このような誇らしげな気持ちはその後もしばしば湧き上がってくる。たとえば、途中立ち寄った朝鮮半島で韓国皇帝に謁見し、王宮内の招宴や見学など一連の歓待を受けた志賀は「是れ韓国皇帝陛下の御厚志に因る所多しと雖《いえど》も、而かも亦た日本帝国の威力にして隆昌ならずんば豈《あ》に此事あらんや。(中略)若し日本にして今日の反対の境遇にあらしめなば、豈に此日此境あらんや」と感嘆し、「日本帝国の威力」「日本国威の反照」をしみじみと実感したのである。(22)

一方、旅順口近海で小船に乗った清国人が日本海軍の兵士を相手に大量の赤鯛を売っている光景を目にした志賀は即座に「此の近海に魚族多きや知るべし」と予測する。「須《すべか》らく今日より準備し、戦後に当りては、此間の漁業を大に経営せざるべからず。将《は》た又《ま》た戦後、此辺にして依然支那の領海となり居れば、当局者は遼東地方の漁業権将た通漁権を我に得取せしむる様、今よりして仔細に考慮し置かれんことを要す」と、漁業開拓の可能性と戦後の利権確保にまで思い至ったのである。(23)

四〇日間にわたる満洲丸の観戦旅行は、実質的に国内の海軍根拠地や朝鮮、旅順口近海を巡遊したにとどまり、満洲の戦地を踏むことはできなかった。とはいえ、志賀にとってのこの旅行は、「日本国威の反照」を実感させ、「戦後経営」の好機を見出させるものとなっている。

志賀は「満洲丸雑筆」と題した旅行記を一九〇四年六月一六日から七月二五日までの『読売新聞』紙上に計八回(掲載日数は一〇日間)連載したのち、旅順従軍記などとともに収録した『大役小志』を出版した。(24)また、満洲丸に乗船した一五人の国内の新聞記者もそれぞれ筆を振るい、満洲丸の話題は一九〇四年六月から八月にかけて連日にわたって各新聞の紙面を賑わせていた。

一九〇四年一二月二六日から翌一九〇五年一月一四日にかけて、旅順陥落の時期を見据えて、第二次満洲丸観戦旅行が実施された。観戦者は、外国の海軍軍人など一一人、貴族院議員四人、衆議院議員一六人、衆議院書記官一人であり、第一次と比べると、国内の観戦者は貴衆両院議員と書記官に限定されている。(25)また、第一次は戦地付近の海域止まりであったが、第二次は一九〇五年一月一日に満洲に上陸した。同時に、ロシア軍が旅順開城を申し入れたという報を受けた。戦捷に沸いた一行は、一月七日に激戦直後の旅順要塞を実見し、堡塁内で一泊するという珍しい体験もした(26)。

2　両院議員による戦地視察

満洲丸での観戦旅行は二回で終わったが、その後も議員たちは御用船や鉄道の便乗、宿舎の提供など、陸軍省から便宜を受けて満洲の戦地を視察し、一九〇五年五月末にピークを迎える。きっかけは、五月二五日に漢城(一九一〇年の韓国併合に伴い「京城」と改称された。現在のソウル)で開催された京釜鉄道の開通式であった(27)。この開通式に日本から参列した大勢の議員の大半が式典後、朝鮮半島から満洲に渡り、戦地を視察したのである。事前に陸軍省から満洲への渡航許可を受けた議員の数は衆議院議員だけで一一六人に上り(28)、貴族院議員を入れると優に一二〇人を超えている。

大挙して満洲へ押し寄せた議員は帰国後、さまざまな会合で講演したり、視察談を公表したりして、知られざる戦地の情報を国民に伝える重要な存在となった。たとえば、大阪府出身の衆議院議員・中林友信は、帰国した直後に地元の堺中学校の講堂で満洲視察談について講演し、その全文は同校の校友会誌に掲載された(29)。

また、滋賀県出身の衆議院議員・鵜飼退蔵は、のちに刊行した旅行記の中で、満洲各地で収集した鉄条網や砲弾の破片を並べた写真を巻頭に載せながら、激戦地・旅順の現状について、次のように生々しく記している。

所々縄張リヲナシ、此所地雷爆発ノ虞レアリ、近寄ルベカラズ、又砲弾及爆発薬ノ落下シテ、尚ホ爆発セザルモノ往々アリ、此等ハ極メテ危険ナリ、必ズ手ニ触ルナカレト示シタル建札等多々アリタリ、所々両軍ノ死屍ヲ埋メタル所、勇敢ナル日本兵ノ墓ト標示スルアリ、又露兵ノ墓ト標スルアリ、其数幾百タルヲ知ラズ、最モ酸鼻ニ堪ヘザルハ、松樹山塹壕内幾多ノ土嚢縦横壊乱シタル処ニ於テ、半バ腐敗セル露兵ノ死屍一個半身崩土ニ埋マレ頭部半身ヲ出シ蒼蠅群集セルアリ、一見人ヲシテ悚然《しょうぜん》タラシム(30)

戦地の現況だけでなく、「戦後経営」の展望も視察談の重要なテーマの一つである。広島県出身の衆議院議員・早速《はやみ》整爾《せいじ》は広島市会議事堂で演説した視察談の一部を、自ら主筆を務める『芸備日日新聞』紙上に社説「満韓経済事情」として一四回にわたって連載した[31]。その中で、早速は「我日本国民は、其天職としても、満韓の経営に任じなければならぬのであるから、兎も角も一大奮発をするの必要がある。富源は到る処に存して、利器の目的物は洵に多いのであるから、我国民にして奮発さへすれば、前途の成功疑ひなしである[32]」と述べ、「満韓の経営」や「富源」開発に対する国民の覚悟を促している。また、「此資力あり信用ある人々の起業を勧告し置くと同時に、兎に角実業家諸氏の実地視察を果されんことを切望致します[33]」と記し、有力な実業家による「起業」と、それに向けた「実地視察」を提言した。

3　世間の反響

日露戦争における観戦旅行や戦地視察は、一部の新聞記者や文化人も参加した第一次満洲丸観戦旅行を除けば、ほぼ議員だけに与えられた特権であった。一九〇五年一月五日、第二次満洲丸観戦旅行が行われる中、『読売新聞』紙上に「教育家の旅順観覧／(是非とも実行すべし)」と題した社説が掲載された。社説は立法の任を担う政治家の実地視察は意義あるものと認めたうえで、「若しも愈《いよい》よ国民をして、軍事に関する実際の知識を得しめんとの趣意ならバ、何が故に特に政治家のみに此便宜を与へて、国民教導の大任ある教育者をも其列に加へざるや」と政府の教育者軽視を批判し、「責めてハ師範学校中学校並に之と同等以上なる各学校の校長教頭或ハ其職員中より、適当の人物を選び、現に衆議院議員に与へつゝある其方法を斟酌し、此千古未曽有の戦場を一覧せしめんとするに在り」と、議員のみならず、教育者にも旅順観覧の便宜を与えるべきだと主張した[34]。〔傍点は原文のママ、以下同〕

この社説からは二つの重要なメッセージを読み取ることができる。一つは、旅順という「千古未曽有の戦場」を国民教育の道場として活用する可能性が示されていることである。ここで見出された満洲戦跡が国民教育上に持つ価値は、のちに満洲への修学旅行を支える重要な理念となる。

もう一つ注目すべきメッセージは、観戦旅行は一種の恩恵や特権として捉えられ、かつ、それがほぼ政治家に独占されている現状に対して少なからぬ不平を抱かれている、ということである。このような不平はのちに、『読売新聞』や

『東京朝日新聞』紙上に噴出した「唯だ代議士と云ふ看板を掛けて戦地に赴き私利を貪らんと狂奔せるもの多きこと(35)」、「彼等は徒に其の公職を濫用して自家の私利を貪らんが為には或る所に向つて往々尠からざるの迷惑を生ぜしめたるの跡さへなきにあらず(36)」といった戦地視察議員に対する批判からも読み取ることができる。

議員の振る舞いに向けられた厳しい視線は、観戦旅行や戦地視察に対する世論の注目度の高さを映し出すものであり、また結果的に、観戦旅行や戦地視察そのものに付与された特権性を世間に明示する形となった。満洲はもはや単なる戦地ではなく、特権的な戦跡旅行地として、人々の視野に立ち現れるようになったのである。

三　戦勝後の「利源調査」ブーム

1　利源調査計画の経緯

日露戦争前夜にすでに形成されていた「大富源」の満洲イメージは、開戦後、次第に利源獲得や満洲経営に対する人々の期待感につながることになった。戦争中にはすでに『富の満洲』(一九〇四年五月)、『満洲及西伯利の富源』(一九〇四年七月)、『東亜の大宝庫満洲案内』(一九〇四年一一月)などの書物が相次いで出版されていた(37)。一九〇五年九月、日露講和条約が締結されるや、あたかも獲得できなかった賠償金を満洲の利源によって取り戻そうとするかのように、『最近調査満韓之富源』(一九〇六年五月)、『満韓利源調査案内』(一九〇六年一〇月)、『満洲富源案内』(一九〇六年一二月)といった指南書が続々と刊行され(38)、満洲の「利源」調査、「富源」開発に対する人々の欲望を一層煽り立てるようになった。

このような民間の風潮と並行して日本政府の対満政策も、日露戦争の終盤から平野健一郎が示唆するように「軍事力不足に起因する賠償獲得不能という事態を、利源拡張によって埋め合わせようとする構想に変った(39)」。こうした動きの中、日露戦争終結の二カ月前に、満洲軍(満洲に置かれた日本陸軍)内部から「富源調査」の必要性を唱える声が高まった。

一九〇五年七月二一日、遼東兵站参謀長を務める西川虎次《にしかわとらじ》郎《ろう》中佐は各兵站司令官宛の文書の中で、「満洲ノ富源ヲ開発シ戦後収利ノ基礎ヲ確立スルニハ先ツ満洲ヲ世人ニ紹介致度候」との見解を示すとともに、調査係に待命中の兵站司令部要員の陸軍通訳を充て、「満洲ノ制度、沿革、土地、政治、物産、戸口、運輸、交通、人情、風俗、慣習」などの事項を調査する、という具体的な事務規程も明示した[40]。

それから約一カ月後の八月一八日、日露講和会議がポーツマスで行われる中、西川の上司にあたる遼東兵站監部兵站監の井口省吾少将は、満洲軍総司令官大山巌《おおやまいわお》に「満洲ノ富源調査ノ義ニ付意見具申」を行った。

和議締結後ニ於ケル満洲ニ対スル我政府ノ方針如何ニ関セス満洲富源ヲ開発シ我利権伸張ノ基礎ヲ確立スルハ極メテ緊要ナルコトニシテ之カ為先ツ満洲ノ実価ヲ調査シテ速ニ世ニ公ニシ世人ヲシテ其依拠シ得ヘキ指鍼ヲ与フルハ目下ノ急務ト信シ候

冒頭に「富源調査」の緊要性を強調した後、井口は、調査には兵力の保護が必要であることと、調査が遅延して結氷期に至れば「鉱山探査、農商又ハ水路ニヨル商業等ノ調査」に不便が生じることから、「専門ノ学識ヲ有スル技師又ハ経験アル実業家及若干ノ通訳」を派遣し、速やかに着手すべきことを訴える[41]。

西川の文書は井口の意見具申より一カ月前に作成され、しかも「満洲ノ富源ヲ開発シ戦後収利ノ基礎ヲ確立スル」と「満洲富源ヲ開発シ我利権伸張ノ基礎ヲ確立スル」の文言が類似していることから、井口は部下である西川の文書を参照した可能性が高いと考えられる。ただし、調査事項と調査係の人選をめぐっては大きな方針転換があったことが確認できる。

調査事項については、西川が歴史や文化などをまんべんなく視野に入れていたのに対し、井口は「鉱業探査」や「農商」「水路ニヨル商業」などの「実用的観察」に焦点を当てている。また、調査係の人選については、西川が待命中の陸軍通訳だけを想定していたのに対し、井口は専門技師やベテランの実業家を中心に考えている。井口の意見具申は、日露戦争終結前から、すでに陸軍の中枢が専門家や実業家による富源調査を提唱し、かつ「兵力の保護」といった具体的な支援策を講じていたことが注目に値する。

さて、井口の意見具申は、早速八月二〇日に満洲軍総参謀長児玉源太郎《こだまげんたろう》を通して陸軍参謀次長長岡外史《ながおかがいし》に、さらに八月二九日に長岡経由で陸軍次官石本新六《いしもとしんろく》に移牒された。九月二日、陸軍大臣寺内正毅《てらうちまさたけ》が関東州民政署（一九〇五年六月に大連に設置された関東州内の行政事務を管掌する機関）民政長官石塚英蔵《いしづかえいぞう》宛に送った電報案によると、大臣は満洲富源の調査は民政署に担当させるとの閣議決定を伝えるとともに、井口兵站監と協議の上、調査員の派遣に関する意見を早急に具申するよう求めたという[42]。

当計画は日露講和条約の締結をはさんで、関東州民政署の指揮のもとに急ピッチで進められた。九月一六日、石塚は井口宛に「同署ニ於テ満洲富源調査掛ヲ新設シ高等官三十一名、判任官三十三名、通訳二十八名ヲ以テ組織シ通訳ハ現ニ満洲軍所属ノ者ヲ転属セシメ期日ハ十月ニ始リ十二月ニ結了ノ見込」との電報を送った。電報とともに転送されたのは、同じ日に石塚が陸軍大臣宛に報告した満洲利源調査の具体的な実施案である。それによると、調査地域は「満洲一帯北清ノ一部及蒙古ノ一部」とし、通訳以外の調査委員とその調達方法については「専門家及実際（業）家ハ成ル可ク各省ヨリ所属官吏又ハ其推薦ニ係ル実業家ヲ総テ民政署附トシ」、調査事項は農業、鉱業、林業、水産、商業、および特殊調査（酒、阿片、煙草、獣皮）の六部門になっている。また、経費は総額六万三七〇〇円を要する見込みで、新設する「臨時満洲利源調査費」の項目で支出予定とも書かれている[43]。すなわち、満洲利源調査計画は、陸軍少将井口の立案からわずか一カ月未満という異例のスピードで、関東州民政署民政長官石塚を陣頭に着々と実行に移されていったのである。

2　「満洲利源調査員」の派遣

一九〇五年一〇月から一二月にかけて、主として農商務省技師、関東州民政署雇員、陸軍通訳からなる調査員が、農業、林業、商工、水産、鉱山の五つの班（「特殊調査」の部門は実行段階では削除された）に分かれて調査を実施した。一〇月一七日に石塚から児玉源太郎宛に送付された調査員名簿によると、人数未確定の鉱山班を除き、残りの四つの班の調査員は計七三人を数える[44]。

ここで注目すべきは、立案当初から対象者として視野に入れられていた実業家の参加状況である。一九〇五年一〇月三日、石塚は陸軍次官石本新六宛の電報で、商工班の調査に同行する「実業家若干」名の勧誘について主務省に協議を請うよう、陸軍省に申し入れた。その際、旅費手当は予算の関係で支出し難いが、汽船、鉄道の便乗、兵站の宿舎などの便宜を図ることはできるとも明記した[45]。一〇月八日、石本は農商務省に「実業家御選定視察方御誘導相成度」と書いた依頼文書を送ったが、この文書にはなぜか「若干」の文字が抜け、適正人数について触れていなかった[46]。

それを受けて、農商務省はただちに各府県知事に通牒を発し、各知事はさらにこれを各郡市役所に移牒し、遅くとも一一月一五日までに人選を報告するよう農商務省に指示した[47]。その結果、全国の視察志願者は一〇〇〇名以上に上り[48]、「若干」名と想定していた民政署の予想を大きく超えた。また、「陸軍省にては其余りに多数なるに閉口し居れり[49]」や「陸軍省に於てハ其撰択上大に苦心の模様[50]」などの新聞報道から、陸軍省も実業界からの反響の大きさに戸惑っていた様子がうかがえる。

結果的に、一九〇五年一〇月から一二月まで、正規の調査班に同行した実業家は予定通りの「若干」名にとどまった[51]。しかし、驚くべきことに、一九〇五年一二月から翌年七月にかけて陸軍省から渡航許可を受け、農商務省嘱託の「満洲利源調査員」という肩書でそれぞれ渡満した実業家は、少なく見積もっても一〇〇〇人を下らなかった[52]。つまり、満洲利源調査計画は、その実際の募集段階において、湧き上がる実業界の満洲熱に押され、予期せぬ実業家の大量渡満を促進し、利源調査の旅行ブームを巻き起こしたのである。

3 満洲利源調査旅行の社会的影響

満洲利源調査旅行は、実業家自身や社会に、どのような影響をもたらしたのであろうか。その一例として、日本金工協会の幹事を務め、「金工界の大家」と称された東京市の貴金属製造業者・村松万三郎《むらまつまんざぶろう》[53]のケースを考察してみたい。

村松は一九〇六年三月一五日から五月三〇日にかけて、息子と従者一人を連れて満洲や天津、北京、芝罘《チーフー》などを調査した。村松は帰国後に二〇頁にわたる「満洲ニ於ケル貴金属製作工業調査報告」を農商務省に提出し、同年六月一五日に農商務省より陸軍省に転送された。村松は報告書の中で、満洲における貴金属業の現状について「製造工業ヨリ需用者ノ程度迄幼稚ノ境ヲ脱セサル有様ニテ」「恰《あたか》モ本邦維新前ト同様ニシテ」との認識を示しながらも、明治維新後の日本のように、満洲における貴金属などの需要が必ず高まっていくことを予測する。

視察の結果、村松は「国家ノ為メニハ目前ノ利益ニ汲々タルガ如キ事ヲナザズ将来ノ発展ヲ期シテ」、早急に大連と営口の二都市に「萬松号老牌」という看板の支店を開設することを決断した。すでに視察中に大連に従者一名を留めその経営を任せ、帰国後も直ちに大連と営口に一名ずつ社員を派遣したという[54]。二カ月半にわたる利源調査旅行は、村松に満洲進出の決断を促し、支店開設という第一歩を踏み出させたのである。

利源調査員の調査報告は単に農商務省や各府県庁に提出されるのみならず、新聞や雑誌などのメディアを通じて広く一般社会にも伝えられ、広まることとなった。たとえば、『山陽新報』は、岡山県花筵同業組合副組長の吉田虎吉がまとめた報告書を六回にわたって連載した[55]。また、大阪商業会議所が発行する雑誌『貿易通報』は、地元・大阪府の実業家の視察談を掲載するとともに、他府県庁から寄贈された一一部の報告書の概要も紹介している[56]。その一つである横浜市有数の羽二重商、津久居平右衛門の報告書は、『貿易通報』で取り上げられる前に『横浜商業会議所月報』や『山陽新報』など、複数のメディアで連載されていた[57]。

各新聞は、報告書類だけではなく視察員の視察談も旬の話題として好んで取り上げた。たとえば、一九〇六年八月上旬、広島県のライバル二紙『芸備日日新聞』と『中国』はまるで報道合戦を演じるかの如く、帰朝したばかりの同県利源視察員の視察談を連日のように掲載している[58]。このような過熱気味の報道ぶりは、利源調査に対する世間の関心が高いことと、彼らが発信する満洲情報への需要が一般的に大きいことを示すものであろう。

一方、各府県から選出された利源調査員は、陸軍省から御用船や鉄道の無賃便乗、兵站の利用など種々の便宜が図られているうえ、旅費の一部が県から補助された者もいる。[59] 戦地視察の特権を与えられた政治家と同様に、恵まれた条件で満洲旅行できる利源調査員が、世間で羨望と嫉妬の的となっていることは想像に難くない。[60]

一九〇六年八月二四日付の『佐賀新聞』に利源調査員に関する二人の読者の投書が掲載されている。一人は「其多くは補助を目的とし、是に依り唯だ満韓地方の初見物を為し帰るてふ、一種の好奇漢なるが如きの観ありしは、吾人の大に遺憾とする処」と利源調査員の不真面目な視察態度を酷評し、もう一人は「曰く満韓の視察…嗚呼視察者よ、君等は英国が印度を署し、仏国がアルゼリヤ、マダカスカルを奪ひたる歴史中の雄図を抱きつゝ、其視察を企てられたるや否や」と、利源調査員たるものは植民地を征服する帝国国民としての気概を持つべきだと警鐘を鳴らしている。[61]

視察談や批判など利源調査員の話題が頻繁にメディアに取り上げられたことは、おのずと「利源調査地としての満洲」を周知させる契機となった。さらに一九〇六年五月五日に開催された岡山県聯合教育会では上道郡教育会から「実業の満韓視察に保護を与へて教育家の満韓視察に保護を与へざるは吾人の諒解に苦しむ処なり」と、教育者の満洲旅行にも実業家と同等の便宜供与を主務省に建議する提案が出され、賛成者多数で可決した。[62] こうして、実業家を対象とする満洲利源調査の反響は、教育者にも飛び火していったのである。

四　「観戦鉄道」という見世物

1　手軽な疑似戦跡旅行

一九〇六年四月二九日、陸軍凱旋大観兵式を翌日に控える日比谷公園付近に、満洲旅行を手軽に楽しめる一つの娯楽施設が登場した。日比谷公園正門(現・日比谷門)外の空地に開館した「観戦鉄道」と銘打つ疑似戦跡旅行の見世物である。

観戦鉄道とは、首山堡《しゅざんぽう》から奉天《ほうてん》までの日露戦争のハイライトシーンが描かれた巨大な動くパノラマの絵を、汽車の車窓より観覧する趣向の見世物である。高さ五間（約九メートル）、長さ五〇〇間（約九〇九メートル）にも及ぶ原画は、洋風美術団体である白馬会の洋画家・安藤仲太郎を主任として、同会会員の青年画家たちが揮毫したものである。白馬会の創立者で東京美術学校教授の黒田清輝や久米桂一郎が相談役を務めるほか、東京市の実業家で菓子商人の長井長左衛門も計画に尽力している。また、絵の内容が戦争の実状と食い違いのないよう、東京日日新聞の従軍記者黒田甲子郎《くろだきねお》の実地踏査を忠実に再現するほか、満洲軍総参謀長児玉源太郎大将や実戦経験を持つ将校二、三名の意見も加味したという(63)。画家、実業家、従軍記者、軍人など、さまざまな分野の著名人の力を結集した観戦鉄道は、約五カ月間の制作を経てようやく一九〇六年四月二三日に完成を見た(64)。

さて、これほど大がかりな戦争画の展示空間と汽車の走行スペースを確保するには、さぞかし広大な敷地が必要であろうと思い描くが、実際のところ、観戦鉄道が催されたのは、三井倶楽部の裏手の空地に新築されたペンキ塗りの建物の中である(65)。館内では一〇〇人乗の二等客車が用意されているが、列車は実際に走ることはない。パノラマの絵の方が列車の進行に応じて「走馬灯の如く廻転する」ことで、観客はあたかも列車に乗っている錯覚を伴いながら、激戦の模様を「眼前に見る如く」堪能していく仕掛けとなっている(66)。運転時間は三〇分間、乗車賃は二〇銭である。ちなみに、同じ頃に逓信省より発売される戦役記念絵葉書（三枚一組）の値段も同じ二〇銭であったことから(67)、観戦鉄道の乗車賃は決して手が届かない金額ではないことがわかる。

2　「観客」と「乗客」の二重体験

開館四日前の四月二五日には観戦鉄道の完成式が挙行され、招待された各新聞社の記者らが一足先にその試運転に乗車した。翌二六日の『時事新報』を皮切りに、二七日の『東京朝日新聞』『東京日日新聞』『国民新聞』『報知新聞』『都新聞』『中央新聞』『人民新聞』『毎日新聞』、二八日の『読売新聞』などが相次いで観戦鉄道の試乗体験を報道し、「従来のパノラマと少しく趣を異にし(68)」た「空前の壮快なる観覧物(69)」だと、こぞって驚嘆の声を上げている。

ここで観戦鉄道の比較対象とされた「パノラマ」とは、円形の建築物の中央に設置された観覧台から三六〇度に広がるパノラマの絵を一望できる見世物で、一八世紀末のイギリスで誕生したものである。一九世紀末の万国博覧会には数多くのパノラマ館が見られることになり(70)、日本での初登場も一八九〇年に上野公園で開催された第三回内国勧業博覧会の時期であった。その後、日清・日露両戦役により戦争という画題を得たパノラマは、戦勝ムードを盛り上げる時節柄の興行物として人気を集めたが、日露戦争後には徐々に衰退した(71)。

では、一九〇六年当時の日本人は、従来のパノラマとは異なる観戦鉄道の魅力をどのように捉えていたのだろうか。四月二七日の『国民新聞』に、試運転に乗車した記者のこんな体験記が載っている。

外で切符を買《かっ》てイザ館内へ入《はい》らふとすると、入口が停車場の改札口になつて居て、改札帽を横に冠《かむ》つた西洋人が一々《いちいち》切符へ鋏《はさみ》を入れる。西洋人を切符切りに雇込んだのは中々《なかなか》の妙案だ。是《こ》れで先《ま》づ見物の胆《きも》を奪《うば》つて仕舞《しま》ふと。内部は停車場の待合室で新橋なぞよりズツト上等な革椅子が備《そな》へてある。其処《そこ》へ助役の制服制帽を著《つ》けた男が出て来て「発車には未《ま》だ間《ま》がありますから、暫時《ざんじ》御《お》待下《まちくだ》さい」と云ふ。言《い》はるゝまゝに椅子へ腰をかけてると、本物の支那人が首から箱をかけて支那菓子を売りに来る。何様《なにさま》考へて見ても日本内地の停車場のやうには思《おも》へない。〔中略〕見物は車掌の案内により順次に車内へ繰り込む事になる。繰り込んで見ると愈《いよいよ》驚く。開《あ》いてる方《ほう》の右の窓には睫《まつげ》に近く首山堡あり、高粱《きび》が繁《しげ》つて楊樹《ようじゅ》が突立つて、身は何時《いつ》の間《ま》にか満洲へ来て居る。見物が一同著席《いちどうちゃくせき》したのを見て、車掌がピリ〱と笛を吹くと、汽車がガタ〱と動き出す。同時に窓外《そうがい》の景色は後《あと》へ〱と下《さが》つて行く。車の揺れ加減から景色の動き具合から直《じ》き眼の前の土手の飛ぶ有様《ありさま》など、全くモウ急行列車で満洲の野《や》を横《よこぎ》つて居るのである。景色は戦後の首山堡から初《はじま》つて、遼陽《りょうよう》の大戦となり、衛生隊の作業となり、太子河《たいしが》を渡つて段々山の中へ入ると、日が暮れて黒木軍揚城塞《ようじょうさい》の激戦となり、転じて姫路師団三塊石山《さんかいせきざん》の大夜襲となり、軈《やが》て又夜が明けると、沙河《さが》の会戦で河は氷で張り詰めて居る。是れを渡ると愈《いよいよ》奉天戦争で、満目皆白《まんもくみなしろ》き間《あいだ》に、彼我《ひが》入り乱れての大混戦、其《そ》れが済むと乃木軍の追撃、露兵《ろへい》の大潰乱《だいかいらん》で、此処《ここ》で又笛が鳴《な》つて汽車が止まり、見物は先様《せんさま》入れ変りとなる(72)。

この体験記からも読み取れるように、観戦鉄道はパノラマとは二つの点において大きな違いがみられる。一点目は、絵は静止したままのパノラマとは対照的に、観戦鉄道での絵は機械の力で絶えず動いていることである。この「動く絵」を見るという視覚体験は、言うまでもなく、一九世紀末に誕生した活動写真（映画）の観賞体験と共通している。実際、当時の複数の新聞記事では観戦鉄道のことを「最新式活動パノラマ(73)」や「パノラマ、ムーヴヱ(74)」と呼び、一九〇六年一二月に刊行された『東京便覧』でも「恰《あたか》も活動写真とパノラマとを折衷したる如く(75)」と紹介しているのである。

二点目は、立ち止まって絵を眺めるパノラマに対し、観戦鉄道では鉄道旅行の臨場感を最大限に追求し、疑似的な移動感覚を存分に満喫させていることである。改札口、待合室、プラットホーム、西洋人の切符切り、清国人の菓子売りなど、これら一連の演出によって、観客は一瞬にして遠く満洲にある某駅に迷い込んだ感覚に襲われることになる。さらに、絵の回転によって得られる列車の進行感を強化するために、「十馬力の瓦斯《ガス》発動機で車を空廻りさせ螺旋で揺れさせる(76)」工夫が凝らされ、よりいっそう本物に近い乗心地をもたらしている。

言い換えれば、観戦鉄道の醍醐味は、活動パノラマを見る観客としての体験と、疾走する列車に身を置く乗客さながらの体験という、「観客」と「乗客」の二重の動的な身体感覚(77)を一度に得られる、というところにあるのではないだろうか。

そもそも、観戦鉄道の登場前に、すでに海外では、活動パノラマと鉄道旅行を融合するような見世物が存在していた。その嚆矢は、一九〇〇年のパリ万博に披露された、国際寝台車会社（ワゴン・リー社）出資の〝Trans-Siberian Railway Panorama〟（シベリア横断鉄道のパノラマ）とされている(78)。博覧会の会場内に敷いたレールの上にシベリア鉄道の豪華車両が置かれ、モスクワ・北京間沿線の巨大な風景画が刻々と変化し、観客はそれを車窓から眺める仕掛けであった(79)。また、一九〇四年のセントルイス万博では「ヘイルズ・ツアーズ」と呼ばれる「疑似列車旅行装置」が登場し話題になった。こちらは絵ではなく、前方のスクリーンに映し出される「動く景色」の映像を乗客が楽しむ仕組みとなっているのである(80)。

シベリア横断鉄道のパノラマやヘイルズ・ツアーズはどちらも風景を愛でる趣向だが、観戦鉄道の場合、その主題が戦争であること、かつ日本が苦戦の末に勝利を獲得した日露戦争という国民的センセーションであることに最大の特徴がある。西洋人の切符切りや清国人の菓子売りという異国人の配役、高粱や楊樹が醸し出す満洲情緒、動くパノラマ仕掛けの激闘場面など、戦争の臨場感と戦勝気分の高揚感に包まれる中、観戦鉄道は、満洲を駆け巡る疑似戦跡旅行の魅力を最大限に演出したのである。

3　観戦鉄道の人気ぶり

観戦鉄道の開館から一週間後の一九〇六年五月六日の日曜日、のちに宝塚少女歌劇団の創設者として知られることになる小林一三は、長男を連れて観戦鉄道を見に行ったが、「大混雑でとても見られないから引返した」と日記に記している[81]。開館直後の休日とはいえ、その人気ぶりを垣間見ることができる。

また、開館から半年後の一一月八日、思いがけない珍客たちが訪れた。午後二時、当時五歳だった迪宮裕仁親王《みちのみやひろひと》（後の昭和天皇）、四歳の淳宮雍仁親王《あつのみややすひと》（後の秩父宮）、一歳の光宮宣仁親王《てるのみやのぶひと》（後の高松宮）の三皇孫が、観戦鉄道を観覧したのである。後年、秩父宮は観戦鉄道について次のように述懐している。「日露戦争は僕の幼時の最大事件であったが、記憶には何も残っていない。〔中略〕おぼろげながら観戦鉄道が戦争関係のもので、かろうじて覚えている唯一のものらしい」[82]。三皇孫が「観戦鉄道を御覧遊ばされ」たニュースはたちまち翌日の新聞で報じられた[83]。また一カ月後に刊行された前述の『東京便覧』においても、「過般皇孫三殿下及閑院宮女王殿下の観覧の栄を賜はりたり」とわざわざ言及され[84]、三皇孫の訪問は観戦鉄道の評判をさらに一段と押し上げたことは間違いない。

観戦鉄道の閉館時期は定かではないが、三皇孫が観覧した一九〇六年一一月以後から一九〇七年九月頃までの間と推測される[85]。その一方で、観戦鉄道の姿は日比谷公園から消えたと思いきや、すぐさまほかの地域に広まるようになった。第九回関西府県聯合共進会（一九〇七年、津市）、第二回関西九州府県聯合水産共進会（一九〇七年、長崎市）、第六回奥羽六県聯合共進会（一九〇八年、福島市）、一府十県聯合共進会（一九〇八年、長野市）、清正公三百年祭（一九〇九年、熊本市）、第十回関西府県聯合共進会（一九一〇年、名古屋市）、一府十四県聯合共進会（一九一〇年、前橋市）など、一九〇七年から一九一〇年にかけて日本各地で開催された共進会やイベントの会場に、観戦鉄道は定番の呼び物として登場している。また、一九一二年に大阪に開業した遊園地「新世界ルナパーク」にも翌年に観戦鉄道が設置され、コースは旅順から奉天までの戦地を廻ったのちに日本海大海戦を見て終わるなど、より充実した内容が盛り込まれるようになった。(86)

五　小　結

東清鉄道の敷設を機に、日本人旅行者にとっての満洲イメージは「辺界」から「大富源」へと大きく転換した。「大富源」は「領有すべき満洲」への欲望を支える、意味ある「風景」として語られ、満洲の「富源」を持ち去ろうとするロシアへの危機感を募らせることになった。「富源」のイメージは、日露戦争中に膨らんだ利源獲得と戦後開発への期待感につながり、さらに戦後の満洲利源調査に受け継がれ、強化されていった。

一方、日露戦争前の満洲旅行者は主に軍人や探検家であったが、戦争中の観戦旅行と戦地視察や戦後の利源調査の流行につれて、政治家や実業家が満洲旅行の主体を担うようになった。その数は、両院議員などの政治家は前後合わせて一五〇名以上、実業家は一〇〇〇名以上と推計される。講演会や新聞雑誌での報道を通して、彼らは自らの視察談や旅行見聞を社会に広め、満洲情報の新たな発信源として成長した。そこで言及され、増幅された「戦跡」と「富源」としての満洲イメージは、その後の日本人旅行者の語りにも反復され、のちに満洲観光の重要なテーマとなった。

観戦旅行、戦地視察および利源調査は、たしかに政治家や実業家など一部の特権階級に限定された旅行ではあった。だが、羨望と嫉妬の目で見られるこれら特権階級の存在は、かえって、満洲旅行のステータスを誇示し、満洲を股にかけようとする大衆の欲望を誘い出す良き刺激となった。さらに、観戦鉄道という疑似戦跡旅行の見世物の登場によって、それまで遠い存在だった満洲旅行は、三〇分間二〇銭という手軽に楽しめる身近な娯楽となった。この架空旅行で養われたスリルと快楽を織り交ぜた身体感覚は、満洲への「既視感」を深く刻み込み、人々を実在の満洲旅行へと駆り立てる原動力の一つになったことは容易に想像できる。

戦勝気分の高揚と戦後経営への期待を背景に、国民の満洲旅行欲はこれまでになく膨らみ続けていった。こうした気運の中、一九〇六年七月、満洲観光の夜明けを象徴する二つの団体旅行が、大々的に催されたのであった。

第2章
満洲観光ツアーの誕生――「ロセッタ丸満韓巡遊」(一九〇六年夏)

一九〇五(明治三八)年九月五日、ポーツマス条約が調印され、一年七カ月続いた日露戦争は日本の勝利をもって幕を閉じることになった。これにより、日本は中国遼東半島南端の関東州の租借権に加え、長春・旅順間の東清鉄道南部支線(後の南満洲鉄道)の経営権と鉄道に付随する諸権利をロシアから譲渡され、関東州や南満洲鉄道を中心とした南満洲へと勢力圏を拡大することに成功した。

帝国日本の勢力圏の拡大は、帝国国民が大手を振って旅行する観光圏を押し広げ、満洲を帝国のフロンティアとして踏破しようとする国民の欲望を刺激することとなった。このことを如実に示しているのは、一九〇六年七月七日、風刺漫画雑誌『團團珍聞《まるまるちんぶん》』に掲載された「避暑旅行の大進歩」と題する漫画である(図2-1)。

漫画には団扇を腰に差し、杖を持った草鞋履きの旅人の姿が描かれている。客船の頭をした旅人は、思い切り大股を広げ、大きく一歩「満洲」大陸に踏み入れている。「我々戦捷国民の避暑は箱根や塩原などの箱庭的主義ではいかぬ、押し出せ〳〵満韓方面へサ」と添えられたセリフからは、戦勝を笠に着て満洲を濶歩する旅人の意気軒昂ぶりがひしひしと伝わってくる。

ところで、旅人の頭が客船であることは偶然ではない。実は、漫画が掲載される半月前の六月二二日、東京・大阪両朝日新聞が、尾城汽船株式会社所有の汽船「ロセッタ丸」(三八〇〇トン余)を借り上げ、参加者三七四人を一般から募り、満洲と韓国を巡遊するという破天荒な企画を発表したばかりであった。『團團珍聞』の漫画は、世間の話題をさらった

図 2-1 「避暑旅行の大進歩」『團團珍聞』1601 号, 1906 年 7 月 7 日, 5 頁

「ロセッタ丸満韓巡遊」を元に描かれていたのである。

ロセッタ丸満韓巡遊が行われた一九〇六年七月下旬から八月下旬は、満洲では硝煙がいまだ消えやらず、日本軍の撤兵作業は完了していなかった。この頃、前年一一月に業務を開始した関東州の行政機関・関東総督府は、ロセッタ丸満韓巡遊直後の九月一日に民政機関である関東都督府に取って代わられ、軍政から民政への移行が実現した。戦時中に日本軍が占領地域で敷いた総計二〇カ所の軍政署のうち一三カ所は閉鎖済みであったが、奉天、瓦房店、鉄嶺、遼陽の四カ所は、ロセッタ丸満韓巡遊が行われた七月末から八月頭にかけて閉鎖、新民府と安東は一〇月、最後の営口は一二月になってようやく撤廃された。(1) また、長春・旅順間の鉄道輸送業務も、戦時中に編制された陸軍の野戦鉄道提理部の管理下に置かれたままで、一九〇七年四月に開業した満鉄に引き継がれるまで、その状況は継続していた。(2) つまり、ロセッタ丸満韓巡遊が行われた時期の満洲では依然として戦時体制が続いており、満洲を巡る旅行は凱旋直前の日本軍の指揮のもとで行われることになったのである。

戦勝後最初の夏、満洲が戦時体制から平時体制に移行する直前の軍政時代末期というタイミングで、ロセッタ丸満韓巡遊が敢行され、満洲ツーリズムの歴史は慌ただしく幕を開けたのである。

一　メディア・イベントとしての満韓巡遊

1　朝日新聞初の観光イベント

日露戦争終結後、「戦争」という国民的関心を惹きつけるこの上もないネタを失った新聞各紙は、激化する読者獲得の販売戦に勝ち抜くべく、競って催し物やイベント企画に乗り出すようになった。戦後における新聞各紙の販売宣伝合戦は新しい局面を迎え、新聞製作以外に、メディア・イベントをも積極的に展開せねばならない時代に突入したのである。

吉見俊哉によると、メディア・イベントには、企業としてのマス・メディアによって企画され演出されていくイベント、媒体としてのマス・メディアによって大規模に中継され報道されるイベント、メディアによってイベント化された社会的事件という三つの類型がある(3)。日露戦争後、新聞社が事業主体となったイベントは、メディア・イベントの一つ目の類型に属するものである。

中でも、日露戦争中に躍進を遂げた大阪毎日新聞のメディア・イベントは、ひときわ話題を呼ぶものが多かった。大阪毎日新聞は、戦争前から展開していた「桐原式」と呼ばれる人気投票による読者獲得策を一歩すすめ、一九〇五年から一九〇六年にかけて、「絵葉書展覧会」「鉄道マイル競争」「五千マイル鉄道競争」「高山生活」といった人気企画を矢継ぎ早に催し、強豪朝日新聞の牙城を脅かしていった(4)。

この頃の朝日新聞は全国トップの座を確立していたが、大阪毎日新聞の猛追を受け、その差は年々縮まっていた。一九〇六年の東京大阪両朝日新聞の合計発行部数は二一万八二七五部を数えたが(5)、大阪毎日新聞との差は二二三一部でそのリードはわずかであった(6)。大阪毎日新聞の人気投票による販売策に対し、朝日新聞はあくまで紙面で戦う姿勢を取ってきたが(7)、日露戦後になるともはや記事の優劣だけでは読者の関心を惹くことが難しくなってきた(8)。目白押しの興行物で販売攻勢を強める大阪毎日新聞の脅威を感じつつ、朝日新聞は時勢に適した企画や事業を模索し、反撃の機をうかがっていたのである。

こうした中、一九〇六年六月一一日、東京朝日新聞の編集会議で松山忠二郎経済部長が提案した満韓巡遊船の計画は、直ちに上層部の賛同を得て急ピッチで準備が進められた[9]。発案からわずか一一日後の同月二二日、東京大阪両朝日新聞

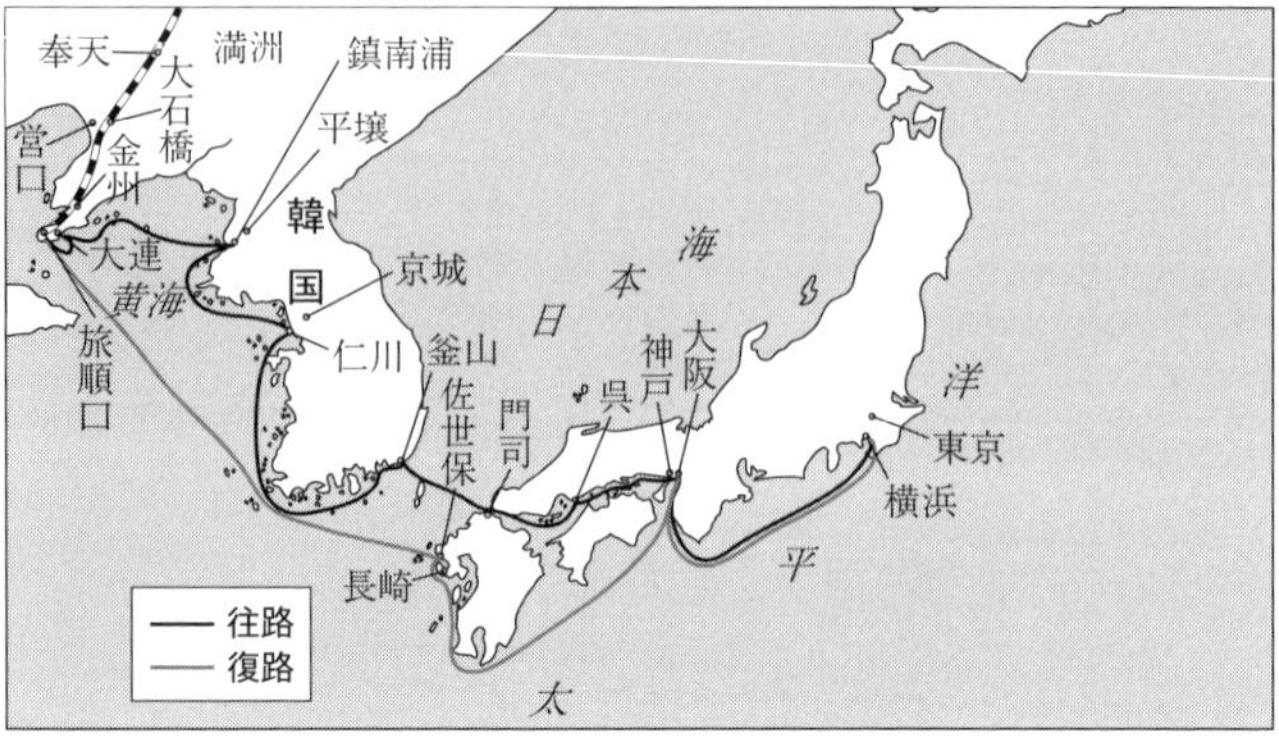

図 2-2 ロセッタ丸満韓巡遊の旅程

注 絵葉書『明治卅九年満韓巡航船紀念』(東京・大阪両朝日新聞社)をもとに作成

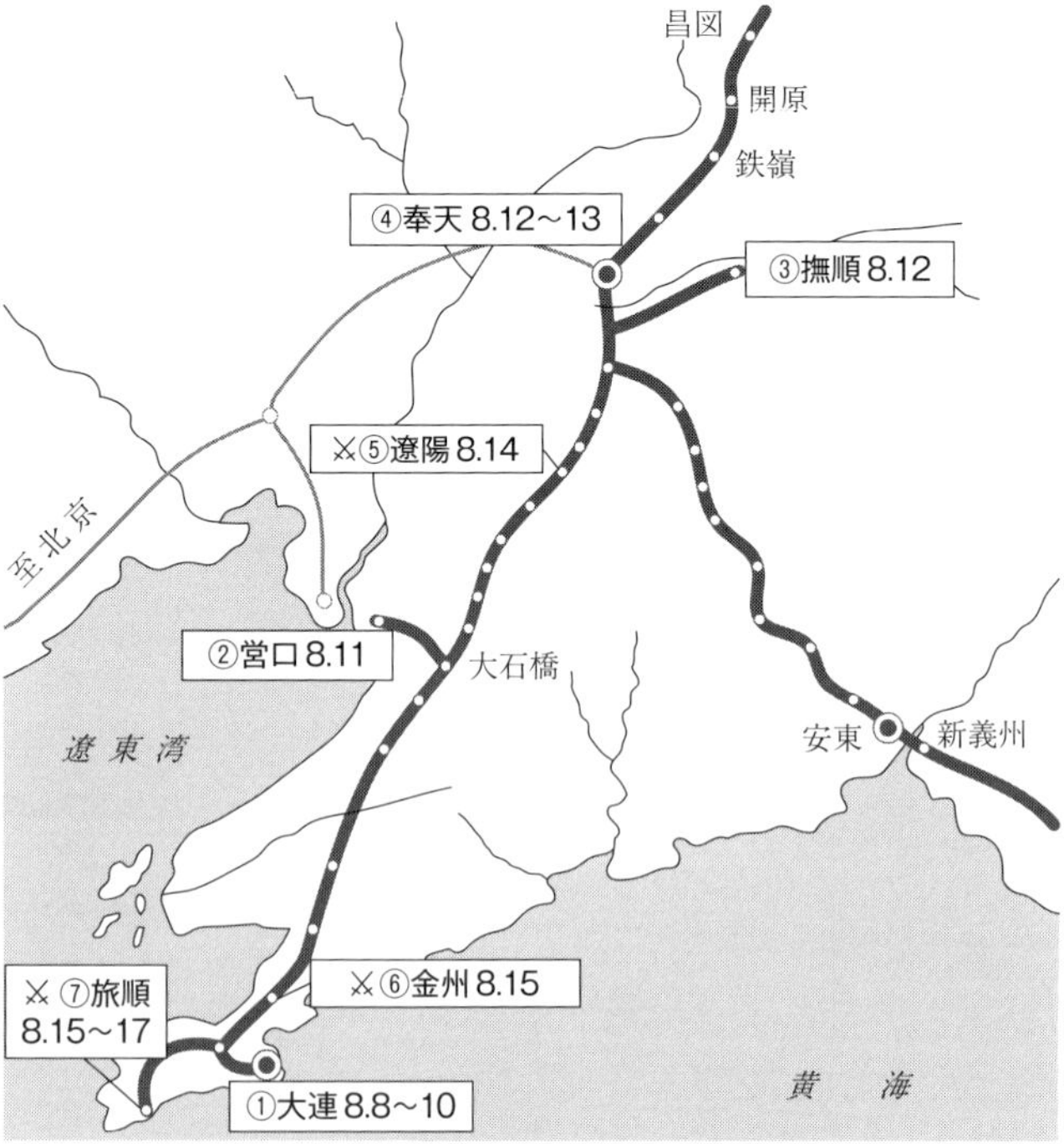

図 2-3 ロセッタ丸満韓巡遊の旅程(満洲部分)

注 石川周行『朝日新聞満韓巡遊船』東京朝日新聞会社, 1906 年, 136~247 頁より作成. 番号は廻る順番, ⚔マークは戦跡説明個所を表す

の紙上にそれぞれ「空前の壮挙／（満韓巡航船の発向）」と「満韓巡遊船!!!」と題した社告が大々的に掲載されるに至った。[10]
旅行は七月二五日に横浜を出帆し、朝鮮半島の釜山、仁川、鎮南浦に寄港し、漢城（後の京城）、平壌を訪れた後、満洲の表玄関である大連に上陸する。そこから日露戦争で経営権を獲得した南満洲鉄道に沿って奉天まで北上し、主要都市と各戦跡を廻り、旅順を最後として帰航するという、約三〇日間の旅程である（図2-2、図2-3）。
募集定員の三七四人は、甲乙丙丁の四ランクに分けられ、定員枠と船賃はそれぞれ、甲級七〇名六〇円、乙級二九名四五円、丙級七五人二七円、丁級二〇〇人一八円である。[11]船中の食費や陸上の費用は別料金であるが、「各級とも船賃同額の費用」[12]とのことから、旅費総額は船賃の二倍相当、つまり最少三六円から最多一二〇円の範囲内であると見積もられた。この頃、日本郵船会社が運航する神戸から旅順、大連までの三等往復運賃だけで三〇円を要することから、[13]普段見学が許されない軍事施設の特別観覧や、随行する講談師、手品師、音楽隊による余興なども一切含めてのこの旅費は、相当お値打ち感があるといっていい。「経費は至廉にして通常旅行の半額に斉し」[14]という朝日新聞の宣伝文句も、あながち誇大ではなさそうである。
三〇日間のコンパクトな旅程、三六円から一二〇円までの手頃な旅費、大型客船をチャーターした大人数のクルーズ旅行、旅行者を楽しませる種々の余興など、旅の簡便化、大衆化、娯楽化といった近代ツーリズムの原型は、すでにロセッタ丸満韓巡遊に明確にうかがえた。ロセッタ丸満韓巡遊は、朝日新聞社初の観光イベントであっただけでなく、日本における満洲観光ツアーの嚆矢でもあったのである。

2　海外観光ツアーの先駆け

そもそも、なぜ旅行業者でも運輸業社でもない朝日新聞社が、これだけ大仕掛けの海外観光ツアーを企画できたのであろうか。

日本における海外観光ツアーそのものは、ロセッタ丸満韓巡遊が初めてではない。その一五年前の一八九一年八月に、新潟商人伏見半七の主唱による新潟発ウラジオストック行の視察ツアー「浦潮遊航船」が催され、二四人の参加者が加わった。一八九二年と一八九三年にも第二回と第三回の募集広告が『新潟新聞』に掲載されていたが、実施の詳細は不明である。[15]また、一八九九年八月に、京都染物同業組合長を務める石田喜兵衛は、汽船を借り入れて同行者を募り、上海行の「清国商工業視察」を実施した。当初は芝罘、太沽、牛荘(営口)にも寄港する計画であったが、上海上陸後、船主のトラブルにより三八人の参加者はやむを得ず数班に分かれてめいめいに北京や蘇州、牛荘に向かったという。[16]伏見や石田のケースはいずれも、実業家個人が企画した小規模の海外ツアーであった。

明治後期のこの頃、日本における専門的な旅行斡旋業はまだ萌芽期にあった。日本最古の旅行会社といわれる「日本旅行会」も一九〇五年に発足したばかりで、初期の業務は高野山参詣団や伊勢神宮参拝団などの世話であった。[17]また、汽船を所有している大きな船会社でも自ら大規模な海外クルーズを主催するだけの力を持っていなかった。一九〇六年七月一五日付『東京朝日新聞』に芝生佐市郎陸軍少佐の話が紹介されているが、芝生が船主同盟会の主事に「本職の君等は素人の新聞社に鼻を明かされしにあらずや」と揶揄したところ、同主事は「恥しながら私共に到底新聞社程の計画は出来ませせぬ両朝日新聞の広告丈けでも私共が致したら莫大の費用を要します」と弁解したという。[18]「私共に到底新聞社程の計画は出来ませせぬ」という船主の本音をうかがわせる面白いエピソードである。

日露戦争を機に社会的影響力を拡大し、強固な読者網と多大な宣伝力を有する朝日新聞社がロセッタ丸満韓巡遊という気宇壮大な海外観光ツアーの主催者として躍り出たのは、至極当然であったといえよう。

3 「戦勝国民」にふさわしい「空前の壮挙」

ロセッタ丸満韓巡遊の最初の募集広告は六月二二日付の社告として発表されたが、その中で、ひときわ目を引くフレーズがある。「戦勝国の民には戦勝国の民にふさはしかるべき豪快の挙なかるべからず、新興国の民には新興国の民に相応しつべき勇壮なる銷夏の策なかるべからず」[19]。満韓巡遊が「戦勝国の民」や「新興国の民」が戦勝の果実として享受すべき「銷夏の策」として捉えられていることが興味深い。消(銷)夏策といえば、気楽な避暑旅行のようにも見えるが、旅行先が満洲と韓国に定められていることは、格別な意義を持っていた。この点について、社告では次のように述べられている。

夫れ満韓の港湾山野は我が忠勇なる海陸将士の血戦力闘して以て帝国の武威を発揚したる所、思ふに親しく之に就いて戦跡を弔し忠魂を慰し、併せて我が皇威の那辺に及べるかを視察せんことは、苟くも日本の何たるかを解せる内外人の等しく渇望する所なるべし、況んや戦後経営の一端として、我が国民が驥足を満韓に伸べんとするに、実地視察の必要あること弁を待たざるをや[20]

ここでは、満韓巡遊の趣旨として、戦跡の弔問、「皇威」の及ぶ範囲の確認、戦後経営のための実地視察、という三点が強調されている。有山輝雄が看破するように、「満州韓国は、日清戦争・日露戦争の戦勝という歴史的記憶が埋め込まれた土地であり、同時に今や帝国日本の「皇威」の実現する土地、さらに今後日本の勢力が拡大進出すべき土地であった。〔中略〕旅行は、帝国日本の達成という物語を最前線の現地において視認する旅行と位置づけられていたのである[21]」。

帝国民としての気概をもって、戦跡を弔問し、「皇威」を体感し、利源を視察する大がかりな避暑旅行――これこそ、「戦勝国民」や「新興国民」にふさわしき気焔万丈の消夏法とされたのである。

4　予想を超える大反響

ロセッタ丸満韓巡遊の社告が一たび発表されるや、たちまち申込者が殺到し、発表から四日後の六月二六日に、早くも定員三七四人はすべて満員になった[22]。申込締切後も申込者は引きも切らず、その数は二〇〇人以上に達するほどの盛況ぶりであった。朝日新聞社は一時、第二船の計画も立てたほどであったが、諸事情により実現には至らなかった[23]。

ロセッタ丸満韓巡遊の企画は、申込者のみならず、社会各界の著名人からも非常な人気をもって歓迎された。たとえば、大阪高等工業学校長の安永義章は「社会の先覚者たる新聞社として之に上越す盛挙はあるまい(24)」と述べ、第五師団軍医部長の藤田嗣章（洋画家・藤田嗣治の父）は「最も奇抜で突飛で大仕掛な而も時代の要求に応じた高尚な企て(25)」だと評し、大蔵大臣の阪谷芳郎《さかたによしろう》は「今回の貴社の計画は満韓の視察に就て比較的其便宜を欠いて居つた人々の間に満洲なるものを紹介するの結果となるが故に、寔《まこと》に有益と信ずる(26)」と評価するなど、異口同音に賛辞を送っている。

さらに、朝日新聞社の働きかけにより、陸海軍をはじめ各鉄道会社や満洲朝鮮在住の日本人居留民団体などが続々と特別な便宜を図ることを約束した。軍からの支援については後述するが、鉄道会社では、東海道官線は二割引、山陽鉄道は三割引、九州鉄道は個人三割引、団体五割引、日本鉄道、甲武鉄道、川越鉄道などは共に二割引、韓国の京釜線は五割引と、二割から五割までの特典を提供することになった。また、若松製鉄所や三菱造船所、川崎造船所、大阪鉄工所は、旅行団の自由観覧を承諾することになった(27)。

加えて、一般の商店や会社からも大量の「寄贈品」が贈られた。その種類は旅行用グッズから常備薬、満韓事情の参考書まで種々雑多である。中には、ロセッタ丸への寄贈を広告のネタに活用する商魂たくましい会社まで現れた。風刺漫画誌『東京パック』一九〇六年七月一日号に掲載された下痢止め薬「清快丸」の広告の中に、「ロセッタ丸」と書かれた客船の前で会話している二人の紳士が描かれている。一人が「船に乗るには清快丸を用意する必要があるナ」とつぶやくと、もう一人は「ロセッタ丸には高橋盛大堂寄贈の清快丸が沢山あります」と教えて安心させる構成となっている(28)。ロセッタ丸満韓巡遊の人気に便乗した広告であることは明白である。こうした社会各界から与えられた「大便宜大援助」に対し、朝日新聞社は「目出たしといはんも愚なり」と述べ、感激を隠せない様子であった(29)。

ロセッタ丸満韓巡遊の話題は朝日新聞の紙上だけにとどまらない。同業の新聞紙までも称賛の声を挙げているのである。朝日新聞の社告が出た翌六月二三日、早くも『都新聞』は「吾輩は快感を以て之を迎へ、其成功を祈ると共に、此機会に於て、予て実着《じっちゃく》にして且高尚なる経営に富める同社の平生に対し深厚なる敬意を表す」と賛辞を寄せた(30)。同日の『人民新聞』も「一般視察者の便利を謀り、大に大国民的気象を養成せんとす、真に良策なり、壮挙也／吾人は朝日社が、新聞事業家として、最も適当なる計画を為せしを欣び、同社の為に、社会の為に深く之を祝す」と祝意を表した[31]。さらに、熊本の『九州日日新聞』は、「是れ実に豪快第一の事、今年の銷暑法、何者か此挙の雄壮にして又た裨益多きに如かんや、流石に新聞界の先進として、其企図の雄壮なるを称せざる可らず」と褒めたたえただけでなく、主事の小早川秀雄が自ら申し込んで旅行団に加わった[32]。

また、第3章で後述するように、ロセッタ丸満韓巡遊の社告に一週間ほど遅れて、文部省・陸軍省の共催による満韓修学旅行も報じられた[33]。二つの企画が相俟って、満韓旅行を一大ブームへと押し上げることになった。朝日新聞のライバル紙である大阪毎日新聞ですら、自社主催の登山イベント「高山生活」に言及しながら「此夏期休暇に満韓に行くか高山に登るかせねば人間でないやうになつたのは面白い」と語るほど、ロセッタ丸満韓巡遊が拍車をかけた満韓旅行ブームの反響を無視できなくなったのである[34]。

5　紙上の満韓旅行

自社主催のメディア・イベントであるだけに、朝日新聞はこの企画に多くの紙面を割き、新聞社としての本領を存分に発揮した。社告発表の翌日(六月二三日)から横浜出帆前日(七月二四日)までの三二日間、『東京朝日新聞』紙上では「満韓巡航彙報」と銘打つコラムが二九回にわたって掲載され、諸般の計画から日々の進行、社会各界からのコメント、寄贈品に至るまで、紙面を賑わし続けた。一方、『大阪朝日新聞』においては六月二九日から七月一六日にかけて「巡遊船と名士」と題するコラムが設けられ、延べ二九人分の関西方面の名士のコメントが掲載されていた。名士の顔触れは政治家、軍人、官吏、実業家、教育家など多岐にわたり、さまざまな立場からロセッタ丸満韓巡遊に「お墨付き」を与えることになった。

ロセッタ丸には東京大阪両新聞社の社員計一六人が同乗した。杉村廣太郎(楚人冠)、池田末雄(蘇庵)、木崎愛吉(好尚)の三人[35]は通信担当の記者として、航海中に伝書鳩を放ったり、寄港地から電報を打ったりして、旅行経過を逐一速報し、読者の関心を継続的に惹きつけていた。横浜出帆の七月二五日から横浜帰着一週間後の九月一日までロセッタ丸関連の記事は毎日欠かさず『東京朝日新聞』の紙面を飾り、一日に四つの面に登場することも珍しくなかった。こうして、実際の旅行者数をはるかに超える、東西合わせて二二万人に近い読者が、新聞の紙面を通して「此の空前の快挙の楽みを分ち享くる」[36]ことができたのである。

さらに、旅行終了二カ月後の一〇月には、朝日新聞写真班の撮影による一四〇頁余に及ぶ写真集『ろせつた丸満韓巡遊紀念写真帖』(定価二円)が刊行された。[37]この写真集は当初、旅行者だけに頒布される予定であったが、「好評を博し会員外の向より続々購求の御申込有之候に付」翌一一月に再版のうえ、一般向けにも販売された。[38]続いて、同年一二月には、最初の社告から巡遊中の新聞記事、巡遊後の旅行者の感想までまとめた三〇〇頁を超える記念文集『朝日新聞満韓巡遊船』(定価五〇銭)が、東京朝日新聞会社より刊行された。[39]写真集と記念文集の発売広告も断続的に朝日新聞に掲載され、ロセッタ丸満韓巡遊の話題は翌一九〇七年の初め頃まで絶えることがなかった。

二　旅行者の構成

ロセッタ丸満韓巡遊の当初の募集定員は三七四人であったが、『朝日新聞満韓巡遊船』に掲載された「会員名簿」によると、最終的な参加者数は五人増えて計三七九人となった。[40]そこから、朝日新聞社が事前に同行を依頼した海軍軍人二人[41]を除外すると、自ら申し込んだ旅行者は三七七人と推定される。女性は一人もおらず全員男性である。

ここからは、「会員名簿」に基づき、地域別、年代別、職業別の特徴について考察していきたい。

1　居住地と年代の偏り

「会員名簿」に掲載された旅行者の住所欄によると、その地域的分布は北海道から九州までの一道三府三〇県と韓国

表 2-1　旅行者の地域別・年代別構成表　（単位：人）

地域＼年代	10 代	20 代	30 代	40 代	50 代	60 代	70 代	無記入	合計	地域別割合
北海道・奥羽		1	5	1	1			3	11	2.9%
関東	8	29	23	34	14	3		4	115	30.5%
本州中部		9	20	5	2		1		37	9.8%
近畿	18	42	56	40	33	7	1		197	52.3%
中国	2	1	1	3		1			8	2.1%
四国			3	1					4	1.1%
九州		1	1	1					3	0.8%
韓国		1							1	0.3%
無記入								1	1	0.3%
合計	28	84	109	85	50	11	2	8	377	100%
年代別割合	7.4%	22.3%	28.9%	22.5%	13.3%	2.9%	0.5%	2.1%	100%	――

注 1　石川周行『朝日新聞満韓巡遊船』東京朝日新聞会社，1906 年，「会員名簿」1〜8 頁に基づいて作成．ただし山梨県在住の菊島定右衛門の年齢を 59 歳から実年齢の 71 歳に修正した

注 2　地域区分は後藤嘉之，美島近一郎共編『増訂日本地理――普通学表解叢書』合資会社六盟館，1906 年，30〜104 頁を参照

という広範囲に及んでいる。掲載がない県は、岩手、富山、石川、鳥取、島根、山口、徳島、高知、福岡、佐賀、宮崎、鹿児島、沖縄の一三県である。

表2－1で示したとおり、地域別で断トツに多いのは近畿地方の一九七人で、全体の半分以上を占める。次いで多いのは関東地方の一一五人で、全体の三割を占める。この二つの地域の合計数だけで、全体の八割を超えている。その次は、本州中部三七人、北海道・奥羽一一人、中国八人、四国四人、九州三人、韓国と無記入ともに一人の順で続く。意外にも、韓国や大陸に地理的に近い中国地方や九州地方は少数派であることがわかる。

さらに、道府県単位で見てみると、大阪府在住の一二五人が最も多く、二番目は東京府の八六人で、三番目は京都府の四七人である。三府を合わせると計二五八人で、全体の六八・四％を占めている。次いで愛知県一三人、兵庫県一二人、長野県一一人と続くが、残りの道県はいずれも一〇人以下の少人数である。

近畿と関東からの旅行者が圧倒的に多いのは、両地域における満韓巡遊への高い関心度の現れとも考えら

れるが、他の地域の関心度が低いとは一概には言えない。そもそも、旅行申込は先着順であったため、発行部数が多く販売店の密度も高い近畿と関東の方が、より迅速に申し込むことができる環境にあった。実際、「遠隔の地方より申込を為せし人の内満員の為謝絶されしを怒り東京大阪にて会員内約有りしならんなど意地悪き書面を送られし人有るも申込受付は順番によるの外なく地の遠近によりては多少の損得有るべし」という朝日新聞社側の弁明からもわかるように、同じタイミングで申込を速断したとしても、「遠隔地」より東京、大阪の方が先着になる可能性が高かったのである。[42]

また、東日本より西日本の旅行者が多いのは、東西両朝日新聞の発行部数の差[43]や、それぞれの地方における両新聞の読者市場での占有率の差[44]によるものだと考えられる。

一方、同一住所同一苗字の記載により、父子か兄弟と推定される家族連れのグループは一〇組二〇人いることがわかる。大阪府在住は六組、東京府在住は二組、兵庫県と滋賀県在住は一組ずつである。そのうち七組は年少者が学生で、兄弟ともに学生は二組で、兄教員と弟学生の組合せは一組あった。家族連れメンバーの職業は、学生や教員以外に、弁護士、薬剤師、素麺商、毛織物商、金物商、酒造業、塩問屋、牛乳搾取業、無職といった面々が挙げられる。父子や兄弟そろっての応募は、個人だけでなく、家族メンバー内でも満韓巡遊に対する関心が高かったことを示している。

表２－１の年代別欄のデータからは、旅行者の年齢層が一〇代から七〇代にわたり、非常に幅広いことがわかる。そのうち、三〇代は一〇九人で最も多く、全体の二八・九％を占めている。次いで、四〇代が八五人、二〇代が八四人と、ほぼ互角である。その次は、五〇代五〇人、一〇代二八人、六〇代一一人、無記入八人、七〇代二人の順となっている。また、二〇代から四〇代までの合計は全体の七三・七％を占め、青壮年層が旅行者のボリュームゾーンであることがわかる。

また、地域別の年代分布状況を見てみると、関東では四〇代が、近畿では三〇代がそれぞれトップで、いずれも各地域の約三割近くを占めている。本州中部、北海道・奥羽および四国地方では、いずれも三〇代の比率が最も高い。

最年少者は一四歳の学生二人で、それぞれ大阪府と滋賀県在住である。最年長は七一歳で、山梨県在住の農業を営む人である。実は、彼は六〇歳以上が参加を断られることを恐れて、実年齢より一二歳も若い五九歳と偽って申し込んだそうである。[45] 年齢詐称をしてまで旅行に参加したい彼の熱意のほどがうかがえる。

２　幅広い職種

表２‐２にまとめた職業別構成表で見てみると、最も多いのは商業で一七九人、全体の四八％近くを占めている。次いで、学生四六人、その他三一人、無職二四人、製造業と教員がともに一九人、農業・農園芸業一五人、宗教家一二人、会社員・銀行員と記者・編集者・出版業がともに九人、弁護士八人、無記入六人の順となっている。「その他」の中に、医師、薬剤師、市・区会議員、株式仲買人、公吏などがそれぞれ数人程度含まれ、旅行者の職種は実に多岐にわたることがわかる。ここでは、主要な職種を例に挙げ、より詳細に考察してみよう。

商業は国内のどの地域でもトップを占めるほど、圧倒的な存在感を示している。これは、商業従事者の満韓経営への関心が全国的に非常に高いことを端的に示しているのであろう。中でも突出して多いのは近畿地方で、全商人の約六割にあたる一〇八人を数える。また、そのうちの大半は大阪府（七六人）と京都府（二四人）に集中している。

商業の次に多いのは学生の四六人で、全体の一割強を占めている。商人の六割強が近畿在住であるのに対し、学生の五割弱は関東在住である。学生が勇躍して参加する背景の一つには、学生はちょうど夏休み中で、時期的に好都合であることが挙げられる。参加学生生徒の在籍校は東京京都両帝国大学をはじめ、専門学校（早稲田大学、慶應義塾）、実業専門学校（札幌農学校、東京高等商業学校、神戸高等商業学校、大阪高等商業学校）、実業学校（市立名古屋商業学校、明星商業学校）、中学校（麻布中学校、立教中学校、天王寺中学校、大阪府立今宮中学校）など実に多彩である。[46] 中には珍しい人物として、東京帝国大学理科大学化学科のインド人留学生で日印協会の幹事も務めるポツダル（二七歳）という青年がいる。[47] 彼は旅行団の中で唯一の外国人である。

学生と同様に夏休みという長期休暇が取れるのは教員である。教員は計一九人で、製造業と並んで四番目に多い。厚

構成表　（単位：人）

記者・編集者・出版業	弁護士	その他	無記入	合計	地域別割合
1	1		2	11	2.9%
6		15	3	115	30.5%
5		11	2	86	22.8%
1	1	1		37	9.8%
	5	15		197	52.3%
	2	9		125	33.2%
	3	6		47	12.5%
	1			8	2.1%
				4	1.1%
1				3	0.8%
				1	0.3%
			1	1	0.3%
9	8	31	6	377	100%
2.4%	2.1%	8.2%	1.6%	100%	――

注1　石川周行『朝日新聞満韓巡遊船』東京朝日新聞会社，1906年，「会員名簿」1～8頁に基づいて作成．ただし東京府在住の田中源三郎の職業を「無職」から「編集者」に修正した

注2　地域区分は表2-1の注2と同じ

木中学校校長をはじめ、大垣中学校校長、甲府中学校教諭、奈良県立中学校教諭、その他小学校校長と教員が含まれている(48)。学生と教員の合計数は六五人で、全体の一七％を占める。前に言及した文部省・陸軍省共催の満韓修学旅行企画の発表後、ロセッタ丸に申し込んでいた学生と教員は一部そちらに流れていったと思われる中、六五人も集まったことは、満韓旅行に対する学生層と教育者層の関心の高さが見てとれる。

宗教家は計一二人である。神職二人と牧師一人を除き、僧侶は九人で最も多く、真宗（本願寺派と大谷派）、浄土宗、天台宗、真言宗など各宗派にわたる(49)。その中の一人、大阪市の天台宗僧侶清水智光（四二歳）は、自らの参加目的について、「私は先づ僧侶として忠死者の霊魂を吊《とむら》ふといふのが第一の目的で、次ぎには満韓に向て布教するの方法如何といふ事をも一応取調べたいといふ目的を以て、今回の「ロセッタ」丸に加入を申込だのです」と述べている(50)。戦死者の供養と新勢力圏への布教開拓は、宗教家が満韓に熱い視線を送る動因となっていることがわかる。

一方、一般的に長期休暇を取りにくいと思われる会社員・銀行員は九人を数える。そのうちの一人、渋沢栄一が

表 2-2　旅行者の地域別・職業別

地域＼職業	商業	学生	無職	製造業	教員	農業・農園芸業	宗教家	会社員・銀行員
北海道・奥羽	5	1		1				
関東	40	22	2	6	9	5	5	2
うち東京府	31	22	1	2	7	1	2	2
本州中部	18	1	2	5	4	3	1	
近畿	108	20	20	6	6	5	6	6
うち大阪府	76	12	15	5	3		1	2
うち京都府	24	4	3	1	1	1	4	
中国	4	1				2		
四国	3			1				
九州	1	1						
韓国								1
無記入								
合計	179	46	24	19	19	15	12	9
職業別割合	47.5%	12.2%	6.4%	5.0%	5.0%	4.0%	3.2%	2.4%

創業した「渋沢倉庫部」で管理主任を務める利倉久吉（四一歳）のケースを見てみよう。利倉の参加動機は「曰満韓経営、曰利源調査、曰何、曰何と老若男女猫も杓《ママ》子も満韓々々と出掛る世の中、生も聊《いささ》かそれにカブレ気味で兎に角一度行て見たく」なった、ということらしい。しかし暑中休暇は一週間しかなく、足りないとわかっていながらも彼は「いつそ満韓視察と奮発して見様かと煩悶しつゝあつた」。折しもロセッタ丸満韓巡遊の募集広告を知り、早速会社の許可を得て申し込んだが、あいにくすでに満員になっていた。断念しかけたところ、たまたま甲級にキャンセルが出たため、彼は「追風に帆で漸く会員の一人となつた」[51]。たとえ十分な休暇がなくても、何とか会社の許可を勝ち取り、満韓巡遊に申し込んだ彼の強い思いが感じられる。

会社員・銀行員と並び、記者・編集者・出版業といったメディア関係者も九人である。前述の九州日日新聞社主事以外に、両羽新聞社記者、岐阜日日新聞社主事、有楽社の編集者二人、明治書院創業者、千葉文庫編纂人などが挙げられる。ロセッタ丸満韓巡遊の詳細は、旅行者として参加した他社の記者などの筆を通して、『九州日日新聞』や有楽社発行の四誌(『東京パック』『世界之少年』『手紙雑誌』『月刊食道楽』)など、朝日新聞以外のメディアの中でも喧伝されるようになったのである。

三　軍への依存

1　軍の協力を仰ぐ

ロセッタ丸満韓巡遊は朝日新聞社が企画・催行したイベントではあるが、その実現にあたって、欠くべからざる肝心な役割を果たしたのは陸海軍の両省である。

海軍省は早くからロセッタ丸の呉と佐世保の両港への入港と、両港内にある海軍工廠の観覧を特別に許可している。(52)加えて、朝日新聞社からの依頼を受けて、日本海海戦を経験した海軍中佐・斉藤半六と、旅順口閉塞作戦に参加した海軍少佐・正木義太の二名をロセッタ丸に便乗させ、航海中や海軍施設見学時の注意事項を説明したり、実戦談を交えて海戦の状況を解説したりして、案内の労を執った。また、説明案内だけにとどまらず、両士官は指揮官の役目を務めることもあった。たとえば、最初の軍港・呉の海軍工廠を観覧する際、旅行団は直ちに両士官を「総指揮官」とする八つの「聯隊」に臨時編制され、朝日新聞社社員も「聯隊長」という名の引率者となった。(53)このように、一歩海軍の施設に入ると、旅行団も軍隊組織のように様変わりし、主催者の朝日新聞社員でさえ、軍人の指示に従って行動するしかなかった。

一方、満韓巡遊のハイライトともいえる満洲では、撤兵や軍政署の閉鎖は進んでいるとはいえ、いまなお戦時体制が継続し、すべては陸軍の統制下に置かれたままであった。そのため、満洲での旅行は、陸軍省の協力を仰ぐことは必要不可欠であった。

満韓巡遊の最初の広告が出た六月二二日当日に、東京朝日新聞社は寺内正毅陸軍大臣宛に文書を送付し、満洲に入った後の「陸軍所管ノ各鉄道乗車賃定額三分ノ弐以上割引ノ事」、「汽車巡遊沿道ニ官宿舎御指定ノ事」、「陸上旅行中糧食給与方法御指定ノ事」と、移動、宿舎、食事に関する三項目について特典の供与を申し出た(54)。

六月三〇日付『東京朝日新聞』に掲載された陸軍省からの返答によると、陸軍省は所管鉄道乗車賃の三分の二減額を許諾したうえ、「巡遊沿道の宿舎に関しては陸軍官憲に於て軍事上差支なき限り便宜を与ふべき事」、「上陸旅行中の糧食給与に関しては自治とす但し陸軍官憲に於ても可成便宜を与ふべき事」と、宿舎と食事の面においても協力する意思を示している。さらに、大連桟橋の無料繋船と無料通過や、陸軍所管の営造物の観覧は「監督者より直接関係の陸軍官憲に交渉すべき事」などと、朝日新聞の要望以上の特典を与えている。同時に、「外国人は大連及旅順に上陸するを得ず」や、「遊覧者には一定の徽章を附着せしめ且つ一般の監督者及取締員を定め其姓名及徽章の種類を予め韓国駐剳軍、関東総督府参謀長及運輸部本部長に通報すべき事」、「其他陸軍官憲の規定及指示は厳に服行すべきものとす」などの条件もつけている(55)。

こうして、満洲上陸後の移動、宿泊、食事、観覧など、ほとんどすべての旅行要素において、陸軍は便宜供与を約束し、全面協力の姿勢を見せている。さらに注目すべきなのは、陸軍が旅行者の徽章着用から、監督者や取締員の指定と通報、「陸軍官憲の規定及指示は厳に服行すべき」まで要請していることである。ここに至って、陸軍はもはや旅行の協力者ではなく、旅行の主導者、指揮者そのものとなっていたのである。

2　満洲内陸部の貨車旅行

ロセッタ丸の巡遊期間は、横浜出帆の七月二五日から横浜帰着の八月二五日まで一カ月間ほどであるが、そのうち、韓国での旅程は八月一日の釜山着から同八日の鎮南浦発までの八日間で、満洲は八月八日の大連着から同一七日の旅順発までの九泊一〇日間となっている。

満洲での旅程は、朝日新聞社の大連特派員が、野戦鉄道提理部の「鉄道提理武内大佐、平尾少佐、川口運輸課長等の好意ある助言を得て」事前に作成したものである。[56] 具体的には、大連で二日間見学後に、特別巡遊列車で北上し、商業都市の営口や撫順炭鉱を廻った後、清朝発祥の地である奉天を折り返し地点として今度は南下し、日露戦争の戦場として名高い遼陽、金州を経て、最終地たる軍港旅順に至ることになっている[57](図2-3)。

大連上陸直前に朝日新聞の社員は旅行者全員を甲板に集め、旅行団を軍隊式に改編する「ロセッタ丸全軍の配列部署」を行った。すなわち、一班一六人宛二二班に分かち、各班より班長を互選させ、一般班員には紅白捻り合わせた腕章、班長には紅色毛糸の腕章をそれぞれ着用させたのである。腕章の着用は前述の陸軍省からの要請に応えた措置と思われるが、一六人ごとの班分けは野戦鉄道提理部が仕立ててくれた一車一六人詰、二五両を連結した特別巡遊列車の編成に合わせたものである。[58]

陸軍当局が特別に用意してくれたこの列車は、実際は軍馬の運搬にも使われていた貨物列車であった。これについて、横浜出帆前の七月一七日に、陸軍省は四〇〇名近くを同時に輸送するための客車数が不足しているため、貨車で代用する旨を朝日新聞社に通知していた。[59]

もっとも、貨車とはいえ、「威儀頗る堂々たるもの」である。外側には万国旗が飾られ、中にはアンペラ(カヤツリグサで編んだ敷物)が敷かれ、楽隊車、料理車、酒保車なども一両ずつ付き、おまけに停車場に出入りする毎に、ロセッタ丸に同乗していた音楽隊の演奏が行われるなど、精いっぱいの工夫が凝らされていた。[60] さらに、この貨車の最もありがたいところは、ロセッタ丸満韓巡遊団の専用とされた点である。「食堂酒保などの附いてゐるさへ異常の特典と覚ゆるに、我が一行が、何処に行かうが、一度も乗り換への面倒はなくて、支線にも入れば、後帰りもするなどは、余程の特典である」と、朝日新聞社員は陸軍から与えられた特典に感激している。[61]

ホテル不足の満洲では、貨車は移動手段だけでなく、宿泊施設代わりとしても重宝されていた。最初の大連と最後の旅順では、一行はそれぞれ停泊中のロセッタ丸に二泊ずつ泊まったが、途中の六日間の満洲内陸部の旅のうち、奉天の陸軍兵舎での一泊以外、残りの四泊はすべてこの貨車の中で寝泊まりしていた。

一方、満洲では飲料水が不足しているため、陸軍は一行のためにわざわざ途中の各主要駅で湯茶を用意してくれた。また、「僅に一日五十銭の賄のこととて、固より以て美食のあらんやうなし。一飯に一菜、多くは薯切干の類」という厳しい食事事情で我慢せざるを得ない一行に対し、陸軍は営口と奉天の二カ所で炊き出しを提供してくれた。そのうち、奉天兵站部でバケツに入れて出された鶏肉と野菜のごった煮は「出発以来の第一の珍味」だと評判だった。(62)(63)

こうして、客車、ホテル、飲食店など諸種の観光インフラが不十分な満洲では、陸軍は旅行の遂行に深く関与し、破格の厚遇を与えていたのである。

3　戦跡弔問と戦地講話

輸送、宿泊、食事に関する便宜供与だけでなく、戦跡案内の役目も陸軍が務めている。満洲の旅程には遼陽、金州、旅順といった日露戦争の激戦地が組み込まれ、一行は現役軍人による実戦談を傾聴しながら、各戦跡を巡拝した。

遼陽会戦（一九〇四年八～九月）の舞台である遼陽では、早くも一九〇五年八月一八日に、日本軍の戦死者を合祀した遼陽招魂社が竣工し、同年九月四日、遼陽占領一周年に際して除幕式を兼ねて招魂祭が行われた。一行は激戦が繰り広げられた首山堡が見える灰山の丘の上で、案内する大尉から首山堡占領の講話を聴いた。(64)(65)

続く金州は、一九〇四年五月に繰り広げられた南山の戦いで有名な南山のある地である。あいにくの悪天候にもかかわらず、有志一〇〇名余は南山の戦跡を弔うべく、暴風雨の中を訪れた。山頂には「鎮魂碑」と「昭忠碑」の二基の記念碑が建てられ、そこに至る道は、第３章で触れる満洲修学旅行団の学生のために急いで改修を施された平坦な道になっている。「昭忠碑」のそばで、馬を駆ってきた旅団副官の中尉は鞭を上げ、講話を始める。「南山山頭蹄声轟き、金州城外戦塵濛々として揚るを見るの感あり。中尉音吐洪鐘の如し。その烈風に立ちて、説き去り説き来るや、声は風に吹きちぎれて飛ぶに似たり。嗚呼何等壮快の講演ぞや」と朝日新聞社の記者は綴る。一行は南山から降りた後、兵站部の宿舎内でほかの旅行者とともに、旅団長の少将による南山戦に関する講演を聴き、感激を新たにした。(66)(67)(68)

遼陽と金州はそれぞれ半日ずつの滞在であったのに対し、旅順は二日間と約四倍の時間が費やされている。一九〇四年八月から翌年一月にかけて五カ月近く続いた旅順攻囲戦は、日露戦争中最も惨烈な戦いの一つといわれ、戦死者一万五〇〇〇人、戦傷者四万人に及び(69)、全戦死・戦傷者総数の約四分の一を占める。それだけに、旅順要塞の至るところに、生々しい激戦の跡が見られた。もっとも、招魂社や鎮魂碑などの記念建造物がすでに建てられている遼陽や金州と比べ、この頃の旅順では、のちに戦跡ツアーの定番スポットとなる二〇三高地の記念碑などはまだ着手されておらず、東郷平八郎、乃木希典両大将の発起による、白玉山頂に聳え立つ巨大な表忠塔および納骨祠も工事の最中であった。唯一、整っている見学施設といえば、各砲台の実戦模型や種々の戦利品を展示する「旅順要塞戦紀念品陳列場」が挙げられる。元ロシア軍下士官集会所の建物を利用したこの陳列場は、遅くても一九〇六年一月二日以前に開館されたようである(70)。後年に「戦利品陳列館」や「旅順博物館記念館」などと名を改め、一九三二年から運行開始した「旅順戦跡バス」コースにも組み込まれた。ロセッタ丸満韓巡遊団一行は、旅順到着の初日に、早速二人の将校に案内され、仔細に場内を巡覧した(71)。

旅順の二日目には、一行は二隊に分かれて見学することになった。それぞれ一人の将校に引率されながら、一隊は先に二〇三高地から、もう一隊は先に東鶏冠山から順次に各砲塁を廻った。旅順開城から一年半経過した一九〇六年八月になってもなお、破壊された砲台や堡塁、弾片、土嚢などが散乱したままである。「兎《と》ある襤褸《ぼろきれ》布片の束ねたるを解き見しに、中には尚生々しき血塊を包み居たる」、「歯を食ひしばりたる髑髏の、まじ〳〵と人を睨みつけたらんやうに、眼窩空しく窪みたるを見たる」などの記述があるように、激戦当時の情景が彷彿として目に浮かび、見る人に戦慄をさえ覚えさせるほどであった(72)。

このような惨憺たる戦跡の光景を眼前に、引率将校の一人は、戦死を覚悟していた自分が、一九〇五年元旦に突如の開城の知らせに接し、生還の希望が見えた時の心情をこう語る。「余等乃ち半信半疑の裏に掩壕を出でゝ、前方を見やれば、砲塁といふ砲塁、一として日章旗ならぬはなし。余等の一たび掩壕に入るや、初より生を期せず。然るに、今正月元旦、満山尽く旭旗の翻へるを見ては、言ひ知らぬ感に打たれて、覚えず涙を催せり」と、感慨深そうに述懐した。[73]旅順には陸軍関係の戦跡ばかりでなく、旅順閉塞戦（一九〇四年二～五月）に因む海軍関係の戦跡も点在している。前述の横浜から同乗した正木海軍少佐は、第二次旅順口閉塞作戦で米山丸の指揮官を務めていた。八月一七日、ロセッタ丸が旅順口を出港した際に、目の前に広がる閉塞船の実状を見ながら、彼は甲板に立ち、米山丸の作戦模様を「言々血あり句々熱ある口気もて、一昨年の昔を今に繰返し〳〵、いと詳密にいと平易に」語り、[74]満洲旅行の締めくくりに相応しい最後の戦争講話を披露した。

このように、戦跡巡りだけでなく、各激戦地や船内で直に聴く陸海軍人の実際の戦場譚は、新聞報道がもたらす以上の迫力をもって、旅行者に深い感激を与えることになった。

四　在満有力団体の歓迎

満洲旅行中、軍以外に在満日本人社会の有力団体も無視できない役割を果たしていた。

日本人の満洲への流入は、日露戦争中、日本軍の満洲支配の拡大に伴って本格化し、日露戦争終結時の一九〇五年九月には、関東州内の日本人人口は五〇二五人（軍人軍属、その他官衙所属者を除く）になっていた。日露戦争後になると、日本人の満洲進出はさらに加速し、翌一九〇六年末には、関東州と満鉄付属地を合わせた日本人人口は一万六六一三人と、三倍以上に膨れ上がった。[75]

一九〇六年夏の時点で、大連をはじめとする満洲の主要都市では、日本人コミュニティが形成されつつあった。実業界では、横浜正金銀行、三井物産、大倉組といった大企業の満洲支店が相次いで設けられ、大連の実業家有志団体「大連実業会」も一九〇六年三月に創立された。新聞界においては『満州日報』（一九〇五年七月に営口で創刊）、『遼東新報』（一九〇五年一〇月に大連で創刊）という二つの日本語新聞が発行されている。宗教界では、日本基督教会は大連と遼陽に仮教会所を、仏教諸宗派中最も満洲進出の早い真宗本願寺派が、大連には関東別院、旅順、営口、奉天、鉄嶺などには出張所をそれぞれ開設している。(76)

これら在満有力団体は、軍や関東総督府と一丸となり、本来の「ホスト」である清国に取って代わって、いわば「代理ホスト」として、ロセッタ丸満韓巡遊団を迎え入れる重要な役割を担うことになったのである。

1 「歓迎又歓迎」

満韓巡遊中、旅行者に最も深く印象を与えたことの一つは、各地で受けた望外な「歓迎攻め」であろう。横浜帰航日の八月二五日付『東京朝日新聞』の社説にも「愈《いよいよ》横浜を解纜し、内地諸港より進んで満韓各地に至るに及び、到処歓迎又歓迎、熱誠なる同情と懇篤なる指導とは殆ど意外に出で、巡航諸君の内には失礼ながら却て面喰ひたる人もありしが如し」と特筆されるほどであった。(77)

呉や長崎、佐世保といった国内諸港とは異なり、外国の地である満洲と韓国で、在留日本人からの歓迎を受けることは、旅行者にまた格別な感動を与えた。

八月八日夜、ロセッタ丸が大連港に到着する際、「松茂洋行の歓迎船は、日の暮前から美々しく艤装して、遠く三山島沖に出で、引つゞきては、遼東新報社の歓迎船、桟橋には実業会が中堅となり、幹事長北條野夫夫《ママ》〔北條三野夫〕君尤も尽力され、その他有志の歓声は、夜の大連湾を波立たせたのであつた」。(78)ここでいう「松茂洋行」は、大阪の豪商河邊九郎三郎が満洲各地で開設した船舶代理業の支店であり、(79)「実業会」は前述の大連実業会のことである。(80)

翌九日、正午には大連の北公園で真宗本願寺派主催の歓迎会が開催され、午後五時からは西公園で関東州民政署事務官や大連実業会幹事、「大連公議会」(大連の華商組織)会頭が出席する歓迎会が催され、夜七時には大連公議会の招待による清国語の芝居が上演され、夜八時には料亭「梅花」で遼東新報社主催の有志懇親会が開かれた。(81)地元清国の華商による歓待もあったが、歓迎会の主役はあくまで在満日本人であった。

その後も、宮口では、真宗本願寺派出張所の駐在布教師・寺本泰巌と寺本が創立した宮口仏教婦人会の会員三、四〇人が早朝六時に駅で出迎えてくれたり、奉天、遼陽と旅順では日本居留民会や日本基督教青年会の有志が歓迎してくれたりするなど、一行は行く先々で鄭重なもてなしを受けた[82]。

そもそも、在留日本人が満韓で主人顔をして歓迎会を設けられること自体が、日本人勢力の著しい伸張を示しており、「皇威」が遠く満韓に及んでいることを体現するものである。中でも、「皇威」の伸張を実感させられる瞬間といえば、朝日新聞奉天特派員の目に映った次の光景である。奉天の歓迎会場から宮殿見物に出かける際、松茂洋行奉天出張所主任が「騎馬、先頭に立ちて、本社社旗を翻へて、之に四百の武者続きたれば、路傍のチヤン〔清国人に対する蔑称〕をして眼を円くせしめた[83]」。騎馬姿の在満日本人に先導されるロセッタ丸の「武者」行列と、それに驚かされる「路傍のチヤン」という構図は、戦勝国民としての自尊心を大いにくすぐることになった。

2　「在外同胞の後援者」として

在満有力団体が時間と金銭を費やしてまで熱心に歓迎してくれることについて、旅行者側はどのように受け止めているのだろうか。たとえば、大阪で裁縫業を営む高田甚吉〔四四歳〕は次のように述べている。

要するに其意の存する処敢て珍客に対する一片の辞礼に止まらず内外相応じて富源啓発の目的を達するに外ならざれば吾人は特種歓待の都度誓て在外の有志を保護し国家を挙げて彼等の後援者たらざる可からざる事を期せり抑《そもそ》も国家なる観念は故園に坐食する同胞に於ては甚薄弱なれども一度海外に航するに及んでは一挙一動悉く国家を脱して進退するものに非ず経営する処の事業も亦悉く国家的事業に外ならざれば吾人は此航海に於て始めて国家の国家たる観念を覚知するを得たり〔中略〕愈々吾人の決意を鞏固にし微力を振ふて大に同感の有志を募り在外同胞の良友となり後援者となり彼等をして又後顧の患なく勇進業に就かしめ内外相応じて富国の道を講ずるは同胞国民の先天的義務たる事を肝銘するに至れり[84]

ここに至って、在満有力団体はもはや「在外同胞」と呼べる親しい存在となり、彼らの期待に応えるべく、旅行者は「国家たる観念」が喚起され、「在外同胞の後援者」としての自覚を強く持つようになった。歓迎行事を通して、本来見知らぬ者同士の旅行者と在満日本人との間では、「内外相応じて」戦後経営という国家的事業を成し遂げようとする、ある種の「感情の呼応回路」が作り出されるようになったのである。

五　二つの異質な「他者」

1　「内なる他者」としての「醜業婦」

旅行者が満洲で出会った在満日本人は、歓待してくれた有力団体の人々ばかりではない。いわゆる「醜業婦」（売春婦）の姿も、旅行者は間近に捉えていたのである。

そもそも、日本人売春婦が最初に満洲に流入したのはロシアによる東清鉄道の敷設がきっかけであった。一八九八年に東清鉄道が実際に着工してから、建設景気に沸く鉄道沿線に日本人建設労働者、商人だけでなく、売春婦も流れ込んできた。日露戦争が開戦するとこれら日本人のほとんどは満洲から引き揚げたが、その後日本軍の占領地域の拡大につれ、売春婦を含む民間人の満洲渡航は漸次解禁された(85)。一九〇五年七月二六日付『東京朝日新聞』によると、営口では「醜業婦の渡来は一航海毎に其数を増し随つてそれに要する建物は恰も雨後の茸（筍）の如く続々と建築さる丶には驚くの外なし」と、売春婦が急増していることがわかる(86)。

日露戦後になっても、売春婦流入の勢いは止まらず、たとえば、一九〇六年一月の時点で、旅順には料理店兼業の「芸妓屋」は二〇〇軒もあり、花柳病（性病）の蔓延も問題視されるほど売春業が殷盛を極めていた(87)。また、一九〇六年七月末、ロセッタ丸満韓巡遊団と相前後して、満洲修学旅行団の一員として満洲を訪れた私立古義真言宗聯合高等中学の教員・長谷寶秀は、到るところに日本人売春婦がいる光景をこう記録している。「旅館にも氷店にも料理屋にもそば屋にもビーヤホールにも、其他有ゆる飲食店には醜業婦の二三人宛居らぬ所は無いのである、奉天の如きは「女なし旅館」といふ広告を処々に張り出して有つたが、「女なし」といふ事は正直なる純粋の旅館といふ事を意味するのである、以てその大概を知るべしである」(88)。

ロセッタ丸満韓巡遊団の参加者で、有楽社の編集者を務める安孫子貞治郎（三三歳）と田中源三郎（二六歳）の二人も、大連市中で日本人売春婦を見かけている。「馬車を駆るといへばエラさうながら、当地にては例の醜業婦連も盛んに馬車を駆つて横行するなり、吾人此に於てウンザリせざらんと欲するも豈に得べけんや。されど実を吐けば邦人の生活程度は所謂醜業婦に劣ること数段なり、呵々」と、羽振りのよさそうな売春婦連を横目で苦々しく眺めていた(89)。

また、大阪市の弁護士中村三郎（四七歳）は、「喰ひ詰め者」と並んで「淫売婦」があふれていることを次のように酷評した。

> 我輩の最初の目的が無意識であるから、別に失望はせない、併し今回の旅行に依て世人の所謂満韓々々といふ声にはだまされないだけの利益を得て帰ツた積りだ。世人がいふ所の満韓発展とは何の発展であるか、我輩には更に分らない、行く所として唯だ見る者は喰ひ詰め者と淫売婦とのみ。彼地に於ては人の妻君を除くの外、婦人といふ婦人は悉く検梅をする、人の妻と雖も怪しき者はドシ〱検梅を執行す、之れは少し酷なよふではあるが、実際に於ては致し方がないらしい。我輩の見る所では、彼地に於て成功疑ひなきものは淫売と料理屋とであろふ(90)。

在満有力団体には「同胞」と呼んで思わず親近感を覚えているのとは対照的に、売春婦に対しは、旅行者は「同胞」という表現を用いることなく、始終冷ややかな目を向けていた。前者が「皇威」を体現するような理想的な同胞であるとすれば、後者は「皇威」の失墜につながりかねない、賤《いや》しまれる「内なる他者」と見なされていたのであろう。「醜業婦」の横行闊歩は、戦勝がもたらした一番の恩恵は売春業の繁昌だった、という戦後経営の皮肉な実態を、旅行者に突き付ける形となったのである。

2 「外なる他者」としての清国人

日本人売春婦という「内なる他者」だけでなく、満洲旅行は、清国人という「外なる他者」と出会う場でもあった。前述のように、大連の華商組織「大連公議会」の会頭が歓迎会に出席したり、清国語の芝居に招待されたりするなど、旅行者と清国人実業家との交流の場は一応設けられてはいた。とはいえ、清国語を話せる旅行者はおらず、通訳の随行者もいないため、その交流は極めて限定的なものであった。

言語の壁によって地域住民との意思疎通が十分にできなかったことを残念がる旅行者は複数いた。大阪市在住の無職の青年(二〇歳)は「若し諸君にして満韓の地に於て能く語り能く談ずるの人でありましたなら彼等(満韓人)もより以上の敬意を以て迎へ諸君が問に対しても喜んで答へたらう」と、旅行者自らが現地の言葉を習得する必要があると説いている。また、千葉県在住の男性(職業年齢ともに無記入)は、主催者の朝日新聞社に対し、「後日猶又御計画も有之候はゞ語学に通じ居る者班に一名づゝ雇入随行致させ候はゞ誠に又面白き事と存候」と、「通訳の随行」を提案している。[91] 二人とも言語の壁を取り除き、地域住民と交流を深めようとする意志を持っていたことが読み取れる。

一方、交流どころか、「皇威」をふりかざしながら乱暴な態度で地域住民をいじめる旅行者もいた。大阪市の謄写館主である竹内重固(四二歳)は、珍しい土産話として満洲の乞食を相手にやったことを『大阪経済雑誌』に披露する。

> 途中乞食多く、しかも其乞食がヒツコク万歳を唱へて、進行中の列車を追ひ掛ける。其目的は我々の残飯を請求するのである、我々の食事はバケツに入れて軍政署の焚出を受けたのであるが、其バケツの中の残飯中へ啖を吐きて之を与ふるに、彼等は喜んで之を喰ふ、これには実に驚いた。[92]

旅行中にこのような侮辱的な行動を平然とやってのけて、かつ帰国後に雑誌の取材に自慢げに語ったことの根底には、出発前から、ひいては日清戦争の時から日本社会に醸成されてきたアジアへの蔑視感情があると考えられる。竹内の自慢話は、「戦勝国民」対清国の乞食という不均衡な力関係の下での出会いを通して、旅行者の中の蔑視感情が助長され、ついに無遠慮な差別行動となって表出したことをうかがわせる、興味深い事例といえよう。

他方、威圧的な日本人の態度をたしなめる旅行者もいる。前述の渋沢倉庫部の利倉久吉は、出発前にある先輩から「満韓旅行には必ず薪大のステッキを携へ当方より与へたる賃銭に不服を称ふるときは励声一鞭を加ふるにしかずさらずば満韓人の貪欲なる幾干を与ふるも到底満足するものにあらず」という助言を与えられた。しかし、利倉はステッキを持参しなかったし、旅行中にステッキで満韓人を殴る必要も感じなかった(93)。むしろ、彼は「満韓両地は殆んど我勢力範囲に属するものとして恰も釜中の魚同様内地人両地人に対し尠しく空意張に失したる嫌はなきや両地人を余り威縮《ママ》せしめすぎたるやにも見受けたり」と威張り散らす日本人に反省を促し、「恩威併行の懐柔和合主義」で満韓人に接すべきだと述べている(94)。旅行を通して、利倉は先輩から伝授された傲慢な満韓認識を、幾分ながら是正することができたのである。

六　小　結

一九〇六年夏の満洲は、日露戦争の生々しい激戦地のイメージとともに、第１章で述べたように、一部の政治家や実業家の特権的な視察旅行地として知られていた。一般国民としては、満洲への旅行欲はかきたてられているものの、容易に実現するすべは持っていなかった。一方、日露戦争後、新聞各紙は読者獲得の切り札として、競ってメディア・イベントに力を入れるようになり、中でも、大阪毎日新聞は得意な人気企画を次々と打ち出し、朝日新聞の牙城に迫りつつあった。

そうした中、朝日新聞は、国民の満洲熱を敏感に感知し、「戦勝国民」「新興国民」にふさわしき「銷夏の策」をうたい文句に、戦跡の弔問、「皇威」の及ぶ範囲の確認、戦後経営のための実地視察を趣旨として掲げ、ロセッタ丸満韓巡遊という「空前の壮挙」を発表した。社告掲載後四日で早くも定員が埋まるほど、予想外の大反響を呼び起こした。

満洲観光ツアーの嚆矢ともいえるロセッタ丸満韓巡遊の誕生には、三つの立役者が重要な役割を果たしている。

一つ目の立役者は、何といっても生みの親の朝日新聞である。初めての観光イベントでありながら、朝日新聞は、莫大な社会的影響力と宣伝力、社会各方面との自由自在な連絡を利用し、陸海軍をはじめ、鉄道会社など官民各方面から格別な支援を供与してもらうことができた。また、旅行前における広告と関連記事の頻出、旅行中における旅行記の連載、旅行後における写真集と記念文集の出版といった一連の展開を通して、朝日新聞は三七七人の旅行者に対する実際の観光体験だけでなく、二二万人に近い読者に対して「紙上の満韓旅行」という疑似体験を、同時に提供することができたのである。観光産業が未発達なこの時代に、初の満洲観光ツアーが新聞社のメディア・イベントとして誕生したことは、注目に値する点である。

二つ目の立役者は、陸軍である。満韓巡遊のハイライトである満洲部分の旅行は、撤兵完了前の陸軍に大きく依存していた。当時の満洲では、観光インフラは整備されておらず、満鉄やＪＴＢ大連支部などの観光業者もまだ生まれていなかった。旅行者は軍用の貨物列車に乗り、車内や兵舎などに寝泊まりし、戦跡の案内解説も将校が担当するなど、移動から宿泊、食事、戦跡見学に至るまで、ほぼすべてが陸軍の采配のもとで行われた。戦勝の余威が残る軍政時代末期に、ほかでもなく、軍が観光の道を切り開いてくれたのである。この事実は、「戦勝が生み出した観光」という満洲観光の原点を考えるうえで、極めて興味深い点といえる。

三つ目の立役者は、大企業の満洲支店、実業家有志団体、新聞社、宗教団体といった在満有力団体である。これらの団体は、陸軍や関東総督府とタッグを組み、旅行者を迎え入れる「代理ホスト」の一つとして台頭していることが、留意すべき現象である。「同胞の如く、親戚の如く」[95]熱心に歓迎してくれる「代理ホスト」の存在によって、遠い異国の地だった満洲は、「在外同胞」が暮らす地や「皇威」が及ぶ地となり、ひいては「左ながら郷国に帰れるが如し」[96]という親近感が湧く帝国の一部として、認識されるようになったのである。ここで、在満有力団体の日本人と旅行者との関係は、帝国の大計たる満洲経営の実践者と応援者の関係へと転化し、両者の間に形成された「感情の呼応回路」は、植民と観光が支え合う帝国支配の構造強化に寄与するものであった。

一方、二つの異質な「他者」との出会いは、旅行者の帝国意識の形成と変容にとっては大きな意味を持っている。「醜業婦」という「内なる他者」の存在によって、旅行者は「戦勝国民」としての自画像の見直しを余儀なく迫られ、帝国支配の裂け目や矛盾が強く印象付けられることになった。また、清国人という「外なる他者」との接触を通して、旅行者は内面化されていた差別意識を先鋭化させたり、あるいは逆に相対化したりするなど、さまざまな契機を得ていた。

ロセッタ丸満韓巡遊は、満洲観光ツアーの端緒として、満洲ツーリズムの方向を決定付ける一つの原型を作り上げることになった。そこに見えてくる戦争と観光との密接な結びつきや、新聞社・陸軍・在満日本人社会のタイアップ、「他者」との接触メカニズムといった特性は、次章で述べる同時期の満韓修学旅行や、それ以降の戦前期の満洲ツーリズムにおいても、形を変えながら生き続けていた。

第3章 満洲修学旅行の誕生——全国規模の「満韓修学旅行」(一九〇六年夏)

一九〇六年七月中旬から八月下旬にかけて、ロセッタ丸満韓巡遊と相前後して、「満韓修学旅行」[1]と銘打つ全国規模の満洲旅行が、陸軍省・文部省の共催のもとで大々的に実施され、満洲修学旅行の歴史の幕開けとなった。

沖縄の小学校から東京帝国大学まで、計七八六校にわたり、一道三府四三県の中等学校以上の男子生徒および小学校を含む諸学校の教員など、計三三九七人が、陸軍省が用意した御用船に便乗し、満洲に大挙して押し寄せていった。「四千人に近き中学校以上の学生が隊を組んで海外に修学旅行に出掛くると云ふは実に建国以来未曽有の壮図である」と、引率教員として参加した広島高等師範学校教授の野田義夫が語るように、この旅行は世間に多大な衝撃を与えていた。[2]

本章では、この前代未聞の満洲修学旅行の実現過程を辿りながら、陸軍省、文部省、教育界、在満日本人社会などが果たした役割を検討したうえ、旅行者の見聞を分析するとともに、この旅行の性格と意義を浮き彫りにする。

一　満洲修学旅行への助走

1　日清戦争を契機に生まれた上海修学旅行

一八八六(明治一九)年二月、筑波大学の前身である東京師範学校(一九〇二年に東京高等師範学校と改称)が実施した千葉県銚子港方面への「長途旅行」が、修学旅行のはじまりといわれている。同校の校史によると、この旅行は文部省が推進する「兵式体操」の延長線上にある「行軍旅行」に、東京師範学校が独自に「学術研究」を加味して行われたとされている。(3) また、翌一八八七年の文部省年報の「師範学校」の項目にも、「其ノ他男生徒ノ修学旅行ヲ施行シ以テ地理ヲ探究シ動植物ヲ採集シ実地写景及ヒ発火演習等ヲナサシムルハ府県ノ概《おおむ》ネ挙行スル所ニシテ其ノ生徒ニ益スルヲ少ナカラスト云フ」(4) と記されたとおり、草創期の修学旅行は、「発火演習」のような軍事教練的な要素と、「地理ヲ探究シ動植物ヲ採集シ実地写景」を行う学術研究的な要素の二つを併せ持つ学校行事であった。やがて一八九〇年頃から、鉄道網の発達や東京などにおける博覧会の開催を機に、軍事教練的要素の分離が進み、修学旅行は次第に見学を主体とする観光形態の旅行になりつつあった。(5)

修学旅行の誕生からちょうど一〇年が経った一八九六年一一月、長崎市立長崎商業学校（以下「長崎商業学校」）の生徒二四人と教諭二人が実施した清国屈指の貿易港・上海への修学旅行が、海外修学旅行の嚆矢となった。(6)

旅行先が上海に定められた背景には、その前年に日本が日清戦争で勝利したことがある。日清講和条約（下関条約）の調印から五カ月後の一八九五年九月に、長崎商業学校では従来からの英語科に加え、清国語と韓国語の二言語から選択できる第二外国語科が新設された。(7) また翌一八九六年七月に下関条約に基づき「日清通商航海条約」という不平等条約が締結されると、日本は治外法権や関税上の特権などを手に入れ、清国への経済進出が活発になった。これらを機に清国の商況への関心を高めた生徒側は、旅行先を従来の京都から上海に変更する要望を出し、当初乗り気でない学校当局を説得しついに目的を達したのである。(8)

時あたかも日清戦争終結の翌年であり、この旅行には戦争の影がつきまとっていた。生徒たちが搭乗した日本郵船会社の神戸丸は、黄海海戦で仮装巡洋艦として活躍していた西京丸の姉妹船であった。上海滞在中、日清戦争の引き金の一つといわれた韓国の親日派政治家・金玉均暗殺事件の舞台である日本旅館「東和洋行」で、生徒たちはその経営者である長崎出身者の招待を受けた。また、「東洋鬼《トンヤンキー》の罵声を浴びつつ」中国人街を廻ったり、「戦勝の結果利権を得て」日

本人が新設中の東華紡績工場を見学したりして過ごしたと、生徒の一人が述懐している。(9)

長崎商業学校に続き、熊本商業学校、兵庫県立神戸商業学校、鹿児島商業学校なども、相次いで上海修学旅行を実施し、一九〇六年までの一〇年の間に、海外修学旅行は、地理的に大陸に近い九州や近畿、中国地方の商業学校や高等商業学校を中心に広がりを見せている。一九〇〇年からは韓国、台湾、天津、米国に行く学校も散見されるようになったが、(10)多くても二〇校と日本全体からみるとまだ珍しかった。それ以外の学校にとって、修学旅行で海外に行くことは、まだ想像もつかない話だったのかもしれない。

一九〇六年の満韓修学旅行は、全国七八六校、総計三三九七人もの生徒や教員に一斉にその機会を与えることになった。彼らのほとんどにとって、それは人生初の海外体験でもあった。

2　満洲修学旅行の提唱

満洲修学旅行の実施は、日露戦争後の一九〇六年夏まで待たなければならなかったが、それを提唱する声はすでに戦争終結前から上がっていた。

首唱者は、国際法顧問として旅順に従軍中の法学者・有賀長雄(一八六〇〜一九二一年)である。日露講和条約調印の三カ月前の一九〇五年六月一三日に発売された博文館の雑誌『日露戦争実記』第七五編に、有賀による論説「旅順と修学旅行」が掲載された。

『日露戦争実記』は、一〇年ほど前に同じ博文館が発行した『日清戦争実記』の体裁を踏襲した雑誌であり、毎月三回発行、菊版一二八頁、定価は一冊一〇銭である。日露開戦から三日後の一九〇四年二月一三日に発刊され、定期増刊となる『日露戦争写真画報』と臨時増刊を含め、一九〇五年一二月二三日までに計一一〇編が発行されていた。同誌は『日清戦争実記』以上の人気を博し、博文館「創立以来空前の売行」を呈したという。(11)

国際法の権威である有賀は、日清戦争中も国際法顧問として従軍し、一八九六年から陸軍大学校の教授として青年将校に国際法を教えてきた経歴の持ち主である。[12] 日露開戦後に第三軍付臨時国際法顧問に嘱託された有賀は博文館からの依頼を受け、旅順現地から『日露戦争実記』に戦地通信や国際法の評論を頻繁に寄稿し続けた。[13]

「旅順と修学旅行」は、日露戦争の大勢を決定付けた日本海海戦勝利の翌月に発表されたものである。その中で有賀は満洲の新戦場が「戦勝帝国の基幹たらんとする少年子弟」に「忠君愛国」の念を植え込むこの上もない「良教場」であると、新戦場の教育的価値を認めたうえ、「内地各高等学校、公私専門学校及為し得べくんば重《お》もなる中学校の学生をして適当なる指導の下に此の旅順に向て修学旅行を為さしめんこと」を主張する。さらに有賀は「出征軍人の戦地派遣と同一にし、隊伍を立て、長上を定め、汽船を以て之を輸送」することや、「専門将校を煩して攻囲戦当時の実況を聴聴《ママ》せしむべし」など詳細な実施方法まで提案している。締めくくりでは「必ずしも戦争の終局を待つの要なく、我軍の軍事行動を妨げざる範囲内に於て、戦時旅行を為さしむるは亦一層の興味あるべきなり」と、戦時中でも旅順修学旅行を早急に実施すべきだと熱心に語っている。[14] この文章は、二カ月後に同じ博文館発行の『学生必携修学旅行案内』にも付録として収録された。[15]

「旅順と修学旅行」は旅順に特化した話ではあるものの、満洲修学旅行を提案する本格的な初めての試みとして注目に値する。この提案が「拾万愛読家」[16]を擁する大衆雑誌『日露戦争実記』や『学生必携修学旅行案内』を通じて、世論に一石を投じたことは容易に想像できる。さらに特筆すべきなのは、これは有賀長雄という、陸軍内で幅広い人脈と一定の影響力を持つ人物によるものである点である。有賀が想定した修学旅行の対象者と実行の具体案は、一部を除いて、翌年の満韓修学旅行の方法とほぼ一致している。このことから、彼の構想は何らかの形で陸軍上層部の目に留まった可能性があると推測される。

鹿児島の真宗本願寺派金剛寺住職・暉峻普瑞も、有賀に続き満洲修学旅行を提唱した一人である。『鹿児島実業新聞』によると、軍隊慰問で満韓を廻ってきた暉峻は、一九〇六年二月二日に鹿児島市商業会議所で一般向けに視察談を披露し、「拙僧は中学以上の生徒を満韓地方に修業旅行として同地を委しく視察せしめたらんには益する所多からんと常に

思へり」と発言したという。(17)

こうして満洲従軍経験や視察経験を持つ有識者によって提唱された満洲修学旅行は、大衆雑誌や新聞などのメディアを通して、次第に人々の視野に入るようになったのである。

二　発案の経緯

1　七高造士館館長の奔走

一九〇六年五月、第七高等学校造士館（現・鹿児島大学）初代館長の岩崎行親《ゆきちか》（一八五七〜一九二八年、一説には一八五五年生まれ）は、陸軍大臣に直談判して政府を動かし、満韓修学旅行の実現に決定的な役割を果たすことになった。

幕末の一八五七（安政四）年に讃岐国（現・香川県）の武士の家庭に生まれた岩崎は、幼少期を京都で過ごした。父親は新選組に捕らわれたこともある勤王の志士である。岩崎が一八歳になる一八七五（明治八）年に日本とロシアの間に樺太千島交換条約が交わされたことに、岩崎の父は大いに憤慨し、明治政府の軟弱外交を罵った。その影響で岩崎は「父祖の志を継ぎ報国の至誠を致さん」と軍人になろうと決意したが、体質が虚弱なため断念し、東京英語学校（後の東京大学予備門）に進み、一八七七年に札幌農学校（現・北海道大学）に入学した。同級生に内村鑑三、新渡戸稲造、宮部金吾がいるが、彼らと違い熱心な神道崇信者である岩崎は、キリスト教の感化を受け入れなかった。(18)のちに岩崎のことを、内村鑑三は「日本魂《ニッポンコン》の塊《かたまり》」、(19)宮部金吾は「遺伝的に忠君愛国の精神を多分に承け」、「救世憂国の一念を以て」一生を終始した人だと、それぞれ評している。(20)

戦争が終わった翌一九〇六年三月末、すでに岩崎は全校生徒に満洲旅行という「破天荒の旅行計画談」を行ったという。(21)四月二八日付『鹿児島実業新聞』によると、同計画は六月の学年試験終了後に「旅順、奉天、鉄嶺方面」に旅行するというものであるが、「各生徒は随意にて若し百名以上に達せざれば断じて此の企画は取止む」とのことで、すでに希望者は目標の一〇〇名近くになり、旅費は「僅かに三十円位を要す」とも書かれている。[22] また、五月一一日には、希望者は優に一〇〇名を超えたため、いよいよ実行確定との続報も入った。[23] この時点で、岩崎は造士館単独でも満洲修学旅行を実行すると腹を決めていたことがうかがえる。

五月に高等学校長会議に列席するために上京した岩崎は、会議の席で満韓修学旅行を計画してはどうかと発議したが、ほかの高等学校長たちに「突飛々々」と言われ問題とならなかった。「諸君の御同意を待たず勝手にやつて見る」と言い放って席を立った岩崎は、直ちに面識のない寺内正毅陸軍大臣を官舎に訪ね、午前閣議に出かける直前の大臣をつかまえ、単刀直入に旅行への便宜提供を申し入れた。

のちに、岩崎は同館創立二五周年の記念誌に、寺内大臣との面会の情景を次のように振り返る。

何か用か、と聞かれたから、生徒をつれて満韓に修学旅行がしたいのです夫故陸軍の御厄介になりたいのです、といつたら校長は旅行などせずと今少ししつかりと生徒の教育をするがよい、僕も教育総監もやつたから教育には全くの門外漢ではない、併し今の教育は駄目である、日々に文弱にばかりなつて行く、今の牧野君〔牧野伸顕文部大臣〕を誹《そし》るではないが歴代の文部大臣がよくなかつたのであると云つた。私は、御尤です夫だから私は血痕未だ乾かぬ戦地に引張つて行つて鉄鞭教育を施して見たいのです、御承諾なくば職を離れても私で引張つて行かうかと思つて居るのです、と云つたら、岩崎さん、うまいとハタと膝をたゝいて同感を表せられた

この直後、寺内に「一体どの位つれて行くつもりか」と問われた岩崎は、「先づ私の学校は百名位です、失礼ながら日露戦争の軍費もお剰《つ》りが沢山ある様に聞きましたから此際日本の学生には夫れを以てドシ〳〵お許しになつてはどうですか」と直言した。

寺内との面会で手応えを感じた岩崎は、その足で陸軍省、海軍省、逓信省、文部省を廻り、旅順見学の許可や鉄道運賃割引などについて掛け合った。最後に訪れた文部省で、懇意にしている薩摩藩出身の牧野伸顕文部大臣から聞いた話によると、寺内はその日の閣議に出るとすぐ岩崎の身元調べを行い、西園寺公望首相も出席する中、満韓修学旅行は

「内閣の話題となって頗るウケのよい方」であったという[24]。

岩崎と寺内との面会日は五月一六日から二八日までの間とみられるが[25]、おそらくこの直後から、陸軍省と文部省は、全国規模の満韓修学旅行の実施に向けて動き出したのであろう。

2　学生の「風紀振粛」の秘策として

わずか数分間の面会で、寺内が満韓修学旅行の実施を快諾したのは、忠君愛国の精神に満ちた一教育者の熱意に打たれただけではない。岩崎が口にした「血痕未だ乾かぬ戦地での鉄鞭教育」という言葉が、「日々に文弱にばかりなつて行く」教育の現状を憂慮する陸軍大臣の心を動かしたのであろう。

実は日露戦争後、学生の「風紀紊乱」や「無気力無節制」は、痛嘆すべき社会問題としてたびたび新聞に取り上げられていた[26]。そうした中、牧野文部大臣は就任三カ月後の六月九日に文部省訓令第一号を発し、「青年子女」の「意気銷沈」と「風紀頽廃」などの弊風を正すべく、学校と家庭が協力して共に「風紀ヲ振粛シ元気ヲ作興スル」に努めるよう呼びかけている[27]。

ここで注目したいのは、学生の「風紀振粛」に関するこの訓令が発布された時期が、文部省と陸軍省とが水面下で満韓修学旅行計画を進めている最中であることである。二つの事象を結びつけて考えると、政府当局がこのタイミングで一大奮発して全国規模の満韓修学旅行に踏み切った背景には、日露戦争後に深刻になりつつある学生の「意気銷沈」「風紀頽廃」への懸念が存在していたことが容易に推測される。「血痕未だ乾かぬ戦地での鉄鞭教育」は、教育の急務である学生の「風紀振粛」と「元気作興」のための切り札として期待されていたのではなかろうか。

一方、文部省訓令第一号発布の直後、満韓修学旅行計画がまだ公表されていない六月中旬、東京府からも陸軍省に対し満洲修学旅行への便宜提供について働きかけが行われた。

提案者は、東京府市部会議長を務める実業家の杉原栄三郎である。四月二八日から六月九日にかけて、東京府と農商務省の嘱託として満洲を視察してきた杉原は、(28)帰京後直ちに東京府知事である千家尊福に対し「夏期休業を利用して中学校及び師範学校程度の学生をして該地に修学旅行を為さしむべし」と建議する。府知事は賛同の意を示し、早速陸軍省に対し御用船使用などの便宜供与について交渉を始めたと六月一二日の『読売新聞』で報じられている。(29)その四日後、杉原は東京市内の実業家および新聞記者等二〇〇名余を招き報告会を開く。(30)その席で、杉原は文部省訓令に言及しながら次のように喝破し、拍手喝采を浴びた。

随分此頃の学生の風紀が紊れて居るとか、或は種々なる醜聞があるとか云ふことを聞くが、畢竟するに精神的修養が少ないのである、是に於てか中学以上の生徒をして、此等の者が如何に国家の為めに尽したか、又相手方の露西亜といふ国が、如何に雄大であるかと云ふことを研究せしむること、若くは見聞せしめますことは、将来日本帝国の為に最必要なりと私は確信するのであります。〔中略〕此等の人をしてどうか旅順其他大連等の設備の大なる所を見せ、又旅順の惨憺たる所を見せると云ふことは、甚だ失礼な事でありますが、文部大臣閣下の百千の御訓令よりも私は精神的修養としては効能があると信ずる(31)

東京府がすでに陸軍省と交渉を開始したというニュースと、文部省訓令と関連付けた杉原の講演内容は新聞各紙に報じられ、世間に大きなインパクトを与えることになった。六月二一日の『九州日日新聞』は、「学生の清韓漫遊」と題する社説を掲載し、文部省訓令と東京府の取り組みに触れながら、「彼の意気銷沈の青年学生を刺激作興して、今日の病弊を救ふ、豈に是より良好の薬剤あらんや」と、満洲修学旅行を風紀刷新の切り札として捉え、「彼の利源調査の必要を認めて、盛んに実業家の渡航を奨励しつゝ、ある当局者は、必ずや出来得る限り、第二の国民の有益なる視察を歓迎すべき也」と、政府による満洲修学旅行の奨励を切望した。

文部省訓令第一号の発布を機に、学生の「意気銷沈」の矯正策として満洲修学旅行を期待する声が急速に高まる中、いよいよ六月末に満韓修学旅行のビッグニュースが飛び込んできた。

三　公表から出発まで

1　満韓修学旅行計画の公表

六月二九日、陸軍省は関係省庁や部署宛に「文部省ノ適当ト認メタル中学校以上ノ学校生徒(監督者ヲ付シ団ヲ為スモノニ限ル)」に対する御用船提供などの取扱い方針に関する通牒を送付した(32)。この取扱い方針や、同日に陸軍省が文部省に送付した団体行動の概則は、翌六月三〇日に大手新聞各紙に転載され、ようやく満韓修学旅行の詳細が世間に公表されるようになった(33)。

文部省は早速、六月三〇日に東京にある文部省直轄校の校長や代表者を招集し、満韓旅行希望の学生数を「来週中」に届け出るよう指示した(34)。また同じ日に、文部省は各直轄校(女子高等師範学校と東京盲唖学校を除く)と各地方長官宛に本件に関する通牒を発し、東京付近と関東北陸京阪方面は七月一〇日までに、その他の府県は七月一五日までに、それぞれ旅行希望者を報告するよう依頼した(35)。

そのうちの一通、岩手県知事に届いた六月三〇日付の文部省通牒を例にみると、旅行希望者数の取り纏めに関する依頼文書のほかに、陸軍省が与える諸特典、旅行団の編成方法、服装と携帯品、身体検査など計二一項目からなる詳細な実施要領も添えられている。この実施要領は、前述の陸軍省の取扱い方針と団体行動の概則をもとに文部省が加筆したものと考えられる。

それによると、陸軍省による最大の特典は、宇品(広島市)・大連を往復する御用船の無賃提供である。計三五〇〇人を輸送できる五隻の御用船は、順次に七月一五日、一九日、二二日、二五日、二九日と五回にわたって宇品港を発し、旅程は同港帰着までの二五日もしくは二六日間である。ほかにも大連上陸後の満洲鉄道や韓国内の京義鉄道は無賃で、宿舎も開原までは陸軍が努めて便宜を図る。食事に関しては、船中は軍隊と同じ取扱いで提供されるが、一日三〇銭の実費を徴収する。陸上の給養は自弁とするが、陸軍は便宜を図ってくれる。その費用は一日五〇銭内外である。また、陸軍所属の造営物の観覧や戦跡など修学に裨益するところの説明も、陸軍は勤務に差支えない限り便宜を与えるとのことである。(36)

陸軍の手厚い特典のおかげで、旅費は実質的に二五、六日間の食費と、日本国内における出発地から宇品港までの往復汽車賃のみとなる。後者に関しても、官設鉄道をはじめ、山陽鉄道、九州鉄道などの私設鉄道が、相次いで満韓修学旅行団に対し三割乃至五割引の優遇策を打ち出している。(37) 旅費総額について、『読売新聞』は三〇円を要すると概算を出している。(38) 第2章で既述したとおり、同時期に日本郵船会社が運航する神戸から旅順、大連までの三等往復運賃だけで三〇円がかかり、ロセッタ丸満韓巡遊の一番低いランクの旅費でも三六円を必要としていた。三等往復船賃相当の金額で、陸軍軍人の案内付きの満韓旅行ができることは、参加した学生生徒の言葉を借りれば「千載の好機会」であり、(39)「兎に角安上りの大旅行」であった。(40)

一方、定員三五〇〇人もの学生教員をスムーズに輸送しなければならない陸軍省は、学生の団体行動や衛生管理に特に神経を使っていたようである。これは、既述した陸軍省が文部省に送付した団体行動の概則に「団体の監督者は学校の責任ある職員なること」、「旅行者は其の学校の制服を着し一団体の人員は約百名内外とす」、「団体には医師を付するを必要とす」と明記されていることからも知られる。(41)

陸軍省の意図を汲み取った文部省が六月三〇日に各地方長官宛に送った実施要領には、一〇〇名を満たさない団体の編成方法や監督者と医師の配置法、監督者などの目印のつけ方、生水を厳禁すること、出発前に身体検査を実施すべきことなどと補記されていた。(42)

2　旅行対象者の範囲

こうして、満韓修学旅行は陸軍省の指揮と文部省の監督のもとで実施されることになった。

六月二九日の陸軍省の通牒にある「文部省ノ適当ト認メタル中学校以上ノ学校生徒（監督者ヲ付シ団ヲ為スモノニ限ル）」という文言のとおり、旅行対象者の人選について、陸軍省は文部省に一任していた。当初の対象者は、女子高等師範学校と東京盲唖学校を除く文部省直轄諸学校、公私立専門学校、師範学校、甲種程度実業学校、中学校の希望生徒（別科生及幼年生徒を除く）、および「付添職員」と医師のみであった(43)。その後、文部省は教員対象者の範囲を、七月六日には小学校教員、七月九日には高等女学校と乙種程度実業学校教員、七月一二日には団体を組んだ「学校教員」まで、順次拡大していくことになった(44)。

満韓修学旅行の恩恵が全教員に行きわたった要因として、日露戦争後に高まった小学校教員を中心とした教育者による満韓視察への熱望が挙げられる。一九〇五年一一月に開かれた関東聯合教育会では、すでに「国費を以て普通教育に従事する教員を満韓地方視察に派遣せしむること」が提案されていた(45)。続く一九〇六年五月には岡山教育会、六月には長崎教育会において、相次いで教育者や小学校教員の満韓視察への便宜提供を要望する建議が出された。両教育会はその後、歩調をそろえて帝国教育会長宛に陸軍省への交渉を依頼する文書を出した(46)。

六月三〇日に中学校以上の生徒を対象とした満韓修学旅行計画が新聞各紙に報じられると、本来対象外であった小学校教員の志願者が続出したため、文部省はついに「地方師範学校生徒」に準じた形で小学校教員の参加を認めることになった(47)。教員以外に、秋田県、福島県、茨城県、京都府の団体には、「視学」や「事務官」など教育指導にあたる地方行政の官吏も一名ずつ加わった。

最終的に旅行対象者は、中学校以上の学生生徒、諸学校教員、付添医師、地方行政官庁の視学などとなったが、全員男性に限ることは暗黙の了解であった。女子高等師範学校や女子師範学校、高等女学校の女子生徒はもちろん、上記諸学校や小学校の女性教員も最初から除外されていた。実際、岩手県にある小学校の女性教員は旅行参加の希望を出したが、「文部省は婦人は許可せざる方針なり」とのことで、断念せざるを得なかった(48)。

3　参加校の構成と特徴

各学校や地方長官が六月三〇日付文部省の通牒に接してから、希望者数を取り纏めたうえ文部省に報告するまでの期間は、最長でも一五日間しかなかった。しかも、学校によっては募集時期が学期試験期間と重なっていたり、すでに夏休みに入り生徒が地方の実家に戻っていたりするなど、現場の対応は慌ただしさを極めていた。

このような過密日程にもかかわらず、満韓修学旅行には全国から志願者が殺到した。七月二四日付『埼玉新報』によると、申込総数は定員三五〇〇人の二倍超にあたる七六一六人に達している。だが、御用船の都合により、文部省は許可者数を三六九六人に抑えたという。(49) 最終的な参加者実数は三三九七人であったと推定される（表3－1）。

第一便（甲班）は、東京高等師範学校と第七高等学校造士館という文部省直轄校二校と、東京府下諸中等学校からなっている。東京高等師範学校は修学旅行の発祥校として、また師範教育の総本山として不動の地位を確立していた。同校が第一便に加わったのは、こうした教育界に占める重要な位置付けとは無関係ではないであろう。造士館と東京府下諸中等学校が優先的に第一便に乗船できたのは、既述した造士館館長の奔走と東京府知事の働きかけがあったからと思われる。

第二便（乙班）は、第一、第二高等学校、東京外国語学校、東京美術学校、大阪高等工業学校、広島高等師範学校という文部省直轄校六校をはじめ、東京帝国大学、宮内省直轄の学習院、大阪府下諸中等学校からなっている。

第三便（丙班）は、第三高等学校、東京高等商業学校、神戸高等商業学校という文部省直轄校三校のほかに、東京府、京都府、滋賀県、岡山県、広島県の二府三県の諸学校が便乗している。実は、七月一五日までに各地から申込んできた学生総数は六〇〇〇人に達したことから、(50) 文部省は急遽、各地方長官に宛て、現申込者中より「体格其他最適当者を選抜」せよと訓電するとともに、七月二二日に出発を控える京都府、滋賀県、岡山県、広島県の申込人数をそれぞれ約三分の一に減員した。(51) この人数制限措置は、これ以降の第四便と第五便の便乗予定の道府県にもほぼ適用されることになった。一方、小学校教員の参加が認められたのは七月六日であったため、ようやく第三便から小学校教員の参加者が見られるようになった。

第四便(丁班)の御吉野丸は五隻の中で一番の巨船で、乗船したのは、札幌農学校、盛岡高等農林学校、仙台医学専門学校という文部省直轄校三校と、一道一府二四県四一二校の生徒と職員計一〇〇八人である。最少は青森県の一人(小学校教員)で、最多は長野県の二一三人(うち小学校教員一二〇人)とばらつきが大きい。青森県の参加者が少ないのは、「引込主義」の県当局が積極的に勧誘していなかったからだと、地元新聞『東奥日報』が批判している。[52]一方、丁班便乗者の五分の一強を占める長野県では、信濃教育会が『信濃毎日新聞』と『長野新聞』に広告を出し、「此好機を逸せず奮て満韓視察に行かれたし」と会員に参加を呼びかけていた。[53]信濃国(長野県)は江戸時代から明治年間に引き続いて、一貫して教育国としての評判が高く、[54]一八九六年の『読売新聞』によると、同県の小学校教員は「至る所に優遇せられ、日常の生活又窮乏ならず」とのことである。[55]長野県の旅行参加者の大半が小学校教員であるのも、同県小学校教員の熱心さと生活的余裕を端的に示している。今回の旅行で、他県の多くが申込者の三分の一に参加者を減らされたのと比べ、長野県は教育先進県として一目置かれているためか、全申込者二三二名からわずか一二名減員と言い渡された。[56]また、長野県の教員は、御吉野丸の同乗者全一〇〇八人の氏名と所属校をまとめた『満韓旅行紀念名簿』を編纂し、旅行後に同乗者に頒布するなど、優れたリーダーシップを発揮した。[57]

第五便(戊班)は、文部省直轄校である名古屋高等工業学校以外に、北陸、山陰、九州地方を中心とした一府一七県から計二一四校が参加している。第五便は出発が最も遅い分、定員オーバーのしわ寄せを受ける学校も多かった。福岡市立福岡商業学校では、希望者二五人に対し文部省から割り当てられた定員は八人であった。学校側は落選者の「その志望の幾分を貫徹せしめんが為め」、七月二七日から八月八日にかけて生徒七人が教員一人の引率のもとで韓国と満洲の一部を廻る「独立韓満見学旅行」を実施した。[58]また、沖縄県立中学校は同県全体に割り当てられた定員五名をほかの学校の志望者に譲り、教員三名が生徒二〇名を率いて、自費で大阪商船株式会社(以下「大阪商船」)の基隆丸を利用して大連に渡り、満洲現地で指定団体との同一行動が許可されることになった。[59]

満韓修学旅行参加校一覧(1906 年)

参加校(人数)
東京高等師範学校(192), 府立第一中学校(49), 府立第二中学校(40), 府立第三中学校(56), 府立第四中学校(39), 府立師範学校(75), 東京府立織染学校(22), 東京府女子師範学校(3), 府立第一高等女学校(3), 府立第二高等女学校(2), 府立第三高等女学校(3), 職工学校(2)
第七高等学校造士館(58)
第二高等学校
東京帝国大学, 第一高等学校(29), 東京美術学校(4), 東京外国語学校, 学習院(14)
大阪高等工業学校, 市立大阪高等商業学校(70), 大阪府立高等医学校, 天王寺中学校, 北野中学校(21), 市岡中学校(21), 堺中学校(12), 岸和田中学校(8), 富田林中学校, 四条畷中学校(12), 八尾中学校(19), 私立桃山中学校, 師範学校, 大阪商業学校, 明星商業学校, 農学校
広島高等師範学校(138)
東京高等商業学校(15), 早稲田大学(43), 慶應義塾(80), 台湾協会学校(12), 東京開成中学校(25), 成城学校(7), 大倉商業学校(17), 麻布獣医学校(19)
第一中学校(5), 第二中学校(14), 師範学校(25), 商業学校(5), 農学校(12), 小学校(9), 医師(1)
第三高等学校(22), 私立古義真言宗聯合高等中学(2), 府立第一中学校(30), 府立第二中学校(12), 府立第三中学校(2), 府立第四中学校(4), 師範学校(13), 京都市立商業学校(30), 京都市簡易商業学校(1), 京都市染織学校(4), 京都市美術工芸学校(7), 京都市視学(1), 京都市第一高等小学校ほか(40)
神戸高等商業学校(49)
岡山中学校(10), 高梁中学校(6), 津山中学校(11), 矢掛中学校(3), 私立金光中学校(5), 師範学校(18), 県立商業学校(9), 岡山市立商業学校(1), 農学校(6), 勝田郡英田郡組合立農林学校(6), 町立西大寺高等女学校(1), 岡山高等小学校ほか計 11 校(12), 医師(1)
広島中学校(17), 忠海中学校(25), 福山中学校(5), 私立修道中学校(2), 私立明道中学校(7), 日彰館中学校(4), 師範学校(5), 広島商業学校(3), 尾道商業学校(10), 高等女学校(1), 広島県立職工学校(1), 広島市白鳥尋常小学校ほか計 17 校(17)
札幌農学校(1), 札幌中学校(5), 小樽中学校(6), 北海道師範学校(4), 稲穂小学校(1), 医師(1)
青森市新町尋常小学校(1)
盛岡高等農林学校(10), 盛岡中学校(2), 一関中学校(2), 福岡中学校(3), 師範学校(5), 農学校(4), 工業学校(2), 高等女学校(1), 東磐井郡立蚕業学校(1), 私立作人館(1), 盛岡高等小学校ほか計 16 校(17), 医師(1)
仙台医学専門学校(1), 仙台第一中学校(12), 仙台第二中学校(1), 私立東北中学校(1), 宮城県師範学校(4), 市立商業学校(1), 宮城県立農学校(5), 郡立農学校(1), 築館小学校ほか計 8 校(9)
師範学校(24), 秋田県視学(1), 増田小学校(1), 秋田市小学校(1)

表 3-1　陸軍省・文部省共催の

班(船名)	宇品港発着日程 (満洲での滞在日程)	人数 (学校数)	道府県(人数)
甲班(琴平丸)	7 月 15 日～8 月 9 日 (7 月 18 日大連着～8 月 5 日大連発)	544 (13)	東京府(486)
			鹿児島県(58)
乙班(小雛丸)	7 月 19 日～8 月 12 日 (7 月 23 日大連着～8 月 8 日大連発)	540 (23)	宮城県
			東京府(90)
			大阪府(312)
			広島県(138)
丙班(神宮丸)	7 月 22 日～8 月 16 日 (7 月 26 日大連着～8 月 12 日大連発)	692 (124)	東京府(218)
			滋賀県(71)
			京都府(168)
			兵庫県(49)
			岡山県(89)
			広島県(97)
			北海道(18)
			青森県(1)
			岩手県(49)
			宮城県(35)
			秋田県(27)

参加校(人数)
山形中学校(8), 米沢中学校(1), 女子師範学校兼山形高等女学校(1), 余目小学校(1), 医師(1)
福島中学校(2), 安積中学校(3), 師範学校(1), 福島県事務官(1), 瀬上小学校(1)
土浦中学校(8), 水戸中学校(16), 下妻中学校(4), 龍ヶ崎中学校(6), 太田中学校(3), 師範学校(15), 女子師範学校(1), 商業学校(6), 農学校(5), 茨城県事務官(1), 水戸市小学校ほか計 11 校(12)
栃木中学校(12), 佐野中学校(3), 下野中学校(2), 師範学校(3), 師範学校附属小学校ほか計 9 校(9)
太田中学校(2), 前橋中学校(3), 師範学校(7), 農学校(12), 織物学校(6), 尾島小学校ほか計 14 校(14), 医師(1)
浦和中学校(3), 熊谷中学校(3), 川越中学校(3), 師範学校(8), 浦和小学校ほか計 6 校(6), 医師(1)
成東中学校(1), 女子師範学校(1), 富勢小学校(1)
浅草小学校ほか計 35 校(35)
第二中学校(1), 船橋小学校ほか計 3 校(3)
富山中学校(9), 魚津中学校(1), 市立高岡商業学校(5), 農学校(2), 医師(1)
第一中学校(5), 第二中学校(4), 第三中学校(5), 第四中学校(6), 金澤市商業学校(4), 金澤市長町小学校ほか計 5 校(5)
師範学校(1), 甲府商業学校(3), 境川小学校(1), 春日井小学校(1)
長野中学校(14), 上田中学校(15), 飯田中学校(38), 松本中学校(3), 諏訪中学校(1), 長野市商業学校(3), 松本商業学校(3), 農学校(4), 甲種木曽山林学校(4), 長野高等女学校(1), 松本高等女学校(3), 下伊那高等女学校(1), 松本小学校ほか計 81 校(120), 医師(3)
静岡中学校(3), 沼津中学校(5), 静岡商業学校(4), 沼津商業学校(4), 農学校(9), 静岡市立第一小学校ほか計 7 校(7)
名古屋市幅下第一小学校ほか計 14 校(14), 医師(1)
第一中学校(2), 第二中学校(10), 第四中学校(3), 師範学校(35), 女子師範学校(2), 商業学校(3), 農学校(8), 工業学校(2), 鳥羽立商船学校(1), 桑名町第二小学校ほか計 20 校(20)
姫路中学校(25), 龍野中学校(1), 豊岡中学校(13), 姫路師範学校(8), 御影師範学校(1), 神戸商業学校(30), 湊川実業補習学校(1), 郡立農学校(1), 工業学校(4), 蚕業学校(5), 村立補習学校(1), 龍野小学校ほか計 26 校(29), 医師(2)
畝傍中学校(4), 女子師範学校(1), 奈良高等女学校(1), 市立商業学校(1), 農林学校(8), 奈良市済美小学校ほか計 3 校(3)
和歌山中学校(4), 田辺中学校(10), 師範学校(4)
徳島中学校(8), 高等女学校(1), 工業学校(2), 加茂名小学校ほか計 3 校(3)

班(船名)	宇品港発着日程 (満洲での滞在日程)	人数 (学校数)	道府県(人数)
丁班(御吉野丸)	7月25日〜8月19日 (7月29日大連着〜8月15日大連発)	1,008 (412)	山形県(12)
			福島県(8)
			茨城県(77)
			栃木県(29)
			群馬県(45)
			埼玉県(24)
			千葉県(3)
			東京府(35)
			神奈川県(4)
			富山県(18)
			石川県(29)
			山梨県(6)
			長野県(213)
			静岡県(32)
			愛知県(15)
			三重県(86)
			兵庫県(121)
			奈良県(18)
			和歌山県(18)
			徳島県(14)

参加校(人数)
松山中学校(7), 宇和島中学校(7), 大洲中学校(6), 西条中学校(5), 北豫中学校(1), 今治中学校(2), 師範学校(3), 八幡濱商業学校(9), 松山商業学校(5), 松山農学校(6), 宇摩郡農林学校(1), 松山市松山小学校ほか計18校(18), 医師(1)
長岡中学校(2), 柏崎中学校(5), 高田中学校(3), 新潟師範学校(1), 高田師範学校(2), 長岡女子師範学校(1), 新潟商業学校(2), 北蒲郡小学校ほか計6校(7)
福井中学校
岐阜中学校(26), 大垣中学校(8), 斐太中学校(5), 東濃中学校(6), 師範学校(8), 岐阜市立岐阜商業学校(10), 大垣町立大垣商業学校(4), 農学校(8), 土岐郡立陶器学校(4), 岐阜市岐阜高等小学校ほか計16校(16)
名古屋高等工業学校(3)
小学校(27)
第一中学校, 第二中学校, 鳥取高等小学校
第一中学校(8), 第二中学校(4), 農林学校(3), 能義郡立農業学校(1), 八束郡秋鹿小学校ほか計4校(4), 医師(1)
山口中学校, 岩国中学校, 豊浦中学校, 萩中学校, 師範学校, 市立下関商業学校(11), 農学校
丸亀中学校(34), 大川中学校(3), 商業学校(2), 農林学校(4)
第一中学校(8), 第二中学校(6), 第三中学校(3), 第四中学校(4), 海南中学校(8), 師範学校(9), 商業学校(10), 農林学校(4), 高等女学校(1), 小学校(3), 医師(1)
福岡県立中学修猷館(8), 福岡県立中学明善校(7), 福岡県立中学伝習館(3), 豊津中学校(3), 東筑中学校(4), 嘉穂郡立嘉穂中学校(6), 師範学校(5), 福岡市立福岡商業学校(8), 久留米市立商業学校(5), 農学校(6), 早良郡有田高等小学校ほか計22校(23), 医師(1)
小城中学校(1), 師範学校(2), 三養基郡三根高等小学校ほか計6校(6)
長崎県立中学玖島学館(1), 長崎市飽ノ浦尋常小学校ほか7校(7)
県立中学済々黌(11), 熊本中学校(6), 鹿本中学校(4), 八代中学校(5), 玉名中学校(2), 師範学校(13), 商業学校(3), 農学校(11), 工業学校(4), 宇土郡網田小学校ほか計9校(9)
大分中学校, 中津中学校, 宇佐中学校, 杵築中学校, 師範学校, 農林学校, 小学校(30)
延岡中学(11), 師範学校(17), 農学校(9), 東臼杵郡恒富尋常小学校ほか計2校(2)
川内中学校(4)
中頭郡北谷尋常高等小学校ほか計5校(5)

1906年7月15日2面に, 岩手県の小学校名と小学校数は『巌手学事彙報』768号, 盛岡市九

どに依拠した
範学校, 小学校は生徒が対象外のため, 職員のみの数字となる. 学校名の後に( )がない場合
員数をもとに1人1校と計算した
十九年』山口高等商業学校, 1905年, 17〜18頁, 『官報』6822号, 1906年3月30日, 973頁
『大阪朝日新聞』1906年7月16日1面

班(船名)	宇品港発着日程 (満洲での滞在日程)	人数 (学校数)	道府県(人数)
			愛媛県(71)
戊班(琴平丸)	7月29日～8月22日 (8月2日大連着～8月18日大連発)	613 (214)	新潟県(23)
			福井県(10)
			岐阜県(95)
			愛知県(3)
			大阪府(27)
			鳥取県(7)
			島根県(21)
			山口県(48)
			香川県(43)
			高知県(57)
			福岡県(79)
			佐賀県(9)
			長崎県(8)
			熊本県(68)
			大分県(67)
			宮崎県(39)
			鹿児島県(4)
			沖縄県(5)

注1　丁班は『満韓旅行紀念名簿』1906年による．ただし，青森県の小学校名は『東奥日報』
皐堂，1906年7月15日，28頁による
注2　丁班以外の参加校は，校史，校友会誌，学友会誌，各道府県の教育会雑誌，新聞記事な
注3　人数は特記がない限り，生徒と職員(教員と医師)の合計数である．高等女学校，女子師
は人数不明である．小学校数が不明の府県(滋賀，京都，大阪，高知，大分)は，便宜上教
注4　下線は文部省直轄校を表す．『山口高等商業学校大学予科一覧 自明治三十八年至明治三
注5　乙班の東京府の参加人数90人は，同じ班の第二高等学校の参加者数との合計数である．

ほかにも、井上馨が毛利家の子弟教育のために創設した私塾「時習舎」では、「本年夏期休暇には陸軍省及び文部省より学生団体に満韓旅行の便を与へらるるに際し同じく大陸の野に大活動を試みたり」と、舎監等四人が舎生一九人を連れて、八月九日に門司から出航の御用船に同行、満韓旅行を敢行した。[60] 満韓修学旅行の実施は、陸軍省と文部省が許可した三三九七人だけにとどまらず、それ以外の生徒にも多大な刺激を与え、彼らが独自に実施する満韓旅行を後押ししていったのである。

一方、満韓修学旅行の参加校全体を通してみると、中等学校教員を養成する高等師範学校、初等学校教員を養成する師範学校、および小学校（教員のみ）の参加が目立つ。まず、全国でただ二校しかない、東京・広島両高等師範学校はともに参加し、参加者数も学生計二八九人、引率教員計三八人、ほかに「傭人」三人と合わせて三三〇人に上り、[61] 全参加者数の一割弱を占めることになる。また、参加学生合計数と教員合計数は、それぞれ一九〇六年度の両高等師範学校の学生合計数と教員合計数の三割を超えている。[62]

師範学校の参加校数は三二の道府県の三八校、全師範校六七校の五七％を占めている。[63] 秋田県のように、「中学農学等の生徒は、旅行によりて得る処のものは、其個人に止まり、其及ぼす処少なく、師範生は他日、国民教育の任に当るものなれば、其及ぼす処、甚だ大なるものある」という理由により、県の判断で優先的に師範学校を参加させた地方自治体もある。[64]

また、小学校数は四一の道府県の五〇三校、小学校教員数は五五一人である。[65] 全国の小学校と小学校教員に占める比率はそれぞれ一・八％と〇・五％に過ぎないが、[66] 満韓修学旅行の全参加校と全参加者中の比率はそれぞれ六四％と一六％に達しており、全参加校の三校に二校弱が小学校で、全参加者数の六人に一人が小学校教員、という計算になる。

師範学校と小学校の参加が多いのは、一部の地方自治体や関連機関が旅費補助を与える奨励策を講じたこととも無関係ではない。東京府、大阪府、三重県、愛媛県は府県立学校生徒や付添職員、医師を対象に、東京市、大阪市、京都市、神戸市、長崎市は小学校教員を対象に、それぞれ旅費を補助した。[67] たとえば、三重県では総額二六二〇円の旅費補助を行い、その内訳は師範学校生徒一〇五〇円、県立学校職員七五〇円、小学校教員八二〇円となっており、支援の規模としては、師範学校生徒と小学校教員への配分が相対的に大きかった[68]。師範教育や初等教育の分野では、満韓修学旅行が特に重要視され、奨励の対象となっていたことがうかがえる。

四　陸軍指揮下の「行軍旅行」

七月一五日から同月二九日にかけて、修学旅行団を乗せた御用船五隻は順次宇品港から出航した。大連までの航行は正味六九時間、すなわち三昼夜弱を費やした[69]。ロセッタ丸満韓巡遊が陸軍に大きく依存していたことは第２章で取り上げたとおりであるが、満韓修学旅行はそれ以上に、日程編成から輸送、宿泊、食事、ひいては入院時の治療に至るまで、完全に陸軍の指揮に従う「行軍旅行」であった。

１　不自由で過酷な旅行

満洲での旅行日程表は、大連上陸後にはじめて陸軍兵站部から渡された。そこには、大連を起点に、旅順、奉天、鉄嶺、遼陽、営口などを廻った後、再び大連へ引き返し、御用船で帰航すると書かれており、韓国は日程には入っていなかった[70]。これは奉天と満韓国境にある安東県をつなぐ安奉鉄道の安全性への懸念によるものであろうが、陸軍省は当初から修学旅行の重きを満洲に置いていたことが垣間見える。もっとも、陸軍との交渉により、大連から海路で、もしくは安奉線経由で韓国まで足を延ばした有志者は一〇〇〇人程で、全体の三割弱を占める[71]。しかし、残り七割強にあたる大部分の参加者にとって、「満韓修学旅行」は実質的に「満洲修学旅行」であった。

陸軍省の指定コースには、炭鉱で有名な撫順は入っていない。ただし、撫順見学の要望が多数寄せられたこともあり、

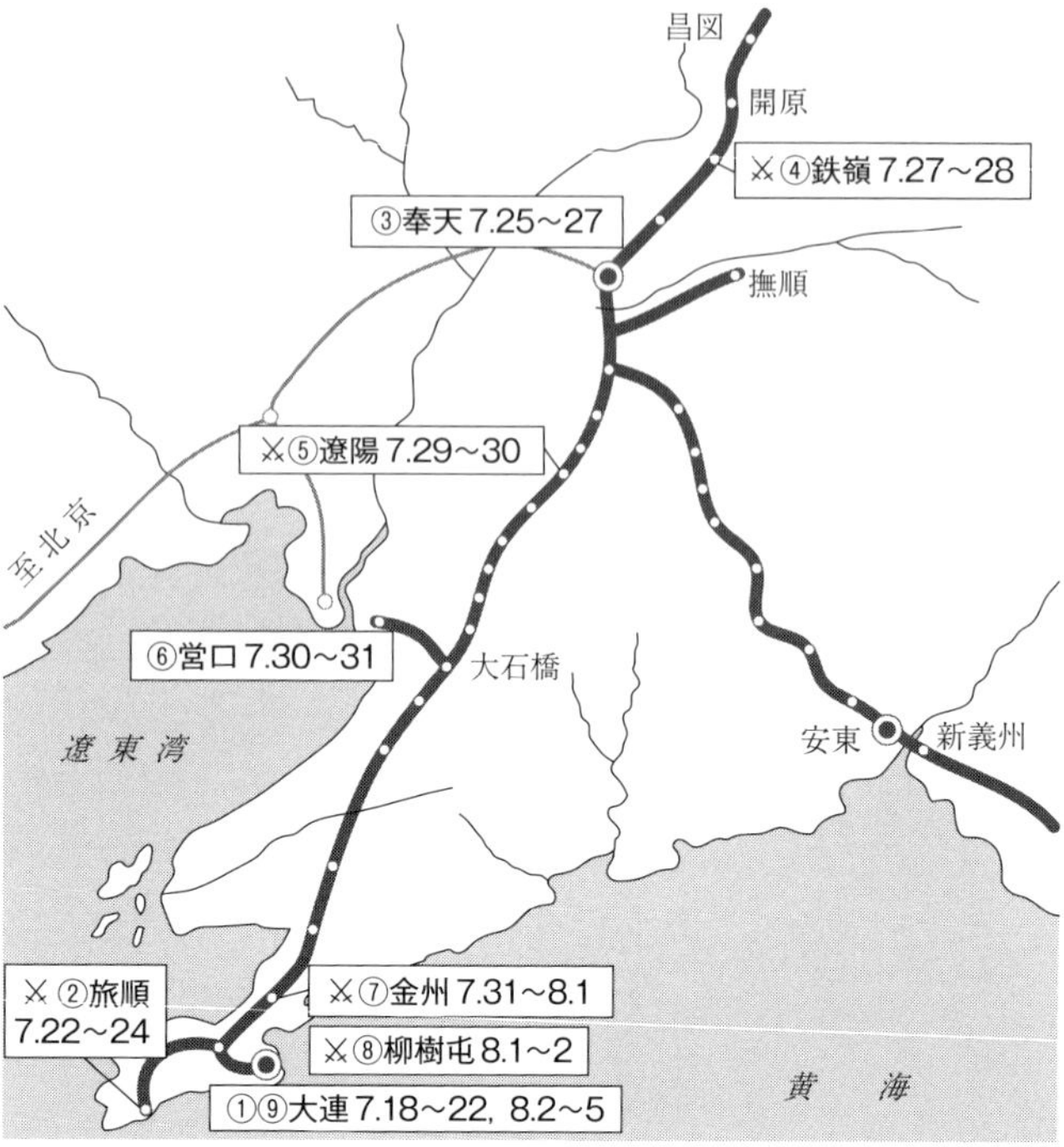

図 3-1　満洲における修学旅行の旅程(甲班・東京府立第一中学校)

注　『学友会雑誌』49号，東京府第一中学校学友会，1906年末～1907年初頭と推定，9～51頁より作成．番号は廻る順番，⚔マークは戦跡説明個所を表す

陸軍は一部の有志者に対し特別に認めた。撫順だけでなく、今回の最北地点である鉄嶺の北にある開原と昌図の二地方についても、たとえば戊班の福岡県の団体が陸軍と交渉した結果、「地理歴史研究上」小学校教員二〇名に限り見学を許された(72)。こうして、陸軍の特別許可のもとに、撫順、開原、昌図を訪れた旅行者は少数ながらいたが、原則的に陸軍の指定コース以外の土地への立ち寄りは認められなかった。

ロセッタ丸満韓巡遊団と同様に、修学旅行団も「貨車旅行」と「バケツ飯」の洗礼を受けていた。ただし、満洲で計九泊した前者とは異なり、修学旅行団は一六泊乃至一八泊の長途旅行であった(73)。宿泊地に関しては、ロセッタ丸満韓巡遊団は、大連と旅順でそれぞれロセッタ丸に二泊ずつ船中泊し、奉天では陸軍兵舎に一泊、さらに車中四泊であった。一方、修学旅行団(たとえば甲班)の場合は、大連で前後合わせて七泊、旅順で二泊、奉天で二泊、鉄嶺、遼陽、営口、金州、柳樹屯ではそれぞれ一泊ずつ、加えて車中二泊(旅順から奉天、鉄嶺から遼陽)があり、合計で一八泊となっていた(74)(図3-1)。車中泊以外の一六泊はすべて兵站宿舎の利用となったが、その多くは鉄製の寝台に板を置き、その上にアンペラ一枚を敷いただけで布団もないという、粗末な施設であった。疲労や睡眠不足、「飲食物ノ不規律不摂生」などにより、四八人が旅行中に体調を崩して満洲の陸軍病院に入院し、生徒二人、小学校校長一人の計三人は治療の甲斐もなく死亡した。[75] この旅行がいかに困難で過酷な強行軍であったかがうかがえる。

2　軍人優位の再確認

「陸軍官憲の指揮命令」のもとで実施されたこの旅行は、帝国軍人の絶対的優位性と、軍人→職員→学生の序列を痛感させられる旅行となった。

たとえば、大連に向かう御用船の中で、教員は一等室もしくは二等室に、学生は三等室にそれぞれ割り当てられる。甲板で楽しそうに談笑していた学生一同は、「司令部の命令であるから学生諸君と、その他の三等室の待遇を受けて居る者は上甲板から退去し給へ」と告げられた。「学生連中は互に顔見合はせて吃驚の態度をあらはし、中には不平を鳴らす類もあつたが、「軍隊の官憲に対し不平を鳴らした処で、何の効力もないよ、それが否なら船を下りて後へかへるがよい」と言はれたので、悄然として甲板を下りて行くのは、大に気の毒であつた」と、傍から見ていた東京開成中学校の教員が述べる。[76] また、大連上陸後、食事の当番をした奈良県女子師範学校の教諭が敬礼の仕方が悪いせいで軍曹級に叱られ、ご飯のバケツをもらうのが遅れたという事件もあった。[77]

旅行後の一九〇六年一〇月一日、文部次官から東京帝国大学総長宛に、「学校職員生徒満韓旅行ノ際ニ於ケル行動ニ関シ陸軍部内ノ視察報告内覧ノ件」という文書が送付された。そこに掲載されている職員生徒の振る舞いに対する陸軍省内部からの指摘の内、特に興味深いのは次の一点である。

某学生団航海中頗ル不秩序不規律ヲ極ム職員等之レヲ制御スル能ハス漸クニシテ職員ノ会議ヲ開キ議論百出底止スル処ナシ学生傍聴シテ傲然職員ノ良否ヲ批評ス職員間秩序ナク学生ニ服従ナシ偶々富塚少佐（嘗テ中央幼年学校中隊長奉職）同船ス見ルニ忍ヒス職員等ヲ諭シテ其方法ヲ授ク船中稍ヤ静粛ナルヲ得タリト[78]

職員に対する学生の不遜な態度は、図らずも職員の無力さを露呈してしまう。職員・学生の上下関係の転倒は収拾がつかず、更なる上位の軍人の介入によってようやく是正されることになる。この出来事は、軍人の持つ至上の権力を見せつけられ、旅行者に軍人優位の認識を一層強化させる契機となったのである。

3 戦跡と慰霊

陸軍省と文部省が大金を投じて満韓修学旅行を主催する意図について、参加者はどのように受け止めていたのだろうか。広島高等師範学校の学生は、旅行の一カ月前に発布された「学生生徒ノ風紀振粛ニ関スル件」の文部省訓令を連想し、政府の目的は利源調査でも身体鍛錬でもなく、「精神上の感化」「国家心を刺戟する活きたる感化」にあると推測している(79)。それを裏付けるかのように、今回の旅行コースには戦跡が多く組み入れられていたのである。

戦跡での祝賀儀式は、満洲に向かう御用船の中で、すでに行われていた。たとえば、乙班を乗せた船が福岡県の沖の島付近に近付くと、ある教授の奔走により、軍の命令で学生の出入りが禁止されていた上甲板に、各学校の職員や生徒が一堂に集まった。

是に於て校長の発声にて「大日本帝国万歳」を三唱し衆皆之に和す。轟然たる音響は今迄の沈黙を破りて海心にひゞき波瀾躍り海若潜むの観あり。終りて「君が代」を歌ふこと二回。衆粛然として襟を正しうす。此間船は進行を止めて其場に於て徐《おもむろ》に一回転をなせり。かゝる折の儀式なりときくも珍し(80)。

沖の島という、日本の戦勝を決定付けた名高い日本海海戦の舞台において、「大日本帝国万歳」三唱や「君が代」合唱などの儀式を経験することによって、生徒・教員・軍人の三者は、もはや序列にこだわることなく、平等な「戦勝国民」としての実感を分かち合い、帝国の膨張における誇らしい歴史を共有することができたのである。

満洲の旅が始まると、一同は旅順要塞戦紀念品陳列場を見学し、遼陽の招魂社を参拝し、金州にある南山戦役の鎮魂碑前で「整列して脱帽敬礼」した。柳樹屯には、日清戦争当時の清国砲塁の遺跡と、日露戦役の際のロシア軍兵営の跡が残っていた。旅順、鉄嶺、遼陽、金州、柳樹屯の五カ所で、陸軍将校による戦況についての講話が行われた(81)。また、乙班の中に遼陽会戦の戦死者の出身校と遺族が入っている関係で、遼陽招魂社においては、軍人・教員・生徒の三者を含む慰霊祭が特別に行われた。

遼陽兵站司令部某副官来り祭壇を設けられ野に生ひし桔梗撫子の供花も美し我校〔大阪府立北野中学校〕出身者故牧田大尉を弔はんと其の実兄なる四條畷〔大阪府立四條畷中学校〕教頭牧田先生祭主となられ式を挙げらる。／栗毛の馬に青貝を鏤めたる鞍をきて手綱ゆたかに乗り来たりし本願寺某僧の読経あり次に祭主の焼香あり山村先生は我校教員を代表して余は生徒総代として相継きて焼香し最後に四條畷の教員にて本校卒業なる馬淵君及同校生徒某君の焼香ありて厳かに式終る(82)。

戦死者を弔う儀式において、軍人・教員・学生は、もはや指導する者・指導される者という序列に関係なく、戦死者の戦友や教師、親族、あるいは後輩として、さらには死者が命を捧げた帝国の一国民として、追悼の思いをともにすることができたのである。

五　在満県人と校友による歓迎会

ロセッタ丸満韓巡遊団と同様に、修学旅行団も東本願寺や基督教青年会といった在満有力団体のもてなしを受けていたが、ひときわ学生を感激させたのは、県人や校友が開いてくれた歓迎会である。

甲班の第七高等学校造士館が大連に到着した翌七月一九日の午前中、早速、大連鹿児島県人が西公園で歓迎会を開いてくれた。生徒たちが雨を冒して行ってみると、「第一に眼に付いたのは「迎第七高等学校造士館職員生徒」と書いた長旗で、次ぎは万国旗で飾ツた二の園亭であツた」。生徒たちは鹿児島県人十数人に熱心に迎えられ、写真撮影をしたり、ご馳走を頂いたりした。その後解散し、大連市内を見学後に宿舎に戻ると、鹿児島県人から寄贈された清快丸一〇〇袋、ハンカチーフ一〇ダースが届いていた(83)。

一方、この歓迎会のために結集した大連在住の三州人（南九州の大隅・薩摩・日向の三地域出身者）はこれを機に、正式に大連三州会を発足させた(84)。また、鹿児島県だけでなく、岐阜県、島根県、長野県、宮崎県、岡山県の県人も相次いで郷里からの修学旅行生のために歓迎会を開いていた。

県人だけでなく、早稲田大学や慶應義塾、熊本県立中学校済々黌などの卒業生も、母校から来た後輩のために「支那料理」をご馳走したり、歓迎会を開いたりして、歓迎の労を取った(85)。このうち、営口で慶應義塾の先輩主催の歓迎会に出た学生の一人は、先輩と過ごした楽しい時間を次のように描いている。

商業学校の楼上で、先輩諸氏が我等一行の労を稿《ママ》ろふ為めの歓迎会は、久しくアンペラに伏しバケツの飯を食した吾々をして、天国に昇つた様な感を起さしめた。まして遠く離れた不便の地に在つて、溢るゝばかりの同情を以て吾等の行を慰めてくれた先輩の好意は、感謝に堪へない次第である。〔中略〕楼上の空気は一時に三田の風に化し去つたと見えて、彼れも我れも遠く三田山上の一室に集まつて、雑談に花を咲かして居る様な感じがした(86)。

こうして、一九〇六年の満洲修学旅行は、在満県人や校友同士の結束を促すとともに、出身県・出身校を基軸とする「帝国のネットワーク」の萌芽を胚胎し、「感情の呼応回路」を作り出すきっかけとなった。やがて、県人会や校友会は満洲各地で結成され、同じ出身県・出身校の満洲旅行者を受け入れる「受容基盤」として機能していったのである。

六　「他者」の選別と排除

1　「国辱」としての「醜業婦」

旅行者の中には、軍人に対する感謝の念とは対照的に、同じ日本人である「醜業婦」に対して厳しい視線を投げかける者が多かった。

たとえば、広島高等師範学校英語部の学生は、次のように綴っている。

吾人は満洲至る所に国力の発展を認識せざるなし。今吾人が満洲旅行によりて感得したる我戦勝軍隊の労苦に対する感謝の念と国威自覚の心とは長く記念に存すべし然れ共之に伴ふて吾人の杞憂に堪へざらしむるものは我醜業婦と冒険的商人との多きこと是なり。〔中略〕醜業婦に至りては無頼漢の好餌となりたるは頗る惘むべきも其国辱たるや疑ふべからず。(87)

「国力の発展」「国威自覚」「国辱」といったナショナルな語りからも読み取れるように、この学生は、「国家」への貢献度というナショナルな価値基準に沿って、「醜業婦」を「内なる他者」として選別し、疎外しているのである。

このような「内なる他者」への抑圧的な語りは、しばしば「外なる他者」への差別的な視線と絡み合って作用する場合がある。たとえば、長崎県立中学玖島学館教諭である横山純一は、『鎮西日報』に連載する紀行文の中で、「支那人の如きも已に日本婦人を軽蔑いたす念慮を有し居候由には日本婦人は悉く醜業婦なりとの感念を有し居候」、「支那人すら既に軽侮の念を以て日本人を見る如何ぞ新日本の領土に於て清人を信服せしめ将来の発展を期し遠大の計画を望む可けんや」(88)と述べ、「支那人」に誇示すべき「戦勝の威信」が「醜業婦」によって傷つけられてしまったことを慨嘆する。横山の文章の中には、軍人／醜業婦、男／女、日本人／「支那人」という幾重もの差別構造が絡み合っていることが確認できる。

2　「亡国の民」としての「支那人」

清国人実業家との交流の場も設けられたロセッタ丸満韓巡遊団と違って、修学旅行団が旅行中に接した清国人といえば、清国料理店で同席した客や、日本人に使役された下級労働者の「苦力」などである。

「戦勝の余威」を借りて満洲を旅行する学生は、「他者」としての「支那人」に出会うと、往々にして帝国民としての威厳を誇示したくなる。第一高等学校の団体の一員に加わり参加した福岡医科大学生の小出鈔が、奉天にある清国人経営の料理店に入り、筆談を試みた時の経験を以下のように記している。

支那人が余等の姓名を問ふたから余は早速筆を取つて大山光と書いた他の友人も亦可笑さをこらへながら黒木寛だとか乃木義輝、奥大勝等出《で》鱈目《たらめ》の姓名を書いて悠々然としてすまして居た支那人は之を見て何か驚いた様に盛に支那人同志《ママ》で話をして居たが遂に筆を取て余に向ひ大人は如何なる人かと書いたから「我日本大学堂学生為視学来此地」と極めて不完全な漢文を書いてやつたら頻《ママ》りに明白々々と云ひ又頻りに支那人同志で大将と云ふ事を話して居たから奴さん大山光の名に驚いて大山大将の一族とでも思つたかも知れない。(89)

このように、いたずら半分に大山巌満洲軍総司令官、黒木《くろき》為楨《ためもと》大将、乃木希典大将、奥保鞏《おくやすかた》大将など、日本軍の指揮官たちを連想させる偽名を使った修学旅行生は、清国人の前で自ら「戦勝国民」としてパフォーマンスし、ささやかな征服感を満喫したのである。

このような戦勝心理のもと、修学旅行生の多くは清国人を描写する際、「亡国の民」という表現を頻繁に用いる。たとえば、東京府立第一中学校四年生の牧田寅之助は、満洲の第一印象として、大連埠頭への上陸直前に目にした「支那苦力」について次のように述べている。

彼等の監督者は、始終一本の鞭を持つて働かないものをば打つのである。又我等大勢のものが、異様な風体をして、甲板上から見下して居るので、彼等も亦船へ近寄つて来る。すると象の如き臭気がした。其れで、彼等を退けるのに、石を抛げて追ひ払ふのである。日本人ですら、彼等を取りあつかうのに、こんな様であるから、露西亜人等は、彼等を何と見て居つたらう。犬か猫でも取りあつかうやうであつたらう。嗚呼。亡国の民とは実にかゝるものかなと、熟々《つくづく》感じたのである。(90)

このような、われわれ「戦勝国民」/彼ら「亡国の民」という思考回路は、現地で目にした日本軍人の跋扈ぶりと、それを支える帝国の権力構造の正当化へと容易に導くのである。これは、たとえば、日本人にいじめられた清国人を見かけた際、「只見る一団又一団之でも人間かと思はれるまでに片穢じみたる支那苦力が大連阜《ママ》頭に群集して牛馬の如く軍夫の指揮に動くを見ては又一種奇態の感を起した」[91]とか、「兵士は土人の頭髪を物干し柱に引っ掛けて引き上げ、一足は愚か一寸でも動かれざるようにして、手頃の棒にて打ち懲らせり併しながら彼豚尾漢其の位の事には平気にて、さのみ苦痛を感ぜざるもの丶如し。／其のづ太さ加減には、実に馬を敬するばかりなりき」[92]といったように、同情の気持ちなど微塵も感じさせない好奇な口調からも読み取ることができる。

もっとも、「他者」との出会いには、帝国のまなざしを揺るがす契機も潜んでいた。たとえば、東京高等師範学校の学生が書き残した次の貴重な一節がある。

> 雨あがりの道のこね返したやうな中に僅か足を入れるだけの乾いたところが一筋出来てるので、それを僕は辿つた。所が途中で一人の騎兵に出あった。彼避くるか我避くるかとなると勿論こちらは道の悪いところを徒歩だから向ふが丁寧に避けてくれた。のはい丶が此論理は不幸にして僕に続いて来た支那人には応用されなかつた。騎兵はい丶道を行く、支那人は小綺麗な木靴のま丶で泥濘の中を通らざるをえない。／これは一寸したことだけれど、亡国の民が如何に優勝国民に取扱はれてゐるかは是でも察せられる。聞くところによると或日本兵は支那人の民家に押入つて鶏や豚を無暗に徴発するとか、それで支那人は兵士の影を見ると直ぐ戸を閉てる、それを其兵士は得意にするさうだ。又或駅で直接見たのには日本兵が支那人の辮髪を握んで引きずる、支那人は泣き叫ぶ、兵士は蹴る。なぐる。暫くして赦してやつたやうだ。／豚の如き支那人を治めるのには是でなければいかないのかも知れぬが、なるべくならば「豚」としてよりも「人」として取扱ひたいものだと心の底に思つた。[93]

ここからは、「優勝国民」としての居心地のよさに満足しながらも、「支那人」を「豚」同然に扱う同胞への同一化をためらう、まなざしの揺らぎを読み取ることができる。この学生は「亡国の民」を「豚の如き」ものとしていじめる「正当さ」を全面的に否定してはいないものの、「なるべくならば「豚」としてよりも「人」として取扱ひたいものだ」と、一瞬だけ、帝国のまなざしへの懐疑と自省の気持ちを吐露した。

しかし、満洲修学旅行自体が「戦勝の余威」の下で実現されている以上、ほとんどの旅行者はこのような「疑い」にまで至らず、「亡国の民」と感嘆するにとどまり、帝国の支配構造を是認してしまうのであった。

さらに清国人を「亡国の民」と見なすことは、旅行者自身の国家観念を刺激するために必要不可欠であった。第一高等学校の学生が、清朝発祥の地・奉天にある北陵（清朝第二代皇帝太宗の陵墓）を前に、「嗚呼宗廟の屋上、草を生ひしむる朝廷と、国祖の廟前に午睡せる国民とは我等に亡国の意義を教へて覚へず寒心に堪へざらしむ、当世の某々主義者を提げ来りて斯の民と斯の土とを見しめざりしは吾人の深く恨事とする所也」と語り、自ら「亡国の民たること勿れ」の認識を強化させたのも、その一例ではなかろうか(94)。

3　琉球王朝の末裔の感想

前述の東京府立第一中学校の牧田の同級生であり、琉球王国最後の国王・尚泰の孫である尚旦もこの旅行に参加している。一八七九年の明治政府による「琉球処分」により、尚泰一族は華族として東京への移住を命じられ、首里城を明け渡すことになった。尚旦は一八九〇年に首里に生まれ、七歳の時に上京した(95)。満洲修学旅行の二七年前に「亡国の民」として故郷を追われた琉球王朝の末裔は、かつて朝貢体制下で従属していた清国をどのような目で見ているのだろうか。

「清人の卑屈なる状は、かねてよりきけり。実際に見るに及びて、殊にこれを感ぜり」と、尚旦はまず述べた後、同級生と同じく、大連港で「さながら獣に対する如」く苦力を鞭打つ日本兵と、「怒ることもなく、恥づることもなく、逃げて又直に集る」苦力の「卑屈」な姿を描く。そして、「彼等の仲間にては、屢《しばしば》互に争ふを見るも、一度日本人の前に出づれば、唯々として従僕の如し、げに哀なるは亡国の民なる哉。支那人の辱めらるる事、かくの如きも、我国人の側より言へば全く当然の事なり」とこれを正当化し、「彼等の手癖のあしき事」や「其衣服は、雑巾の如く汚れ」たことなど、「万事に清潔なる我国人の、これを卑しむるは、無理ならぬ事なり」と随所に、「彼等」「支那人」と「日本人」「我国人」との対比を行っている。続いて、「清人の無教育」と、「政府の従来の無能」による「風儀の堕落」を挙げ、最後に、「馬賊横行」の政治状態を評して「無政府の有様、言語同断《ママ》と云ふべし。あゝ。其宮殿は荒れ、其宗廟は壊れ、其法は立たず、其民は辱しめらる。これらの様をみれば、誠に人をして此土既に朝廷なきかと嘆ぜしむ[96]」と締め括った。

学友会雑誌に掲載されたこの文章にどれほど本音を書けたのかはわからないが、「かねてより清人の卑屈」を耳にしていた尚旦は、ほかの同級生と同様に、清国人を見下す視線を共有していたといえる。自らも「亡国」の烙印を背負う琉球王朝の末裔であるだけに、清国人を「亡国の民」と表現するにはためらいも感じただろうと想像されるが、一方、執拗なまでに彼らの「亡国ぶり」を描写することからは、（彼らとは異なる）自らの「亡国の民」としての烙印を払拭し、「日本人」の視線に近付き、「日本人」としてのアイデンティティに同化しようとする強い欲求すら読み取れる。「卑屈」「不潔」「懶惰」な「亡国の民」への凝視は、多くの学生生徒に帝国民としての自覚を深めさせただけでなく、帝国の新参者である琉球王朝の末裔にも、帝国民のまなざしへの自己同化を促すことになったのである。

七　旅行の波及効果

満洲修学旅行の嚆矢ともいえる一九〇六年夏の旅行は、全国から七八六校、三三九七人という前代未聞の大旅行であっただけに、教育界に与えた影響も大きいものであった。

まず、教育現場に与える裨益として、これまで「皆言語文字絵画によりて満韓地理歴史を理解し、之を教授し又学習」していた教師たちは、旅行を通して「地理歴史上既有の知識を確実にし、并《ならび》に将来の研究に正確なる基礎を与へ、且つ新聞雑誌に表はれたる満韓の記事を興味を以て閲読する[97]」に至った、ということが挙げられる。

また、各学校は満洲の「参考図書」や「博物標本」「地理歴史標本」といった教材や実物を積極的に収集し、学校教育への還元を図った。たとえば、東京府立第三中学校は、大連民政署や各地の兵站業務取扱所から贈られた参考図書一五部、石灰岩などの博物標本四一点、「土人名刺」「支那服」などの地理歴史標本二〇二点を持ち帰った[98]。北海道師範学

図 3-2 「満洲修学旅行隊の一部隊」(『中学世界』9 巻 13 号, 博文館, 1906 年 10 月 10 日)

校は、同年九月に開かれた同校創立二〇周年記念の「教育品展覧会」に、旅行生が持ち帰った「遼陽師範学堂小学部成績品及満韓土産等」を参考品として出品した。時あたかも北海道物産共進会の開会中のため、地方の小学校も含め教育展覧会の見学者は数千名にも達したという(99)。また、下関商業学校は帰国後、学校内で生徒と一般市民向けに満韓視察の講演会を開いたという(100)。

さらに、全国新聞や地方新聞、教育会雑誌、ひいては『中学世界』のような中学生向け総合雑誌などのメディアを通して、旅行者の見聞は学校内にとどまらず、広く社会一般に広まるようになったのである(図3-2)。

翌一九〇七年五月、文部省は前年に続き、夏休みを利用した満韓修学旅行を募集し始めた。宇品・大連間は前年と同様に御用船を無賃で利用できるが、満洲内の鉄道は一九〇六年一一月に設立された半官半民の満鉄の経営下になり、宿泊代も必要になったことから、旅行費は前年より一人あたりおよそ一八・五円増えることとなった。その影響もあり、参加者数は予定の三五〇〇人を大幅に下回り、一割未満の二六一名となった(101)。

こうして、一九〇六年の満韓修学旅行はすぐには満洲修学旅行ブームの起爆剤にはならなかったものの、多くの学生がこれを契機に満洲を旅先として視野に入れるようになった。たとえば、「横川吸虫」の発見者として有名な寄生虫学者である横川定は、一九〇七年七月、岡山医学専門学校の最終学年の夏休みに、「夫々《それぞれ》の領域に青年学生の無銭旅行が各地で催されて居たので、これに煽られて吾等も朝鮮満洲地方に旅行して見聞を広めたいと考え」、仲間と二人で満韓無銭旅行に出かけた。満洲では兵舎や軍の指定旅館に泊まったり、軍の御用船に便乗したりして、帰国後に校友会で旅行談を披露したとのことである。(102)

一九一二年七月、文部省より各地方庁へ通牒「満鮮地方修学旅行ニ関スル件」が発せられた。通牒は「従来夏季休業等ヲ利用シ中等程度諸学校職員生徒ヲシテ満鮮地方ニ修学旅行ヲナサシメ同地方ニ於ケル学術上ノ研究ヲナサシムルト同時ニ日露ノ戦蹟等ヲ視察セシムル向キ有之右ハ学術上ノ効果ハ勿論拓地殖民ノ思想ヲ喚起シ忠君愛国ノ念ヲ涵養スル等教育上裨益不尠儀ト存候」と、従来の満鮮修学旅行の持つ意味を強調し、朝鮮総督府や満鉄が汽車賃や宿泊料などの割引を提供することを知らせる内容であった。(103)この年の夏、鹿児島市立商業学校、滋賀県立八幡商業学校、京都市立第一商業学校、第一高等学校は、学校単位で満洲旅行を行った。(104)

八　小　結

一九〇六年の「満韓修学旅行」は、日本国内初の全国規模で実施された海外修学旅行であり、帝国日本の教育的実験として重要な歴史的意義を持つ。この旅行には、日本国内七八六校から三三九七人の生徒や教員が参加し、帝国の一員としての自覚を育み、忠君愛国の精神を涵養する壮大な「通過儀礼」として機能した。戦勝の象徴である満洲の戦跡巡礼や軍主導の厳格な統制のもとでの旅行は、単なる修学旅行の枠を超え、帝国民としての再編成を目指す教育的実験場であった。

まず、この修学旅行は陸軍省と文部省の緊密な協力のもと実現し、多大な特別支援を受けた。陸軍は御用船や鉄道の無賃輸送を提供し、戦跡巡礼や将校による講話を通じて、忠君愛国の精神を旅行者たちに浸透させた。旅行者は、軍人→職員→学生という厳然たる序列を肌で感じながら、帝国軍人の威厳を認識する構造に組み込まれた。このような階層的体験は、修学旅行を単なる教育行事にとどめず、軍事的訓練の一環として機能させる意図があったことを如実に示している。

旅行の実態は過酷であり、兵舎での宿泊や粗末な食事、長時間の移動が参加者を待ち受けていた。さらに、旅行中は身体的負担が極めて大きく、病気も発生、中には死亡した者もあった。しかし、このような困難をともに乗り越えることで、参加者たちは共同体意識を強化し、「帝国民」としての一体感を醸成する機会を得た。

また、旅行は国内外における帝国日本のネットワーク構築にも寄与した。現地の在満日本人社会や県人、校友が旅行者を歓迎する場を提供し、郷土意識や所属意識を高めるとともに、帝国の一体感を醸成する契機となった。

同時に、この修学旅行は、日本の国威を誇示するための教育の場としても機能した。たとえば、現地の日本人娼婦を「国辱」として嘆く描写や、清国の苦力に対する蔑視、さらには清国人との会話で日露戦争の指揮官名を偽名として用いる逸話などが見られた。一方、清国人が日本軍人にいじめられる場面を目撃して不快感を抱いた学生もおり、旅行が一方的な価値観の押し付けに終始したわけではなかったこともうかがえる。

特筆すべきは、琉球王国最後の国王の孫である尚旦の感想である。琉球王朝の末裔として日本帝国に組み込まれた彼は、清国人の「亡国」ぶりを描き出すことで、自らの「帝国の一員」という新たなアイデンティティを確認した。この視点は、満韓修学旅行が地域的背景や個人の経験によって多層的な解釈を生み出したことを如実に示している。

さらに、この修学旅行の影響は、教育の枠を超え、帝国日本の社会的・文化的構造に深く浸透した。旅行の成果が学校や地域社会で共有されることで、帝国の戦争体験と支配構造の正当性を広く浸透させる一助となった。

第４章

満洲観光の「代理ホスト」と観光空間の形成

一九〇六年夏の二度にわたる満洲旅行は、旅人たちにとって試練の連続であった。「貨車旅行」や「バケツ飯」といった言葉が物語るように、多くの日本人が日露戦争の勝利を契機にこの地を訪れたものの、彼らが目にしたのは、観光地として整えられた美景ではなく、荒涼とした戦跡が広がる光景であった。そこには、勝利の余韻よりもむしろ、戦争の爪痕が色濃く刻まれていた。

しかし、帝国日本の満洲への浸透に伴い、この荒れ果てた風景は次第に観光地としての「魅力」を備えた空間へと変貌を遂げていった。その実現を支えたのは、満鉄を中心とする「代理ホスト」たちが主導した組織的かつ制度的な取り組みであった。鉄道網や宿泊施設の整備に加え、温泉地や桜公園といった日本的景観を巧みに取り入れることで、満洲は単なる「見た目に優れた観光地」を超え、帝国日本の威信を体現し、その政治的・文化的象徴として特別な地位を獲得するに至ったのである。

本章では、満鉄をはじめとする観光事業者や在満県人会といった「代理ホスト」たちの活動に注目する。特に、後者は観光事業者ではないものの、訪れた旅行者に特別な親近感を抱かせる存在として、他の「代理ホスト」とは異なる役割を果たしていた。これらの事例を通じて、満洲観光事業がどのようにして帝国の政治的意図のもとで発展し、観光空間が形成・拡大していったかを明らかにする。また、満洲国時代におけるツーリズムの規模やその変遷についても概説し、満洲観光の全体像を捉えるための基盤を提供したい。

一　観光事業の担い手たち

本節では、満洲観光事業の担い手として、主として満鉄やＪＴＢ大連支部、および満洲観光聯盟を取り上げる。その他の観光事業団体（満蒙文化協会、大連都市交通株式会社、満洲事情案内所など）については、関連する内容が後の章に登場する際に随時言及することとする。

1　牽引役としての満鉄

日露戦争の結果、日本は関東州の租借権や旅順・長春間の東清鉄道南部支線の経営権など、ロシアから多くの権益を引き継いだ。これを受けて、日本は一九〇六年一一月、満洲進出の中核機関として満鉄を設立し、翌一九〇七年四月に営業を開始した。満鉄の本社は大連に、支社は東京に設置された。設立時の資本金は二億円に上り、当時としては巨大な株式会社であった。その経営陣は日本政府が任命し、資本金の半分も政府が出資していたことから、満鉄は単なる営利企業ではなく、国家の政策的立場から満洲開発を担う半官半民の国策会社であった。

満鉄の事業は鉄道輸送にとどまらず、土木、教育、衛生、港湾、鉱業、電気、ガス、倉庫、旅館など多岐にわたった。また、交通インフラの提供にとどまらず、満鉄は観光事業の開拓と普及に取り組み、さらには満洲全体を観光地としてプロデュースし、その発展を牽引する役割を果たすことになった。

観光インフラの充実

満鉄が真っ先に着手したのは、各線の軌間改築工事である。日露戦争中、日本軍は軍事輸送の利便性を高めるため、ロシア式の五フィート（約一・五メートル）の軌間を持つ鉄道を、日本内地の鉄道と同一規格である三フィート六インチ（約一・二メートル）に改築していた。また、安東・奉天間には二フィート六インチ（約〇・八メートル）の軍用軽便鉄道（安奉線）を急設していた。こうした狭軌鉄道を世界標準ゲージである四フィート八インチ半（約一・四メートル）に広げるため、満鉄は一九〇八年五月三〇日に大連・長春間の満鉄本線の広軌改築工事を竣工した。さらに、一九一一年一一月一日には安奉線の広軌改築工事も完成し、鉄道網の標準化が着実に進められたのである。(1)

軌間改築工事を進める一方で、満鉄は欧亜交通の一端としての役割を果たすべく、鉄道網の整備と国際連絡運輸を積極的に推進した。一九〇八年八月には、大連と上海を結ぶ航路を開設し、一〇月には大連・長春間の急行列車と連動した「船車連絡」を開始した。さらに翌一九〇九年には、清国が運営する北京・奉天間の京奉線との連絡を開始した。この動きはさらに進展し、一九一〇年にはロシアが運営する東清鉄道（シベリア鉄道の支線）との連絡が実現した。その後、大阪商船の大連航路を経由して日本本土との連絡も開始され、国際的な交通網の構築が一層進んだ。一九一一年には、安奉線の広軌改築工事と鴨緑江架橋工事が完成したことにより、満鉄と朝鮮総督府管轄下の朝鮮鉄道が直接連結された。これにより、満洲を経由して日本とロシア、さらにその先のヨーロッパを結ぶ一大ルートが形成されたのである。(2) 一九一三年には、満鉄の広告で、大連からロンドンまで一二日半で行ける「欧亜聯絡最捷交通線」が訴えられるようになり、満鉄は欧亜交通網の一大幹線としての地位を確立し、その存在感を強固なものとしたのである。(3)

また、満鉄は営業開始からわずか四カ月後の一九〇七年八月一日、大連にあったロシア時代の「ダリニーホテル」跡地を活用し、煉瓦造りの二階建て建物を修繕して「ヤマトホテル」として開業した。客室一三室を備えるこのホテルは、満鉄が提供する宿泊サービスの第一歩となった。その後の三年間で、満鉄はヤマトホテルのネットワークを順次拡大させた。一九〇八年には旅順、一九一〇年には長春、大連郊外の避暑地・星ヶ浦と奉天にそれぞれ新たなヤマトホテルを開業した。このようにして、鉄道網と連動した宿泊施設の整備が進められたのである。さらに一九一三年八月には、大連の中央大広場に面した場所に、ルネッサンス様式の四階建て建築による新しい「大連ヤマトホテル」を新築・開業した。このホテルは客室一一五室を有し、エレベーターや屋上庭園といった当時としては最先端の設備を備えていた。その規模と豪華さは欧米一流ホテルにも匹敵すると評価され、満鉄が手がける近代的洋風景観の象徴とされた(4)。新しい大連ヤマトホテルは、満洲を代表する名所の一つとして広く知られ、写真帖(写真集)や絵葉書にも頻繁に登場した。

旅行情報の提供

鉄道網の充実や宿泊施設の整備に加え、満鉄は旅行情報の提供にも注力した。満鉄が旅行ガイドブックの刊行を始めたのは、開業から二年八カ月後の一九〇九年一二月、本文一五七頁、旅館や商店などの広告七四頁からなるガイドブック『南満洲鉄道案内』を初めて刊行した。その後、一九一二年一〇月、一九一七年一月、一九一九年六月、一九二四年九月、一九二九年一二月、一九三五年四月と、書名や内容の改定を繰り返しながら、計七回版を重ねた。

書名の変遷を見ると、一九一七年版で初めて「旅行」の文字が加えられた。この版では、表紙は「南満洲鉄道案内」のままだったが、背表紙と扉には「南満洲鉄道旅行案内」が併記された。そして、一九二四年版以降、表紙も「南満洲鉄道旅行案内」と表示されるようになった(5)。

『南満洲鉄道旅行案内』の内容面の変遷を見ていくと、初版である一九〇九年版には、満鉄の会社概況と満鉄本線および各支線の沿線案内が掲載されていたが、旅行情報に特化したものではなかった。しかし、一九一二年版以降、旅行客の利便性を意識した工夫が見られるようになった。この版では、「会社の概況」の末尾に「聊《いささ》か記して旅の道しるべと為さんと欲《ほっ》す」と記し、ガイドブックの目的を明確化した。さらに巻末には「旅行須知」という新たな項目を設け、「埠頭手荷物取扱所」「ヤマトホテル」「乗車便覧」「満洲の気候」「貨幣」「度量衡」など、実用的な旅行知識を掲載した。

一九一七年版と一九一九年版では、「旅行須知」が「旅行便覧」と改題され、内容がさらに拡充された。たとえば、「鉄道弁当料」や「日支西暦対照」といった新しい情報が加えられ、旅行者の利便性が向上した。一九二四年版では、「旅行便覧」の項目が巻頭の「満洲旅行上の注意事項」に変更され、「観光箇所の選定」「視察日数」「案内所」「案内書類」「土産物に就て」などの情報が盛り込まれ、情報量が一層豊富になった。

一九二九年版では、満鉄社員で地理学者の田口稔が編者を務め、内容がさらに深化した。この版には、日本の文化人が書いた満洲に関する詩歌や詳細な参考文献が随所に盛り込まれ、満洲旅行の詩情と風情がより濃厚に描き出された。唯一満洲国建国（一九三二年）後に刊行された一九三五年版では、「満洲名物土産物」の項目が独立し、詳細に紹介されるとともに、満鉄沿線駅の「旅行記念スタンプ」が掲載されるなど、旅行者の興趣を引き立てる工夫が加えられている。

前述のガイドブックに加え、満鉄はリーフレットやチラシ類による旅行案内の提供にも力を入れた。確認できる最古のものは、一九一四年六月に南満洲鉄道株式会社運輸部営業課が発行したリーフレット『満洲巡遊案内』である。このリーフレットを皮切りに、満鉄は多種多様な旅行案内を発行し続けた。その一例として、『満蒙の話』『満蒙大体の話』『満蒙の話を簡単にしますれば』『鮮満の話』『鮮満の話／旅程ト旅費』『朝鮮満蒙の話』『満蒙朝鮮の話』『鮮満旅程ト費用概算（附支那周遊旅程）』『鮮満団体』『満洲旅行の栞』などが挙げられる。

また、一九一六年八月から一九二一年四月にかけて、携帯に便利な小冊子『満鮮観光旅程』が計七回刊行された(6)。この小冊子は六〇頁前後の構成で、観光日程や費用概算はもちろん、各種割引切符の案内、時刻表、経路図といった旅行に必要な情報が簡潔かつ分かりやすく盛り込まれていた。

このように、ガイドブックやリーフレット、小冊子といった充実した旅行情報は、旅行者の利便性と満洲旅行の魅力を高める役割を果たしたのである。

観光宣伝拠点としての鮮満案内所

第一次世界大戦終結が見えた一九一八年、連絡交通網やホテル網の充実が一段落した満鉄は、次の段階として観光誘致に力を注ぎ始めた。同年七月、満鉄は東京支社内に「鮮満案内所」を設立し、満洲や朝鮮旅行を専門に扱う機関として位置付けた。鮮満案内所は、日本国内での観光誘致の拠点となり、満鉄の観光事業を推進する上で欠かせない存在となった（図4-1）。

図 4-1 『朝鮮へ／満洲へ』南満洲鉄道株式会社東京鮮満案内所，1935 年 10 月（リーフレット）．上半分の写真は満鉄の超特急「あじあ号」

鮮満案内所の前身は、一九一三年九月一日に朝鮮総督府鉄道局が東京市芝区に設立した「朝鮮鉄道東京営業案内所」である。(7) 一九一七年七月から、朝鮮鉄道は満鉄に経営委任されることになり、朝鮮鉄道東京営業案内所も一九一七年七月より満鉄京城管理局の管理下におかれた。翌一九一八年七月一日、満鉄は東京営業案内所を廃止するとともに、東京市麴町区有楽町にある東京支社内に鮮満案内所を設けた。(8) 設立当初の鮮満案内所の主な業務は、朝鮮満洲および中国行の旅行日程の作成、旅館の紹介、荷物運送に関する説明、鉄道の連絡時刻、船車接続の状況説明、鮮満地方状況の説明と書かれているが、(9) 朝鮮満洲と中国への直通切符の発売は開所日に一カ月遅れて同年八月一日から扱うようになった。(10)

一見すると、東京営業案内所と鮮満案内所の業務内容に大差はないが、実はこの看板替えの裏には思い切った誘致策の仕掛けが隠されている。それは、東京営業案内所時代とは異なり、鮮満案内所のサービスは、「一切無手数料」で提供されるということである。「専ら鮮満を広く世に紹介せんが為、旅行の案内は勿論、商工の取引、企業の紹介、其他朝鮮満洲に関することなら何でも、凡て無手数料で御相談に応じてゐるから、御遠慮なく御利用あれ」(11)。いわば奉仕的に設けられた鮮満案内所の存在からは、手数料収益に目をつぶってでも旅客を獲得するという、観光誘致にかける満鉄の強い意気込みが伝わってくるのである。

鮮満案内所の初期の宣伝方法は、一枚刷ビラの配布、ポスターの頒布、新聞紙上の記事広告、小冊子『満鮮観光旅程』の印刷頒布および、全国各府県知事、商業会議所会頭、中等程度以上の各学校、教育会への勧誘などが挙げられる。(12)

一九二一年四月一〇日の『萬朝報《よろずちょうほう》』に掲載された鮮満案内所による地図入りの全面広告を見てみると、「政治家も実業家も思想家も、何人も先づ見るべき満洲！そこを見むとするにどれ程の費用を要するか、三等で、二週間費《つい》やせば、満洲の要地を見、更に朝鮮の要地を廻つて／僅《わずか》に百十四円／で足りる。学生ならば九十二円程で済む、蓄音機や写真器を道楽に買ふ銭で、大いなる日本人たる見識を得るだけの経験が出来るのである」などと訴える文章に続き、同時期に鮮満案内所が発行している一枚刷ビラの『満鮮支那視察の栞』と同内容の旅行情報が掲載されている(13)。この新聞広告などは「相当に眼に触れて、該地方の状況や船車の接続、汽車発着時刻等の照会件数も多数に上つた」と手応えがあったようである(14)。

一九二一年度の東京鮮満案内所の実績として、照会件数二三八六件、旅行日程作成五四件、寝台と船室予約二七三件、乗車船券発売四八五件、文書起案一〇九六件、印刷物発送一万五六七件、来訪客九六三件、勧誘した視察団は二七団体一〇一一人となっている(15)。

一九二三年四月、満鉄東京支社の東京駅前丸の内ビルディング(丸ビル)への移転に伴い、東京鮮満案内所も丸ビル一階南側入口の好立地に移転することになった(16)。丸ビルは同年二月に竣工した当時最先端のオフィスビルで、「見物だけで一日に一万人は下りますまい」といわれる殷賑ぶりである(17)。

東京鮮満案内所は通りに面した部分をショーウィンドウにし、意匠化された満洲の風物を背景に、「視察誘致ノ文句及案内業務科目等ヲ按配シ尚ホ満蒙ノ物産ヲ陳列(18)」するなど、行き交う通行人に満洲情緒を感じさせる工夫を施している。のちにそれを見た満鉄社員の一人は、「其のシヨウインドウは鞍山製鉄所鉱炉の模型、撫順産の石炭、支那人形、麻雀等々遺憾なきまでに満洲色で飾れば、何時も観客の眼を引き付けては満鮮へ満鮮へと誘つてゐる」との感想を洩らしている(19)。移転をきっかけに、東京鮮満案内所の利用者は「著《いちじる》シク激増シ」、一九二三年度の照会件数は一九二一年度の二・八倍にあたる六七〇二件、切符の売上高二万一九八九円七〇銭、印刷物配布数四万二三七五部となった(20)。

一九二三年七月から八月、大阪と下関にも鮮満案内所が増設された(21)。一九二五年四月から九月にかけて、東京、大阪、下関の三鮮満案内所は合わせて、照会件数二万五九二〇件、乗車船券の売上高七万八六八一円、印刷物配布数八万四六三六部、出張講演四六回、活動写真映写四三回、視察団成立数一八七団体五八四七人との実績を挙げている。[22]

一九三六年一月、門司に鮮満案内所が新設されると、下関の案内所はその派出所となった。[23] 一方、一九三二年の満洲国建国後、朝鮮北部を経由した、本州日本海側と満洲国首都・新京（満洲国建国後、長春を改称）および北満を結ぶ日本海横断航路が重要性を増すに伴い、一九三八年四月に新潟鮮満案内所が開設される。[24] さらに、翌一九三九年四月、日中戦争を背景に中国本土への旅行需要の増加が高まる中、「鮮満支案内所」と改称されるとともに、小樽に案内所の新設が決まった。[25] 一九四〇年七月の時点で、鮮満支案内所の所員は、東京三一名、大阪三九名、門司四三名、新潟二〇名、小樽九名と合計一四二名になっている。[26] 一九四四年一月当時、鮮満支案内所は東京、大阪、新潟、小樽、札幌、下関、門司、福岡と計八都市に設けられているほか、名古屋に出張所、敦賀と長崎に駐在員事務所が置かれている。[27] 同年五月、鮮満支案内所の名は廃止され「地方事務所」と改称された。[28]

関東大震災翌年の「満蒙宣伝隊」

関東大震災発生から三カ月後の一九二三年一二月、満鉄鉄道部旅客課は、震災の影響により「邦人の旅行嫌ひを一層大ならしめ外遊を萎縮し延いて満蒙に於て日本人の発展を阻害するやうなことがあつては由々敷き大事である」と懸念を示し、内地の観光客を対象とした誘致策を計画した。[29] その一つが一九二四年二月に実施された「満蒙宣伝隊」の派遣である。震災後、東京方面への旅行を控えていた九州や中国地方を巡回し、講演会、観光絵画展、写真展、映画上映会、音楽会といった多彩なイベントを実施する内容であった。[30]

一カ月に及ぶ満蒙宣伝隊のキャンペーンは成功を収め、その効果は早くも現れた。同年五月一五日に開催された鮮満案内所主任会議の席上、下関鮮満案内所主任の報告によれば、三月以降九州はもちろん、山陰、四国、近畿地方から鮮満旅行団が激増し、「大阪商船会社門司支店及下関駅等驚異ノ目ヲ睜《みは》ル有様」であった。その要因の一つとして挙げられたのが「鉄道部主催ノ宣伝隊ノ効果」であった(31)。

満蒙宣伝隊の派遣には四万円もの大金が投入され、当時「社内では大いに物議が起つた」が、後に参謀として宣伝隊を率いた旅客課案内係主任の藤次清二は、「非常にいゝ結果を齎らして、其の翌年から満洲に団体として出て来たのです。斯うして日本から満洲に訪づれる者が相当多くなつたのです」と述懐している(32)。

満鉄の観光ポスター

満鉄は、ガイドブックなどの文字情報による案内にとどまらず、観光ポスターなどを通じて満洲の魅力を視覚的に訴求するビジュアル情報の創出にも積極的に取り組んでいた。満洲という未知の地を魅力的に伝えるためには、視覚的要素を重視することが旅行者を引き寄せるために不可欠だと考えていたのである。

その一環として、一九二一年と一九二三年には、日本内地から画家の眞山孝治と伊藤順三を相次いで「嘱託」として迎え入れ、ポスターやリーフレット、絵葉書などのデザインを担当させた。彼らは満洲の観光地や文化を視覚的に表現し、満洲を訪れることの魅力を強く印象付ける役割を果たした(33)。

さらに、満鉄は一九二七年、一九二八年、一九三二年の三度にわたり、鳥瞰図の第一人者である吉田初三郎を招き、「欧亜連絡」を題としたポスターや、大連や旅順の名所を描いた鳥瞰図の制作を依頼した(34)。これらの視覚的な作品は、満洲の広大さと異国情緒を伝えると同時に、交通網の整備された近代的な観光地としての魅力を際立たせた。

こうして生まれた満鉄の鮮やかなポスター群は、日本内地に設置された満鉄の鮮満案内所に掲示されるだけでなく、関係各所にも配布され、多くの人々の目を引き、強い視覚的印象を与えた。たとえば、本書の表紙カバーに掲載した、岡吉枝が一九三六年以前に制作したとされるポスター「開《ひら》け行く大陸 鮮満の旅」は、満洲の豊かな魅力を象徴するものとして際立っている(35)。このポスターには、宮殿や白塔といった満洲風の名所を背景に、中国の民族衣装を身にまとった若い女性が晴れた空の下で微笑みながら、まるでこちらを招くかのような表情を浮かべている。晴れた空は、「開け行く」満洲を暗示する象徴的な要素として、旅行者に近代化された魅力的な満洲を探求する期待感を抱かせる情景を作り出している。

このように、満鉄が制作したポスターなどのビジュアル情報は、満洲のエキゾティックでモダンな魅力を視覚的に訴えるだけでなく、旅行者の想像力を刺激し、旅行への欲求を喚起する大きな力を持っていた。文字情報では伝えきれない異国情緒や旅の洗練さを直感的に伝えることで、満鉄は単なる交通機関の枠を超え、満洲の観光地としてのイメージを強固に築き上げたのである。

映画の出張映写と観光映画の制作

満鉄は早くから映画の宣伝効果に注目し、一九二三年に宣伝機関として「弘報係」（一九三六年一〇月に「弘報課」へ拡充）を設立し、その内部に映画班を創設した。満鉄映画班（一九三六年に満鉄映画製作所と改称）は、一九四四年に満洲映画協会に吸収されるまで、社業記録、満洲の観光宣伝や風物紹介、満洲事変や日中戦争の戦況記録、満洲国の政治行事、開拓移民の生活記録など、多岐にわたる映画を制作した。

これらの映画は各鮮満案内所に備えられ、講演会と連動したイベントでの上映など、無料貸与や出張映写の形で活用された。一九二六年には鮮満案内所の業務に「活動写真映写応需」が加わり、[36] 一九二八年には映画タイトルやあらすじを掲載したチラシを配布し、「各種の会合に満鉄の活動写真を御利用あれ」と呼びかけた。[37] 初期の映画は無声映画が主流であったため、所員が映写の際に「活弁」役を務めることもあった。[38]

「活動写真映写応需」のサービスは好評を博し、一九二七年の満鉄の機関紙『満洲日日新聞』によれば、「希望者頗る多く、各学校、地方青年団、在郷軍人会その他諸団体からの申込みが殺到」し、案内所は「既に一ケ月位先の約束を受けてゐる」ほどの盛況であった。[39]

さらに、一九三一年九月一八日の満洲事変後、日本の各方面から活動写真映写の申込みが殺到した。東京鮮満案内所は、陸軍省新聞班や各師団、連隊区司令部、在郷軍人会、青年団、市役所、教育会、学校などの諸団体と相提携し、満洲事変の活動写真の映写会を開催したり、フィルムのみを貸与したりして満洲宣伝に努めた。満洲事変から一九三三年三月末までの約一年半の間、その映写回数は実に二五六回に達している[40]。

一九三六年には、門司鮮満案内所が九州や中国、四国地方で計四回にわたり「鮮満映画の夕」を開催した。一回目は六月一五日から二〇日まで、六日間で一七回の上映が行われ、観覧者数は一万八九五〇名に達した[41]。

また、鮮満案内所は映画制作にも関与し、一九三六年五月には満鉄弘報係に観光映画の制作を依頼し、原案作成にも協力した[42]。翌一九三七年には、満鉄映画製作所によって短編トーキー映画『内鮮満周遊の旅 満洲篇』(三巻)や『満洲の旅』(一巻、別名『予告篇』)が完成し、各案内所に配付された[43]。さらに、『満洲の旅』には、鮮満案内所の風景とともに、前述の満鉄ポスターも多数登場する。映画とポスターという二種類の視覚メディアが連動することで、満洲への関心が一層高まり、旅行者の心に強く訴えかける効果を生み出した。

「名士招待」の宣伝効果

満鉄の観光宣伝活動の中で、特筆すべきは「名士招待」と呼ばれる、著名な文化人を招待する旅行である。この手法は他に類を見ない満鉄独自の宣伝方法として注目される。

「名士招待」を通じて生まれた文化人の作品は、単なる旅行記の枠を超え、満洲のイメージを広く大衆に浸透させる役割を果たした。それらの作品は、満洲に関する「権威的な解釈や視点」を形作り、満洲への関心や憧れを呼び起こすきっかけを提供するなど、満洲に対する理解を深める上で極めて重要な意義を持っていた。

その代表的な例が、一九〇九年、二代目満鉄総裁・中村是公《なかむらよしこと》の招きを受けて夏目漱石が満洲を訪れた際に書いた『満韓ところ〴〵』である。漱石は、前後四六日間にわたる旅行の見聞を「満韓ところ〴〵」と題し、一九〇九年一〇月二一日から一二月三〇日まで『東京朝日新聞』で、一〇月二二日から一二月二九日まで『大阪朝日新聞』で、それぞれ全五一回にわたり連載した。翌一九一〇年には、この「満韓ところ〴〵」が「夢十夜」など三篇とともに『四篇』として春陽堂より刊行された。その後、一九一五年八月には単行本『満韓ところ〴〵』が同じく春陽堂から出版され、二年後の一九一七年九月には早くも一〇版を重ねた。さらに、『満韓ところ〴〵』は新聞連載や単行本としての出版にとどまらず、『改訂中等国文読本』『新定中学国語読本』『国文新選』『改訂新撰女子読本』といった大正時代の中等学校や女学校向けの国語教科書にも抜粋が収録されるなど、中等教育の場においても広く読まれる作品となった[44]。

『満韓ところ〴〵』の意義は、「満洲イメージの大衆化」だけでなく、一種の権威付けられた想像の枠組みを作り上げ、漱石以後の旅行者に強烈な「既視感」を与え、彼らの満洲観を形作り続けた点にある。たとえば、大連港で漱石が「汚ならしいクーリー〔苦力〕」を称した「鳴動連[45]」という表現は、その後の満洲旅行記に繰り返し引用され、中国人労働者を表す定番イメージとして定着した[46]。

さらに、漱石は電気公園や中央試験所、撫順炭鉱といった満鉄事業を紹介し、満洲への関心を呼び起こす役割も果たした。その影響は後続の旅行者にも及び、一九二〇年に満洲を訪れた新聞記者の棟尾松治は、「満洲見物に出掛やうと思つたのは学生時代に夏目漱石の「満韓ところどころ」を読んだ時からであつた」と述べている[47]。また、一九三九年には緒方菊太郎が「統計表やイデオロ《ママ》では読む人の数が知れて居ますからね。どうしても多数人に読ませるには文学の力を藉りるのが一等でせう。漱石の「満韓ところどころ」が、私の渡満を決定まではせずとも、促進したことは確かです」と語るなど、この作品は多くの人々に満洲への憧れを植え付けたのである[48]。

満洲イメージを広く伝え、その想像を権威付け、さらに満洲への憧憬を育む作品としての『満韓ところ〴〵』は、文学評論家の木村毅が述べたように「満洲と云ふものを大衆的に紹介したものとしては他に類のない成功を収めた」のである[49]。

漱石以降、田山花袋、與謝野晶子、岸田劉生といった名だたる文人や画家たちが相次いで満洲を訪れ、満洲を題材とする数多くの作品を発表してきた。満洲に招かれた文化人の特徴の一つは、歌人、俳人、詩人といった短詩形文学者が多かったことである。歌人では沼波瓊音《ぬなみけいおん》、大町桂月、島木赤彦、與謝野鉄幹・晶子夫妻、斎藤茂吉、俳人では、河東碧梧桐《かわひがしへきごとう》、高濱虚子、臼田亜浪《うすだあろう》、詩人では野口雨情、北原白秋、佐藤惣之助などが名を連ねる。長篇の紀行文とは異なり、場所ごとに詠まれた短歌、俳句、詩歌は洗練された短い表現であるだけに、満鉄のガイドブック『南満洲鉄道旅行案内』にも重宝された。

たとえば、一九二九年版の同ガイドブックには、有名観光地の説明文の締めくくりに、沼波瓊音、島木赤彦、野口雨情、與謝野晶子、河東碧梧桐、臼田亜浪などの作品が添えられている。これらの短詩形文学は、まるで風景を切り取ったスナップ写真のように印象的である。

みたまやの青丹瓦にふりおける霜とけがたし森深くして（島木赤彦）

琥珀ほろとて炭ほりやせぬがこはく出ぬかと思てみた（野口雨情）

湯崗子君が馬にていでし日もこの夕にもちる柳絮かな（與謝野晶子）

右の三首は、それぞれ奉天郊外の歴史遺跡「北陵」、露天掘で有名な「撫順炭鉱」、満鉄沿線の温泉地「湯崗子《とうこうし》」を詠んだものである。[50] このように、『南満洲鉄道旅行案内』は短詩形の文学表現を取り入れることで、「荒涼たる未開の地」とされていた従来の満洲のイメージを一掃し、満洲を多様な要素が融合した「心に響く文化的な風景」として提示したのである。

これらの文化人の多くは、満鉄やＪＴＢ大連支部、満蒙文化協会など、在満機関に招かれて満洲を訪れた。さらに、前述の満鉄嘱託画家の眞山孝治や、歌人で満鉄情報課弘報係主任の八木沼丈夫、詩人で旅客課員の加藤郁哉、俳人で情報課員の石原秋朗（石原巌徹）ら、文学や風流に通じた満鉄社員が案内役として同行した。[51] これらの案内人は、文化人にとって単なるガイドにとどまらず、満洲旅行を作品として結実させるための素材や予備知識を提供する重要な役割を果たしていた。文化人たちは案内を通じて、満鉄によって「形作られた満洲」の枠組みを体験し、その視点や価値観を吸収した。これを自身の感性と融合させ、作品として再構築したのである。このプロセスを通じて、満鉄は文化人の支援にとどまらず、彼らのまなざしを通じて満洲の物語を広く発信する戦略を実現した。

2　ＪＴＢ大連支部

ＪＴＢは、一九一二年三月に日本の鉄道院内で創設された外国人観光客誘致のための半官半民の機関であり、本部は東京に所在する。ＪＴＢは同年一一月に大連支部を開設し、その後一二月には台北支部および朝鮮支部を設立したが、特筆すべきは、大連支部がＪＴＢ初の海外支部であった点である。(52) ＪＴＢ大連支部は、発足当初から満鉄に業務を委託していた。具体的には、独立した事務所や専属の事務員を置くことなく、すべての業務を満鉄職員に依頼していた。支部長には満鉄総裁の中村是公が就任し、運輸課長が事務を統括する形で業務が開始された。(53) このように、ＪＴＢ大連支部は、当初から満鉄の強い影響下で運営されていた。

一九二六年五月、日満間の旅客増加を見越した満鉄は、大連支部の拡充というＪＴＢ本部からの提議に対し、それを支援する条件として、逆に大連支部のＪＴＢ本部からの独立経営を提案し、ＪＴＢ本部はこれを了承した。その結果、満鉄は二〇万円の寄付金を提供し、支部の独立に向けた基盤整備を支援した。この時点で、ＪＴＢ大連支部は満鉄からの支援を受けながらも、「独自の旅行斡旋機関」としての役割を果たし始めた。(54) こうした発足や独立の経緯からもわかるように、ＪＴＢ大連支部は本部との関係よりも、満鉄とのつながりの方が緊密であったといえる。

前述のとおり、人事面においてもＪＴＢ大連支部は発足当初から満鉄への依存度が高く、一九二六年五月までは専属の社員は一人もなく、支部長から事務員まで全員満鉄社員が務めていた。また、一九二六年五月からの一年間は、段階的な措置として「満鉄社員が嘱託として満鉄会社の特別補助を貰ってそこに専門学校出の人を専属に置く様になつた」。(55) 一九二七年五月に至り、ＪＴＢ大連支部は従来満鉄に委嘱していた業務を満鉄から切り離し、その事務委嘱にあたった満鉄社員を、大連支部の従業員として改めて正式に任命した。社史『東亜旅行社満洲支部十五年誌』には、これで「本部〔ＪＴＢ本部〕から分離した支部は、人事上に於ては満鉄の援助より離れて、茲に完全な独立機関となった」と書かれているが[56]、実際はそれ以降も相変わらず、大連支部の支部長のポストは満鉄の上層部が兼任していた[57]。

事業面においてもＪＴＢ大連支部は満鉄とは「不可分の関係にある[58]」。切符代売、斡旋案内と宣伝事業というＪＴＢ大連支部の事業の三本柱は、いずれも満鉄の意向を汲み、満鉄と協力提携しながら進められている。切符代売に関しては、一九二六年五月の独立当初、支部長を務める宇佐美寛爾の指揮のもと、切符代売に重点を置く経営方針が確立された。また、満鉄が自ら行っていた斡旋案内の業務については、一九二七年七月以降「一箇所の案内一日に付金五円の割で案内料を支部に支給」する形で、ＪＴＢ大連支部に委託することになった[59]。宣伝事業としては、一九二八年頃からＪＴＢ大連支部は満鉄と連携しながら、内地文化人の満洲招待旅行を積極的に企画・実施するようになった。招待された文化人には、作家の田山花袋や志賀直哉、画家の有島生馬や小杉放庵が含まれていた[60]。一九三六年一〇月、前年に北満鉄道（ソ連管轄下の旧東清鉄道）の接収に成功した満鉄は、満洲の全鉄道の一元的経営を図るべく、大連本社にあった中枢部門を奉天に新設した「鉄道総局」に移転した。これを機に、ＪＴＢ大連支部も、同年一二月一三日に満鉄を追うような形で事務所を大連から奉天へと移転した[61]。

このように、ＪＴＢ大連支部はＪＴＢ本部の延長線上ではなく、満鉄との協力関係を基盤にした別働隊として、斡旋案内や観光宣伝活動を推進する重要な機関となった。

一九三〇年から一九三一年頃、日中間の軍事的緊張の高まりと世界的な不況が重なり、ＪＴＢ大連支部は「生死彷徨時代」と形容されるほど業績が極度に悪化していた[62]。その後、一九三一年の満洲事変とそれに続く一九三二年の満洲国の建国を契機に、ＪＴＢ大連支部は「飛躍の口火を切つて」急速に発展を遂げ始めた。一九三六年には、大連支部は「満洲支部」に拡充され、一九三七年の日中戦争勃発後、あたかも日本軍の侵略の歩調に合わせるかのように、中国におけるＪＴＢ満洲支部の事業も急拡大していった。一九二六年の独立当初、ＪＴＢ大連支部は従業員四八名、案内所五カ所、代売総額一〇八万円余に過ぎなかった。しかし、一九四〇年度末には、満洲支部の従業員数は一二〇〇名余、案内所や出張所の数は七七カ所、代売額は六六〇〇万円を超え、斡旋数は九一〇〇件、斡旋客数は四〇万人に達した。一九二六年と比較すれば、一九四〇年には案内所数が一五倍強、従業員数が二六倍、代売額は実に六一倍に達するという驚異的な躍進を遂げたのである(63)。満洲や中国大陸への進出を背景に、JTB本社は一九四一年八月に社名を「東亜旅行社」に改称し、さらに一九四三年一二月には「東亜交通公社」へと変更した。また、満洲支部の名称も「奉天支社」を経て、一九四三年一二月に「満洲支社」へと改められた(64)。

JTB大連支部は、斡旋案内に加えて、旅行雑誌やパンフレット、汽車時間表、満支旅行年鑑などの宣伝印刷物の刊行にも力を入れ、一九二六年から一九四〇年にかけて、年間平均一三種類、発行部数年間平均二七万部を記録した(65)。中でも特に注目すべきは、一九三四年七月から一九四四年九月まで発行された旅行雑誌『旅行満洲』(後に『観光東亜』『旅行雑誌』に改題)である。

創刊初年度の一九三四年には隔月刊として毎号平均三五〇〇部、翌一九三五年には毎号平均三〇〇〇部近く発行していた。その後、一九三六年三月号からは月刊に変更され、内容やグラフページが充実し、発行部数も増加した。特に、一九三七年からは毎号平均六五〇〇部に達し、一九三九年には最高の毎号平均六七〇〇部を記録した。また、一九三六年頃から、同誌は従来の「寄贈用」や「事務用」を中心とした発行部数の中で、販売部数が全体の八割を占めるようになり、商業雑誌として成功を収めるに至った(66)。この雑誌の発行期間は満洲国の存続期間とほぼ重なり、満洲国時代の旅行史の貴重な断面を読み取ることができる雑誌である(67)。

3　観光委員会と満洲観光聯盟

観光委員会の設立と関東軍の関与

一九三七年三月、全満洲の観光事業を統制する機関として、満洲国総務庁情報処内に「観光委員会」が創設され、観光委員会の指導のもと、各都市の観光協会の統制機関として、満鉄鉄道総局旅客課内に「満洲観光聯盟」が設立された。観光委員会と満洲観光聯盟の設置は、観光事業が満洲国の国策宣伝の一部門として初めて公式に位置付けられ、観光活動が国家によって統制される体制が確立したことを意味する。これにより、観光事業は単なる商業的な営みを超えて、満洲国の政策の一環として統一的な指導と管理が行われるようになった。

観光委員会には、満洲国政府や満鉄の関係者に加え、関東軍からも二名の委員（うち一名は第二課第三班、すなわち新聞班班長の稲村豊二郎）と一名の常任幹事（新聞班員の中島鈆三）が選任されており、関東軍がこの事業に深く関与していたことは明白である(68)。関東軍が観光事業に注目した理由は、単なる経済振興や文化交流を超えた、政治的・戦略的な目的に基づいていると考えられる。その背景には、満洲国という「新興国家」の存在を内外に正当化し、地域の安定と日本の影響力を強化するという関東軍の意図があったとうかがわれる。

実際、観光委員会の設立に先立ち、関東軍新聞班の柴野為亥知《ためいち》少佐は次のように述べている。「観光事業が有する国家的意義の重大性は各国共着意《ちゃくい》してゐる処である。新興満洲国は観光事業を通して国情を内外に紹介すると共に、広く諸外国の文化を吸収して発達を助成することが観光事業としての最大要件である(69)」。柴野のこの発言は、観光事業が単なる娯楽や経済活動の枠を超え、国家の存在を内外に示す重要な戦略手段として位置付けられていたことを端的に示している。

また、一九三七年五月、『テリーの日本帝国案内』の著者として知られるアメリカ人旅行家のフィリップ・テリー(T. Philip Terry)が満洲を訪れた際、新京で開かれた「観光満洲国座談会」に前述の関東軍新聞班の中島が同席した。中島は、満洲国の治安問題について、広大な地域に匪賊《ひぞく》（満洲国や日本の統治側が「反満抗日分子」を含む者たちに対して用いた蔑称）がいることは驚くに値しないとし、米国西部にも列車強盗が存在することを例に挙げて、欧米人の懸念を一蹴した(70)。

このように、観光事業への関東軍の深い関与は、満洲国の政治的正当性と安定性を内外に示す重要な役割を果たし、関東軍はその国家的意義を活かして、満洲国の国際的な立場を強化していった。

「満洲観光資源名」懸賞募集

満洲観光聯盟の主たる業務は、傘下にある諸都市の観光協会を指導し、統制することである。しかし、それにとどまらず、全国規模の観光イベントを主催する役割も担っていた。その中でも特筆すべきは、一九四〇年二月に皇紀二六〇〇年記念行事の一環として実施された「満洲観光資源名」の懸賞募集である。

この企画は、「凡ゆる角度より満洲国を《ママ》特異性即ち〝満洲国の光〟を広く内外に昂揚」するという趣旨のもと、満洲観光聯盟と『満洲日日新聞』が共催したものである。[71]「観光資源」とは、単なる景観地にとどまらず、産業や文化事業、「五族」(日・朝・満・蒙・漢の五民族)の風俗・習慣、年中行事など、多岐にわたる対象を含んでいた。一方、神社や忠霊塔、戦跡といった「聖地」はあらかじめ除外されており、新たな観光名所を発掘することに重点が置かれていた。審査委員は、満洲国弘報処(情報処の後身)長、満鉄鉄道総局営業局長、満洲観光聯盟理事長、満洲医科大学教授、満洲日日新聞社編集局長と事業部長の六名によって構成された。[72]

応募は締切までの一カ月間で一万四〇〇〇通以上、寄せられた資源名の候補は二千数百種類に達した。審査委員会は単なる人気投票に終始することなく、「正しい観光観念の普及」などを重視して選定を進め、最終的に一〇〇種類を五等級に分類した。一等には、大栗子溝《だいりっしこう》、鏡泊湖《きょうはくこ》、大豊満《だいほうまん》ダム、大陸科学院、横道河子《おうどうかし》の五つが選ばれた。[73]その中でも大栗子溝の選出は特に注目に値する。

大栗子溝は当時ほとんど無名の場所であり、投票数もわずか四票に過ぎなかった。しかしながら、この地は世界的にも希少な鉄鉱資源を有しており、さらに長白山や鴨緑江のような景勝地を含む地域である点が評価された。それ以上に重要なのは、この地がかつて「匪賊」の活動拠点として知られていたことである。「匪賊の産地」[74]としての負のイメージを「観光資源」へと変換する試みは、満洲国が掲げる「王道楽土」の理念を内外に示す巧みな宣伝戦略であった。地域の再定義を通じて、政治的不安定要素であった地域を国家の安定と進歩を象徴する空間へと昇華させる意図が見て取れる。

満洲観光聯盟主催の「観光資源名」懸賞募集の選定基準は、単なる景観や文化の魅力ではなく、満洲国の正当性を強調し、国際的認知を促進するという政治的意図に基づいていたことがわかる。大栗子溝の選出にみられる風景の再定義は、満洲国の観光政策が国策宣伝の一翼を担っていたことを如実に示しているのである。

４　中国側の観光事業と旅行社

在満観光機関が積極的に活動を展開する一方、一九三二年の満洲国建国まで名目上満洲の主権を有していた中国側の観光事業は、どのような状況にあったのだろうか。その一例として挙げられるのが、一九二九年に中国の北寧鉄路局が手がけた、奉天郊外の名所・北陵への遊覧鉄道（北陵支線）の敷設と遊覧列車の運行である(75)。この遊覧鉄道は、同年五月五日に運行を開始したが、わずか一カ月後の六月二七日、日本人榊原政雄が商租権を有していた榊原農場を横断していたことを理由に、榊原自身が線路を撤去するという事件が発生した(76)。この「榊原農場事件」は、中国国内で反日感情を大いに刺激し、後に満洲事変の火種の一つとなったのである。

また、中国人資本の旅行会社として、一九二三年に創設された上海商業儲蓄銀行旅行部（一九二七年に「中国旅行社」として独立）がある。この旅行部は奉天に支店を設け、満鉄付属地である千代田通に拠点を構えた(77)。上海商業儲蓄銀行旅行部奉天支店は、一九二六年五月から中国人顧客向けに満鉄の乗車券や朝鮮行きの片道乗車券を販売し、当初は好調な業績を記録した。しかし、同年六月にＪＴＢ奉天案内所が開設されると、同支店の満鉄の乗車券販売は急激に減少し、一日平均二、三枚にまで落ち込むこととなった。その結果、同支店は業務の中心を中国側が運営する京奉線（北京・奉天間）や中国鉄道行きの乗車券販売に移行した。この転換後、京奉線などの乗車券の販売は、一日平均一〇〇枚、乗車券収入は二〇〇〇円に達したとされている(78)。

一九三〇年に奉天を訪れた中国人の旅行記によると、同支店のビル二階には旅客のための宿泊部屋が設けられていたが、その数はわずか四部屋に過ぎなかった(79)。満洲国成立後も中国旅行社奉天支店は営業を続けていたが、一九三四年九月の『申報』によれば、毎月赤字が続き、経営は困難を極めていたと報じられている[80]。

総じて、満洲事変以前の満洲における中国側の観光事業は、北陵遊覧鉄道のような試みが早期に挫折し、中国旅行社奉天支店は主に乗車券の販売にとどまるなど、その影響力は極めて限定的であった。満洲における観光事業の主導権は、ほぼ完全に満鉄をはじめとする在満観光機関の手中に収められていた。この状況は、本来「ホスト」としての役割を担うべき中国がその機能を果たせず、代わりに満鉄などの在満機関が観光事業を主導し、「代理ホスト」としての役割を担っていたことを示している。観光事業という一見穏やかな分野でさえ、実際には主権や政治的影響力の行使が色濃く反映されていたのである。

二　在満県人会

満鉄やＪＴＢ大連支部のような純粋な観光事業者ではないものの、在満県人会もまた満洲旅行者を迎え入れる「代理ホスト」として、極めて独自性の際立つ役割を果たしていた。

1　「帝国の同郷者ネットワーク」の構築

満洲における県人会は、単なる同郷者の集まりにとどまらず、広範な「帝国の同郷者ネットワーク」の一部として重要な役割を果たしていた。このネットワークは、満洲に定住する同郷者間の結びつきを強化するだけでなく、日本本土からの旅行者との交流を促進し、帝国内外の日本人の連帯感を高める基盤として機能していた。

一九四三年八月末時点で、満洲の主要三四都市には計四三九の県人会が存在していたとされる[81]。これは、ＪＴＢ大連支部の後身である東亜交通公社満洲支社が発行した『満支旅行年鑑　昭和十九年版』に詳述されている。同書は一九三九年版から一九四四年版まで毎年刊行され、各都市の県人会の府県名、所在地、代表者名、会員数・在住者数などを一覧形式で掲載している。このような旅行関連書籍に県人会の詳細が掲載されていること自体、県人会が旅行者にとって重要な情報源であり、旅行計画に欠かせない存在であったことを示している。

また、満鉄が一九三五年に刊行した団体客向けのリーフレット『鮮満団体』では、旅行者に対し「団体名簿」の準備と事前送付を推奨している。「県人会、同窓会等より招宴を受ける場合にも名簿が無いと甚だ不便である」という記述は、現地の県人会や同窓会が旅行者への歓待にしばしば関わっていたことを示している。同時に、このリーフレットには「旅先の案内所へも、県人会へも、学校の先輩へもと各所へ依頼した為めに、旅館や食事が二重に用意され、団体責任者のみならず関係者一同迷惑する事があるから注意を要する」との警告も見られる(82)。この警告は、一見否定的な内容に見えるが、裏を返せば、県人会が旅行者の宿泊や食事の手配に深く関与し、その重要性が満鉄の活動と並ぶほど大きかったことを逆説的に示している。

こうした活動の一例として、撫順佐賀県人会の規約が挙げられる。一九四二年版『撫順佐賀県人会々員名簿』には、視察団体や学生団体に対する具体的な接待方針が記されている。

第五条　県ヨリノ視察団体ニ対スル歓送迎及接待ヲ左ノ如ク定ム

一、県会議員教職員又ハ之ニ準スル団体ニ対シテ、

1、駅頭ノ送迎(会旗持参)　2、見学宿泊等ノ諸斡旋　3、歓迎会

二、学生団体ニ対シテハ

1、駅頭ノ送迎(会旗持参)　2、見学宿泊等ノ諸斡旋　3、絵葉書一人一組宛　4、引卒教師ニ対シテハ一項ニ準ジ歓迎会ヲナス

三、本条中左記経費ハ県人会之ヲ負担ス

1、絵葉書代　2、歓迎会費中御客ノ食費　3、ビユウロー(東亜旅行社満洲支部)其他団体案内者ノ食費　4、県人会ヲ代表シテ出席者ノ食費其他

図 4-2　奉天駅で岡山県女子師範学校の満洲修学旅行団と見送りに来た奉天岡山県人会の人々（『1929』〔第五回岡山県女子師範学校鮮満旅行写真帖〕1929 年）

駅頭での送迎、見学や宿泊の手配、歓迎会の開催、さらには絵葉書の贈呈まで、非常に丁寧なもてなしが行われている。しかも、これらの接待費用はすべて県人会の資金によって賄われており、撫順佐賀県人会の会員五四一名の年会費二円が活動の財源となっている。(83) 県人会が自主的かつ熱意をもって歓迎活動に取り組んでいたことがうかがえる。

　また、「見学宿泊等ノ諸斡旋」といった活動内容から、県人会は観光産業の一部を担い、旅行者にとって重要な存在であったことが明らかである。前述の満鉄による「二重手配」に対する指摘は、県人会が観光事業において満鉄と並ぶ影響力を持ち、具体的な手配を進んで担う積極性を示している。

2　「感情的価値」と「感情の呼応回路」

在満県人会の特異性は、単なる物理的な便宜の供与にとどまらず、旅行者に「感情的価値」をもたらし、これを通じて深い心情的なつながりを生み出した点にある。同郷者という共有基盤を通じて、旅行者と在満日本人との間に特別な連帯感が育まれたことは、満鉄やＪＴＢが提供するサービスとは一線を画す独自の特徴であった。

　図４－２は、一九二九年九月に岡山県女子師範学校の修学旅行生が、奉天駅で奉天岡山県人会の人々に見送られた際の記念写真である。写真には、幼児を抱く女性や軍人姿の男性も写っており、その横には次の言葉が添えられている。

駅に着くたび別れのたびに
なつかしいのは国の人。

「あんたのお父さんにわしの家内が子供の時教へて貰ふたと云ひ居りますで」

赤ん坊の時の話さへ異郷となれば知巳《ママ》である。旅を通して感謝にたへぬは県人会の心からなる歓迎であつた。

また、一九三八年に山形県教育会視察団の一員として満洲を訪れた小学校長・田口三郎は「殊に県人、諸先輩のお心尽しで何の不便も無く、遥か異郷の地も内地の旅のやうな気持で愉快に且つ有意義に視察の目的を達する事が出来ました」と述懐している(84)。この発言は、在満県人会による手厚いもてなしの一端を物語っている。

こうした駅頭での旗を掲げた出迎え、宿泊施設の手配、さらには絵葉書の贈呈に至るまで、県人会のもてなしには「郷里の絆」を喚起する情緒的要素が巧みに盛り込まれていた。この活動は単なる歓迎にとどまらず、同郷者を中心に内外における帝国日本のネットワークの構築を強化し、いわば「感情の呼応回路」を形成した点で注目に値する。

さらに、親近感を抱かせる県人との交流を通じて、旅行者は在満県人を「帝国の先輩」として自然に位置付け、その視点に共感し同調する仕組みが築かれていた。たとえば、一九三五年、満洲各地で県人たちの歓迎を受けた長野県青年代表団の一員は次のように述べている。

二十三日と云ふ旅にては短かく到底万足《ママ》に視察出来ないのを何年か住み、且つ経験より出た事、其の他事情を親切に御話下されるから吾々はそれにより大いに事情を知ることが出来た。事変直前の数年間張家政権によつて行はれた排日の波に翻弄された苦い経験を聴く時王道楽土の満洲国の生れた今日は字義通り隔世の感を抱かしめるものがある(85)。

このように、県人会の活動は単なる素朴な郷土の連帯感にとどまらず、「帝国の視点」を共有し、それに共鳴する感覚を旅行者に与えるという、象徴的かつ政治的な意義を帯びていたといえる。

3　まなざしのずれ

もっとも、「代理ホスト」の役割を果たす県人会と旅行者のまなざしが必ずしも一致するわけではない。たとえば、一九三七年に栃木県教育者を迎えた歓迎会の席上、県人会の一員は次のように発言しているという。

栃木県から先年も視察団の一行が朝鮮及満洲の視察に来られた。私達も此の一行を心から歓迎し、視察の不備な点があれば調査をして差上げるから御照会を願ひたい、と懇切に申上げて置いたにも拘らず、覚えて帰られたものは芸酌婦や妓生や料亭の名前の外何物もなく、折角歓迎会を開いたり案内をして上げても礼状一本も呉れぬばかりでなく、教育上の調査事項一件でも頼んで来た方は無かつたのである。(86)

この発言は、県人会の期待に反して、旅行者が満洲を単なる娯楽的な観光の目的地として訪れたことを浮き彫りにしている。本来、県人会は観光を通じて、旅行者に満洲の政治的・社会的意義を認識してもらうことを期待していた。しかし、その意図と旅行者の観光的関心の間には食い違いがあり、観光という行為を通じて両者の間に緊張が生じていたのである。

三　観光空間の形成

1　満洲建国前までの観光資源

満洲国建国前の満洲における観光資源は、主として関東州や満鉄沿線に集中しており、温泉や桜公園など、日本的な風景が中心であるのが特徴であった。

満鉄による温泉地への支援

日露戦争中、満鉄本線沿線の湯崗子、熊岳城《ゆうがくじょう》、および安奉線の五龍背《ごりゅうはい》では、日露両軍の戦塵を洗い流す、簡易な療養所が設けられていただけで、温泉地としての規模には至っていなかった。しかし、一九一一年頃には、これら三地が「南満洲の三大温泉場」として広く知られるようになっていた(87)。これらの発展には、在満日本人による温泉地経営を支えた満鉄からの大きな支援があった。

満鉄が温泉地支援に積極的に取り組んだ理由は、一九二三年に発行された満鉄鉄道部旅客課の機関誌に示されている。「内地に比較して、清遊地の尠《すくな》い満蒙の地にあつては、保養のために、温泉場を経営保護するは必要のことである」と記されており(88)、荒涼たる満洲で温泉は在満邦人にとって貴重な慰安の場であった。この認識のもと、満鉄は温泉地の浄化と発展を図り、一般在満邦人の慰安を第一に考えた(89)。

満洲の温泉地は、満鉄の支援を受けて純粋な湯治場として成り立ちつつ、内地からの観光客を誘致するための貴重な資源としても活用されていた。前述の「名士招待」旅行では、しばしば三大温泉を訪れることがあった。その一例として、一九二八年に満鉄の招待で満洲を訪れた與謝野晶子夫妻が挙げられる。與謝野晶子は「満洲の三温泉を悉く遍歴したい」という夢を語り(90)、その体験を文学作品や歌に表現したことでも知られている。このように、満鉄は温泉地を単なる地元住民の癒しの場にとどめず、内地からの観光客を誘うための重要な資源として位置付けていたのである。

鎮江山公園の整備

桜の名所で知られる鎮江山公園は、満洲における代表的な観光地の一つであり、その形成には満鉄が中心的な役割を果たした。元来、この地は日露戦争中の一九〇五年四月に臨済宗妙心寺派の僧侶・細野南岳が「鎮江山」と命名し、桜の苗木を植えたことに端を発する。その後、満鉄が一九一〇年代以降の整備を担い、近代的な森林公園として発展させた。

一九一〇年、満鉄が農商務省林務技師の白澤保美に鎮江山を含む付属地公園の設計を依頼し、一九一二年には「自然的風致」を重視した設計案を提出させた。鎮江山は市街地公園ではなく、森林的遊園地として整備される方針が示されたのである。もっとも、満鉄の経費不足により当初は計画の実行が遅れたが、一九一一年に満鉄安東経理係長に着任した松本龔逸が植林事業を推進し、鎮江山の緑化を進めた。

さらに、一九一六年からは満鉄安東地方事務所長・横田多喜助の下で白澤案が実施され、公園の入口広場や遊歩道、橋、四阿《あずまや》などの施設が整備された。一九三九年の時点で公園内には約二七五〇本の吉野桜をはじめとする多種の樹木が植えられ、「満鮮を通じ第一等の森林公園」と称されるまでに至った。その敷地面積は一九二六年時点で約二九万七〇〇〇平方メートルに及び、満鉄の継続的な資金投入による成果が表れている(91)。

一九二九年には、日本語新聞『大連新聞』が主催した「満洲八景」公選で、鎮江山は第一景に選出された(92)。このイベントは鎮江山公園の知名度を飛躍的に高め、観光地としての発展に寄与した。一九三〇年には、「満洲八景公選第一位鎮江山」の記念碑も建立され、公園としての価値が一層高められた。満鉄も観光誘致に積極的に取り組み、一九三一年には観桜団体客向けに往復汽車賃を五割引とする措置を導入した。

鎮江山公園は、単なる風光明媚な場所としてだけでなく、満洲国建国後は「民族協和」の象徴的な場としても意味付けられるようになった。特に、満洲国国内唯一の桜の名所として、新興満洲国の民族協和の地へと再定義され、多民族がともに花見を楽しむ「楽土境」というイメージが形成された。満鉄は、この公園を観光地として整備し、日本文化の影響力を広げるとともに、満洲における風景の形成と改変を通じて、帝国の権力を象徴する場として活用した(93)。

2　満洲国時代の観光資源

「秘境熱河」

満洲国の建国を契機に、満鉄沿線から離れた満洲西部の「熱河」は観光地として急速に発展した。長らく「秘境」とされていた熱河省は、一九三三年に日本軍の「熱河討伐」により満洲国に編入され、鉄道や自動車道、航空路の整備が進んだ。その結果、熱河へのアクセスが飛躍的に向上し、承徳(熱河省の省都)観光協会や案内所の設立も進められた。

これにより、かつては訪れるのが難しかった熱河が、観光地として多くの日本人を引き寄せる場所へと変貌した。熱河の観光的価値は、清朝時代に建造された壮麗な離宮や喇嘛《ラマ》寺（チベット仏教寺院）にあった。これらの遺跡は満洲国で唯一、世界に誇れる観光資源とされていた。満洲国はこの熱河を対外宣伝の場として積極的に利用しようとした。観光を通じて、熱河の歴史的・文化的魅力を世界に向けて発信し、満洲国の存在を国際社会に認知させる狙いがあった。

さらに、熱河には政治的意義も付与された。旧東北軍閥の「悪政」によって荒廃した遺跡が、日本軍と満洲国の「善政」によって保存されたことが強調され、熱河は文化保護と新秩序の象徴として宣伝された。この対比を通じて、満洲国の正当性をアピールする場として活用されたのである。こうして熱河は、観光地としての魅力に加え、国際宣伝と政治的象徴の役割を担い、満洲国を象徴する存在として位置付けられた(94)。

開拓地視察ブーム

満洲国時代に注目を集めた特異な観光資源の一つが「開拓地」である。一九三六年、日本政府は「二十カ年百万戸送出計画」を発表し、成人移民を送出した。続いて一九三八年からは満蒙開拓青少年義勇軍（満洲での名称は「満洲開拓青少年義勇隊」）の派遣も始まった。これにより、開拓地や義勇軍訓練所は観光や視察の対象として広く取り上げられるようになった。開拓地視察旅行は、各府県で多く実施され、満鉄やＪＴＢ満洲支部、満洲事情案内所などがこれを支援した。さらに、一般旅行団体も開拓地や義勇軍訓練所を訪問するコースを組み込み、一九四〇年頃には開拓地視察旅行が「流行病」と称されるほど広まった(95)。

開拓地視察旅行は単なる観光ではなく、視察者に開拓地の苦労を理解し、移民を励ます姿勢を求める意図が強調されていた。案内書や注意事項では、「物見遊山」の排除や適切な服装・態度の徹底が求められた(96)。このような規定は、視察を移民との連帯を深め、支援を促すために設けられたものであった。

開拓地観光には植民と観光が交錯する特徴が色濃く表れている。開拓地は日本の植民地支配の成果を象徴する場であり、観光客に「帝国の繁栄」と「開拓精神」を実感させる舞台となった。一方、観光そのものが開拓地の現実を外部に伝え、移民事業への理解を広げる役割も果たした。

しかし、開拓地の「名所化」については否定的な意見もあった。[97] また、娯楽や衛生施設の不足に対する批判や、日本人移民の「苦力化」に対する懸念も指摘された。[98] 視察旅行は満洲開拓という国策の一環として推進されたが、すべての旅行者がその思惑通りに感じたわけではなかった。このように、開拓地観光は国策と観光の融合を象徴しつつも、矛盾や限界も抱えた複雑な存在であった。

3 満洲国時代のツーリズムの規模

「旅行可能圏」の拡大

満鉄などの働きかけにより、満洲ツーリズムは一九二〇年代半ば頃から興隆を見せ始めた。しかし、日本人の旅行範囲の多くは関東州や満鉄沿線に集中し、東清鉄道(清朝滅亡後は「中東鉄道」)を利用して到達できる哈爾濱が最遠地の一つであった。

満洲国の建国を機に、日本人にとっての「旅行可能圏」が急速に拡大した。この点について、前述の満鉄の観光映画『内鮮満周遊の旅 満洲篇』(一九三七年)の冒頭に流れたナレーションが端的に語っている。

広い満洲、その満洲が近頃また一層広くなったと申しますのは、満洲国建国以来、鉄道網が素晴らしく拡大せられ、旅行可能圏がうんと拡大せられたからであります。すなわち、従来旅行が全く不可能であった地方へでも、今日は楽々と広く視察にも行ける、見学にも行けるということになったからであります。

満洲国建国の翌一九三三年三月、満鉄は満洲国政府から国有鉄道(満洲国国線)の経営を委託され、それに伴い、奉天に「鉄路総局」、大連に「鉄道建設局」を設置し、それぞれ国線の経営と新線の建設を担当した。さらに一九三三年一〇月、満鉄は朝鮮総督府鉄道局管理の北鮮鉄道を満鉄北鮮線として受託経営し、一九三五年三月には北満鉄道(旧東清鉄道）を満洲国国線の一環として買収した。このように、満鉄は鉄道網の拡大を進めた。

次に、満鉄は全満洲の鉄道機構の一元的経営を図るため、一九三六年一〇月一日に職制改正を行い、満鉄社線、満洲国国線、並びに満鉄北鮮線の統合経営機関として「鉄道総局」を奉天に新設した。これと同時に、鉄路総局は解消された。[99]満鉄はその後、急速に鉄道網を拡充し、一九三二年には一一〇〇キロであった社線の延長は、一九三九年には一万キロを超え、さらに一九四〇年一月には一万一五三三キロに達した。[100]

つまり、満鉄管下の鉄道網の拡張に伴い、日本の勢力圏も広がり、満鉄沿線を中心とする南満洲から、満洲国線が縦横に走る満洲全土へと広がった。その結果、満洲国建国前には日本人がほとんど近付けなかった満洲奥地でも、安全な旅行が可能となった。

渡満経路も、それまでの関釜連絡船による朝鮮経由や大阪商船の大連航路に加え、一九三三年の京図線《けいとせん》（新京・図們《ともん》間の鉄道）および一九三五年の羅津《らしん》港の完成に伴い、敦賀・清津《せいしん》間や新潟・羅津間の日満連絡航路も存在感を高めるようになった。また、一九三四年頃まで六八・五時間を要していた東京・新京間は、四年間で陸海路では最短五五時間、航空路では約一〇時間に短縮された。[101]

喚起される旅行欲

鉄道網の拡張や交通機関の驚異的な発展が進み、観光環境が整備されていった一方で、満洲への大衆の欲望も、社会的に配置されたさまざまな文化装置によって刺激され、これまでにない勢いで膨張していった。満洲事変後、戦争美談の人気に伴い、ラジオ加入者数が急増し、満洲関連の博覧会や展覧会がブームとなった。このような現象は、一種の「満洲特需」として広がりを見せた。[102]

満洲国建国から一カ月後の一九三二年四月一日、満洲全土にわたる鉄道も、満鉄と同様に鉄道が団体旅行客に対して「大割引」を実施するという記事が『東京朝日新聞』に掲載された。記事によると、普通団体で一〇人以上の場合は三

表 4-1　日本人の満洲旅行団体客数(人数と団体数)

年	団体客総人数 a(団体数)	うち学生団体客数 b(団体数)	b/a(%)	出　典
1924(4〜11 月)	3,500(117)	2,766(67)	79.0%	柿谷米次郎編『会報』奉天富山県人会, 1925 年 4 月, 8〜9 頁
1925(1〜11 月)	6,539(316)	4,847(119)	74.1%	『大連新聞』1925 年 12 月 30 日夕刊 2 面
1926	8,879(239)	7,612(168)	85.7%	『満洲日報』1927 年 11 月 1 日 3 面
1927	9,528(254)	7,894(179)	82.9%	『満洲日報』1928 年 6 月 23 日夕刊 1 面
1928	12,656(283)	8,985(173)	71.0%	米内山震作『旅順振興策』1931 年, 5 頁
1929	13,995(306)	10,309(183)	73.7%	『日本内地発鮮満視察団体　昭和四年中』発行者未表記(満鉄と推定), 1〜27 頁
1930	9,716(240)	8,352(168)	86.0%	宮崎県立都城商工学校鮮満旅行記編輯部『白い着物と黒い衣裳』宮崎県立都城商工学校, 1931 年, 239〜257 頁
1931	9,097(205)	7,301(146)	80.3%	陸軍省調査班編『満洲事変の邦人私的発展に及したる影響に就て』陸軍省調査班, 1933 年 2 月 8 日, 32〜33 頁
1932	10,372(279)	6,385(131)	61.6%	陸軍省調査班編, 前掲書, 32〜33 頁
1933	12,396(303)	9,465(169)	76.4%	南満洲鉄道株式会社東京支社『日本内地発鮮満視察団体　昭和八年中』南満洲鉄道株式会社東京支社, 9〜36 頁
1934	17,253(369)	14,258(225)	82.6%	『大連新聞』1935 年 1 月 22 日 2 面, 『大阪朝日新聞　満洲版』1935 年 1 月 23 日 5 面
1935	17,146(378)	不詳	不詳	『満洲日日新聞』1937 年 3 月 7 日 1 版 7 面
1936	19,096(393)	11,879(195)	62.2%	『満洲日日新聞』1937 年 3 月 7 日 1 版 7 面
1937(1〜6, 10〜12 月)	4,197(88)	不詳	不詳	『満洲日日新聞』1938 年 2 月 5 日 1 版 7 面. 林重生編『満支旅行年鑑　昭和十四年　康徳六年』ジヤパン・ツーリスト・ビユーロー満洲支部, 1938 年, 97 頁
1938	11,606(234)	9,912(159)	85.4%	林編, 前掲書, 97〜99 頁. ジヤパン・ツーリスト・ビユーロー満洲支部編『満支旅行年鑑　昭和十五年』博文館, 1940 年, 90〜91 頁
1939	15,604(378)	11,561(189)	74.1%	ジヤパン・ツーリスト・ビユーロー満洲支部編, 前掲書, 91〜92 頁. ジヤパン・ツーリスト・ビユーロー満洲支部編『満支旅行年鑑　昭和十六年』博文館, 1941 年, 297〜302 頁
1940	9,197(278)	5,059(81)	55.0%	東亜旅行社満洲支部編『満支旅行案内　昭和十七年版』博文館, 1942 年, 326〜331 頁

注 1　本表にまとめたのは, 特記がない限り, 日本内地を出発地とする日本人の満洲旅行団体の統計である. 台湾, 朝鮮, 樺太を出発地とする団体や, 赴任団, 移民団などの片道団体は除外している

注 2　1924 年の統計は, 奉天を訪れた一組 10 人以上の日本内地からの団体である

注 3　1925 年の統計は「満洲を訪れた旅行団体」であり, 日本内地以外の地域を出発地とする団体も含む可能性がある. なお, 原文は旅行団体の総人数を 26,539 人と記しているが, 「総計に於て昨年と比較されば四割五分の増加」とあることから, 6,539 人という誤植である可能性が高いと判断し, 訂正した

注 4　1928 年の統計は, 旅順を訪れた日本(朝鮮を含む)からの団体である

注 5　1931 年と 1932 年の統計は, 朝鮮, 台湾からの団体を含む

注 6　1936 年の統計は, 台湾からの団体も含む. なお, 1936 年の学生団体客数 11,879 人と普通団体客数 7,215 人の合計は 19,094 人であり, 原文に記載された「19,096」という数字とは一致しないが, 原文のまま記載した

割引、二〇人以上で五割引、学生団体では一〇人以上で五割引、二〇人以上で六割引、一〇〇人以上で六割五分引、三〇〇人以上なら七割引といった大幅な割引があり、「全満蒙をまたにかけ実業視察とか戦跡見学旅行団体等にはこの上ない福音である」と紹介されていた。この割引は、団体旅行を促進し、特に視察旅行や戦跡見学など、満洲に対する関心を高める目的を持っていた。[103] 各雑誌社も満洲旅行の記事を盛んに掲載し、「タツタ五十円で往復／新天地満蒙へ!!／これさへあれば子供でも独り旅が出来る（中略）満蒙通も気付かぬ経済的最低旅費」と、読者の旅行意欲をかきたてた。[104]

観光機関が提供した特典やメディアの宣伝活動の過熱により、新聞社、鉄道省管下の各鉄道局、日本旅行会、ＪＴＢなどの団体は、こぞって「新満洲国視察団」の一般募集に乗り出した。たとえば、一九三二年三月一〇日から二カ月間、夕刊大阪新聞社は大阪大手前広場や大阪城公園において「満蒙大博覧会」を開催するとともに、自らが主催する満洲国視察団の募集広告を『大阪毎日新聞』に掲載した。[105] 四月には、満鉄、朝鮮総督府鉄道局、鉄道省大阪運輸事務所の後援のもと、特別臨時列車を仕立て、会員二三二名による大規模な「大満洲国視察団」を組織し、実施した。[106] このように、新聞社、博覧会、鉄道省などさまざまな文化装置の連携は、満洲への旅行熱を駆り立て、満洲への夢をさらに膨らませていったのである。

満洲旅行が観光商品として十分魅力的であったことは、懸賞広告の目玉として登場したことが端的に示している。一九三三年一一月一日、清酒「キンシ正宗」は、『東京朝日新聞』に懸賞広告を掲載した。[107]「壜詰《びんづめ》二本」の抽籤で一等当籤者五〇名を「満鮮旅行」へ招待すると記されたこの広告は、翌年一月二五日まで計一四回にわたり掲載された。「キンシ正宗」は一升瓶二円二五銭で販売されていた。[108] 四・五円で「満鮮旅行」の夢を実現できるという提案は、単なる商品購入を超えた魅力を持っていた。特に「満鮮旅行」が一等賞に位置付けられていることは、当時の消費社会において、この旅行が価値ある特典と見なされ、手の届く贅沢とされていたことを物語っている。

こうした中、満洲旅行は次第に盛況を呈するようになった。満洲国建国の年（一九三二年）には、日本からの団体客数が一万人を超え、翌年には一万二〇〇〇人に達した。その後も着実に増加を続け、一九三四年と一九三五年にはともに一万七〇〇〇人を記録し、ついに一九三六年には過去最高の一万九〇〇〇人(計三九三団体)を数えた(表4―1)。同じく一九三六年には、日本からの個人客も一一万四〇〇〇人を記録している。[109]団体客と個人客を合わせると、総計一三万三〇〇〇人に上り、月平均で一万一〇〇〇人以上の旅客が満洲を訪れるという驚異的な規模となった。

再び団体客の話に戻ると、一九三七年七月に始まった日中戦争の影響で団体客数は減少した。一九三九年には一万五〇〇〇人に回復したが、一九四〇年五月以降、来満団体客の主力であった修学旅行団が制限されるようになった。[110]さらに一九四三年には、「戦力増強に直接関係のある旅客輸送を円滑化する」目的で、一般旅客の渡航が抑制されるに至った。[111]このように、一九〇六年から始まった満洲ツーリズムは、ついに終焉に向かうことになった。

四　小　結

満洲観光事業の発展は、満鉄やJTB、満洲観光聯盟、在満県人会といった「代理ホスト」の活動を基盤に成り立ち、観光資源の開発と変遷を伴いながら、満洲を単なる異国の地ではなく、特別な魅力を持つ観光地へと作り上げていった。

満鉄は、鉄道網や宿泊施設の整備にとどまらず、満洲を「憧れの地」として認識させるための巧みな戦略を展開した。『南満洲鉄道旅行案内』や観光ポスター、文化人を招いた「名士招待」などを活用して、満洲の風景や文化を魅力的に描き出した。さらに、満鉄沿線の温泉地や桜公園といった自然の観光資源を整備し、季節感や非日常性を楽しむ観光地として広く宣伝した。こうした取り組みは、旅行者に「まだ見ぬ異国」の幻想を抱かせるとともに、その訪問を一種の文化的体験と位置付けることで、満洲観光への憧れを醸成した。

これに対して、在満県人会の役割は、旅行者が満洲での体験を心地よく、親しみやすいものにする点にあった。県人会は視察団や学生団体の訪問時に、駅頭での歓迎、宿泊や見学の手配、絵葉書の贈呈、さらには歓迎会の開催など、きめ細やかな対応を行った。これらの活動を通じて、旅行者に「遥か異郷の地も内地の旅のやうな」親近感を抱かせたのである。この親近感は、単なる旅行体験を超えて、日本人としてのアイデンティティや帝国の一体感を強化する効果を持っていた。また、現地の日本人住民との交流は、旅行者に「帝国の一部としての満洲」という視点を自然に共有させる働きもあった。

満鉄らが作り出した「憧れ」と、在満県人会が提供した「親近感」は、満洲という観光地の魅力を相互補完的に高める要素であった。旅行者は、満鉄が描く壮大でロマンティックな満洲像に引き寄せられる一方、実際の旅では県人会による温かなもてなしを通じて現地への親しみを深めたのである。これらが相まって、満洲は旅行者にとって非日常の魅力と安心感を同時に提供する特異な観光地として成立した。

このように、満洲観光事業の発展は、満鉄の広範なインフラ整備と文化的な憧れの創出、そして在満県人会による現地での具体的な受け入れ活動の両輪によって支えられたのである。この構造があったからこそ、満洲は単なる移民地や戦略拠点を超えた、魅力的な観光地として広く認識されるに至ったのである。しかし、観光事業には理想と現実のギャップもあり、在満県人会と旅行者の間のまなざしのずれや、視察旅行の「不真面目」な側面も見られた。

一方、満鉄は、鉄道網や宿泊施設の整備を基盤に、観光地としての満洲をプロデュースした。特に、温泉地や桜公園といった自然資源を整備し、日本的風景の魅力を前面に打ち出すことで観光需要を喚起した。また、一九三二年以降、満洲国建国を契機に、観光資源の性格が大きく変化した。国際的知名度の高い熱河と開拓地観光がその象徴である。後者に関して、日本人入植地や農村部を観光地化することで、「王道楽土」の理念を視覚化し、国家の進歩と安定を訴える役割を果たした。さらに、一九四〇年に満洲観光聯盟が主催した「満洲観光資源名」懸賞募集では、景勝地のみならず、「匪賊の産地」とされていた地域を観光資源として再定義する試みが行われた。これにより、観光は単なる娯楽ではなく、満洲国の存在意義を内外に訴える手段へと変貌したのである。

満洲国建国後、満鉄は鉄道網の拡張を進め、特に鉄道機構の一元化が進行した。これにより、従来旅行が困難だった地域でも安全な旅行が可能となり、観光ルートも満洲全域に拡大した。さらに、団体旅行や視察旅行を促進するための割引制度が導入され、各種メディアの宣伝活動によって満洲旅行への関心が高まった。満洲国建国から数年のうちに団体旅行客は急増し、満洲旅行は社会的なブームとなった。しかし、一九三七年の日中戦争勃発により、団体旅行の数は一時的に減少する。一九三八年には再び増加に転じたものの、戦争の激化に伴い、一九四〇年五月には修学旅行などの団体旅行が制限されるに至った。さらに一九四三年には、「戦力増強に直接関係のある旅客輸送を円滑化する」ことを目的に、一般旅客の渡航が厳しく抑制された。これにより、満洲ツーリズムは事実上終息を迎え、旅行はほぼ停止することとなった。

第５章　〈憧れの的〉としての満洲――学生たちの旅路

とうとう来た――専攻科に入つた当初から最も喜ばしい期待の一として、何時も話題に上り、入学の目的の重要な一部をさへなしてゐるかの如き感のあつた憧れの鮮満の旅‼その旅立ちの日が来たのだ。(1)

入学以前からの憧れ、それは鮮満旅行であつた。私達は如何に満洲の旅を憧れてゐた事でせう。(2)

待ちに待つた鮮満旅行――憧れの的であり、夢にのみ描いた彼の地を今やこの足で踏みしめ、この眼で見る時がやつて来たのだ。(3)

満洲旅行！之は現在の下級生諸君がそうである様に僕達が入学以来持ち続けて来た憧れであり、下商生活の最後を飾るものである。(4)

あこがれの満洲！　日清日露の両役、近くは満洲事変忘るゝ事の出来ない殉国同胞埋骨の地として未だ見ぬ瞼の満洲が様々に浮ぶ。碧血と死屍に蔽《おお》はれた旅順の戦跡大きな汽車、大連埠頭豆粕の山、広漠たる平野に連《つらな》る高粱の畑等…………／生気溢《あふ》るゝ五月七日嗚呼此の日こそ我々の念願日数数へて待ちに待つた憧憬の満洲の旅だ。(5)

右記の引用は、それぞれ一九二九年の岐阜県師範学校、一九三五年の大阪府女子師範学校、一九三六年の福岡県中学修猷館、一九三七年の市立下関商業学校、一九三七年の台南州立嘉義農林学校の日本人生徒が、満洲旅行後に書き記した言葉である。旅行の時期、学校の所在地、学校の種類は一部異なるものの、満洲旅行に対する強烈な「憧憬」の念だけは共通している。

第3章で述べたとおり、日露戦争終結の翌年(一九〇六年)、全国規模の「満韓修学旅行」が陸軍省と文部省の共催のもとで行われ、満洲修学旅行のさきがけとなった。その後、第一高等学校や山口高等商業学校、各商業学校を中心に満洲旅行は継続して行われていたが、関東大震災後は徐々に師範学校をはじめとするほかの中等学校にも広がりを見せるようになった。以降一九四〇年にかけて、女子師範学校や高等女学校を含む、日本内地、台湾、朝鮮の中等学校以上の学校において、満洲旅行は盛んに催されるようになった。

学生の満洲旅行は、一部「興風会」(第一高等学校)や「早稲田大学旅行会」といった学生団体主催のものを除き、ほとんどは学校主催のものである。前者は学生のみで構成されているのに対し、後者は原則的に教員や配属将校[6]の引率付きで行われていた。また、多くの学校では、満洲は最高学年や上級生の修学旅行先と指定されている。

前章の表4-1にも示したように、満洲を訪れた学生団体は、一九二四年は六七団体、二七六六人程度であったのが、一九二九年には一八三団体、初めて一万人を超えた。その後、満洲事変前後の緊迫した状態の影響で減り続け、満洲国建国の一九三二年には六〇〇〇人台まで落ち込んだが、一九三四年には回復し、二二五団体、一万四二五八人のピークに達している。また、一九二四年から四〇年にかけて、データ不詳の一九三五年と一九三七年を除き、来満全団体中の学生団体は一貫して最高の比率を保ち、約五~八割を占めている。一九三〇年には、驚異の八六%を記録している(表4-1)。戦前の満洲団体旅行の大半は学生団体に支えられており、満洲旅行史における学生旅行の重要性が際立っていることがわかる。

冒頭の引用文にもあるように、学生にとっての満洲旅行は、単なる普通の行事ではなく、入学以前(あるいは当時)から期待を膨らませてきた、学生生活の最後を飾る憧れのイベントであった。一九〇六年の修学旅行では見られなかった旅行者の憧憬の念は、どのような歴史的諸条件のもとで醸成され、またいかなる仕組みで帝国意識の形成に結実していったのであろうか。

本章では、学生の満洲旅行という帝国の観光史と教育史にまたがる重要な事象の展開を、満鉄、学校、在満校友会といった、さまざまなアクターの複雑な相互作用を通して浮き彫りにする。

一 満鉄の優遇策

1 破格な割引運賃制度

学生の満洲旅行ブームをもたらした要因の一つは、満鉄が学生向けに積極的に展開してきた誘致策である。満鉄開業から三カ月後の一九〇七年七月、前年に続き第二回満韓修学旅行が文部省の主催下で行われることになった。これに賛同した満鉄は、八割引という破格の割引策を断行することになった。ちなみに、日本国内の官設鉄道と韓国統監府管下の朝鮮鉄道の割引率はいずれも五割引にとどまった(7)。

その翌年も、満鉄は夏季休暇中の学生団体客に対し、八割引の高率の優遇を与え続けていた。「斯く八割減の待遇法は内地に於ても余り例のなき優待法にて殆んど無賃同様に近き奮発なる」と『満洲日日新聞』で報じられている(8)。その後、八割引の優遇策はさらに学生の個人客にも適用され、少なくとも一九一六年八月まで続けられた(9)。

一九一八年四月に改訂された『満鮮観光旅程』によると、満鉄線の学生向け割引は夏季休暇という利用時期の制限が撤廃されたうえ、三等車に限り単独五割引、二五人以上の団体は六～七割引に改正されている。その他の交通機関はというと、前年に満鉄に経営が委託された朝鮮線と日本内地の鉄道院線はともに夏季と冬季休暇限定で、朝鮮線は三等車に限り五割引、鉄道院線は三等車に限り二割引となっている。大阪商船は三等船室に限り単独と団体とを問わず二割引となっている。[10] 交通機関の中で、満鉄が最も高い割引率を提供していることがわかる。

一九二三年五月、愛媛県女子師範学校が、女子師範学校として全国で初めて満鮮修学旅行を実施した。この旅行の「統率職員」は県の教育協会の雑誌に次のような感想を披瀝している。

東京旅行は二週間で、船車宿泊料は五拾円、満鮮旅行は同期間、六拾五円である。甲は往復一千哩《マイル》、乙は奉天までとして二千哩、距離に於て二倍の旅行が出来る。国家観念と云ふものは国内のみに居つたのでは、半分しか出来て居ない。外国を視察し、其の比較によつて初めて国と云ふ考へが明瞭になるのである[11]

つまり、東京旅行と満洲旅行に旅費の面では大差はないが、愛媛から奉天までの距離は愛媛から東京までの二倍に相当する。東京旅行とほとんど変わらない費用で遠い外国まで足を延ばし、そこで国家観念というものをより強く感得できることが、満洲旅行の魅力と意義であると端的に指摘しているのである。

2 浴衣用意、特別客車、車内説明、出張講演会

旅費の安さだけでなく、サービス面においても、修学旅行生は満鉄からさまざまな厚遇を受けていた。

一九二八年から、満鉄の働きかけにより、満洲の旅館では学生客向けに「中等学校標準の浴衣」をすべて揃えるよう、一斉に整備が実行された。整備を行わない旅館があれば、旅館組合長には最も厳重な警告を発するとのことであった。主唱者の一人である東京鮮満案内所主任の坂本政五郎は、導入の理由についてこう述べている。「彼等〔学生団〕は昼は暑い炎天に各所を見学して汗のまゝ風呂に入つてから又汗のついてゐるシヤツや洋服を着ると云ふ事は如何にも惨酷ですから、若し旅館の主人の子供がさうであつた時はどうであるか、好い気持はしない、況《いわ》んや内地からはる〲満洲方面までやつて来た大事な人様の子供であるからと云ふので」実行したという。[12]

満鉄は旅館での快適な滞在だけでなく、移動中の体験にも工夫を凝らしていた。たとえば、一九二六年五月に修学旅行で満洲を訪れた大分県立宇佐中学校の生徒の一人は、次のように感激の言葉を書き記している。「此所に特筆すべき

事は、満鉄は大いに満鮮見学を奨励し、団体九十名に達すれば特別客車一輌を提供するとの事である。吾等が旅順へ行く時など列車には早《はや》「宇佐中学校生徒用」とさへ書いてあった」(13)。

さらに、乗車中に沿線の状況について満鉄の車掌から熱心に説明を受けたことも、生徒にとって満洲旅行を深く印象付ける要因の一つとなった。その一例として、一九三五年三月、島根県立松江商業学校の生徒が、安奉線の汽車の中で体験した出来事が挙げられる。彼はのちに学友会雑誌に、「「あそこに軽便鉄道の跡が見えますが、これは日露戦争の際我軍が使用したもので、当時如何に我軍が輸送に苦労したかゞ分かります」といふ車掌の丁寧な説明に、僅かにそれらしい土の隆起を見ることが出来た」と記している(14)。また、一九三三年には旅行団が新京駅の求めに応じて提出したフィードバックの中で、香川県師範学校の引率教員が満鉄のサービスのよい点として「専務車掌の説明は非常に有益であった」と特記している。こうした記録からも車掌による説明がいかに重宝されていたかがわかる(15)。

一方、満鉄が日本の学校向けに講じたもう一つのユニークな勧誘策は、出張講演会である。印刷物の送付や映画上映会の開催に加え、満鉄は出張講演会を開くことを通して、直接学生に訴える工夫を施している。

旅順戦跡の名物案内者である満鉄嘱託の大坪要三郎は、日本内地の学校を「戦跡講演行脚」し、その語りは多くの生徒に深い感銘を与えていた。一九二六年一〇月に修学旅行で旅順を訪れた久留米商業学校の生徒の一人は、旅行後の感想文にこう綴っている。

> かつて講堂で「満蒙の天地に眠《ね》むれる幾万の兵士を思へ…………」と私共の心にふかい感動を加へて下さった大坪要三郎氏が私共の旅順見学の案内役となり、説明役となつて下さる事になつてゐた。／こゝで大坪さんから、明治卅七八年の東鶏冠山の戦況について実地の説明があつた。／去る日、我が商業学校の講堂で、東鶏冠山の戦況についての詳細なる講演をきいてゐたので、其説明がはき〱と分かつた(16)。

また、一九三一年一〇月、東京府立第二商業学校の生徒は、「楽しみにしてゐた大坪さんの熱と涙の名調子も今日は貴族院議員の方々を案内するので聴く事が出来ないのは残念だ」と、満洲で大坪との再会を果たせなかった悔しさを書

き記している。(17)

3 「国民の義務」としての満洲旅行

では、なぜ満鉄はここまで熱心に学生旅行に力を注いでいたのであろうか。一九二四年一二月、大阪鮮満案内所主任の高砂政太郎は、日本旅行文化協会刊行の旅行専門誌『旅』の「満鮮号」に次のような一文を寄せている。

今や朝鮮満洲のことは普《あまね》く学校の教材中にも採り入《マ》られ《マ》あつて、鮮満が日本にとつてどういふ関係にあるものであるかといふ事を考慮するならば、私は是非共国民全般が満鮮に対し十分の理解を有《も》ち全国の中等以上の男女学生殊に近く卒業するといふ様な生徒の修学旅行には全部満鮮行をお勧めしたい之《これ》から社会に出て行くといふ人達に、いつも行ける様な東京とか九州等の内地旅行は全く意義をなさない。鮮満の視察などはさういふ機会を外しては中々別に行こうといふ好い折のないものです。今後の国民の義務としても是非一度は彼の地を見せて、脳裡に深く満鮮を印象せしむる必要があると思ひます。(18)

「国民の義務」という力強い言葉に凝縮されたとおり、満鉄が多大な犠牲を払ってまで学生の満洲旅行を促進したのは、若き学生に国家的見地から満洲の現状を知らしめ、国民として満洲開発の意義を考えさせる重大な使命を自覚しているゆえであろう。

二 全国学校長会議の誘致

学生の旅行だけでなく、満鉄は教育者に対しても満洲への旅行を積極的に誘致していた。その火付け役となったのは、一九二一年一〇月に奉天で開催された全国中学校長会議であった。

1 全国中学校長会議の開催(一九二一年)

会議誘致の発案者は、満鉄地方部学務課長を務める保々《ほぼ》隆矣《たかし》(一八八三〜一九六〇年)である。冒頭にも述べたとおり、満鉄の事業範囲は単なる鉄道経営だけにとどまらず、満鉄付属地における教育施設の普及発達を図ることも含まれている。当初、満鉄の教育行政を掌る部門は地方部地方課の下に設けられた学務係であったが、一九一九年度になって「学務課」に昇格した(19)。一九二一年八月当時の学務課の課員は保々以下三七名を数える(20)。

保々は熊本県の出身で、第五高等学校から東京帝国大学法科大学政治学科に進み、警視総監秘書や名古屋市新栄町警察署長などを経て、一九二〇年一月に満鉄に入社した(21)。同年三月に執筆した「入満印象記」の中で、保々は「内地に居る人々の大多数の「満洲観」は日露の戦役に此厳寒や晩春の塵埃と戦つた人々より聞いた「満洲」である。故に満洲と言へば皆「ヒドイ」所《ところ》喰ひ詰者《つめもの》の行く処《ところ》位にしか考へて居ない」と嘆いていた(22)。

その後、ある日の満鉄の会合において、保々は東京支社の庶務課長に対し、満洲宣伝に関して、「内地の新聞記者などを呼んで視察させても、一向書かない。それのみならず案外高価のやうだが、どうだらう、日本の中等学校長会議を満洲に開催させて、彼等を通じて、生徒にも父兄にも、満洲の事情を知らしめては如何と思ふ」と提案した。庶務課長は大いに賛成したので、当時満鉄学校長の中心人物であった内堀維文《うちほりこれぶみ》(奉天中学校長兼南満中学堂長)に相談した。内堀は直ちに東京府立第一中学校長の川田正澂《かわだまさずみ》(中学校長協会理事)に相談し、奉天での全国中等学校長会議の開催が決まった。この案は当時の満鉄社長である早川千吉郎《はやかわせんきちろう》の賛同を得て、「予算も苦もなく準備も恙《つつが》なく進行した」(23)。

開会の挨拶で、保々は全国中学校長会議を誘致した意図について次のように語った。

私共ハ誰デモ申ス如ク中学ノ教育即教育ノ中デモ中間デアリマスガ教育ハ若キ者ノ心ノ上ニ植付ケタルモノデナケレバナリマセン三十乃至四十頃ニナツテ植付ケタモノハ付焼刃《つけやきば》タルニ過ギナイト思ヒマス十代ニ植付ケタ処ノモノハ一生忘レ無イ植民地ニ於ケル我々ノ祖国ニ大切ナル事ハ若イ時ニ打込ンデ置カナケレバナラント云フ事ニ付テ痛切ニ感ズルノデアリマスガ小学中学デサウ云フ教育ガ無イカラ駄目ナンデス夫《それ》ヲ教へ様トシテモ駄目デス夫ト同様

ニ真ニ共存共栄国威ヲ発揚スル事ハ出来ナイ夫デ如何カ皆サンノ様ニ数百ノ生徒ニ接シテ教育サレル方ヲ通シテ満洲ノ知識ヲ植付ケタナラバ大イニ資スル事が出来ルダラウト考ヘタノデアリマス〔中略〕サウシテ御覧ニナツタ処ヲ赤裸々ニ御話ニ成《な》ツテサウシテ出来得《う》ル丈学生モ出掛ケルト云フ事ガ仕度《した》イノデアリマス[24]

一人の中学校長の語りが、満洲旅行で得た見聞を数百名に上る生徒に伝授すると同時に国家観念を植え付け、さらに満洲への雄飛を促進することができる。一〇歳代の教育を担う重要な立場にいる中学校長たちの持つ莫大な宣伝力に、満鉄が熱い期待を寄せていることが見て取れる。

全国中学校長会議のために、満鉄は一万円の予算を計上したほか、釜山からの朝鮮鉄道および満鉄線を全部一等客として優待し、満鉄社員や満鉄管下の各学校長を各班別に案内役として付き添わせ、旅館や荷物の斡旋、乗物の用意などすべてを引き受けることにした。中学校長の一行は「只導かれるまゝに見物し、飲食し、宿泊すればよいといふ大名旅行[25]」のような待遇を受けた。

2　各種学校長会議と教員の満洲旅行

奉天の全国中学校長会議は、満鉄の初めての試みであると同時に、実に「我が新領土に於ける全国学校長会議の嚆矢」でもあった。この会議は「社会の各方面に強き衝動を与へ、取りわけ我が教育界に対しては、尠からぬ感興を湧かせ活動を促がす機縁となつた」と称えられるほど大成功を収めた[26]。以降一九三四年にかけて、各種学校長会議が頻繁に満洲で行われるようになった（表5－1）。

学校長に対し、満鉄は満鉄線の汽車パス（無賃乗車証）を交付するなど、「大体東京開催と大差ない費用で出来る様に」便宜を提供している[27]。一九二六年九月に全国小学校長会議が奉天で開かれることになった。その半年前に発表された満鉄の実施要項によると、優遇方法として、視察中に満鉄社員二、三名を案内者としてつけることや、朝鮮線と満鉄線内での団体旅行中は二等専用車を連結し、その乗車賃金と客車連結料を満鉄が負担すること、奉天、撫順、長春、哈爾濱、

表 5-1　満洲で開催された全国学校長会議(1921～1934 年)

開催日	会議名	開催地	出席者数	出　典
1921 年 10 月 11 日	全国中学校長会議	奉天	91	『会報』4 号，中学校長協会，1922 年 4 月，23～27 頁
1922 年 10 月 4 日	全国師範学校長会議 並びに 全国工業学校長会議	大連	57	橋本文壽『東亜のたび』橋本文壽，1923 年，1 頁．全国中等学校地理歴史科教員協議会『全国中等学校地理歴史科教員第七回協議会及満鮮旅行報告』全国中等学校地理歴史科教員協議会，1926 年，58～59 頁
1924 年 5 月 5 日	全国高等女学校長会議	奉天	186	JACAR(アジア歴史資料センター)Ref. B12082044200，33．日本全国高等女学校長会議(B. 3. 10. 2. 54_001)(外務省外交史料館)，第 2 画像目
1924 年 9 月 19 日	全国商業学校長会議	大連	47	『満洲日日新聞』1924 年 9 月 20 日 7 面
1925 年 10 月 3 日	全国農業学校長会議	公主嶺	74	農業学校長協会編『満鮮行附北支紀行』農業学校長協会，1926 年，1～2 頁，68 頁
1926 年 9 月 6 日	全国小学校長会議	奉天	181	伊奈森太郎『私の鮮満旅行』伊奈森太郎，1926 年，1～2 頁
1933 年 8 月 17 日	全国商業学校長会議	新京	49	『新京日日新聞』1933 年 8 月 18 日 2 面．南満洲鉄道株式会社東京支社『日本内地発鮮満視察団体 昭和八年中』南満洲鉄道株式会社東京支社，11 頁
1933 年 10 月 2 日 同年 10 月 12 日	全国師範学校長会議	新京(2 日) 大連(12 日)	61	『満洲日報』1933 年 9 月 21 日 2 面．南満洲鉄道株式会社東京支社，前掲書，11 頁
1934 年 9 月 20 日	全国中学校長協会 臨時総会	新京	144	『新京日日新聞』1934 年 9 月 20 日 2 面

注　筆者作成

大連における団体旅行用の車馬賃も満鉄が負担することが明記されている。(28) 愛知県の小学校校長である伊奈森太郎が、のちに旅行記の中で、「満鉄会社は会議を兼ねて懇切なる鮮満地方視察の案内をして下さいました。二等列車を無賃で提供して下さるし、各地の馬車や自動車の便をはかつて下さるし、宿所の配意から見学場所の案内等至れり尽せりの款待を受けました。聞く処によると満鉄会社は今回の挙に三万金を投じて居るとのことです」と感嘆している。(29)

学校長会議の開催は、その他の教育者の満洲旅行にも拍車をかけ、早くもその効果が現れた。一九二四年一〇月一〇日の『満洲日日新聞』では、学校長会議効果で教育視察団の渡満が急増したことを報じている。「就中各種学校長会議を満洲に開催して全国的に学校長を招じた効果はそれが直接国民の教育に従事して居るだけ効果の及ぶ範囲は極めて広く且つ大であつた校長の帰来談は教諭を刺激し教育の方針にも幾多の考慮が払《はら》はれる様になつて来たさうした結果教育視察団の渡満は本年度に於て非常に多くなつてきたのは慶賀すべきことである」。一九二四年春以来、九州では佐賀県以外の各県や、山口、岡山、広島、愛媛、兵庫、愛知、大阪、京都、島根、石川、新潟、長野、茨城、福島、山形、神奈川、東京市、東京府、群馬、鳥取、北海道の各市や道府県および朝鮮の教育視察団も満洲を訪れている。このほか、教育家の単独視察も非常に多かった(30)。

3 学生の満洲旅行に与える好影響

満洲での学校長会議および教員の満洲旅行の流行は、必然的に学生の満洲旅行にもよい影響を及ぼすことになった。一九二四年五月、全国高等女学校長団を率いて訪満した東京府立第三高等女子学校長の小林盈《こばやしみつる》は「私は単に教師のみならず中等学校の卒業生又は卒業間際の学生等は進んで満鮮視察をなし以て其の実際を見聞して貰《もら》ひたい」と満洲現地の日本人記者に語った(31)。

実際、校長らが帰国後、ぜひ教え子にも満洲を見せてやりたいと、学生の満洲旅行を推奨した例もある。一九二一年、全国中学校長会議に参加した成蹊中学校長の児玉九十《こだまくじゅう》は、翌一九二二年と一九二三年の二回にわたり、自ら生徒を引率して満洲旅行を決行した。児玉は後年、当時の心境について次のように振り返る。「かねて、海外に目を向けることは、日本国民の資質を向上させるうえで非常に大切だと考えていた私にとって、朝鮮半島から、旧満州、さらに中国本土まで足をのばすことができた、このはじめての旅は、まことに有益で、ぜひ中学生たちの若い眼で見学させてやりたい、と痛感いたしました(32)」。一九三〇年、児玉は転任先の明星中学校でも生徒を連れて四度目の満洲の土を踏んだ。三週間の旅費は全部で一〇六円程であった。児玉は「満鉄が特別にサービスしてくれたことが費用の少なくてすむ大原因」と感激し、「一見、ぜいたくの様にも見える程、心をくばつての旅行であつたにかかわらず《ママ》、費用の少なかつた事、海外に出て筆舌に尽せぬ経験をした事は実に有意義な事であつたと思います」と述懐した(33)。

また、同じく一九二一年の全国中学校長会議に出席した福岡県田川中学校長の田中常憲《たなかつねのり》は、のちに京都府立桃山中学校長に転任した後、一九三〇年五月に満洲への修学旅行を始める。以降一九四〇年まで、桃山中学校は毎年欠かさず満洲修学旅行を実施していた。第一回に参加した生徒の一人、山田《やまだ》務名《ちかあき》は旅行中に目にした大陸的な風景や異国情緒、産業資源、日清日露の戦跡などから鮮やかな印象を受け、「この時以来、満州へのあこがれは、私の胸の中にどっかと腰を据えることとなったのだ」と語る。その後、山田は第三高等学校、東京帝国大学へ進み、一九三八年四月に「至極当然の成り行き」として、中学時代の修学旅行以来ずっと憧れであった満洲での就職を決意した(34)。

このように、満洲で開催された学校長会議は、日本の教育者の間で満洲への認識を深めるだけでなく、間接的に学生の満洲旅行の機運を高め、満洲への夢と憧れを育み、ひいては満洲への就職を推し進めることとなった。

一九三七年一月、鮮満案内所の業務打ち合わせ会で、大阪鮮満案内所は、かつての学校長会議に倣い、青年団や農業視察団の誘致策として満洲での全国村長会議の開催を提案した(35)。全国学校長会議の開催は、満鉄による観光誘致の成功例の一つとして長く語り継がれていたのである。

三　学校教育の一環として

一九二〇年代半ば頃から、満洲修学旅行は、師範学校をはじめ、商業学校、中学校、農学校、工業学校、女子師範学校、高等女学校といった諸中等学校の恒例行事の一つとして定着していった。旅費の積み立てから、事前学習、旅行の記録にいたるまで、各学校はさまざまな工夫を凝らしながら、満洲修学旅行のノウハウを蓄積していった。

1　旅費の積立と予備知識の習得

一九一九年に開校した東京府立第一商業学校（以下「東一商」）は、当初から満洲修学旅行を計画し、毎月一円ずつの旅行費積立金を徴収するという制度を導入した。第一期生の計画は関東大震災で中止になったが、一九二五年の第三期生を皮切りに、一九三九年にかけて毎年欠かさず満洲修学旅行を実行し続けた[36]。東一商に限らず、ほかの実施校も、多くの場合、積立金を用いて旅費を支出していた。また、姫路商業学校や京都市立第一工業学校のように、市からの補助金で積立金の不足分を補うケースもあった[37]。

多くの学校は、旅行生に満洲についての予備知識を習得させるべく、事前に各旅行地の概略や地図、旅行の心得、注意事項などを収めた「栞」を配布した。旅行地の概略と地図は、満鉄発行の旅行パンフレットの内容を参考に書かれたものが多い。また、一部の師範学校の栞には、国語教科書に掲載された満鮮を舞台にした文章の抜粋も収録されている。これは、生徒が将来小学校の教壇に立つことを意識し、教科書関連事項の調査を促すものである。たとえば、一九三二年に配布された大阪府天王寺師範学校の栞には、「各自の将来を思へ、多くの児童の為に」との心得が書かれたうえ、第三期「尋常小学国語読本」巻七の一二課「大連だより」の抜粋と、「町名の呼び方、通の広さ、並木の種類、建物の名称」といった「調査事項」が記されている[38]。

また、学校側が生徒に旅行地について資料を調べさせたり、または生徒が自発的に調べたりすることもある。一九三五年、大阪府池田師範学校の一生徒が旅行後に作成したスクラップ帳の冒頭には、「満鮮旅行予備知識参考書類」として、満鉄発行の小冊子やリーフレット『満洲と満鉄』『満洲旅行の栞』『満洲と日本』『鮮満周遊』、大阪商船発行のリーフレット『日満連絡船案内』、朝鮮総督府鉄道局発行のリーフレット『朝鮮旅行案内』、改造社発行の『地理講座』、大阪朝日新聞発行の『大満洲地図』計八点が挙げられている[39]。満鉄発行のものが多い理由には、満鉄鮮満案内所が、修学旅行の実施校に無料で参考書類を提供したことが考えられる。

参考資料の調査以外に、東一商は前満鉄秘書の上田恭輔や、東京高等師範学校教授の内田寛一といった名士を招聘し、講演会を開いた[40]。また、一九三二年五月、同校の学生四〇〇名が教員に引率されて日本橋の百貨店・白木屋を訪れ、開催中の「大満洲国展覧会」を熱心に見学した。見学後、同校の希望により、白木屋の七階ホールにおいて、満鉄の機関新聞『満洲日報』の社員による「満洲国家の生れ出づるまで」と題した講演を聴講し、「一時間半にわたり四百の学生は手に汗を握つて緊張、感激して散会した」という。[41] 翌一九三三年にも、参加学生は満洲に旅立つ数日前に、前年一一月に日比谷公園の市政会館内に新設された満蒙資源館を見学した。[42]

2　旅行記録の作成と発信

旅行の記録では、多くの場合、予め数名の「記録係」が指名され、旅行後に校友会誌や記念誌にリレー日誌などを執筆した。それ以外の生徒も、帰国後に旅行記録の提出を求められることがあった。

たとえば、一九三五年の大阪府女子師範学校の栞には、「旅行中観察セル事項ニツキ各自報告書ヲ作リ帰校後引率教員ヲ経テ教務ニ提出スルモノトス」と書かれるとともに、日ごとに「〈研究欄〉」「〈観察欄〉〈感想ヲ含ム〉」と設けられ、日記を書くためのスペースが用意されている。[43] また、一九三八年に福岡県門司中学校が事前に参加学生に配布した小さめの栞にも、「観察セル事項ハ之ヲ整理シ帰校後旅行日誌トシテ提出スル事」と明記され、後半部分は「金銭出納欄」と「日記」欄になっている。[44]

校友会誌に掲載された晴れがましい旅行記は、教員や同級生だけでなく、後輩にも読まれていた。校友会誌に書かれた先輩の鮮満旅行記を読んだ佐賀県立伊万里商業学校の生徒は、「橘岡会誌の鮮満旅行記を読む度に、未だ味つた事の無い異郷の国を独り想像して我等の胸をときめかせたものだ。そしてそれが現実に表現される五年生をどれだけ羨望した事か！」と感激した様子を語っている。[45] また、戦前には学校同士で校友会誌の寄贈が頻繁に行われていたため、満洲旅行を実施していない学校の生徒も、他校の校友会誌を通して、同年代の若者の満洲旅行から刺激を受けた可能性がある。

一方、学校側が積極的に生徒の旅行記を刊行したケースもある。前記の東一商は、一九二九年に一学生の旅行日記『見たま丶の北支と満蒙』を上梓して、関係者に頒布した。[46] 一九三一年一二月、満洲事変後、満洲に対する日本社会の関心が急速に高まる中、東一商は事変前の五月に行われた旅行の報告集を、四四六頁に及ぶ『大陸に歩みて』にまとめ、富文館より定価一円五〇銭で発売することになった。さらに同書は、翌年二月に『僕等の見たる満洲南支』と改題し再版されるに至った(47)。旅行報告集の市販化によって、東一商の生徒たちの見聞は、学校の垣根を飛び越え、広く一般社会にも広まることになった。

四　校友会の役割

第4章で述べたとおり、満鉄やJTB大連支部などの旅行機関とともに、県人会などの「帝国の同郷者ネットワーク」も満洲ツーリズムの「代理ホスト」として機能していたが、学生団体の満洲旅行に関していえば、送迎、招宴、案内、ひいては就職相談に至るまで、県人会以上に校友会が重要な役割を果たしていた。

一九〇六年夏、日本初の満洲修学旅行が催された際、後輩の歓迎会を開いたことが確認できたのは、早稲田大学、慶應義塾、熊本県立中学校済々黌の三校のみであった。その後、満洲における日本勢力の伸張と軌を一にして、在満校友会の規模も拡大していった。早稲田大学を例に挙げると、一九〇六年夏の大連在住校友数は一一人であったが、一九二四年には大連校友会の会員数は一五〇名に達した(48)。一九三四年に関東州を含む満洲全土の校友会員は九三〇名に激増し、一九四三年には三六〇〇名に膨れ上がり、海外の早大校友会中最も多い会員数を誇るようになった(49)。

満洲の校友会にとって、母校の修学旅行団の送迎、招宴、案内は、重要な活動の柱の一つである。母校の修学旅行を機会として、歓迎会を兼ねた校友会を開くことも多く、満洲修学旅行と在満校友会は、相互促進的な関係にあることがわかる。

1 「楽土」に響く校歌

先輩同窓と触れ合う場面の中で、旅行生に最も感激を与えるのは、別れ際の校歌合唱である。たとえば、一九三五年に、福岡県中学修猷館の生徒は、奉天の駅頭で見送りに訪れた先輩たちとの別れを次のように記録している。

プラットホームに列《なら》んでゐる先輩諸氏の顔を眺めてゐると何だか真の兄さん達と別れる様な気がして思はず館歌が口からほどばしり《ママ》出た。／皆感激の涙を流し、声をからして館歌を絶叫し大コーラス団と化して終つた。／青春の血潮高鳴る修猷健児の抑へ切れぬ感激と惜別とを乗せて列車は徐々に停車場を離れて行く。／奉天よさらば、先輩諸氏よさらば(50)。

また、一九三三年に、大分県立日田中学校の生徒は、大連埠頭で先輩と別れた時の光景をこう記している。

期せずして高唱する校歌、母校の万歳‼汽笛は鳴る。船は静かに岸を離れる。「卒業したら満洲に来いよ！」悲痛なる先輩の叫び。お丶今彼等と別れたら彼等はさぞや異国の空で淋しからう。だが満洲開拓の勇者よ、頑張つて呉れ。埠頭の屋根の上に何時迄も小さな黒服が帽子を振つてゐる(51)。

異国で合唱する校歌は、同窓という縁の有難みをより一層感じさせてくれる。ここ満洲は、もはや縁もゆかりもない異国から、憧れの先輩のいる特別の地へと化しているのである。

2 満洲への就職に与える影響

満洲国の誕生は修学旅行を取り巻く環境に大きな変化をもたらした。昭和初期の不況で日本国内での就職機会を閉ざされた学生にとって、新興満洲国は「海外雄飛」に恰好な「新天地」となっていた。実際この時代に実施された修学旅行は、満洲国の発展の現状と先輩同窓生の活躍ぶりを確かめ、ひいては就職するための下見旅行の性格も強く帯びるようになった。

先輩との雑談の中にも就職の話題がしばしば出てくる。前述の池田師範学校の生徒も満鉄に勤める先輩から満鉄経営学校の裏情報を教えてもらった。

先輩氏の曰く／十月には満洲に教員大移動があるから、池師からも是非来てほしい。満洲は相当物価も高いが、満鉄の方から月給までの住宅をくれる。来た最初の月給は幾分少くなるが、十年も奉職して退く時には退職金約一万円、強制貯金一万円で、一時に二万円は入ると。／ボーナス三十割／中々よいことばかりだ[52]。

また、一九三八年に、東京府立第二商業学校の生徒は、満洲旅行の最後に、「「御覧の通り満洲は好い所だ。就職するなら満洲へ来いよ。」と云つて呉れた先輩の声が今も耳の奥にきこえる[53]」と記している。

「池師からも是非来てほしい」「満洲は好い所だ。就職するなら満洲へ来いよ」といった先輩の肉声は、満鉄の宣伝文句とは異なり、まるで身内の言葉のように、人々の心を動かす力を持っていた。校友会という「帝国の同窓ネットワーク」を通して、満洲の先輩と旅行生との間には、激励、期待、応援といったさまざまな心のつながりが生まれ、感情的な呼応回路が形成されるようになったのである。

五　「憧れ」の醸成

1　「予想外の発展」への驚嘆

満洲への旅は、学生の脳裏にどのような満洲の印象を焼きつけていたのであろうか。一九一七年、第一高等学校時代の最後の夏休みに、一高旅行部主催の「鮮満支旅行団」に参加した伊藤武雄(一八九五～一九八四年)は、初めて満洲の土を踏み、満鉄という会社の持っているとてつもない権力に驚かされた。

大連からはじまる満鉄沿線の日本人の生活は、見るもの聞くもの「満鉄」に直接、間接かかわりのないものはなにひとつない。これには驚かされました。私たちは大連工業学校の寮に宿泊して大連視察の数日をおくったのですが、この学校は満鉄設立。視察した工場はもちろん、先輩諸氏にまねかれた公園内の料亭も満鉄経営。電気、ガス、水道、すべてに満鉄のマークがついています。鉄道会社とのみ思ってきたわれわれ青年の頭には、満鉄のこの正体はかいもく理解できぬものでした[54]。

一九二〇年七月、伊藤は東京帝国大学卒業と同時に満鉄に入社する。「この中国旅行は大いに私の中国民族への興味をかきたて、どうも日本より面白そうだ、と感じさせることになりました」と伊藤は述懐する。

また、一九二四年に満鉄は学生団のフィードバックを収集したところ、いずれも満洲の「予想外の発展に驚きと憧憬の感を持つてゐる」とのことであった。たとえば、下関商業学校生は「第一吾々内地人は満鮮地方を未開地視するの傾向ありしも観光によりて従来の誤謬を一掃し却つて憧憬する者を生じた事第二に大陸の風物に接するは島国根生《ママ》を矯正するに最高都合である」と、満洲の近代化と「大陸の風物」を魅力として挙げている。また、奈良県師範学校生は「同胞の活動振りと、教育方針と今一つ故国を離れた自分を即ちバツクの異《ことな》る自分を発見した時の国民的観念小外交官的情操など全く思ひもそめなかつた気分と態度とを味はつた事などは実に効果多いものと想ひました」と、「国民的観念の発見に寄与する鮮満旅行の価値を評価する。さらに、熊本医科大学予科生は「雄大な大陸の空気に接し邦人の発展振りを観せしむる為め内地の小旅行を全廃し青年学生に鮮満旅行を致させ度考候」と、「内地の小旅行」より鮮満旅行の方が大きな意義を持つと強調する。(55)

日露開戦から二〇年、満洲はもはや荒漠千里の満洲ではなく、満鉄などの経営によって各種近代設備を完備した「開けた」満洲に変貌しつつある。日本勢力の伸展は、広大な満洲の地に雄飛を夢みる若者たちの憧憬をかき立てるのに十分であった。

2 皇軍兵士に守られて

満洲国建国の翌一九三三年、満洲各地で「匪賊《ひぞく》」が出没している不穏な状況の中、奈良県女子師範学校は前年に続き二度目の満洲修学旅行を敢行した。(56) のちに新京駅に寄せたフィードバックの中で、同校の生徒は、「警備の人々が居て下され車内にも兵隊等がゐて下さつたことは心強く感じた」、「沿岸、駅に兵隊警官が立つて鉄条網が硬くはられ処々に射撃塔があることは力強く感じた」との感想を記している。(57)

この頃の満洲旅行は、物々しい雰囲気の中で行われていた。一九三四年八月三〇日、哈爾濱から新京行きの夜行列車に乗っていた愛媛県教育視察団などの日本人旅行者が、中国人「匪賊」団に襲撃され、二一名の死傷者を出す大惨事が起きた。事件の経緯は日本国内で大々的に報道され、満洲国の治安環境の悪さを日本内地人に印象付ける結果となった[58]。翌一九三五年六月中の満洲国国線付近における「匪賊」の出現回数は計五八四回、出現人数は延べ六万五五〇人に達している[59]。

このような「物騒千万」な満洲を、学生たちはどのような心境で旅していたのであろうか。一九三五年夏、満洲を訪れた京都市立第二商業学校の生徒は、次のような感想を吐露している。

> 満洲名物匪賊と云はれる位匪賊が横行する。日本軍の努力によつてその数が減少したとは云へまだ〳〵居る。／自分等は始めのうちは出なけりやいゝがと思つて居たが終ひには一度位出たつていゝと思つたりした。一度も出会はしなかつたが。もう一寸と云ふ様な時はあつた。列車には警乗兵が乗つて居て警備をしてくれる装甲車のついて居る事もある、駅々には日本兵、満洲国兵、所によつては露国兵などが物々しく警備して居てくれる、自分等は非常に有難いと思ひその努力に対して感謝の意を表する[60]。

ここで、匪賊に対する恐怖心は、直ちに皇軍兵士などへの感謝の念に転じられていることが看取される。また、「自分等は始めのうちは出なけりやいゝがと思つて居たが終ひには一度位出たつていゝと思つたりした」からも読み取れるように、「匪賊」はもはや恐怖の対象から珍しい土産話のネタへと化しているのである。

一方、「匪賊」に関連して、清国末期から満洲で横行している騎馬の盗賊集団「馬賊《ばぞく》」[61]も、一九二二(大正一一)年頃に流行り出した名曲『馬賊の唄』(宮島郁芳作曲、作詞者不詳)などを通して、満洲への憧れの醸成に大きな影響を与えている。かの有名な「僕も行くから 君も行け／狭い日本にゃ 住みあいた」から歌い起こされ、「月は雲間を 抜け出でて／ゴビの沙漠を 照らすなり」と締めくくられる全一〇聯のこの唄は、狭い日本を飛び出て、馬賊の一員として広い曠野を駆け抜ける「大陸浪人」の悲壮感を歌い上げ、大陸雄飛を夢見る大勢の若者の血を沸かせていた[62]。

図 5-1 「硝煙漂ふ 北大営の戦跡」『鮮満の旅 昭和十二年度』福岡県筑紫中学校，1937 年

一九二九年に、福岡県朝倉中学校の生徒は、「広漠として涯さへ知れぬ満州の大平原、赤煉瓦を列べて奇しき異国の街はては深き高粱の葉末をかすめて出没する馬賊の影に我等は如何ばかり満州の地を憧れたことか」と、馬賊を満洲憧憬の一つとして語っている(63)。また、一九三五年に、京都府師範学校の生徒として満洲へ修学旅行に行った岡本和夫は後年、自らの参加動機について、「単純に「馬賊の唄」に代表されるような、大陸雄飛の夢を煽る時代の風潮に刺激されていたのである」と述懐している(64)。

皇軍兵士に守られながら、「匪賊」に怯える緊張感と「馬賊」の響きが放つ解放感がないまぜになった心境で、修学旅行生は、日本内地や台湾、朝鮮では味わえない、スリルで刺激的な満洲旅行を満喫していたのである。

3 感激と逸脱

皇軍兵士の存在とともに、日露戦争と満洲事変の戦跡や、各都市に建てられた忠霊塔も、旅行生に多大な感激を与えている。旅順に代表される日露戦跡に加え、満洲国建国後、前年に起きた満洲事変に因む新しい戦跡は、早くも日本人の満洲旅行コースに組み込まれるようになった(図5-1)。

一九三二年七月、大阪府天王寺師範学校の生徒は、爾霊山(旅順)や寛城子(新京)や北大営(奉天)など、新旧の戦跡巡りから受けた感銘を次のように述べている。

戦跡地ほど印象の深いところはない。／はるか地平の彼方霧雨に煙る寛城子の遠望に、北大営の生々しい戦ひの名残りに、さては血と肉とで赤黒く彩られた爾霊山の山肌に、自分達はその度毎どれほど若い胸の血を躍らせた事か。「満洲に来てよかつた」。始めてこの感をしみじみと抱くのも、この戦跡地に立つて見た時であらう。戦ひの地に立つてその当時を静かに想ふ時、激しく自分達の心に響くもの。それこそ地下の同胞の懐かしい叫び声なのである。その叫びの中に、共に護国の鬼と化した同胞の姿があり、その叫びを聞いた時、自分達の魂がその人々の魂に、凡てのものを飛び越えてしつかりと結ばれ融け合ふのである。[65]

一方、戦跡巡りがメインになっている満洲旅行は、たやすく明るい気持ちで楽しめるものではないと感じた学生もいる。一九三四年に、満洲修学旅行から帰った兵庫県姫路師範学校の生徒が、満洲旅行は「決して皆さんが夢みてゐる様な面白いものではありません。／沈んだ重い心にとらはれる旅行なんです」と、校友会誌に書いている。[66]

彼がいう「夢みてゐる様な面白いもの」とは一体何であろうか。一九三六年に、久留米商業学校の生徒が出発前に級友と交わした会話がヒントとなる。


「愈々我々の久しく待望しておつた満鮮旅行も目睫に迫つたね」

「我々も一寸洋行が出来ると言ふものさ」

「それにつけても鮮満を学問的に研究するのもよいが、自分は先づ食欲党として支那・露西亜料理の珍味を経験したいものだね」

「そんな賤《いや》しい事はよせよ。苟《いやしく》も日本の生命線たる鮮満の旅行だ！　将来日本人の活躍すべき地だ！大に研究して来るべきだ」

「いやに堅苦しくなつてきたな。然し哈爾賓の異国情緒も好いそうだが…」

「それにしても出発の日が待遠しいなアー」[67]

国策的見地から満洲を真面目に研究しようとする学生もいれば、異国料理の珍味や哈爾濱の異国情緒の方に最大な関心を寄せる学生もいる。ここには「哈爾賓の異国情緒」について詳しく語られていないが、おそらく「裸踊り」に代表される夜の哈爾濱のことを指していると推測される。

哈爾濱は、帝政ロシアが東清鉄道の拠点として作り上げた北満最大の国際都市で、一九二〇年代半ば頃から、すでに歓楽都市として日本に知れ渡っていた。とりわけ、ロシア人娘による「裸踊り」が哈爾濱名物として、学生を含む日本人観光客を強くひきつけるようになった(第7章第二節を参照)。

一九三一年四月二日の『満洲日報』は、「裸踊り見物」に群れをなしている学生団の「醜態」を暴露している。「殊に昨年夏の学生団の目にあまる乱行からせめて学生だけでも裸踊り見物はやめさせたいとの議論が強くなつてゐたのに、今年に入つても学生団は相変らず隊をなしてこの種の場所に足を踏み入れる有様で、中には邦人集団地である地段街筋を白昼ロシヤ人醜業婦を擁して歩いてゐるなどの醜態を演じたものもあり邦人の眉をひそめしてゐる」(68)。この記事からは、裸踊り見物を満洲旅行の楽しみの一つとして胸を膨らませる学生が多かったことがうかがわれる。

昼間の見物よりも、夜の歓楽郷への探検が面白い――学校や日本内地の束縛から解き放たれただけに、学生がハメを外したい衝動に駆られるのも無理のないことであろう。学生団の夜の町への探検は、「国民の義務」として満洲旅行を奨励してきた満鉄などの「代理ホスト」からは決して快く思われていないはずである。たとえば、前述の旅順戦跡の名物案内者・大坪要三郎も、学生団体に戦史を説明している際、「大連の〇〇〇〇カフェーにはシャン〔美人〕がゐた今晩は一つ又行かうで」というような会話が聞こえて不愉快になったと述べている(69)。

一方、学生の方も、夜の歓楽郷への探検は「代理ホスト」から期待された「理想的な観光客」からの逸脱であり、「不謹慎」な行為だと十分に認識しているようである。たとえば、前述の姫路師範の生徒は、校友会誌に「国際都市と同時に夜の街ハルピンを紹介したいのですが、叱られるかも知れませんので…」と、これ以上書くことをためらっていた(70)。

禁じられた異郷の夜の町への楽しみや欲望は、逆に、より一層満洲旅行への憧れを募らせることになったのではなかろうか。

4　日本人の優越感と「日満親善」

差別を目撃した時の葛藤

修学旅行生は旅行中、知らない在満日本人が地域住民をいじめている場面をたびたび見かけ、衝撃を受けている。たとえば、満洲事変二年前の一九二九年、学習院の学生は撫順炭鉱を見学した際の感想をこう記している。

此処では、中国人は地上、地下に日本人になぐられけられて暮して居る。現に僕達も見て来た。苦力でなく支那の電車の少年車掌がそれも一寸した事で、いやと云ふ程頭や顔を日本人になぐられた。支那語で弁解出来ても日本語では出来ぬと云つて何処へ持つて行つても問題にされず、結局泣き寝入りになつて仕舞ふ。少年車掌は電車の片隅でしよんぼり泣いて居た。日本人として中国人の恩恵を十分に感じなくてはならぬ筈だ。劣等国民に対して理性を失ふ様な事があつては、何時報復されるか分らないと思つた。(71)

この文章では、戦前の日本人がよく使用していた「支那人」という蔑称ではなく、「中国人」と表現されていることが注目に値する。また、中国人を「劣等国民」としながらも、「日本人として中国人の恩恵を感じるべき」と、日本人に反省を促している。

満洲国建国後も、中国人への差別的待遇はしばしば修学旅行生によって目撃されていた。次に、前述の一九三四年の姫路師範学校の生徒の観察を紹介する。

先づ痛切に感じたのは、征服された民族と云ふか、劣等国民と言ふか……彼等の生活のみじめさでした、何処でもとは言へないが道等でも僕等はホソウされた美しい道を走りますが彼等は丁度此の辺の田植の前みた様な泥田の様な道を通つてゐました。彼等にはホソウ道路は通らせないのださうでした。又彼等が官憲や軍人等にどんな待遇を受けるか、可愛さうなものです。故に何時か之等に対して反抗心と言ふ物が起らないだらうかと考へて淋しかつたのでした。(72)

この生徒も、前述の学習院の学生と同様に、中国人を「劣等国民」と呼びながらも、そのあまりにも可哀そうな待遇に違和感を抱き、強い衝撃を受けているのである。

「代理ホスト」の振る舞いへの同調

一般的な在満日本人だけでなく、各都市の案内者やJTB大連支部社員の振る舞いについても、旅行生はこまめに記録している。

一九三五年八月、前述の大阪府池田師範学校の生徒は、撫順炭鉱の「満人坑夫」がやかましくしゃべっているところを見て、「下級な国民(?)はよくしゃべるものだと思つてゐると、案内者の〝こらやかましい〟の一声にはたとやめた。さすが日本人の勢だと思つた」と述べ、案内者の振る舞いに同調している。また、奉天の同善堂という清朝末期に創設された中国人の社会救済施設を見学した際、JTB大連支部の案内者は、「彼等は語学にたんのうである。現在満洲の普通学校に於て一周《ママ》幾時間か正課として日本語の時間があるが、これより後十年にして満洲はどこへ行つても日本語で通せるやうになるだらう。日本人は語学は下手だか?・《ママ》亡国の民に限つて語学が上手なのである。我々日本人は絶《だん》じて英語を習ふ必要がない」と話していたという(73)。

旅行者にとって、「代理ホスト」の案内者は、いわば最も身近にいる満洲事情の精通者である。そんな彼らの無遠慮で差別的な振る舞いは、怒鳴られる「満人坑夫」や「亡国の民」とは異なる、われわれ日本人としての優越感を修学旅行生に植え付けることになったのである。

「日満親善」の感動とその裏側

満洲国建国後、「日満親善」の名のもとで、満洲修学旅行では、現地の学校を訪問し、授業の様子を見学するなど、修学旅行に教育親善の要素が取り入れられるようになった。特に、師範学校の修学旅行では、こうした親善目的の教育イベントがコースに組み入れられるケースが多かった。

一九三五年に、満洲の公学校（満鉄が沿線の付属地内に設立した中国人向けの初等教育施設）を見学した大阪府女子師範学校の女学生は、その時の感動をこう述べている。


内地に居つては日満親善と言つても日米親善と言つても直接関係ある事の様には思へなかつたが、安東のあの少年団の日満親善、民族融和といひ、公学校に於ける日本語の教授、本当に身にしみるものがあつた。外人が我供の英語を習つてゐるのを見たら如何思ふかは知らないが、小さい僅か二年生の生徒が日本の唱歌を国家〔歌〕を歌つた。嬉しいといふ事を超越していぢらしい位であつた。(74)


日本語で「君が代」を歌う満洲の小学生の姿に感激しながら、女学生は「日満親善」の意味をしみじみと嚙み締めていた。しかしながら、あくまで満洲人の日本語習得を前提とした「日満親善」の裏側には、日本対満洲の不均衡な力関係が働いている。そのことには、女学生は気付いていないようである。

その三年後の一九三八年、奈良県師範学校の生徒は、奉天にある満洲国第一小学校を訪れる。「一心に他国の言語をならわんとして居るこの子供達を見て居ると何□も胸が熱くなつて日本の偉大な勢力を知ると共に、私はそれ以上に授業を見る事が出来ず運動場に出た」。その後、先ほど日本語を教えていた満洲人の教員が出てきて話しかけてくれるが、それによると「小学校の先生も「日満親善」「日満聯絡船」等の言語を何故満日と満洲の満を先に持つて来ないのかと云つたりして、日本の楽観を許さないものがあるとの事だ」と、彼は日記に記している。(75)

満洲修学旅行を通して、彼は「日満親善」への感動を覚えながらも、なぜ「満日親善」と呼ばないのかと、その裏側にある不平等な現実を、満洲国の教員から突き付けられたのである。

1　日本人旅行団の脅威

満洲旅行が第一次ブームを迎えたのは一九二〇年代末のことで、日本人団体客は一九二八年には一万二六〇〇人、翌一九二九年には一万四〇〇〇人と二年連続して最高記録を更新した（表4－1）。この時期はあたかも満洲をめぐる日中間の緊張関係が高まっていた頃でもあった。

一九二八年六月四日、東三省（奉天・吉林・黒龍江省）保安総司令で中国東北部の実権を握る張作霖が、関東軍の謀略により爆殺された。同年一二月二九日に、張作霖の息子である張学良が、北京の北洋政府（一九二二～二八年）の五色旗を、蔣介石が率いる南京国民政府の青天白日満地紅旗に替える「易幟《えきし》」を断行し、国民政府への帰順と日本との対決姿勢を明らかにした。

この頃、張学良が直接題字を手がけ、影響を与えた雑誌『東北新建設』（奉天）をはじめ、『華北日報』[76]（北平）、『民国日報』（上海）などの中国の各メディアが、満鉄の公表データを引用し、日本人旅行団について積極的に報道するようになった。そのほとんどは、日本人の満洲旅行ブームを「満蒙侵略策の一つ」として捉え、その動向に目を光らせるべきだと国民に警鐘を鳴らす論調であった。[77]

一九三〇年五月頃、南京国民政府宣伝部の機関誌『革命外交周刊』に、「下心のある日本学生旅行団」と題する風刺漫画が掲載された。着物姿の一人の日本人は、「東北」と書かれた宮殿の方を指差しながら、学生旅行団に向けて、「ここは黄金に満ちた地であり、すなわち我々の将来の植民地である」と煽り立てる場面が描かれている（図5－2）。前記民間系・政府系の各種メディアを通して、満洲事変前

図5-2　天化「別有用心的日本学生旅行団」〔下心のある日本学生旅行団――筆者訳〕『革命外交周刊』11期，中央宣伝部出版科，1930年5月頃と推定

夜に、日本人の満洲旅行を警戒する風潮は中国社会に広まっていった。

2　南京国民政府による「東北旅行奨励キャンペーン」

一九二九年末、国民党中央執行委員の呉鉄城は、南京国民政府の命を受け、ソ連との緊張が高まる東北地方へ軍隊慰問を兼ねた視察旅行を行った。翌一九三〇年一月、帰路の北平で披露した視察談の中の「東北に行かなければ、中国の広大さと豊かさは分からない。東北に行かなければ、中国の危機の重大さは分からない」という言葉はたちまち、日本とソ連に狙われる東北地方の危機を訴えるキャッチコピーとして、広く流布するようになった。[78]

同年二月、国民党江蘇省党務整理委員会は呉の言葉を引用し、満鉄が日本人の満洲移民に種々の便宜と援助を与えている事実を指摘しつつ、「全国各地の青年に国家の置かれている国際環境の険悪さを理解させ、一致奮起して、ともに危機を救う」べく、「東北旅行奨励」(「提倡東北旅行」)の実施を政府に提案した。[79] その翌月、南京国民政府鉄道部は早速「東北旅行奨励キャンペーン」に乗り出し、東北を旅行する三人以上の団体客に対して、鉄道運賃半額という優遇策を打ち出した。[80]

その後、中国本土の学校に在学中の東北地方出身の学生が、帰省の交通費を節約するために、東北旅行奨励策を悪用していたことから、南京国民政府は一九三一年八月に、適用人数を三人から五人に引き上げるなど、優遇策を修正した。[81]

その翌九月一八日に満洲事変が起き、東北旅行奨励キャンペーンは頓挫してしまった。実施期間は一年五カ月間に過ぎず、実績も限定的であった。とはいえ、日本人の満洲旅行ブームへの危機感から生まれた対抗的な東北旅行奨励キャンペーンは、満洲事変の前夜に繰り広げられていた、旅行をめぐる日中の攻防を端的に象徴するイベントであった。

七　小　結

満洲修学旅行は、戦前日本の教育史において極めて特異かつ象徴的な現象である。一九二〇年代半ばから一九四〇年にかけて、師範学校や商業学校など、日本の中等以上の学校で実施された満洲修学旅行は、単なる教育行事を超え、帝国主義政策、観光産業、そして国民教育の交錯点として重要な役割を果たしていた。

満洲修学旅行は、満鉄、学校、校友会といった多様なアクターの協力のもと実現され、これらの相互作用によって、学生にとって夢と憧れの対象として広がりを見せた。満鉄による破格の割引制度や、浴衣や特別客車の用意、車掌による説明、出張講演会といった充実した支援体制は、満洲旅行を現実的かつ魅力的なものにした。また、一九二一年から満鉄が誘致した諸学校長会議の開催も、学生の満洲旅行を間接的に促進した。一方、学校側でも旅行費用の積立制度や、事前学習、帰国後の記録作成を通じて旅行を学びの場として位置付ける努力を続けていた。

さらに、在満校友会は「代理ホスト」として、満洲修学旅行の成功を支える重要な役割を果たした。旅行中の送迎や招宴、案内にとどまらず、学生たちに満洲での将来を語り、就職を勧めるなど、旅行後の進路にも影響を与えていた。このように、満洲修学旅行は単なる学びの場にとどまらず、大陸進出の一環として機能していたことが指摘できる。

学生にとって満洲旅行は単なる観光以上の体験であり、帝国の発展や異国情緒に触れることで、国家観念や自己の未来に対する夢を育む場であった。その一方で、戦跡の見学や地域住民との接触を通じて、帝国による満洲支配の正当性や日本人としての優越性を強く意識するよう促された点が特徴的であった。このような教育的意義は、修学旅行を「国民の義務」として位置付け、帝国国民としての責務を自覚させるという満鉄の狙いを反映していた。

学生の満洲への憧れは、日本国内での満洲宣伝や満鉄の観光誘致活動によって形成された側面が強い。しかし、それらは実際に旅行する中で再構築され、より個人的かつ多様な感情として結実していった。たとえば、学生たちは満洲を「荒涼たる未開の地」とイメージしていたが、旅行中にその近代的な発展に驚嘆し、憧れを強めた。満鉄沿線の都市や施設の整備状況、現地で活躍する日本人の姿を目にし、満洲が帝国の一部であることを実感するとともに、大陸での活躍を夢見るようになった。また、「匪賊」への恐怖とそれから守る皇軍兵士の存在が、旅行にスリルとドラマ性を与え、さらに『馬賊の唄』のような大陸雄飛の夢をかきたてた。戦跡巡りや皇軍への感謝など、愛国的な感動に満ちた側面が強調される一方で、「裸踊り」などを楽しむ逸脱的な行為も記録されている。これらの活動は、旅行の規範的な側面と自由な開放感との間に揺れる学生の心理を映し出している。さらに、在満日本人や案内者による地域住民に対する差別的な言動に対し、疑問を抱く人もいれば、同調する人もいた。かりそめの「日満親善」のイベントに感動だけを覚えた人もいれば、その背後にある不平等な関係を薄々と感じたりした人もいる。満洲修学旅行を通じた帝国意識の形成が一枚岩ではなかったことも明らかにされた。

一方、満洲修学旅行が中国社会に与えた影響も大きなものがある。満洲事変前夜、日本人による満洲旅行ブーム、とりわけ学生団の大量渡満は、中国社会に強い警戒感を引き起こすことになった。特に、中国の新聞や識者の間では、これを日本人による満洲侵略政策の一環と見なす批判が見られた。中国政府は日本側の満洲修学旅行の奨励策を意識して、一九三〇年三月より「東北旅行奨励」と銘打つキャンペーンに乗り出した。「満洲旅行」を「国民の義務」として捉える日本と、「東北旅行」を「民族的危機を認識するための旅」として捉える中国――両者は対立が認められると同時に、旅行を重要な「国民意識の涵養ツール」として位置付けている思惑は共通していたのである。

その後、一九三二年に満洲国が建国されると、満洲は名目上独立国でありながら、実質的に日本の支配下に置かれることとなった。これにより、日本国内での満洲への関心が一層高まり、学生たちの満洲旅行もますます盛んに行われるようになった。

しかし、時代が進むにつれて、日中関係の悪化と戦争の激化により、状況は大きく変化した。一九四〇年五月九日、文部省は「学生生徒児童ノ中華民国満洲国ヘノ旅行ニ関スル件」と題する通牒を発し、学生、生徒、児童による中華民国および満洲への旅行を禁止または制限することを決定した(82)。この通牒をもって、三四年間続いた満洲修学旅行の歴史は終焉を迎えたのである。日露戦争終結の翌年に誕生し、日中戦争の拡大を受けてその幕を閉じた満洲修学旅行は、まさに「戦争に生まれ、戦争に消えた」旅であった。

第6章　日本旅行会主催の満洲観光ツアー——消費文化の一環として

世界の地図の上に一新紀元を劃《かく》し新国家として樹立せし満洲国！
我が日本と最も深き因縁の下に新に建設せられたる満洲国！
王道の楽土としてその将来を講究せざる可《べか》らざる満洲国！
共に相携へてその将来を語らざる可らざる兄弟の住める満洲国！
何はさて措《お》いても一度見て置き度《た》きものは満洲国の現状であります。

これは、民間旅行会社「日本旅行会」(現・株式会社日本旅行)が一九三三(昭和八)年五月に主催した「王道国家満洲国往訪団」の募集用リーフレットの一節である(1)(図6-1)。この二年前の一九三一年九月に関東軍が満洲事変を起こし、約五カ月後の一九三二年三月には「王道楽土」「五族協和」をスローガンとした「満洲国」を独立させた。募集文にある日本と満洲との「最も深き因縁」とは、日清戦争(一八九四〜九五年)、日露戦争(一九〇四〜〇五年)から満洲事変にかけて、満洲は幾度も日本人の血で購《あがな》われた特別な地である、ということを暗に指しているのであろう。

戦前の日本では、軍人や政治家、実業家、宗教家、文学者、教育者および学生など、さまざまな日本人旅行者が満洲へと繰り出していた。第4章と第5章で述べたとおり、団体客のうち学生団体が全体の大半を占めたが、それ以外の一般団体の主流は各道府県の教育会や商工会議所などが主催した視察団である。これらの視察団の参加者は主催団体に所属する同業者が多く、旅費の全部あるいは一部が主催団体などから補助されることもしばしばあった。

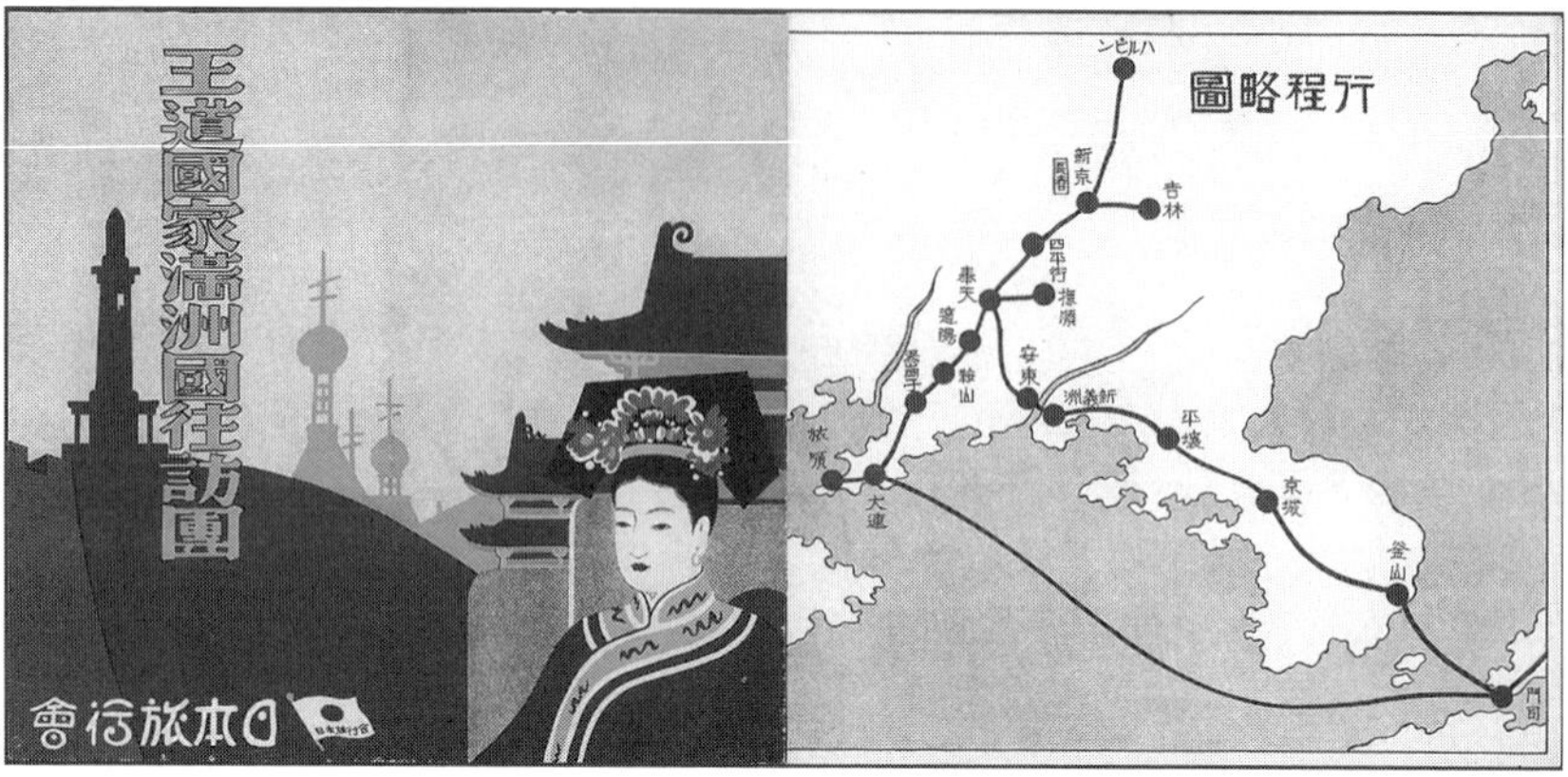

図 6-1　リーフレット『王道国家満洲国往訪団』日本旅行会，1933 年 1 月

一般募集型の満洲観光ツアーは市場規模として大きくはないものの、注目すべき特徴を二つほど持っている。まず、満洲観光ツアーは特定の職種や団体に限定されない幅広い地域、階層、年代、男女からの参加が見込まれるため、彼らの旅行経験は一般社会の満洲認識の形成に対し、より広範な影響を及ぼすものと思われる。また、満洲観光ツアーの主催者は、前述の日本旅行会のほか、行政官庁の鉄道院（一九二〇年に「鉄道省」に改組）管下の各鉄道局(2)、満鉄鮮満案内所、半官半民の旅行機関であるＪＴＢ、新聞社等であった。これらの会社や機関は、駅や百貨店などの都市空間において、あるいは新聞雑誌などのメディアを通して、不特定多数の人々の興味・関心を喚起すべく満洲旅行の誘致宣伝を展開していた。すなわち、満洲観光ツアーは満洲ツーリズムの中で、都市の消費文化やメディア文化、ひいては人々の旅行欲と深く結びついている旅行形態といえる。

本章では、満洲観光ツアーの主催者の代表格といえる日本旅行会に焦点を当て、一九二七年から四三年までの長きにわたり断続的に満洲旅行を主催したその活動を通して、満洲観光ツアーの実態に迫ることにする。

一　満洲観光ツアーの機運

1　満鉄の旅行宣伝

第2章に詳述したとおり、満洲観光ツアーの始まりは、一九〇六年七月から八月にかけて東京大阪両朝日新聞社が主催した「ロセッタ丸満韓巡遊」に遡ることができる。もっとも、当時の満洲は軍政下にあり、満洲内の移動から食事、宿泊、見物に至るまで、ほぼすべてが陸軍の差配によるものであり、快適な観光旅行とは程遠いものであった。このような異例の旅行スタイルは、一九〇六年一一月、日本の満洲経営を担う半官半民の国策会社・満鉄の誕生によって大きく変貌を遂げていくことになった。

第4章で言及したとおり、満鉄は創業当初、線路の広軌改築工事やホテル施設などのインフラ整備を急ぎつつ鉄道沿線の旅行情報の周知に取り組んでいたが、さらに日本内地からの旅客を獲得するため、一九一八年七月、東京支社内に手数料無料の旅行相談機関である鮮満案内所を新設した。

また、一九二三年九月に発生した関東大震災は、思いがけない形で満鉄の旅行宣伝に一大好機をもたらした。震災の影響で東京への旅行を控えていた九州や中国地方の観光客を満洲へ誘導するため、満鉄は一九二四年二月から一カ月間にわたり、四万円を投じて「満蒙宣伝隊」を派遣した。「満蒙宣伝隊」は予想以上に大きな反響を呼び起こし、満洲ツーリズムは一九二〇年代半ば頃から興隆を見せ始めた。

2　日本旅行会、満鮮旅行に乗り出す

一九二七年五月、東京市から鹿児島市まで計二六六人の参加者を集めた満鮮巡遊団が実施され、満洲観光ツアーの本格的ブームの到来を告げた。主催者は「日本旅行会」。南新助《みなみしんすけ》（一八八五～一九七二年）が滋賀県草津駅前に創設した日本で最も古い旅行斡旋業者である。

南は旅好きの祖父の影響で団体旅行の世話を思い立ち、一九〇五年に、高野山や伊勢神宮への参詣団斡旋から旅行業を始めた。一九〇八年、鉄道院より臨時列車を借り、七日間に及ぶ二度の善光寺参詣団を仕立て、定員の倍を超える九〇〇人を集めた。これが日本における鉄道院の貸切臨時列車による団体旅行の濫觴といわれている。大正初期に商号を「日本旅行会」と定め、宗教参詣団体だけでなく、一般の観光旅行や、商店などの得意先招待旅行も積極的に取り扱い、

躍進の一途を辿っていく。(3)

一九二七年に日本旅行会が満洲旅行の主催に乗り出した背景として、一九二五年度から鉄道省が増収のために本格的な旅客の誘致運動を展開したことが挙げられる。(4)その一環として打ち出されたのは、運賃が二〇〇〇円に達する長距離旅行団(学生や労働者、外国人観光団などを除く)を募集した世話人に対し、相当の手数料を交付するほか、募集に要する経費までを出すという新たな制度である。(5)長途の大口旅行の取り扱いを得意とする日本旅行会にとっては、この上のない好機であった。この頃、すでに日本内地の主要観光地をほぼ網羅していた日本旅行会は、次の旅行先に「外地」と呼ばれた満洲と朝鮮(満鮮)を定めた。

日本旅行会が真っ先に満鮮に目を向けたもう一つの理由として、満鮮行旅行者向け優遇策が考えられる。日露戦争後、日本は遼東半島南端の関東州の租借権を手に入れるとともに大韓帝国をも保護国とし、さらに一九一〇年の韓国併合で朝鮮半島を完全に植民地化した。満洲と朝鮮における日本の支配圏の伸張に伴い、鉄道院、朝鮮総督府鉄道局、満鉄間の連絡輸送体制が整備され、日本と朝鮮、満洲との往来を便利にする種々の連絡割引切符が発売される。一九一四年頃に発売された「満鮮巡遊団体往復切符」は、朝鮮経由で日本・満洲間往復、大阪商船の大連航路経由で日本・満洲間往復、または片道朝鮮経由片道大連航路経由で満洲を周遊する二〇人以上の団体に対し、鉄道院線、朝鮮総督府鉄道局線、満鉄線は運賃の五割引、大阪商船は三割引を適用するものであり、通用期間は六〇日間であった。(6)

このような高率の優遇策は、満鮮行の旅行者だけの特典であった。同時代の台湾行の旅行団に対しては、台湾総督府鉄道部が独自に設けた団体割引はあるが、(7)鉄道省線の方には連絡割引のサービスはなかった。実際、一九二七年の日本旅行会の満鮮巡遊団の参加費は一五日間で一三〇円と一日あたり約八・七円であった。これは同会が一九二九年に主催した台湾視察団(一六日間で一五〇円、一日あたり約九・四円)(8)よりも一日あたりの参加費が低廉であった。

こうして、一九二七年五月、日本旅行会は鉄道省大阪運輸事務所、朝鮮総督府鉄道局、満鉄の三者を後援者に取り付け、初の海外旅行として満鮮旅行を実施することになった。これを皮切りに、日本旅行会は一九四三年九月にかけて断続的に満洲旅行を主催することになる。

二　日本旅行会、満鮮をゆく

表6－1は日本旅行会の主催した主な満洲旅行団の一覧である。[9] その変遷は大まかに四つの時期に分けることができる。第Ⅰ期は一九二七年五月から満洲国建国（一九三二年三月）前まで、第Ⅱ期は満洲国建国後から日中戦争開戦（一九三七年七月）前まで、第Ⅲ期は日中戦争開戦後から「支那」（中国本土）への渡航制限令が出された一九四〇年五月まで、第Ⅳ期はそれより後である。

1　第Ⅰ期（一九二七年五月～一九三二年二月）

第Ⅰ期に実施された一九二七年と一九二九年の二回の旅行コースは、ともに関釜連絡船（下関・釜山間を結ぶ連絡船）による朝鮮半島経由のルートを取り、満洲域内では、安東・奉天間の安奉線や、大連・奉天間の満鉄本線沿線を中心に廻り、さらに満鉄と東清鉄道との乗換駅・長春駅を経てロシア風情豊かな哈爾濱まで足を延ばすものである。[10]

往復ともに朝鮮半島縦断ルートが選ばれた理由として、鉄道省経営の関釜連絡船が毎日朝夕二回運航するというアクセスの良さや、[11] 鉄道省、朝鮮総督府鉄道局および満鉄から後援者として特別な便宜が与えられていること、宿泊費用を最小限に抑えるための貸切臨時列車の利点を最大限に活用できることなどが考えられる。実際、一五日間の旅程の内訳は、内地二日間、朝鮮五日間、満洲八日間となっているが、満洲での八日間中、旅館に宿泊したのは大連（二泊）と奉天（一泊）のみで、それ以外はすべて車中泊であった。

一九二七年の募集用リーフレットには、寝台が装備されている貸切列車の快適さと、面倒な乗り換えが一切不要な便利さに加えて、「汽車は特別仕立なれば至極清潔で或種鮮満人特有の不快な臭気は更にないのであります」と清潔であ

満洲団体旅行(1927〜1943年)

旅程	後援者
草津-京都-大阪-神戸-下関-釜山-京城-平壌-撫順-旅順-大連-金州-哈爾濱-公主嶺-奉天-安東-仁川-釜山-下関-草津	鉄道省大阪運輸事務所 朝鮮総督府鉄道局 満鉄
東京-京都-大阪-神戸-下関-釜山-京城-平壌-撫順-旅順-大連-金州-湯崗子-鞍山-遼陽-哈爾濱-公主嶺-奉天-安東-仁川-釜山-下関-神戸	鉄道省大阪運輸事務所 朝鮮総督府鉄道局 満鉄 日本旅行協会 仙台鉄道局
京都-大阪-神戸-下関-釜山-京城-平壌-安東-撫順-奉天-公主嶺-新京-吉林-新京-哈爾濱-遼陽-鞍山-湯崗子-旅順-大連-門司-神戸	朝鮮総督府鉄道局 満鉄 大阪商船株式会社
東京-京都-大阪-神戸-下関-釜山-京城-清津-羅津-雄基-図們-吉林-新京-哈爾濱-撫順-奉天-鞍山-奉天-熊岳城-旅順-大連-門司-神戸	朝鮮総督府鉄道局 満鉄
東京-京都-大阪-神戸-下関-釜山-京城-清津-羅津-雄基-図們-吉林-新京-哈爾濱-撫順-奉天-山海関-北平-天津-奉天-旅順-大連-門司-神戸	満洲国鉄路総局 大阪商船株式会社
東京-京都-大阪-神戸-下関-釜山-京城-平壌-奉天-撫順-奉天-承徳-古北口-北京-張家口-北京-天津-奉天-新京-哈爾濱-新京-遼陽-湯崗子-大連-旅順-大連-門司-神戸	なし
東京-下関-釜山-京城-平壌-奉天-撫順-奉天-承徳-北京-張家口-青龍橋-北京-天津-奉天-遼陽-湯崗子-大連-旅順-大連-門司-神戸-東京	東日旅行会
東京-名古屋-京都-大阪-下関-釜山-京城-平壌-奉天-撫順-奉天-新京-哈爾濱-奉天-承徳-古北口-北京-張家口-青龍橋-北京-天津-奉天-大連-旅順-大連-門司-神戸	なし
東京-名古屋-京都-大阪-下関-釜山-京城-平壌-奉天-撫順-奉天-新京-哈爾濱-奉天-天津-北京-張家口-北京-奉天-大連-旅順-大連-門司-神戸	なし
東京-京都-大阪-下関-釜山-京城-平壌-奉天-哈爾濱-新京-大連-旅順-大連-門司-神戸	なし
東京-京都-大阪-下関-釜山-平壌-京城-羅津-図們-千振-佳木斯-牡丹江-哈爾濱-新京-奉天-大連-旅順-大連-門司-神戸	なし
神戸-門司-青島-済南-天津-北京-張家口-大同-北京-承徳-奉天-大連-旅順-大連-門司-神戸	なし

表 6-1 日本旅行会が主催した主な

時期区分	番号	旅行期間	団体名	参加費	参加者数（うち女性数）
第Ⅰ期（1927 年 5 月～1932 年 2 月）	〔1〕	1927 年 5 月 8 日～22 日（15 日間）	「満鮮巡遊団」	130 円	266 人（47 人）
	〔2〕	1929 年 5 月 11 日～27 日（17 日間）	「鮮満視察団」	東京から 165 円，大阪から 150 円	300 人（35 人）
第Ⅱ期（1932 年 3 月～1937 年 6 月）	〔3〕	1933 年 5 月 4 日～19 日（16 日間）	「王道国家満洲国往訪団」	190 円	185 人
	〔4〕A 班	1937 年 5 月 6 日～22 日（17 日間）	「鮮満（北支）の旅」	東京から 241.50 円，京都，大阪，神戸から 226.50 円	68 人（12 人）
	〔4〕B 班	1937 年 5 月 6 日～26 日（21 日間）		東京から 332 円，京都，大阪，神戸から 317 円	77 人（15 人）
第Ⅲ期（1937 年 7 月～1940 年 5 月）	〔5〕	1938 年 5 月 6 日～28 日（23 日間）	「鮮満北支の旅 皇軍慰問・戦跡巡礼」	東京から 387.50 円，京都，大阪，神戸から 382 円	50 人（9 人）
	〔6〕	1938 年 10 月 5 日～25 日（21 日間）	「鮮満北支の旅 皇軍慰問・戦跡巡礼」	東京から 372 円，京都，大阪から 357 円	50 人
	〔7〕	1939 年 4 月 1 日～24 日（24 日間）	「鮮満北支の旅 皇軍慰問・戦跡巡礼（第三回）」	東京，横浜から 418 円，京都，大阪，神戸から 400 円	35 人
	〔8〕	1939 年 6 月 5 日～25 日（21 日間）	「鮮満北支視察団」「戦跡巡礼経済視察団」	東京から 388 円，大阪から 370 円	55 人
	〔9〕	1940 年 3 月 21 日～4 月 4 日（15 日間）	「主婦と男女学生の為めの鮮満見学団」	東京から 300 円，京都，大阪から 285 円	21 人
	〔10〕	1940 年 4 月 5 日～22 日（18 日間）	「全鮮全満視察団」	東京から 335 円，京都，大阪から 320 円	30 人
	〔11〕	1940 年 5 月 7 日～28 日（22 日間）	「山東・北支・蒙疆・熱河 視察の旅」	420 円	43 人

旅程	後援者
東京(前日)／京都-大阪-神戸-下関-釜山-仏国寺-慶州-京城-平壌-京城-元山-清津-羅津-図們-弥栄-佳木斯-牡丹江-哈爾濱-新京-公主嶺-奉天-撫順-湯崗子-大連-旅順-大連-門司-神戸	なし
京都-大阪-神戸-下関-釜山-京城-平壌-奉天-撫順-奉天-新京-哈爾濱-湯崗子-大連-旅順-大連-門司-神戸	なし
東京(前日)／京都-大阪-神戸-門司-大連-旅順-大連-門司-神戸	なし
東京(前日)／京都-大阪-神戸-下関-釜山-京城-平壌-安東-奉天-新京-哈爾濱-奉天-撫順-奉天-湯崗子-大連-旅順-大連-門司-神戸	なし
東京(前日)／神戸-大阪-京都-米原-敦賀-清津-羅津-図們-弥栄-佳木斯-牡丹江-哈爾濱-新京-吉林-奉天-錦県-承徳-奉天-撫順-奉天-遼陽-湯崗子-金州-大連-旅順-大連-門司-神戸	なし
東京-京都-大阪-神戸-下関-釜山-京城-清津-羅津-吉林-新京-哈爾濱-斉斉哈爾-寧年-奉天-撫順-奉天-錦県-承徳-奉天-大連-旅順-大連-門司-神戸	なし
東京-京都-大阪-神戸-下関-釜山-平壌-安東-撫順-奉天-大連-旅順-大連-新京-哈爾濱-佳木斯-牡丹江-図們-元山-外金剛-内金剛-京城-釜山-下関	なし

実際に旅行が実施されたかどうかは定かではない

ることが強調されている。[12]「鮮満人＝不潔で臭い」というのは、もともと、日清戦争の兵士たちが従軍体験の中で築き上げた韓国、清国への差別認識の一つで、兵士たちの便りや従軍日誌などを通して、日本国内に広まっていった。[13]日本旅行会における「至極清潔」な旅行空間の優位性の強調は、「不快な臭気がする鮮満人」という先入観を再生産するとともに、彼らとは異なる「我々＝清潔好きな日本人」としての意識の再確認を促すものであった。

日本人としての意識・自覚は、第一回の満鮮旅行を機に初めて制定された日本旅行会会旗の模様に象徴化されている。「海外を視察する日本人旅行団としての意識を表明すると共に、日本人としての誇りを象徴し、且つ又海外に活躍する同胞を慰問激励するに力強い印象を与える」という意図のもと、「日の丸」に日本旅行会の名を入れたデザインとなっている[14](図6-1の左下)。

会旗に込められた日の丸を背負うという思いは、とりわけ一九二九年の第二回の満鮮旅行の内容に顕著に表れている。たとえば、日露戦争の戦跡で名高

時期区分	番号	旅行期間	団体名	参加費	参加者数（うち女性数）
第Ⅳ期（1940年6月～1943年9月）	〔12〕	1940年10月4日～24日（21日間）	「全鮮全満視察団」	380円	25人
	〔13〕	1941年4月14日～27日（14日間）	「鮮満視察団」	300円	不詳
	〔14〕	1941年8月2日～11日（10日間）	「夏の船旅 赤い夕日の満洲へ日露戦蹟巡礼」	東京から91円，京都，大阪，神戸から82.50円	不詳
	〔15〕	1941年9月7日～23日（17日間）	「鮮満一周視察の旅」	366円	不詳
	〔16〕	1941年10月3日～26日（24日間）	「オール満洲国全貌視察の旅」	556円	不詳
	〔17〕	1942年9月3日～24日（22日間）	「慶祝満鮮全一周視察団 友邦満洲国建国十周年記念」	東京から810円，京都，大阪，神戸から785円	不詳
	〔18〕	1943年9月2日～23日（22日間）	「鮮満産業視察と紅葉の金剛山へ」	東京から848円，京都，大阪，神戸から827円	不詳

注　1941年から1943年までの6回分の内容は募集ビラや『旅行ニユース』によるもので，

い旅順においては、日本旅行会の依嘱を受けた大連駐在の真宗本願寺派布教師などが、白玉山の納骨祠前に焼香台や香炉などを事前に準備し、旅行団の到着に合わせて、日露戦争で戦死した日本人将兵のための追悼法会が行われた。追悼法会では、南新助による追悼の辞に続き、スタッフの一人である滋賀県滋賀郡在郷軍人連合分会長が祭文を読み上げ、さらに読経が行われた。その後、旅行者代表、日露戦争の関係者、在郷軍人の団員による焼香が順序よく進められた。

法会後には、滋賀県出身の僧侶である団員から、旅順納骨祠に記念物を献納する発議があった(15)。これを受けて、日本旅行会は満鉄に依頼し、三〇〇円の費用をかけて、背面に「日本旅行会第二回鮮満視察団」と刻み込まれた灯籠一基を奉納した。また、日本旅行会は、灯籠のデザインが描かれた満鉄からの回答書を、旅行後に発行した記念帖《きねんちょう》『鮮満巡遊』に挟み、参加者に頒布した(16)。

国旗に酷似する「日の丸」マークの会旗を携行し、旅順での追悼法会をお膳立てし、灯籠を献納するなどの行為は、旅行団内の結束を強化し、日本旅行会と団員との間の相互作用を促進した。同時に、これらの行為は団員たちに日露戦争の犠牲という国民的記憶を呼び起こし、日本人としての意識を共有し増幅させる契機となった。

ちなみに、一九二七年の第一回旅行後にも日本旅行会は記念帖を発行したが、一九二九年の第二回の記念帖『鮮満巡遊』は豪華な帙入りであり、満鉄発行の『満洲写真帖 昭和四年版』(17)も添えられていた。灯籠奉納の斡旋から『満洲写真帖』の提供まで、満鉄は日本旅行会の満洲旅行に多大な支援を与えていたことがうかがえる。

2 第Ⅱ期(一九三二年三月〜一九三七年六月)

満洲国が誕生した一九三二年三月、日本旅行会は会誌『旅行界』に、「果然!!!この計画!!!/日本旅行会の躍進!!/満洲視察旅行の決行!!!」と、早速新興満洲国への旅行計画を披露した。(18) 同じ時期に発行された募集用リーフレットによると、旅行期間は同年五月二日から一七日まで、募集定員は二五〇人である。往路は第Ⅰ期と同様に朝鮮半島を経由し、帰路は新たに後援者に取り付けた大阪商船の大連航路を利用することになった。また、旅行範囲は「東部蒙古及吉林」まで延長し、中国側が経営権を握っていた吉長線《きっちょうせん》、北寧線《ほくねいせん》、四洮線《しとうせん》、洮昂線《とうこうせん》などの鉄道に「満鉄の列車をそのまゝ乗入れる」という壮大なプランが描かれている。ただし、気になる点は、「尚本会の満洲駐在員をして調査せしめたるに賊匪《ママ》殆ど掃蕩し旅行に何等の不安なきことを確かめ得たるに付御安心の上奮つて御参加あらんことを切望す」と、治安に対する懸念を払拭しようとする文言が盛り込まれていることである。(19) 当時、満洲では「匪賊」と呼ばれた反満抗日の武装集団からの抵抗が激しく、旅行の安全性を疑う声は根強く残っていた。

結局、同旅行は「延期の止むなき」に至った。翌一九三三年一月、日本旅行会は『旅行界』において「本年は馬占山《ばせんざん》も蘇炳文《そへいぶん》の土匪連も除去せられ満洲側の保証をもうけましたから、大満洲建国祝賀訪問の意を以て国民的大旅行をすることになりました」との意気込みを披瀝した。(20) その意気込みは本章の冒頭に挙げた「王道国家満洲国往訪団」の募集文にも表れている。旅行コースは前年に予定していた「東部蒙古」を省き、治安等の説明も「已《すで》に満鉄当局とも打合せ途中危険なきやう吾等一行の列車には、その前駆として特別機関車を走らせ其他充分の安全を期するやう保護して頂く事になつてあります《ママ》」と強調し、不安の解消に努めている(21)。その結果、一八五人の参加者があり、無事に催行されることになった。

一九三三年五月の満洲旅行で特筆すべきは、日本旅行会ではなく、「大毎旅行会」の名において催行された点である。「大毎旅行会」は、京都市における大阪毎日新聞（以下「大毎」）の専売店組織「大毎京都聯合店」（一九一六年設立、一九二八年九月に「大毎京都販売店」に改組）が設立した旅行団体である(22)。

日本旅行会と大毎京都販売店との関係を取り持ったのは、滋賀県草津町で大毎の専売店を営みながら、南新助の右腕として日本旅行会の事業に携わる木村七郎《きむらしちろう》である(23)。一九二七年の第一回満鮮旅行の実施前に、木村は、知人である大阪市の老舗新聞販売店主・小林喜太郎《こばやしきたろう》（大毎と大阪朝日新聞を併売）とともに、南に随行して満鮮地方へ下検分の旅行に出かけた。第一回旅行の添乗スタッフ一一人には、木村、小林とともに、大毎京都聯合店の幹部二人の計四人が加わった(24)。木村や小林を通して、日本旅行会は大毎京都聯合店とパイプを持つようになったと推測される。

一九二九年の第二回の満鮮旅行のために作成された数種類のチラシの一つには、「最寄申込所」が京都市三条通御幸町にある「大毎京都販売店」と書かれている（図6-2）。このチラシは、大毎京都販売店が取り扱う大阪毎日新聞の折り込み広告として購読者に配布されたと思われる。また、第二回の満鮮旅行の添乗スタッフ一七人中、大毎関係者は計五人を数える。その内訳は、第一回に引き続いて参加した木村、小林のほかに、大毎京都販売店の幹部二人、および大毎の新聞記者中村五十一郎である。中村はいわば記録係として、旅行後日本旅行会が発行した記念写真帖『鮮満巡遊』に、一六頁にわたる「日本旅行会主催第二回鮮満視察旅行団誌」を執筆した(25)。一九二九年の満鮮旅行は、後援者として名前こそ出ていないが、大毎京都販売店の強力なバックアップを背景として実施されたのである。

大毎旅行会との協力関係が更に緊密になったのは、一九三三年一月からである。同月刊行の『旅行界』において、南新助は「従来大阪毎日新聞京阪神販売店とは特別の援助を得て来たものでありますが、本会の後援の意味を以て「大毎旅行会」として直接の事務を執つて頂くことになりました」と会員に報告し、「この組織によれば広告費用の負担は莫大に節減せらる、ことになり、実質的の経費を以て、全国的に支店出張所のある如く御世話を受くることに意義づけられましたから、向後大毎旅行会の名称のもとに旅行の計画ありし時は、日本旅行会と同一のものとして御声援下さい」と、大毎旅行会と直接に業務提携することにより得られる種々の恩恵についても触れている(26)。

図 6-2　チラシ『鮮満巡遊』日本旅行会，1929 年 5 月

このような背景のもと、一九三三年五月、大毎旅行会が満洲旅行を単独主催することになった。また、その二年後の

一九三五年五月、大毎旅行会と東日旅行会（大毎の系列紙・東京日日新聞（以下「東日」）傘下の旅行団体）の共催による「第二回満洲国視察団」が実施された。[27] 募集用リーフレットには日本旅行会の名は登場していないが、一九三三年と同様に日本旅行会が関与していた可能性がある。

そして一九三七年五月、再び日本旅行会の主催のもとに「鮮満（北支）の旅」と銘打つ一四五人の旅行が実施された。募集広告に大毎旅行会の名はないが、添乗スタッフ八人の中に大毎京都販売店関係者一人が含まれ、旅行後の南新助の挨拶においても、協力団体の一つとして「京都大毎旅行会」の名を挙げて感謝を述べている。[28] これらのことを考慮すると、日本旅行会は大毎旅行会や大毎京都販売店から変わらぬ支援を受けていたことがうかがえる。

一九三七年の旅行は、満洲止まりのコースと、北平や天津など「北支」（中国北部）と呼ばれる地域まで足を延ばすコースの二通りが用意された。満洲に入る経路は、従来の安東経由ではなく、京城から朝鮮半島北部の清津港に直進し、そこから満鮮国境の図們に入り、京図線で吉林を経て満洲国首都・新京に至る京図線経由ルートを採っている。京図線は、満洲国建国後の一九三三年四月に完成した路線で、その経由コースは「日鮮満連絡の最短コース」といわれている。[29] 京図線ルートは、前述の一九三五年五月に大毎旅行会と東日旅行会が共催した「第二回満洲国視察団」にも利用された。ただし、この旅行の直前にあたる一九三五年五月二日、京図線では「匪賊」による列車転覆の事件が起き、大きな衝撃を与えた。[30] それを意識したのか、一九三七年の旅行の募集文には、京図線について「曽《か》つては匪賊の横行甚だしかつたが今は全くその影を見ず絶対安全である」とわざわざ付け加えられている。[31] 危険視されてきた京図線の安全性の確保は、そのまま満洲国の統治基盤が安定してきたことの証左であり、満洲国の躍進振りをアピールする恰好の材料となっている。

また、募集文に「永年の間、たゞ漠然と「赤い夕陽」の感傷や「馬賊と荒野」等の陰惨な印象を与へてゐた満洲も、過ぐる事変を契機として、一転たちまち五族協和の王道楽土となり、日本に倍する八万四千方里の全土には、今や新興躍進の気運が漲《みなぎ》つてゐる」[32] と訴えられたとおり、この旅行の主眼は「躍進満洲」の姿を把握することにある。満洲国の躍進を最も象徴する場所として期待されたのは、満洲国の首都・新京である。満洲国の建国前までは哈爾濱への乗換駅として素通りされてきた長春が、一九三二年三月に国都・新京に定められると、一躍満洲旅行の新たな目玉の一つとなった。一九三七年の旅行団もこの地に一泊し、新京神社をはじめ、関東軍司令部、忠霊塔、国都建設局、国務院、満洲事変の新戦跡・南嶺《なんれい》などを見学し、「政治、軍事、経済の中心地としてその国都建設の大工事は随所に邦人の手に依つて着々進められてゐる」ことを確認したのである。(33)

3　第Ⅲ期(一九三七年七月〜一九四〇年五月)

一九三七年七月に始まる日中戦争を契機に、日本旅行会は「銃後の旅」「旅行報国」を掲げ、敬神崇祖や体位向上など、時局に即したテーマの旅行を積極的に計画することになった。満洲旅行の範囲も北支まで拡張し、第Ⅲ期の旅行全七回中五回はいわゆる「満支旅行」であった。また、戦時下の日本国内および北支での鉄道輸送事情などにより、長年実施してきた貸切列車による大口団体の旅行をやめ、年に複数回にわたる小口旅行の分散実施へと方針転換することになった。

一九三八年三月、日本旅行会は北支駐屯の兵士慰問を目玉とする旅行企画を発表した。「鮮満北支の旅　皇軍慰問・戦跡巡礼」と銘打つこの旅行は、一九三八年五月を皮切りに、同年一〇月、一九三九年四月と立て続けに計三回実施されている。

第一回の募集文において、日本旅行会は「今回の旅行は、皇軍慰問と戦跡巡礼を兼ねた視察見学旅行でありますから、鮮・満・北支に活躍中の皇軍勇士へ、銃後の熱誠こめた慰問袋を差上げませう」と呼びかけたうえ、「途中腐敗や取扱危険のなきもの」「旅行参加の方一人につき必ず二個以上」と、慰問袋の内容や個数まで細かく指定している。(34)一九三九年四月の第三回に至ると、慰問袋について通関上の煩雑さを避けるべく「今回は御芳志を金銭にて幣会《ママ》へ御委《おまか》し願ひ適時適品を買求め御慰問致し度《た》い」と規定を改め、日本旅行会の方で慰問袋の調達を一手に引き受けることになった。(35)

また、第三回の旅行の募集には、「殊に時局下、この旅こそは、銃後国民にとつて最も意義深き旅であると本年は一層好評を博してゐる。挙国一致、新東亜の建設に邁進するの時、曽つて先輩父兄が尊い血と汗を流して築き上げた我等の生命線を視察し、又、聖戦による《ママ》新支那が今黎明を告げる北支の新天地に、皇軍の奮戦と宣撫の跡を訪ねて歩く事は確かに意義深い事である」と、物見遊山とは一線を画す、同旅行の持つ時局的な意義を強調している。[36]

一方、中国戦争の戦線拡大につれて、北支や中支方面へ慰問団が殺到し、現地日本軍の任務妨害や日系通貨の流出などの弊害を続出させ、とりわけ軍方面から批判の声が高まっていた。一九三九年六月二三日、陸軍省は「支那視察団（慰問や恤兵《じゅっぺい》を含む）に対する支援許可態度に関する要領を定め、「北支、中支、蒙彊《もうきょう》ニアリテハ国策上必要ト認メ且軍ノ業務ニ関聯アルモノ」以外の視察団に対し援助を与えないとしたうえ、「殊ニ利己的底意《そこい》ヲ蔵シ或ハ売名的行為ナリト判断セラルル等有害ナリト認メラルルモノニ対シテハ関係各省ト協議ノ上適時之ヲ禁止セシムルノ措置ヲ講ス」と規制をかけることを明らかにした。[37]

ついに、一九四〇年五月七日、日本政府は日系通貨流出制限という国策的見地から、「今般当分の間新支那建設に直接且つ積極的に協力し得る者のほか一般視察旅行者の渡支はこれを差止むること」という、いわゆる「渡支制限令」を発表し、同年五月二〇日より実施することになった。[38] その結果、日本旅行会も一九四〇年五月の旅行が北支方面への最後の旅行となった。

4　第Ⅳ期（一九四〇年六月～一九四三年九月）

一方、「渡支制限令」後、日本旅行会では満洲旅行の気運は冷え込むどころか、むしろそのラインナップの更なる充実に力が入れられるようになった。会誌『旅とカメラ』一九四〇年九月号で、南新助は「支那への団体旅行は、絶対禁止されました。しかし、鮮満への旅は、従来通り許可されて居ります。此の機会を逸せず鮮満の認識をお深め下さい」と会員に向けて呼びかけている。[39]

第Ⅳ期の各旅行の募集内容を概観すると、期間は一〇日間から二四日間、参加費用は東京発の場合は九一円から八四八円、入満ルートも安東経由、大連経由、京城→清津→京図線経由という従来の三ルートに、新たに敦賀から清津まで直航する日本海ルートが加えられるなど、多様な旅行プランが揃っていることに気付く。ちなみに、一九四一年から四三年までの六回の旅行は、催行人数が確認できず、予定通り実施されたかどうかは不明であることを断っておく。

一方、第Ⅳ期の旅行内容の特徴の一つとして、東満や北満の農村部に入植した日本人の開拓地や満洲開拓青年義勇隊訓練所が、頻繁に登場している。満洲農村部への日本人の移住が本格化したのは満洲国建国後である。一九三二年一〇月、拓務省が第一次武装移民団を組織し、一九三七年にかけて五回にわたり試験的に北満の奥地に入植させている。一九三六年八月、日本政府は「二十カ年百万戸送出計画」を決定し、大規模な満洲開拓移民事業を推進する。さらに一九三八年から、未成年男子による満蒙開拓青少年義勇軍（満洲開拓青年義勇隊）も送出することになった。国策としての満洲開拓移民遂行に伴い、拓務省や農林省をはじめ、各府県の農会や教育会の主催による開拓地視察団が急増した。一九三八年に、「移住地視察団」などと銘打つ旅行団はわずか七団体二〇四人であったのが、一九四〇年には八二団体一五八五人に膨れ上がる。[40] なお、団名に「移住地視察団」や「開拓地視察」がなくとも、有名な開拓地や義勇隊訓練所を廻る旅行団も少なからずあった。

日本旅行会の満洲旅行の訪問先に開拓地が初めて登場したのは第Ⅲ期末期の一九四〇年四月であるが、第Ⅳ期に入ってから登場の頻度が増えている。一九四〇年一〇月と一九四一年一〇月は二回とも、第一次武装移民の入植地・弥栄《いやさか》を訪問することになっている。弥栄は歴史が最も古く、かつ図佳《とか》線（図們・佳木斯《ジャムス》間）の沿線にあることもあり、第二次武装移民の入植地・千振《ちふり》と並んで、開拓地視察のメッカとして知られる。また、一九四二年には、満洲開拓青年義勇隊訓練所の一つで、満鉄経営の寧年《ねいねん》鉄道自警村訓練所の見学が予定されている。

ここで見逃すことができないのは、開拓地での滞在時間である。一九四〇年一〇月の弥栄では四時間四〇分と、見学および「都合により座談会を開催」するには決して余裕のある日程とはいえない。[41] また一九四一年には、弥栄での時間は三時間三九分と前年より一時間ほど短縮し、(42)一九四二年の寧年はわずか二時間四〇分であった。(43)一九四三年に至ると、ついに汽車の車窓から「弥栄千振の開拓農村の風光」を眺めるだけで、開拓地への立ち寄りは予定されていなかった。(44)つまり、日本旅行会は開拓地を頻繁にコースに取り入れてはいるものの、実態としては駆け足旅行か車窓見学程度にとどまり、旅行全体に占める比重は小さかった。

では、なぜ日本旅行会は限られた旅行日数の中で、あえて開拓地視察に時間を割こうとしたのであろうか。不要不急の行楽旅行に対する取締りが強まる中、「開拓国策を現地に観よ！」という満鉄鉄道総局の広告文にも見られるように、(45)開拓地視察という国策に合致した目的は、戦時下の満洲旅行の大義名分になり得たというわけである。

三　さまざまな集客方法

第一節で述べたとおり、日本旅行会はもともと宗教団体の参詣団から発足した旅行斡旋業者である。それゆえ、固定的な客層の基盤を形成しているのは宗教参拝客であり、その中から満洲旅行の広告に接して参加した者も一定数いると考えられる。実際、一九二七年の第一回満鮮旅行の参加者二六人中一三人は、アメリカ在住のロサンゼルス本願寺仏教青年会の会員であった。彼らはもともと母国・日本の本願寺へ参拝に出かけ、そのまま日本旅行会の満鮮旅行に参加し、満洲まで足を延ばした。(46)

また、第一回は西日本からの参加者がほとんどであったのに対し、二年後の第二回の参加者は北海道から九州まで全国に拡大した。その要因の一つは、「日本旅行協会」からの後援を取り付けたことである。日本旅行協会は、一九二四年に東京で発足した日本旅行文化協会(交通業者と旅行愛好者団体の合同組織)を一九二六年一一月に改称した組織で、日本旅行文化協会が一九二四年四月に創刊した月刊旅行雑誌『旅』の発行を引き継いでいる。『旅』の一九二九年四月号と五月号に日本旅行会が掲載した満鮮旅行の募集広告に日本旅行協会は後援者として名を連ね、さらに東京の日本旅行協会本部と大阪の同協会支部が申込所の一つに指定されている(47)。当時、日本旅行会は滋賀県の草津に本部が置かれているだけで、ようやく一九二九年に京都に最初の事務所を開くところであり、大阪と東京の事務所開設はそれぞれ一九三二年と一九三四年を待たねばならなかった(48)。日本旅行会にとって、誌上での広告宣伝はもちろん、申込窓口の役を引き受けてくれる日本旅行協会はありがたい存在であった。

とはいえ、『旅』への広告掲載も日本旅行協会からの後援も、一九二九年の一回だけであった。より継続的にかつ強力な支援を与えてくれたのは、第二節の第Ⅱ期に詳述した大毎京都販売店と大毎旅行会である。また、東日旅行会も、一九三八年一〇月の「鮮満北支の旅　皇軍慰問・戦跡巡礼」で後援者を務め、日本旅行会の仕事にかかわっている(49)。大毎・東日――両紙を合せた発行部数は、一九三七年一月には三四七万部を算した(50)――の購読者、もしくは大毎旅行会、東日旅行会の旅行経験者は、日本旅行会の参加者とは一定程度重なっていることが考えられる。実際、東京在住の五六歳の男性会社員が、一九三六年八月に、東日主催の北海道一周旅行に参加し、団体旅行の良さを実感したことから、翌一九三七年五月、日本旅行会の満洲旅行に参加している(51)。

日本旅行協会や大毎、東日などの力を借りるだけでなく、日本旅行会は自ら月刊の会誌『旅行界』や『旅とカメラ』、月刊ないし隔月刊のパンフレット『旅行ニュース』を発行し、定期的に会員に旅行情報を届けている。一九三二年から三三年に発行された『旅行界』は菊判、分量は八頁から三二頁、定価五銭から一〇銭である。満鉄が撮影した満洲の写真をはじめ、満鉄鮮満案内所の広告、満鉄東京鮮満案内所員の寄稿などが掲載され、満鉄との緊密な関係が垣間見える。一方、一九三七年から四〇年までに発行された『旅とカメラ』は、四六判、四六倍判、A3判とサイズはばらばらで、分量は一六頁から六四頁、定価五銭から三〇銭である。

読み物中心の『旅行界』と比べ、『旅とカメラ』は旅行広告に重点を置き、旅行先をめぐる紀行文や随筆などを添える構成となっている。たとえば、一九四〇年二月号は、三月から五月に出発予定の三つの満洲旅行の募集案内とともに、日本旅行会の社員が書いた「鮮満の風俗」を掲載する。加えて、山口誓子《やまぐちせいし》の句集『黄旗』から満洲風物を詠んだ俳句を抜粋するなど、満洲への旅情をかき立てている。[52]また、『旅とカメラ』には、募集中の旅行一覧表や参加希望欄、知人紹介欄などが印刷された申込用のハガキが毎月挟まれており、常連客の維持と新規紹介客の獲得に活用されていたことがうかがえる。

パンフレットである『旅行ニュース』はB5判、分量は四頁から一六頁、非売品である。内容は旅行の募集案内がほとんどで、一九四一年から四三年にかけて発行されていたことが確認できている。

四　満洲観光ツアーの参加者

日本旅行会の満洲旅行の参加者はいかなる階層の人々であっただろうか。一九二七年の第一回の参加費は一三〇円であるが、同時期の給料生活者と労働者の一世帯一カ月の平均実収入が一一三円六二銭であることから考えると、庶民にとって決して手の届かない贅沢なものではなかったといえる。[53]その後、旅行日数の増加や北支までの旅程延長、および戦時下の旅客輸送制限などにより、旅費は徐々に二〇〇円台、三〇〇円台へと上がり、一九三九年には四〇〇円台に突入し、太平洋戦争開戦後の一九四二年と一九四三年には一気に八〇〇円台まで高騰した。[54]一九四〇年から四一年の日本の給料生活者と労働者の一世帯一カ月の平均実収入が一二四円九五銭であることから、八〇〇円はその六倍超にあたる大金である。年を追うにつれ、満洲旅行は購入できる客層が限られた高額商品になっていった。

以下、一九二七年五月、一九二九年五月、一九三七年五月、一九三八年五月という、現時点で確認できた四回の参加者名簿（表6-1〔1〕〔2〕〔4〕〔5〕参照）をもとに、より具体的に参加者（日本旅行会のスタッフなどを除く）の構成を検討していく。

表 6-2　旅行者の年代別構成表　（単位：人）

年	10 代	20 代	30 代	40 代	50 代	60 代	70 代	無記入	計
1927 年	5	26	30	42	97	48	8	10	266
1929 年		35	58	53	65	50	12	27	300
1937 年	1	8	17	33	43	34	3	6	145
1938 年		3	12	13	8	12	2		50

1　地域・職業・年代構成

参加者の地域分布は日本旅行会の本部がある滋賀県や京都市、大阪市などの関西地方を中心としつつ、東京市や名古屋市などほかの都市圏にも広がりを見せている様子が見てとれる。参加者の職業は、織物商、材木商などの商業や、酒造業、製菓業などの製造業の従事者が大半を占め、会社員はそれに次ぎ、農業者、僧侶、学生なども少数ながらいた。また、同業者グループがまとまって参加するケースも見られる。たとえば、一九三七年五月の旅行（表6－1〔4〕）には、東京市や横浜市の鉄商一四人、東京の九段《くだん》三業組合（料理屋・芸者置屋・待合という三業の組合）一八人が参加した。

参加者の年齢層は、五〇代もしくは四〇代が最多であり、六〇代と三〇代がそれに続き、中高年層がボリュームゾーンとなっている（表6－2）。二〇代から四〇代が中心であった一九〇六年のロセッタ丸満韓巡遊の客層と比べ、日本旅行会の満洲ツアー参加者は、年齢層が全体的に上昇していることがわかる。

2　女性客の受け皿

前記四つの旅行における女性客の比率はそれぞれ、一七・七％、一一・七％、一八・六％、一八・〇％である。一割乃至二割が女性ということになる。女性客の年齢層は四〇代から六〇代に集中しており、参加者全体の年齢層の傾向と大きな差は見られない。また、参加形態としては、夫や姉妹とともに参加する「家族同伴型」が約半数を占めるほか、前述の九段三業組合のような同業者グループでの参加や、「紙商」「傘商」「代書業」「料理業」を営む女性の個人参加、無職女性の個人参加など、さまざまである。

一九三七年の参加者の中にひときわ目立つのは、九段三業組合一八人中、待合業を営む四〇代から六〇代の女性一〇人である。靖国神社に近い九段富士見町の花街にある九段三業組合は、一九三四年当時、料理店七、待合一一〇、芸妓屋九三の組合員を擁する大所帯である[55]。同組合の女性客は比較的年配であることを考えると、おそらく慰安目的で参加したのではないかと推測される。

女性客が一定の比率を占めることは、ほぼ男性のみで構成される教育会や商工会議所主催の一般団体には見られない、満洲観光ツアーならではの特徴といえよう。実は日本旅行会だけに限らず、ほかの主催者による満洲観光ツアーにおいても女性の参加者は珍しくなかった。筆者が一九二八年から四二年までに実施された一〇種類の満洲観光ツアーを調べた限り、女性客比率が最も低いツアーは、一九三二年四月に夕刊大阪新聞社が主催した「大満洲国視察団」で、全二三二人中女性一五人と六・五%であった[56]。一方、女性客比率が最も高いツアーは、一九三六年五月から六月にかけてJTBが主催した「鮮満視察団」で、全一四六人中女性三三人と二二・六%を占めていた[57]。

戦前において、林芙美子や與謝野晶子など一部の女性作家を除くほとんどの女性は、修学旅行や家族旅行以外、海外旅行の機会に恵まれなかった。日本旅行会などが提供する満洲ツアーは、そうした女性客の受け皿の一つとして機能していたのであろう。中でも、満洲が彼女たちに魅力的な旅行先に見なされていたことは興味深い。

3　参加動機と感想

日本旅行会の参加者は、何を目的に満洲へ出かけたのだろうか。たとえば、前述の一九三七年の参加者の一人である東京在住の五六歳の男性会社員は、自らの参加目的を三つ挙げている。第一は、日露戦役に従軍した経験から、一度満洲に赴いて、戦死した戦友を弔いたいこと。第二は「我が国の生命線であり、世界注視の的である新興満洲国の現状を正しく認識したいこと。第三は「目下軍需工業関係の仕事」に従事している関係上、「満洲国そのものの工業発展の現況を十分に視察したかつたこと」である[58]。ここで述べられた旅行動機は、まさに日本旅行会の募集チラシに書かれた「躍進満洲は招く　興味と実益と感激の三重奏[59]」といううたい文句と共鳴している。

また、旅行後の感想として、一九三八年五月の参加者の一人、大分県在住の三五歳の男性弁護士は、「祖国を遠く離れて異域にある身は祖国の有難さがひし〳〵と身にしむ」、「一番大きい喜ろこびは御威稜《ママ》の偉大なことで尚皇軍勇士に深く感謝し祖国発展に今後を誓ふものである」などと、随所で祖国日本の偉大さと有難さを覚えた感激を語っている。その一方、遼陽《りょうよう》駅で「厠《かわや》に行くと「日本人厠」、「満洲人厠」の貼紙がしてあつた。民族協和五族一致で行く満洲国としては余り良い感じはしなかつた」と、民族協和の掛け声と乖離する満洲国の現実に対する疑問の声も洩らしている(60)。こうした旅行記は、他の一部の参加者による短歌、川柳、写真とともに、日本旅行会が発行した記念冊子に収録されている。記念冊子は参加者全員に頒布され、思い出を共有させることになった。

五　小結

本章は、日本旅行会が一九二七年から一九四三年にかけて主催した満洲観光ツアーを対象に、その歴史的展開、参加者の特徴、旅行内容の変遷、および社会的・政治的意義について多角的に検討した。加えて、一般募集型ツアーの特徴を明らかにしながら、それが持つ社会的影響力や、当時の消費文化との結びつきについても分析した。

旅行コースの変遷を辿ると、満洲国建国前までの第Ⅰ期の二つの旅行は、いずれも安奉線や満鉄本線の沿線都市を中心に、東清鉄道の拠点都市・哈爾濱まで足を延ばすコースであった。満洲国建国後の第Ⅱ期では、新興満洲国の象徴である国都新京が一躍満洲旅行の目玉となり、日中戦争開戦後の第Ⅲ期では、「皇軍慰問・戦跡巡礼」と銘打つ団名のもと、北支方面まで伸長するコースが急増する。さらに「渡支制限令」発布後の第Ⅳ期では、満洲旅行の企画の充実が図られ、満洲移民の国策の最前線である開拓地や義勇隊訓練所も頻繁にコースに登場するようになった。

日本旅行会が主催する満洲ツアーの特色は、都市の消費文化と密接に結びついていた点である。同会は鉄道省、満鉄、朝鮮総督府鉄道局、大阪商船といった行政機関、半官半民組織、民間企業の後援を取り付けるとともに、大毎京都販売店やその関連団体と提携し、大阪毎日新聞の折り込み広告を利用するなど、効率的な集客手法を展開した。さらに、旅行雑誌『旅』や自社刊行の『旅行界』『旅とカメラ』を通じて、旅行者の期待を高めるための旅行情報や写真を積極的に発信した。

このような戦略により、満洲旅行は一部のエリート層だけでなく、商業や製造業を中心とする幅広い層に受け入れられる旅行商品となった。実際、参加者には個人商店主や会社員、農業者だけでなく、芸妓置屋の経営者といった多様な背景を持つ人々が含まれていた。特に、女性参加者が一定割合(一割から二割程度)を占めた点は、男性主体の一般視察団とは異なる満洲観光ツアーの特徴であった。

満洲観光ツアーは、娯楽的要素を持ちながらも、愛国心を鼓舞する装置として機能した。旅行者たちは戦跡や国策事業の現場を訪れ、「五族協和」や「王道楽土」といった満洲国のスローガンを通じて、帝国の偉大さや日本人としての有難さを実感していった。しかし、現実には「日本人専用」と「満洲人専用」に分けられた施設など、民族協和の理想と矛盾する事態にも遭遇した。こうした状況に疑問を抱く参加者も見られた。

さらに、戦争の進展に伴い、満洲旅行には「銃後の旅」や「旅行報国」といった国家的意義が付与されるようになった。北支方面まで拡張された旅行では、皇軍兵士への慰問や戦跡巡礼が目的となり、観光旅行の娯楽性を維持しつつも、軍事的要素を強調することで国家への協力意識を植え付けた。

本章が示すように、満洲観光ツアーは戦前日本の消費文化と帝国主義の交差点に位置する象徴的存在であった。日本旅行会が一般募集型ツアーを通じて果たした役割は、観光を通じた満洲への関心の喚起と、日本人の愛国意識の涵養である。また、これらのツアーが広範な社会層を対象とすると同時に、戦争という時代背景の中で国家のプロパガンダと結びついていたことは注目に値する。

満洲観光ツアーは、戦時下の日本において、単なる娯楽を超えた国策的意味を帯びると同時に、旅行者に帝国の一員としての自覚を深め、帝国の価値観を浸透させる重要な役割を担っていた。日本旅行会をはじめとする民間旅行会社の活動は、満洲観光を「手軽な娯楽」から「国家的行為」へと転換させる要因の一つとなり、消費文化と国家プロジェクトがいかに結びつきうるかを示しているのである。

第7章　「楽土」を走る観光バス

——満洲国時代の都市観光と帝国のドラマトゥルギー——

一九三五年三月二四日、大連放送局で行われた「日満中継放送」で、満鉄旅客課員の加藤郁哉は、内地客に「満洲の一般概念」が得られる旅程を次のように紹介し、満洲旅行を勧めている。

> 下関を出発地点と致しまして朝鮮の釜山、京城、平壌を見、満洲に入りまして先づ清朝の古い歴史を持ち現に満洲商工業の中心地であり、満洲事変の発生地でもありまする奉天、次に炭の都として、露天掘で世界に有名な撫順、次に国都として満洲国の溌剌たる心臓新京を見て哈爾濱に到著致します、北鉄接収後の同胞第一線の活動状況を具《つぶさ》に視察致しまして、夜は皆様御存じの異国的情緒にもふれて一路南下致します。それから聖地旅順に詣でて日露熱血の戦場に先輩の霊を弔ひ、非常時日本に処する国民としての覚悟を一層強固にする、……斯くて満洲国の表玄関でありまする大連に満洲経済のバロメーターとして、今日の大をなした埠頭を視察、愈々満洲とも別れまして、大阪商船の定期船で下関に帰著するのであります。[1]〔傍点は引用者による〕

この旅程に組み込まれた六つの都市（傍点を付した個所）こそ、満洲国建国後に日本語で案内する定期観光バスが相次いで登場した都市である。[2]

満洲事変の翌年（一九三二年）三月、「王道楽土」「五族協和」をスローガンに掲げた満洲国の中華民国からの独立と建国が宣言された。そのわずか二カ月後の五月一五日、満鉄の傍系会社・南満洲電気株式会社（一九三六年に大連都市交通株式会社と改称）が「旅順戦跡バス」の運行を開始した。[3] これを皮切りに、一九三四年から一九三七年にかけて、奉天、哈爾濱、撫順、新京、大連といった都市にも観光バスが姿を現わした。

それまで、満洲における都市観光の主たる交通手段は、人力車、馬車、貸切自動車、タクシーであったが、料金が低廉なうえ多数の観光スポットを効率よく見学できる観光バスの誕生により、満洲国時代の旅行者のスタイルは大きく変貌を遂げていった。満鉄自慢の特急列車「あじあ号」と並び、スマートに颯爽と走る観光バスは、満洲観光界の寵児ともいうべき存在となった。

観光バスを切り口に満洲国時代の都市観光を考察するには、「ドラマトゥルギー」の理論が有効な視座を与えてくれる。ドラマトゥルギーとは、一九五九年に社会学者ゴッフマンが、日常生活における人々の相互作用と自己呈示の様相を分析するために導入した理論である(4)。その後、吉見俊哉は「ドラマトゥルギー」を都市研究に適用し、東京の盛り場への分析を通して、都市とそこに生きる人々との関係を〈上演〉と〈観客／演者＝役〉の関係として捉え、観客と役者の「相互媒介的な身体性」や、「劇場」のトポロジカルな編成に着眼する「上演論パースペクティブ」の地平を切り開いている(5)。

本章は上演論的アプローチを植民地都市の研究に応用しながら、満洲の観光バスのコースやガイドの語りの分析などを通して、内地客／在満日本人／地域住民(「満人」や白系ロシア人など)の三者の不均衡な相互関係の中で、「楽土」の都市空間がいかに織りなされ、そこで、いかなる「帝国のドラマトゥルギー」が上演されていたかを読み解いていきたい。

一　「楽土」の上演

1　「上演装置」としての観光バス

観光バスは「サイトシーイングカー」という名で、すでに一九二〇年代初頭の欧米の大都市に出現していた。一九二三年七月に欧米視察から帰国した商店界社(小売店主向けの雑誌『商店界』の発行元)社長の清水正巳は、一九二六年二月刊行の著書の中で、サンフランシスコ、ロサンゼルス、シカゴ、ニューヨーク、ロンドン、パリなどで繁盛を見せているサイトシーイングカー(遊覧乗合自動車)を紹介し、日本でもこの商売を導入すればきっと儲かると断じた。(6) 清水の著書の刊行より二カ月前の一九二五年一二月一五日に、東京乗合自動車株式会社が日本で初めて観光バスを定期運行する会社「東京遊覧乗合自動車」を発足させた。(7) これを皮切りに、大阪、京都、神戸のような都市から、日光、箱根、伊豆、別府、耶馬渓、阿蘇のような景勝地まで、日本各地で「遊覧バス」という名の観光バスが流行し、(8) 一九四〇年八月時点での観光バス運営業者は七〇社を超えるに至った。(9)

都市を廻る観光バスの誕生は、都市へのまなざしの合理化を象徴する出来事である。わずか数時間で便利、かつ経済的に都市の観光名所を廻れる観光バスは、「最も要領のよい」近代的な観光スタイルといえる。また、観光バスのターゲット層は一人旅、家族連れ、団体客など異なる形態の観光客であるため、編成されたコースはさまざまな観光スタイルと観光ニーズに応えうる最大公約数的な都市のプロフィールともいえる。さらに、コースの考案者は、数多くあるスポットの中から「観光に値するスポット」を選り出し、廻る順番を決め、「下車説明個所」とそうでない個所の優先順位をつける。見方を変えれば、観光バスのコースは、考案者にとって最も「意味ある」廻遊ルートであり、考案者のまなざしに潜む都市の力学を浮き彫りにする恰好なメディアと捉えることもできる。

一方、観光バスは単にお仕着せのコースを機械的に廻っているわけではない。「展望式高級車」は眺めのいい観覧席であり、「明朗」なガイドは感情を込めてセリフを読み上げる舞台役者である――観光バスは独自の上演効果をもって、都市に舞台衣装を纏わせ、劇場に変えている。いいかえれば、観光バスは都市に登場するのではなく、都市を登場させる上演装置なのである。

2 国策線上の観光バス

満洲の観光バスはその起源、経営形態と使命において、日本内地のそれとは趣が大きく異なる。以下、表7-1をもとに、満洲観光バスの特徴を押さえておきたい。

日本の観光バスが一九二〇年代半ばに登場したのに対し、満洲の観光バスは、満洲国建国の一九三二年以後に集中的に出現していたことがわかる。いうまでもなく、日本の満洲全域への勢力拡大が、日本主導による満洲観光バス誕生の前提条件を整えることになったのである。

一九三九年における満洲六大都市の観光バスの経営主体は、大連都市交通株式会社、奉天交通株式会社、新京交通株式会社、哈爾濱交通株式会社の四社である。そのうち、大連都市交通株式会社は、他の三社を資本的、あるいは人的に指導・支援する総元締的な存在である。

大連都市交通株式会社の前身は、一九二六年に満鉄が全額出資で設立した南満洲電気株式会社である。満洲国建国後、満洲国電気事業統制方針に沿って満洲電業株式会社が新設されると、南満洲電気株式会社は所有していた電気供給事業を同社に譲渡し、交通事業のみに専念することとなり、一九三六年四月に社名を大連都市交通株式会社と改めた。

大連都市交通株式会社は、旅順、大連の観光バスを直接経営するだけでなく、一九三五年に新京特別市公署と折半出資して新京交通株式会社を、一九三七年に奉天市公署と折半出資して奉天交通株式会社を設立した。すでに奉天と撫順では、奉天交通株式会社の誕生前の一九三四年と一九三五年から、それぞれ日本人経営の満洲自動車運輸株式会社と山口タクシーが観光バスを運行していた。奉天交通株式会社は、上記二社を相次いで買収し、奉天と撫順の観光バス事業を独占することになった。

哈爾濱観光バスの歴史は、一九三四年七月に満鉄の傍系会社である国際運輸株式会社哈爾濱支店が運行を開始した観光バスに遡るが、一九三五年中に「業績不良に終つた」。その後、哈爾濱特別市公署が一九三六年より観光バスを運行したが、一九三八年七月に哈爾濱交通株式会社が哈爾濱市の全額出資のもとに設立され、観光バスの経営を担うことになった。大連都市交通株式会社は、哈爾濱交通株式会社に対して出資こそしていないものの、社員を派遣し経営の協力を行った。(10)

表7-1　満洲六大都市の観光バスの運行期間，経営主体，指導機関

観光バス（運行期間）	経営主体	指導機関（創立時期）
旅順（1932〜1944年）	南満洲電気株式会社（1926年設立，満鉄全額出資，1936年に大連都市交通株式会社と改称）	旅順観光協会（1935年12月）
大連（1937〜1942年）	大連都市交通株式会社	大連観光協会（1935年10月）
奉天（1934〜1943年）	①1934〜1937年，満洲自動車運輸株式会社（1919年3月設立，通称黄バス．1937年3月，奉天交通株式会社に買収される） ②1937〜1943年，奉天交通株式会社（1937年3月に奉天市公署と大連都市交通株式会社が折半出資により設立，当初の商号は奉天交通股份有限公司であったが，同年6月，満洲国商法の改正により奉天交通株式会社と改称）	奉天観光協会（1935年5月）
撫順（1935〜1943年）	①1935〜1938年6月，山口タクシー（1923年7月設立，1938年6月，奉天交通株式会社に買収される） ②1938年7月〜1943年，奉天交通株式会社	撫順観光協会（1939年3月）
新京（1936〜1943年）	新京交通株式会社（1935年7月に新京特別市公署と大連都市交通株式会社が折半出資により設立．当初の商号は新京交通股份有限公司であったが，1937年6月，満洲国商法の改正により新京交通株式会社と改称）	新京観光協会（1936年8月）
哈爾濱（1934〜1943年）	①1934年7月〜1935年，国際運輸株式会社哈爾濱支店 ②1936年5月〜1938年，哈爾濱特別市公署交通局 ③1938年7月〜1943年，哈爾濱交通株式会社（哈爾濱特別市公署全額出資）	哈爾濱観光協会（1937年3月）

注　東亜交通公社満洲支社編『満支旅行年鑑 昭和十九年版』東亜交通公社満洲支社，1944年，353頁，457〜460頁，511頁，513〜516頁，山岡信夫『大連都市交通株式会社三十年沿革史』大連都市交通株式会社，1939年9月以後と推定，389〜391頁，419〜422頁，500〜502頁，『満洲日報』1932年5月16日2版2面，『観光大連』大陸出版協会，1937年（リーフレット），『満洲日報』1935年2月21日1版3面，「炭都遊覧の定期バス運行」『旅行満洲』2巻3号，ジヤパン・ツーリスト・ビユーロー大連支部，1935年5月，78頁，『大新京日報』1936年9月2日7面，菊地洋四郎編『満鮮北支の自動車運輸』自動車新聞社事業部，1937年第2版，184〜185頁

各交通会社は資本的、人的関係が緊密であるだけに、年に一、二回の連絡会議を開き、観光コースの打合せや再検討を行ったり、共同宣伝について協議したりするなど、協調と統制がうまく取れていた(11)。図7-1（一九二頁）の共同パンフレットも、こうした横の連携が生み出した成果の一つである。

また、民間業者の乱立が目立つ日本内地とは異なり、満洲の観光バスは実質的に満鉄や各市公署が出資した半官半民の会社によって独占的に経営されていたことも、大きな特徴として指摘できる。このような公的性格を色濃く持つ満洲の観光バスは、必然的に

1943年）　（単位：人）

1941年	1942年	1943年
41,776		
2,767		
49,270	24,712	
18,019	15,050	
37,873	192,761	40,149
43,235	34,701	
192,940	267,224	40,149

注1　ジヤパン・ツーリスト・ビユーロー満洲支部編『満支旅行年鑑 昭和十五年』博文館，1940年，82～85頁，同『満支旅行年鑑 昭和十六年』1941年，287～289頁，東亜旅行社満洲支部編『満支旅行案内 昭和十七年版』博文館，1942年，307～311頁，寺澤俊雄編『満支旅行年鑑 昭和十八年』東亜旅行社奉天支社，1942年，360～364頁，東亜交通公社満洲支社編『満支旅行年鑑 昭和十九年版』東亜交通公社満洲支社，1944年，415～416頁，418～419頁，515頁より作成．空欄はデータなし

注2　1940年と1941年の新京観光バスの乗客数には，それぞれ「満語コース」1,070人，1,692人が含まれている．1942年の新京観光バスの乗客数は「観光バス（其の他）を含む」データである

「官」側、特に各市の観光協会との結びつきが密接であった。

一九三五年以降、満洲の六大都市では観光協会の設立が相次ぎ、観光バスの整備改善も観光協会の仕事の一環として取り組まれた。たとえば、哈爾濱観光協会が一九三九年度に行った事業全三二項目のうち観光バス関連は三項目を占め、コース選定への参加、切符の代売、大型観光バス試乗会の開催となっている。特にコース選定については「本協会モ参劃シ意見ノ開陳ヲ行ヘリ」と明記され、観光協会がコース選定に発言権を持っていたことがわかる(12)。

満洲における観光バスの需要は年々高まり、とりわけ日中戦争が勃発した一九三七年から三九年にかけて、乗客者数は毎年倍増し続け、一九四〇年のピーク時には延べ二五万八〇〇〇人を記録した。この年の都市別乗客数は、多い順から、旅順、奉天、哈爾濱、新京、撫順、大連となっている（表7-2）。乗客数の統計には内地客と在満日本人客の内訳が示されていないが、奉天交通株式会社が一九四〇年頃行った調査によると、当市観光バスの乗客のうち、内地客は六四％を占めているとのことである(13)。

ところで、一九四〇年九月一一日、戦時下におけるガソリンの消費規制の強化により、同年一〇月から日本内地の観光バスはガソリン車、代用燃料車とも一斉に運行休止するとの通牒が鉄道省などから出された(14)。満洲でも観光バスの中止説が囁かれる中、同年九月二六日、二七日に新京で開かれた「第四回観光バス業務打合せ会」の席上、関東軍報道班（新聞班の後身）長の長谷川宇一は、「観光事業の運営に当り燃料のため遠慮されてゐるやうな気がするが決して遠慮気兼をする必

表7-2　満洲六大都市の観光バスの乗客数(1932～

都市＼年	1932年	1933年	1934年	1935年	1936年	1937年	1938年	1939年	1940年
旅順	2,440	4,230	3,563	8,524	16,504	20,047	32,121	54,788	68,808
大連						2,222	4,501	8,401	6,941
奉天			1,425	2,083	3,779	4,685	14,146	35,130	62,535
撫順							5,086	15,452	25,347
新京					905	3,439	15,187	38,741	44,688
哈爾濱					2,557	2,906	5,897	21,674	49,974
合計	2,440	4,230	4,988	10,607	23,745	33,299	76,938	174,186	258,393

要はないと思ふ、観光は単なる物見遊山では断じてない、特に満洲に於る観光事業の使命は国策的見地からして重要である、東亜新秩序建設の途上にある見地からして旅行者に認識を植ゑつける意味からも使命は重且大である」と、満洲の観光事業が持つ「国策的使命」を強調したという(15)。

関東軍のお墨付きを受けた満洲の観光バスは、内地の観光バスが姿を消した一九四〇年以降も運行し続け、大連は一九四二年まで、奉天、撫順、新京、哈爾濱は一九四三年まで、旅順は一九四四年まで存続したのである(16)。

二　「観光楽土」としての満洲

ここからは、一九三九年一月に大連都市、奉天、新京、哈爾濱の交通株式会社四社が共同発行したパンフレット『満洲の観光バス案内』を手がかりにしながら、満洲の「劇場都市」で上演されていた帝国のドラマトゥルギーに迫りたい(図7-1、表7-3)。

1　第一幕・帝国の「聖地」

「わたしの兄さん、満洲で死んだ、/ぼくの父さんも、満洲で死んだ、/忠義な兵士の、お墓の満洲、/守れや守れ、われらの権利」――これは満洲事変の直後に、西條八十《さいじょうやそ》が作詞した『守れよ満洲』の一節である(17)。満洲国建国後、最も早く観光バスが導入された旅順と奉天が、日露戦争と満洲事変に因む「戦跡都市」

図 7-1　パンフレット『満洲の観光バス案内』（大連都市交通株式会社・奉天交通株式会社・新京交通株式会社・哈爾濱交通株式会社共同発行，1939 年）の表紙

であったことは決して偶然ではない。二代にわたる日本人の血潮で購われた「戦跡としての満洲」は、満洲想像の原点を成しているだけでなく、日本内地が持ちえない生々しい「帝国の聖地」を提供してくれているのである。

「霊地」／「聖地」としての旅順

満洲の戦跡の中で最も名高いのは、旅順口閉塞作戦や旅順攻囲戦の物語を通じて、日本人の脳裏に刻まれた日露戦争の舞台、旅順である。一九二九年三月末の時点で、関東州内に建てられた戦跡記念碑三二カ所のうち二七カ所が旅順市に集中しており、一九二九年一一月からの一年間で、旅順戦跡の視察者は五万人に達していた[18]。

一九三一年二月から三月にかけて、旅順民政署長・米内山震作《よないやましんさく》は、『満洲日報』に「旅順振興策」を連載した。そこで彼は、伊勢神宮のある宇治山田市（現・伊勢市）を引き合いに出し、「母国に聖地宇治山田市ありと謂はゞ、満洲に霊地旅順ありと謂ふことを許されねばならぬ。聖地と云ひ、霊地と云ふ、畢竟わが大和民族の一大道場にして、尊厳極まりなき精神修養の聖場であり、忠魂無比の霊場である」[19]と述べ、「霊地旅順」という表現を広めることとなった。

満洲事変後、奉天や長春（一九三二年三月に新京と改称）などで新たに戦跡が数多く生み出された。しかし、それは「霊地旅順」の後景化をもたらすどころか、かえって満洲獲得の起源となる日露戦争の記憶を作為的によみがえらせ、旅順の「聖地化」に一層拍車をかけた。「満洲大陸遼東半島の尖端は、わが聖地旅順である」と、満洲国建国の翌年に旅順市役所から発行されたリーフレット『聖地旅順』にあるように、旅順は宇治山田市と同等の「聖地」として位置付けられるに至った[20]。

前述のように、満洲国の誕生から二カ月後の一九三二年五月には早くも「旅順戦跡バス」が発足した。のちに誕生したほかの五都市の観光バスとは異なり、旅順だけは唯一、終始「観光バス」ではなく「戦跡バス」または「戦跡巡拝バス」と呼ばれ、案内もバスガイドではなく、男性の運転手が兼務する形で行われていた。この特徴は、鬼気迫る戦場の凄惨さを伝え、物見遊山とは異なり、「敬虔な求道の巡礼の心」で「聖地旅順」を弔慰することを目的としていた。

「聖地的空間」の拡散と強化

満洲事変後、忠霊塔の建立や新戦跡の観光整備に伴い、「聖地○○」の呼称が複製され、「旅順的な空間」が一つのモジュールのように他の都市にも拡散されていった。たとえば、満洲事変の勃発地である奉天では、「日本軍の働きを知り有難くて涙が出た、感激したと印象に残るやうに」と、奉天交通株式会社は戦跡案内に力を入れるようになった(21)。殊に、一九三七年の日中戦争勃発後、奉天の観光バスは翌一九三八年度から「事変下に在る国民的精神の涵養」を目的に、前年のルートにあった「鉄西工業地区」を省き、満洲事変の発祥地である「柳条湖」を新たに加えることを決定した(22)。また、表７-３にまとめた一九三九年版観光バスの内容からも読み取れるように、各都市のコースの多くは、前半に忠霊塔などの戦跡記念地を訪れ、「英霊」に感謝の意を表し、「楽土の発祥」をかみしめた後、その他の観光地を巡る形式となっている。

戦跡案内の「台本」は関東軍などから提供された戦記資料をはじめ、戦死者の美談や逸話をもとに作成されている。一九三八年二月から新京観光バスの「台本作り」に携わることになった新京交通株式会社庶務係長の關口英太郎は、満洲事変の戦跡「南嶺」にある休憩室で某中尉が戦友を偲んで書いた放送原稿を収めた本を偶然見つけ、その本の内容をヒントに、彼は次の解説文を書き上げた。

「皆様御覧下さい。此処彼処に見えます墓標は此の戦闘に於て異郷の土となられました四十三勇士地上最後の場所で御座います。海行かば水つく屍、山行かば草蒸《ママ》す屍、大君の御為め祖国の為め捧げられました貴き肉体は、御

運行情報とコース内容(1939年)

	異国情緒		
	「満洲情緒」		「ロシア情緒」
近代建造物	陵墓，寺廟	社会の実相	
⑥博物館(1918年)			
①山の茶屋(展望台)④大広場⑤満洲資源館(1926年)⑥大連駅⑧星ヶ浦遊園(1909年，満鉄が開発した海岸遊園地)⑩油房(豆油や豆粕の製造工場)⑪碧山荘(1911年，大連埠頭で荷役を行う中国人労働者の収容所)⑫埠頭		⑨露天市場(1921年)⑩油房⑪碧山荘⑫埠頭	
①⑩奉天駅③国立博物館(1935年)⑧鉄西(工業地)⑨南部住宅街	④北陵(清朝第2代皇帝太宗の陵墓)⑦天斉廟		
①⑨奉天駅	③北陵	⑥城内(「満人街」)⑦同善堂(日清戦争で戦死した清国の将軍・左宝貴が生前の1881年に創設した社会救済施設)	
①⑦撫順駅②炭鉱事務所③大山坑④古城子露天掘		③大山坑④古城子露天掘	
①⑲新京駅⑤日本橋通⑥旧国務院⑦宮廷府⑨大同広場⑩協和会館⑬安民広場⑭国務院⑮南新京⑯興安大路⑰大同大街⑱宝山(1937年10月に日本人が開業した百貨店)	⑧清真寺(回々教寺院)		
	④孔子廟(1926年)		①中央寺院⑤ロシア人墓地⑥松花江(スンガリー)

濱交通株式会社共同発行，1939年に基づいて作成．ただし，新京観光バスの運行時期は，太原要編

に分類されることがある
スポットの建立・開館時期に関する注記を表す

表 7-3　満洲六大都市の観光バスの

運行条件＼コース内容		帝国の偉観	
		神社	戦争記念物
旅順	1日3回，4時間，年中無休，1.50円		①白玉山(納骨祠1907年，表忠塔1909年)②戦利品陳列館(1906年)③東鶏冠山北堡塁④水師営会見所⑤爾霊山(203高地．1912年8月，乃木希典が「爾霊山」と揮毫した記念碑が完成)
大連	1日1回，6時間，3月1日～11月30日，1.80円	③大連神社(1909年)	②忠霊塔(1908年建立，1925年移築再建)⑦大仏(1926年，日露戦争で戦死した両軍兵士の遺骨を拾い集め粉末とし，コンクリートを混入して造られたもの)
奉天	全コース：1日1回，6時間，3月1日～11月30日，2.50円		②忠霊塔(1910年)⑤柳条湖(満洲事変発端の地．1938年に爆破記念碑が竣工)⑥北大営(満洲事変最初の激戦地．1938年に北大営戦跡記念碑が竣工)
奉天	短コース：1日2回，3.5時間，3月1日～11月30日，1.50円	⑧奉天神社(1915年)	②忠霊塔(1910年)④柳条湖⑤北大営
撫順	1日2回，2時間，3月1日～11月30日，1.20円	⑤撫順神社(1909年)	⑥殉職碑(殉職社員供養塔．近くに日露戦争関係の表忠碑あり)
新京	1日2回，3時間，年中無休(11月16日～2月末日は1日1回，2.5時間)，1.50円	②新京神社(1916年)	③忠霊塔(1934年)④寛城子戦跡(満洲事変戦跡)⑪南嶺戦跡(満洲事変戦跡)⑫建国廟(満洲国建国のために殉職した日満文武官などの霊を祭る宗廟，1936年起工，1940年完成)
哈爾濱	1日1回，3.5時間，5月1日～10月31日，1.50円		②忠霊塔(1936年)③志士之碑(日露戦争初期にロシア軍に銃殺された軍事探偵・横川省三，沖禎介以下6名の志士を追悼する記念碑，1922年に完成)

注1　『満洲の観光バス案内』大連都市交通株式会社・奉天交通株式会社・新京交通株式会社・哈爾
『満洲の旅』株式会社マンチユリヤ，デーリー，ニユース，1940年，276頁に依拠して補足した
注2　「運行条件」は，運行回数，所要時間，運行時期，運賃(大人)の順に記す
注3　「コース内容」のカテゴリー分けは筆者によるものである．1つのスポットは複数のカテゴリー
注4　各スポットの頭にある番号は廻る順番を表す．各スポットの後ろにある(　)は，筆者による各
注5　下線はパンフレットに記された下車説明個所を表す

覧の通り白い墓標と変つたので御座いますが、その誠忠は護国の神と化し、英魂永久に此地に鎮つて、吾が生命線の護りとなつて居られることで御座いませう。」(23)

こうして、各都市の戦跡で、バスガイドは「突如として慷慨激越な雄叫びを挙げて」(24)、「正に血を吐くやうな熱弁で感激に震へながら」(25)語ったり、「自ら落涙しよくその勇士の忠魂を説き去り説き来り」(26)したりして、「劇場的効果」を思う存分に味わわせてくれる。新京の南嶺戦跡でのバスガイドの説明に「深く感銘し」、それを全部速記した内地客も現れたほどである。(27)

入念に作り込まれた「台本」、臨場感あふれる演出、そして迫真の演技——戦跡記念地は、内地客に「国威の伸張」と「皇恩の無辺」を感激させ、「戦死者の同胞」としての一体感を共有させ、日本人としての覚悟を一層強固にする「聖地」として、「舞台化」されるようになったのである。

もっとも、戦跡案内にはこのような涙を誘う内容ばかりでなく、時々観光客の微笑を誘う話も盛り込まれている。たとえば、満洲事変の最初の激戦地である奉天「北大営」にある満洲事変戦跡記念碑前で、バスガイドは決まって次のエピソードを披露している。

此の時、何処からとも無く国歌「君が代」が聞えて参りました。我が軍一同は姿勢を正して耳を傾けたのでございます。確に「君が代」に違ひありません。然も、楽の音は段々大きくなつて参ります。すると間も無く、敵の軍楽隊約五十名ばかりが、隊伍を整へて、国歌「君が代」を吹奏し乍《なが》ら降服して来たのでございます。(28)

と、無力で滑稽な「敵軍」の姿との対比を通して「我が軍」の忠勇ぶりを際だたせようとしている。

前述のとおり、内地の遊覧バスはガソリン消費の統制の強化により一九四〇年一〇月からすべて運行停止となったが、満洲の観光バスは、「娯楽本位」(29)で「何等国策的な一貫したものが見出せない」内地の遊覧バスとは異なり、「最初からはっきりした使命を持って」、日本精神を奮い立たせる戦跡を重点的に取り入れてきたため、一九四二〜四四年まで存続することができた。

戦跡巡礼を基調とする満洲の観光バスは、決して特殊なケースとして片付けられるべきではなく、むしろ、帝国が武力による侵略で勝ち取った「領土」で展開される観光の常態として捉えるべきであろう。

2　第二幕・帝国の「展望台」

「驚異の絵巻物」

一九三七年四月、満鉄旅客課長の宇佐美《うさみ》喬爾《たかじ》は、「観光満洲」と題する文章で次のように内地客に呼びかけている。

先づ、「満洲の観光を勧奨す」と私は呈言する。／所以は満洲旅行は国民に課せられたる必須義務科目であると極言したい。／今や満洲は躍進、又躍進の進行過程にある。／併乍《しかしながら》、祖国の人々の認識や如何、未だに、日露戦争時代の、赤い夕陽と荒漠千里の満洲感《ママ》のみが脳裡に印象付けられてゐる。／三月一日、満洲は既に建国第五周年を迎へた。平原の一角を黒煙に蔽ふ重工業地帯もあれば、ネオンに夜の耽けるを知らざる近代都市もある。偶々我々の内地旅行中に受ける質問は、常に野蛮満洲、蒙昧満洲の事のみである。時代は刻々と展開する、今満洲は一九三七年の最尖端相の中に息吹きをしてゐる。(30)

ここから読みとれるのは、在満日本人は自分たちが暮らしている満洲を内地人に「野蛮」「蒙昧」と見下されたくない心情の裏返しとして、満洲の近代文明を誇示し、内地客に自らの存在証明を認めてもらいたい「求愛願望」を抱いている、ということである。前に言及した満鉄旅客課員の加藤郁哉も、満洲旅行の見どころの一つとして、在満日本人による満洲開発の壮観を挙げている。

殊に、満洲事変後の、満洲の姿こそは、実に驚異の絵巻物でありまして、政治に、経済に、交通に、文化に、誠に目ざましい進展を示して居ります。／更に過去三十年に亘つて、日本が投入致しました、二十何億の資本と在満三十万同胞の指導的役割をして居りまする姿等、之等のものが最もたやすく然も一度に視察し得られるのであります。(31)

このような「驚異の絵巻物」への「展望」空間は、観光バスのコースにきちんと用意されている。その最も顕著な例は、「満洲国の溌剌たる心臓」といわれる新京の観光バスである。かつて哈爾濱への乗換駅に甘んじてほとんど観光客の足を止められなかった長春は、一九三二年三月に「新京」と改称され、満洲国の首都と定められた。そこから近代的な都市建設が急ピッチで推し進められ、「日に新しく日に進む颯爽たる」新京の姿は、「新興満洲」の象徴として宣伝されるようになった。

一九三七年の新京観光バスコースでは、締め括りに市内を一望できる「国都建設局」の屋上で都市計画に関する説明が行われ、観光客は野原から近代都市へと変貌しつつある様相を眼下に見下ろしながら、新京の未来に思いを馳せることになっている。[32] その後、国都建設第一期五カ年計画が一九三七年九月に完成を迎えたことから、一九三九年の観光バスの展望スポットは国都建設局から、一九三七年一〇月に日本人が開業した宝山百貨店の屋上に変わった。

新京の国都建設局や宝山百貨店と同様に、大連の「山の茶屋」(展望台)、撫順の「露天掘」のようなパノラミックな景色が展開される場所は、ガイドの力の入れどころであり、在満日本人の功績を誇示するのに最適のステージである。たとえば、バスガイドは山の茶屋で大連市を俯瞰しながら、阿片戦争当時の英軍上陸から始まり、日清戦争、三国干渉、日露戦争に至る、今日の近代都市大連を形成した歴史を一通り説明した後に、真下の忠霊塔から、東本願寺、大連ヤマトホテル、三越などを一つ一つ指摘する。「観光客の誰もが口々に、立派な街だ、素晴らしい都会だと感嘆してゐる」という。[33]

「清浄化された」苦力

展望的な視覚装置だけでなく、「客体」を分類・序列化する視覚装置も観光バスのコースに取り入れられている。日露戦争の戦利品を網羅する「戦利品陳列館」(旅順)、満洲の考古的資料を陳列する「博物館」(旅順)、満洲資源の参考品や模型を展示する満鉄の「満洲資源館」(大連)、満洲国の国宝三五〇〇点を収蔵する「国立博物館」(奉天)など、征服、発掘、開発、保存の対象としての満洲の「全貌」が、まるで絵巻物のように繰り広げられてゆく。

近代産業への展望的まなざしと、「客体」を分類・序列化する博物館的まなざしがうまく連動する一つのモメントは、観光バスではペアとなっている大連の「埠頭」と「碧山荘《へきさんそう》」の見学に用意されている。

大連埠頭の見どころについて、観光バス会社のパンフレットでは、「満鉄経営の港湾で機械化せずに苦力を多数使用してゐる点に特色があります」と紹介されている。[34] 実は、大連観光バスが発足する二年ほど前の一九三五年に、すでにこの特色ある光景を「俯瞰」した観光客がいた。

東京市立小石川工業学校長の杉山佐七は単身で満洲を旅行した際に大連埠頭事務所を訪ね、「港全景の展望に唯一の場所」といわれる七階の屋上で係員の説明を聞いた。杉山は埠頭の偉観に感激しながらも、鳥瞰すると「何万といふ苦力は〔中略〕宛然《えんぜん》饉えたる野犬の群が動いてゐる様で、此の世ながらの地獄と思はれて目を蔽はざるを得なかつた」と語る。さらに、苦力について杉山と埠頭の係員との間に次のような会話が交わされた。

「あの陸上に穢ない風して豆を撒いた様に働いてゐるのが俗に云ふ苦力ですか」

「さうです。彼等は陸上荷物の運搬、船への石炭積込みなどをしてゐる支那の労働者です」

「まるで虫が動いてゐる様に見えますね、人間もかうなると、まあ蟻か何かの様ですね」

「まあそんなものですね、彼等は毎日平均こゝで七八千人は働いてゐて、全くこの港の仕事で生きてゐるのです。彼等は牛馬の如く働き、その労働力の偉大さは、迚《とて》も内地人は比較になりません。こゝの仕事は福昌華工株式会社の請負仕事になつてゐます。まあ僅か一日二十銭か三十銭でよくあんなに働けるものです。福昌華工はあすこに長方形の建物が三四十棟かすかに見えるでせう。実に大きな規模で労働者を収容してゐます。是も一度御覧になる必要があります」[35]

埠頭の係員に勧められた福昌華工株式会社の建物は、のちに埠頭とペアで観光バスの下車見学個所に入ることになる「碧山荘」と呼ばれる苦力収容所である。[36]

碧山荘は、元満鉄大連埠頭事務所長を務めた相生由太郎《あいおいよしたろう》によって考案された施設である。相生は一九〇九年に満鉄をやめ、埠頭荷役業の福昌公司を創設した。一九一〇年冬から一九一一年春にかけて満洲で肺ペストが蔓延した際、相生は公衆衛生の見地から苦力と普通住民の居住区域を隔離する必要があると感じ、大規模で整備された苦力収容所の建設を思い立った。一九二六年に福昌公司は満鉄に移管され、福昌華工株式会社となった。碧山荘は敷地面積三万八三七七坪、繁忙期一万六〇〇〇人、閑散期も九五〇〇人内外の大連埠頭の荷役労働者を収容し、寺院や劇場等の慰安、娯楽施設まで完備する「安楽郷」であると宣伝されている。(37)満洲事変前からここはすでに「大連における地方色の最も特異ある社会施設」や、「社会、労働問題研究の好資料」として紹介され、大連名物の一つとなっている。(38)與謝野晶子夫妻も一九二八年満鉄の招待で満洲旅行をした時に、ここを訪れ、

快よし二十のこゝろ帰るなり碧山荘の初夏のかぜ（寛）

長安の柳につゞく日もあらん碧山荘のアカシアの道（晶子）

という、いかにも「碧山荘」という美しい名前にふさわしい長閑《のどか》な歌を書き残した。(39)満鉄が満洲の旅に招待した多くの内地文化人の作品と同様、これらの歌は満鉄発行の旅行パンフレットやガイドブック、写真集、絵葉書などに転用され、内地客の旅行記にも繰り返し引用される、一種の権威付けられた碧山荘の想像パターンを創り出していた。

一九三七年に運行を開始した大連観光バスも、この「模範的の労資協調、労働統制機関」をコースに組み入れており、観光客はここで「華工達の為めに建てられた天徳寺に詣で、隣の大きな花崗石の萬霊塔に額づき、堂々たる露天劇場に感心し、長屋の中を一寸見せて貰つて、この一廓に生活する華工の幸福を喜んで」辞することになっている。(40)

在満日本人が誇る機械文明の産物である埠頭を眺望した観光客は、必然的にそこで「饉えたる野犬の群」の如く働く中国人苦力の姿と遭遇する。帝国日本と満洲という不均衡な権力構造下に生まれた特異な景観が、容赦なく観光客の目に突き付けられる。こうした「近代」と「前近代」を同時に目のあたりにした観光客の居心地の悪さは、碧山荘で観光の対象とされた「安定され且つ清浄化されて居る」苦力、(41)「一見粗野の観があるが、極めて温順」な苦力、(42)そして「安

楽郷」を手に入れ満足そうに暮らしている苦力の姿によって、見事に払拭されることになった。言い換えれば、苦力は、在満日本人による規律・訓練のまなざしと、内地観光客による観光のまなざしという二重の「権力の凝視」が折り重なる中で、近代産業を支える労働資源として動員されるのみならず、観賞に堪えうる観光資源としても欲望されていたのである。

3 第三幕・帝国の「盛り場」

「満洲情緒」への期待

満洲事変後、満洲における日本勢力の浸透につれて在満日本人の人口は急速に膨れあがっていった。満洲事変が起こった一九三一年の年末における満洲在住の日本人人口は約二三万三〇〇〇人であったのが、一九三八年度には満洲国と関東州を合せて六七万三〇〇〇人を超えた(44)。また、一九三八年の時点で六大観光都市の総人口における内地日本人の比率は、旅順の三九％を筆頭に、大連三〇％、新京二二％、撫順は一三％、奉天一二％、哈爾濱六％となっている(45)。

一方、在満日本人の急増に伴う満洲都市の「内地化」により、逆に「満洲情緒」を求めて満洲を旅行する内地客の期待を裏切ってしまう、という一種の皮肉な現象が起きている。

たとえば、一九三六年九月から一〇月にかけて、大阪商工会議所主催の視察団に加わり満洲を旅行した大阪朝日新聞記者の田中正男は、「旅をしてその旅先で泌々味ひうると仄《ほの》かに期待したマンシウにのみあつてもよい情緒がてんで欠けている点」に「物足らなさを感ずる」との感想をこぼしている。さらに、彼は「ハルピンにはハルピンの色、新京には国都色、奉天には商工色、吉林には懐古色、チチハル〔斉斉哈爾〕には北満色といった風にそれ〴〵のもつ伝統の情緒はあくまで尊重し、徒らに謬《ママ》てる卑俗な内地色の注入は排斥すべきであらう(46)」と進言する。

大連の「露天市場」

そもそも、内地客による「満洲情緒」への想像も、往々にして「代理ホスト」から提供された旅行メディアによって作り上げられている。たとえば、大連の「露天市場」は、満洲色の最も豊かな場所として、たびたび満鉄のガイドブックに取り上げられている。

露天市場（別名「泥棒市場」「小盗児市場」「偸盗児市場」）は、もともと中国人の下層階級の「生活、保安、衛生の万全を期する」とともに、旅順に亡命した清朝王室粛親王府の家計の基礎を立てる目的で、川島浪速《かわしまなにわ》（川島芳子の養父）が一九二一年に大連で開場したマーケットのことである[47]。露天市場には事務所が置かれ、日本人スタッフも常駐している。

一九三九年のパンフレット『満洲の観光バス案内』は、露天市場の「満洲情緒」について二つの側面から紹介している。一つは、「満人にとつては又とない民衆的娯楽地」という側面である。もし「山の茶屋」の展望台から見える大連三越が「銀座」を彷彿させる建物であるならば、梨園（劇場）や書館（妓楼）、寄席、見世物小屋、奇術師、覗きからくりなどが集中する露天市場は、まさに内地客に「浅草」を連想させる場所といえる。実際に田山花袋をはじめとする多くの旅行者は、露天市場を「明治二十年時分の浅草公園の奥山」や「浅草式の満人娯楽郷」として表現している[48]。吉見俊哉がいうように、明治初期までの浅草が〈異界〉への窓としての性格を持つ場所だとしたら[49]、大連の盛り場である「露天市場」は、まさに「異郷における異民族の〈異界〉への窓」として、内地客の目に映っていたのであろう。

『満洲の観光バス案内』は露天市場を「満人の浅草」としての側面からだけでなく、「満支人の生活は（日本人の生活と）瀑布の落差のやうな激しいコントラストを見せてゐる」場所であるとも強調している。

実際、バスガイドは、露天市場に寄る前に、まず次のような前置きのトークを行うのである。

「皆様。午前中は近代的文化都市としての大連、主に日本人の施設経営、並にその発展状態をお眼にかけましたが、これから御案内申上げます所は、国際都市としての大連、こゝに居住する満人の生活状態であります。今迄と違つて極めて汚い、むさくるしい場所ばかりでありますが、日本人と比べて如何に生活程度が低く、無智な階級が多いかといふことを御覧になるのも、興味深いものがあるかと存じます。」[50]

露天市場の中は、バスガイドではなく、男性運転手が代わって案内する。「こゝは一名偸盗児市場と謂ひます。泥棒に遭つたら、警察署へ行く前にこゝへ見に来れば、盗まれた品物がチャンと並べてあるといふので、こんな名が付けられたのですが、今はそれ程でもありません」と運転手は言いながら、婦人客も混じっているお客さんを連れて、「彼等〔満人〕の生活状態」をよく観察できる「風呂屋」に無遠慮に入る。

客として観光バスに乗り込んだ新京記念公会堂書記長の眞殿星磨[51]は、風呂屋の見学後の露天市場の様子をこう記している。

それから、あらゆる汚穢と乱雑を一箇所に纏めたやうな中を、あちこち引ツ張り廻される。恐らく不用品といふ言葉は、彼等の社会にはあるまいと思はれる程、古釘一本、空缶一個までキレイに整理し、売品として列べられてゐるのに感心し、食傷小路の異臭とグロテスクな食品に胸をむかつかせ、大きく番号を入れた軒並の娼家から覗く娼婦等の青白い顔に、眼を塞ぐ。[52]

在満日本人の偉業を象徴する近代的な「展望台」的な景観とは対照的に、ネイティブの「満人」が集う盛り場は、異国情緒でありながら都市の暗黒面を「覗き見」する絶好の場所といえる。このような「観光」と都市の「闇」を覗き込む「観闇《かんあん》」のコントラストの中で、「代理ホスト」は、単に内地客の好奇心や「窃視欲」を満たすだけでなく、旧態依然とした「彼等満人」とは別世界にいる在満日本人の優越感と存在感を、さりげなく誇示しているのである。

ここでは、異郷・異民族・異界という三つの「異」が重なる露天市場は、単に日本人と満人の生活空間の違いを見せるのみならず、線形化された時間的な開き――〈近代＝未来〉的な日本人社会対〈原始＝過去〉的な「満人」社会――を呈示する恰好な場となったのである。

もっとも、同じ在満日本人という「パフォーマンス・チーム」の一員でありながら、わざわざ露天市場を見せる大連都市交通会社のやり方や、運転手の「満人蔑視的口吻の説明」に対して憤りを覚えた在満日本人もいた。前述の眞殿は、満洲に何の予備知識も持っていない内地客に誤った満洲観を与える大連観光バスに対して、次のように批判している。「か丶る満人下層階級の生活状態を漫然示すことに依つて、誤れる満人感《ママ》、無益なる優越感を与へ、それが民族協和の上に如何に大なる障害となるか」、さらに、「大連偸盗児市場の名が大連名物として広く内地にまで喧伝されてゐる事実は、果して大連市の誇りであらうか」、「〔碧山荘のような〕立派な対支那人労働者の社会施設を持つてゐる大連が、何を苦しんであんな不衛生・不秩序の露天市場なんか見せる必要があるか」[53]と述べ、衛生的で秩序立った理想的な満人像を示すべきと主張している。

「代理ホスト」はゲストに向かってホストであるネイティブの何を、いかに「代理呈示」するかは、決して一様ではなく、常に在満日本人という帝国の周縁者が置かれる両義的な立場から、内地客のまなざしを意識しながら「満洲情緒」を選択的に代理表象しているのである。

4　第四幕・帝国の「歓楽郷」

哈爾濱の昼の観光

六大都市の中で、最も異彩を放つのは哈爾濱の観光バスである。クリーム色の豪華観光バスには、日本人ガイドガールだけでなく、ロシア革命（一九一七年）で国を追われ無国籍となった白系ロシア人のバスガイドも同乗していた。彼女たちはロシア人街やロシア人墓地で日本語による解説を行い、その異国情緒が観光客に強い印象を与えた。

一九四〇年、哈爾濱鉄道局旅客課勤務の西島武郎が、次のように感嘆の声を挙げている。

> 交通会社〔哈爾濱交通株式会社〕のお太鼓ではない。おそらく世界中探しても、こんな変化《バラエティ》のある観光バスはないだらうと思ふ。四十何人乗流線型も自慢だが、日本娘が声を絞つて、悲壮な沖横川烈士物語〔日露戦争初期にロシア軍に銃殺された軍事探偵・沖禎介と横川省三の物語〕をすれば、金髪娘は鮮やかな日本語で、露西亜人の宗教を説明する。／バスは満洲街に入り、日本人街に入りスラヴ街を過ぎるその間のルートに松花江の快速艇遊覧が加はり、千一夜

よりも複雑な四時間には、誰しも狐につまされた感じといふ[54]。

哈爾濱交通株式会社は一九三七年から、白系ロシア人のバスガイドに日本語で哈爾濱の歴史を語らせ、日本人観光客に「哈爾濱情緒」を大いに味わわせようとしている。

哈爾濱は一九世紀の末葉までは松花江畔の一漁村に過ぎなかった。その都市としての歴史は、一八九八年に帝政ロシアが東清鉄道建設の根拠地をこの地に定めたことから始まる。それ以来、ロシアが都市建設に莫大な資金を投じたことによって、哈爾濱は北満随一の国際都市として成長した。哈爾濱の市街はロシアの首都モスクワをモデルに建設されたため、美しい欧風の街並みがロシア情緒を醸し出している。

一九一七年のロシア革命によって、多くの白系ロシア人は満洲に避難してきて、その数は一九三六年末現在、全満で四万四〇〇〇人余で、うち二万八〇〇〇人は哈爾濱に暮らしている[55]。

また、一九四一年六月、哈爾濱を訪れた作家の濱本浩が、ロシア人バスガイドのことで深く印象に残ったことを記している。

露人の娘さんが、車中で此の市の歴史を説明し、舌足らずの日本語で「満洲建国後は、昭和十年北鉄接収の歴史的大業を境に、過去四十年間に亘る露西亜の勢力は遠くシベリヤの彼方に退却してしまひ、この哈爾濱は私達白系露人の楽園となりました。これも、ひとへに日本のおかげでありますと感謝して居ります」と結んで、頭をさげた。／何れはテキストを暗記してゐるのであらうとは思ひながら、その娘の真摯な態度に心をうたれた。私の前に居た、中年の客は、脱帽して、これに応へたほどであつた[56]。

こうして、白系ロシア人のガイドガールは「舌足らずの日本語」を操り、ロシア革命によって祖国を追われた自らの境遇を語り、「日本のおかげで」ようやく満洲国という「楽園」を手に入れた幸福を観光客の前で告白するよう、演出されているのである。

哈爾濱の夜の観光

白系ロシア人ガイドガールに代表される哈爾濱の昼の顔がある一方、「奔放なエロティシズム」を放つロシア人ダンサーが彩る夜の哈爾濱がある。

そもそも、日本人男性にとってロシア人女性が、ナショナリティとセクシュアリティが絡み合う一種の屈折した欲望の対象として浮上してきたのは、満洲旅行ブームが始まる前夜の一九二三年頃のことであった。その前年の八月、流行作家の奥野他見男《おくのたみお》は、満鉄後援の宣伝調査機関である満蒙文化協会の招きで満洲を旅行し、哈爾濱まで足を延ばした。哈爾濱で見物したロシア娘の「裸踊り」や異国情緒漂う「淫蕩」な世界を露骨に描写した奥野の小説『ハルピン夜話』は、一九二三年一月一〇日に潮文閣から発売されるとたちまちベストセラーとなり、二カ月足らずで四五版、一年三カ月で二三〇版という「空前の売行」を記録した(57)。同書および同書を収録した奥野の著作は、一九二八年、一九二九年と一九三九年に異なる出版社から複数回再刊されている(58)。

『ハルピン夜話』が「破天荒の歓迎を受けた」理由は、新聞広告のうたい文句にもある「日本人にして異国人の性欲を斯く迄大胆に描写せるもの未だ嘗て無し(59)」ということだけではない。

たとえば、「亡びたる国の娘」という見出しで、奥野はカフェーで知り合い親しくなったロシア娘に捧げる別れの挨拶を、次のように記している。

> ヂンナよ、おまへを愛した日本人はお前の為めに祈る、どうか活き永へてゐてくれ、すこやかに居てくれ。／いつかお前の国に日がさす時もあらうから。／あゝ亡びたる国の娘ヂンナよ(60)。

ロシア人女性のセクシュアリティに向ける日本人男性の無遠慮な視線は、西洋男性／東洋女性という従来の人種間の性的消費構造を見事に転倒させる快感を放ち、西洋女性に対する日本人読者の性的猟奇心を満たしてくれるだけでなく、「亡びたる国」のロシア娘への憐憫とともに湧き起こる日本人としての優越感をもくすぐってくれたのである。

『ハルピン夜話』を火付け役に、哈爾濱はたちまち内地客に手の届くエキゾティシズムとエロティシズムを提供してくれる国際的歓楽都市として、広く知られるようになり、特に「裸踊り」は哈爾濱名物として、一躍有名になった。『ハルピン夜話』刊行から四年後の一九二七年頃、すでに多くの日本人旅行者は裸踊りを目当てに哈爾濱に押し寄せるようになり、「ハルビンに着くなり土地の人々にまづ第一に「裸ダンスは何処ですか?」とか「ロシヤの女はどうです?」とか、直接法な質問を浴せかけ、少なからず面喰はせるさうだ」。(61)

一九三〇年末にわずか三九〇〇人であった在哈内地人の数は、一九三一年の満洲事変を契機に、一九三三年二月末には五一〇〇人に、三四年九月には一万二〇〇〇人に激増した。(62)さらに、一九三五年三月に北満鉄道(旧東清鉄道)がソ連から満洲国に譲渡され、前年に大連・新京間で運行を開始した満鉄自慢の特急列車「あじあ号」は、一九三五年九月一日には大連から哈爾濱までわずか一二時間半で走破するようになった。この頃になると、それまでロシア色が濃厚であった哈爾濱の風景も、「キタイスカヤ(ロシア語で中国人街の意)に巾利かすおでん屋／金髪美人は黒髪の日本娘に／ハイヒールは下駄へ」と形容されるほど、急速に日本色に染められつつあった。(63)

国威の増強を象徴する日本色の氾濫と、観光客を惹きつける「ロシア情緒」の喪失――このようなジレンマの中、満鉄や哈爾濱観光協会は『ハルピン夜話』時代からの歓楽資源をすぐには一掃せず、むしろそれを巧みに管理しながら、夜の「ロシア情緒」を豊かに演出する戦略を取ったのである。

一九三六年、満鉄は『内鮮満周遊の旅　満洲篇』という観光映画の企画に着手した。満鉄弘報係は、日本内地の満鉄鮮満案内所から送られてきたシナリオにある哈爾濱の項目のところに、「(夜景(都市美)一カット、日本化をなるべく避ける)」とわざわざ注文を書き入れたのである。(64)翌年に公開された映画では、哈爾濱のシーンには日本を思わせる風景は一切登場せず、その代わりにロシア正教の教会や石畳、キャバレーでロシア人ダンサーが踊るステージのカットなどで埋め尽くされていた。そのうえ、ナレーションでは、次のように、歯切れ悪そうに哈爾濱の異国情緒を紹介している。

哈爾濱は昔の「東洋のモスコー」であったかもしれません。しかし、今はロシアが築き上げたこの白亜の都に、日本から神風が吹き付けていることを忘れてはなりません。ここは我ら北満再建の根拠地であります。哈爾濱には、漸次ロマノフ王朝時代の華やかな影がなくなると申しますが、しかし何といっても北満の都・哈爾濱です。異国風な享楽都市として、満洲旅行には今尚特異な存在となっております。(65)

一方、哈爾濱市の観光事業を統括する哈爾濱観光協会は一九三九年三月に、これまでの「露西亜寺院のみの仄《ほの》かな異国情緒」に「夜の盛り場」と松花江の遊覧とを加える新しい観光誘致のプランを発表した。「華やかなキタイスカヤ街の夜景を始め、キヤバレーや地下室の絢爛たる舞踏場の雰囲気を紹介し、旅の徒然を慰め今までホテルのポーターに依つて夜の案内を任せて、費用のかゝる哈爾濱の遊びに、協会の斡旋でキヤバレー、妓館等も安心して遊べる様便宜を図る筈である」(66)。

このような方針のもとで、一九三九年五月に哈爾濱観光協会が発行した『哈爾濱ノ観光 附サービス読本』という小冊子では、「享楽方面」を全面的にアピールする姿勢で「キヤバレー」の項目を設け、「ロシヤ美人の酌む甘酒に酔ひ、美人と踊り、合ひ間のステージの催し物を眺め、国際都市の絢爛豪華の夜を更《ふか》すのはまた甚だ味なものであります。／経費は色々ですが先づ二人位ひで七、八円辺りから四、五十円、百円と段階があります」と、費用概算まで明記されている(67)。

この小冊子の著作人兼発行人である哈爾濱観光協会主事の南部春雄は、一九四〇年に酒席で次のように放言したという。

「単に異国情緒を満喫させるだけが観光哈爾濱の使命じやない。哈爾濱こそは、吾々日本人の外人征服の道場なんだ。〔中略〕日本人は碧い眼の人種となると、どんなアンポンタンだらうと、吾々より遥に文明人であるかの様に考へ、徒らに崇拝する。アリヤいかんネ。彼等より吾々日本人の方が数等勝れた人種であり、文化人であることを自覚しないからだ。そこでだ。彼等が何も神様の如く偉くなく、下等動物みたいな奴等だと云ふことを身を以て体験することが必要なんだ。それには外人の女を征服するに限る。一たん彼女等を征服すれば君イ、外人なんてもう屁のカツパだよ。大いに自信の出来てくること覿面《てきめん》だ。どうだ分つたかネ。哈爾濱は実に外人征服精神を鍛錬する唯一の道場だと云ふ意味がワハハ………。」(68)

この発言には、「外人征服」の隠喩としてのロシア人女性のセクシュアリティへの屈折した欲望が秘められている。昼の観光バスを彩るロシア人ガイドガールと、夜のキャバレーに登場するロシア人「踊り子」――「ハルピン情緒」の化身であるロシア人女性の身体の「表」と「裏」は、在満日本人と内地客とが共謀するまなざしのもとで、「亡国の女」や「楽園の安住者」へと変身したのみならず、豊饒なナショナルな幻想を投射するオブジェとして、さらに、「外人征服」の快感を達成させてくれる「肉体の勲章」として、欲望／消費されているのである。

三　「満人」向けの観光バス

満洲の観光バスは当初、もっぱら日本人向けのサービスとして展開されてきたが、一九三九年あたりから、「満語」(中国語)コースの定期運行や、中国語宣伝物の作成などを試み、中国人向けのサービスにも力を入れるようになった。

全満六都市のうち新京は唯一、中国語コースを定期運行した都市である。一九三九年四月一日、新京交通株式会社は、地方から国都見学に上京する「満人」(中国人)の急増に鑑み、前年より採用・育成した「満人」バスガイドを案内役として中国語コースの運行を開始した。(69)中国語コースは一日二回、三時間ずつと、頻度と時間は日本語コースと同じであるが、料金は一円で、日本語コースの一・五円より安く設定されている。(70)

一九三九年四月一日の初回の乗客はわずか二人のみであったが、(71)一九四〇年と四一年の年間乗客数はそれぞれ一〇七〇人と一六九二人であり、順調に増えている。ただし、同時期の日本語コースの年間乗客数である四万三六一八人、三万六一八一人と比べ、まだ桁違いに少ないことがわかる。(72)

運行開始の三カ月前、一九三九年一月に新京案内社より刊行されたガイドブック『新京案内』には、日本語と中国語

表 7-4　新京観光バスの日本語と中国語両コースの比較(1939 年)

言語	コース
日本語	駅前→○新京神社→児玉公園→○忠霊塔→西広場→●寛城子→日本橋通→旧国務院→○宮廷府→清真寺→大同広場→○協和会→経済部→●南嶺→○建国廟→南湖→国務院→宮廷造営地→興安大路→○三中井または宝山(屋上展望)→駅前
中国語	駅前→○新京神社→児玉公園→○忠霊塔→西広場→日本橋通→旧国務院→○宮廷府→泰発号→大同広場→○協和会→○建国廟→南湖→国務院→宮廷造営地→総理官邸→◎衛生技術廠→◎放送局→三中井→大経路小学校→○宝山→朝日通→南広場→駅前

注 1　永見文太郎編『新京案内』新京案内社，1939 年，97〜98 頁より作成
注 2　○印は下車説明個所，●は日本語コースだけの下車説明個所，◎は中国語コースだけの下車説明個所を表す

の両方のコースが掲載されている。両コースの下車説明個所を比較してみると、共通しているのは新京神社、忠霊塔、宮廷府、協和会、宝山(百貨店)などのスポットで、「寛城子」と「南嶺」といった満洲事変の戦跡は日本語コースのみ、「衛生技術廠」と「放送局」は中国語コースのみとなっている(表7-4)。中国人向けの宣伝は、戦跡より近代的な文化施設の方に力点が置かれていることがうかがえる。

同じ頃、哈爾濱交通株式会社は中国語のリーフレット『観光大汽車 哈爾濱』を発行した。そこでは不定期に運行する団体貸切のコースが紹介されているが、観光名所の解説文には、日本語コースには必見の「志士之碑」(表7-3を参照)は見当たらず、代わりに博物館(大陸科学院哈爾濱分院)などが紹介されている[73]。

また、一九四一年に奉天交通株式会社が発行した『奉天観光指南』という中国語のパンフレットを見てみよう。定期運行かどうかは明記されていないが、奉天駅—忠霊塔—国立博物館—北陵—同善堂—奉天神社—鉄西工業地区—奉天駅を三時間で廻るシンプルな観光コースが取り上げられている。驚くことに、日本語コースの目玉である満洲事変の二つの記念地(「柳条湖」と「北大営」)は、組み込まれていないだけでなく、解説文にも触れられていなかった[74]。

新京、哈爾濱、奉天の三社による中国人向けの観光バスは、各地の神社や忠霊塔を廻るものの、日本人観光客を感涙させる生々しい戦跡は組み入れていない。恐らく、支配者としての力を誇示する「聖地」的な空間は、瞬時にして被支配者のデリケートな感情問題を惹起する不気味な空間に転じうると判断されていたのだろう。満人向け観光バスのコースは、被支配者の不穏な感情を抑えるために戦跡を少なめ

に配置すると同時に、彼らの憧れを引き出すべく近代的な文化施設を重点的に取り入れるよう、選定されていたのである。

四 小結

本章では、満洲の観光バスが持つ国策的使命という特異な性格を解明するとともに、観光バスが巡る満洲各都市で展開された複雑な帝国のドラマトゥルギーを、「聖地」「展望台」「盛り場」「歓楽郷」という四幕の舞台として分析した。「聖地」としての満洲では、日露戦争や満洲事変に因む戦跡が観光バスのコースの目玉となり、他の植民地とは異なる特異な観光資源を提供していた。ガイドは日本軍の戦績を語り、感情を込めて「台本」を演じることで、観光客に感銘を与えた。これにより、満洲は単なる旅行地ではなく、「帝国の聖地」としての意味を持つ場所へと昇華された。「展望台」としての満洲では、新京の国都建設局や大連の「山の茶屋」などが、観光客に近代都市の成長を一望できる場を提供し、満洲における日本の開発と文明化の成果を示す空間として機能した。特に大連埠頭で働く苦力の収容所「碧山荘」は、近代的管理の成果を誇示する場であると同時に、観光客に「温順」で「清浄化」された苦力像を演出する装置としても重要な役割を果たしていた。

「盛り場」としての満洲は、異国情緒の演出によって観光客を魅了した。たとえば、大連の露天市場は「満人の浅草」として紹介され、娯楽性と異文化のコントラストを楽しむ場として機能した。しかし、こうした空間は「日本人の近代性」と「満人の前近代性」を対比する場でもあり、観光客に帝国日本の優越性を印象付ける装置でもあった。同時に、露天市場のような場所の案内には、ガイドや運転手による満人蔑視的な説明が含まれることもあり、帝国のまなざしを植え付ける一方で、在満日本人の内部から批判を受ける一面もあった。

「歓楽郷」としての哈爾濱は、観光客に異国的な娯楽を提供する空間であった。昼間の日本人向け観光バスでは、白系ロシア人のバスガイドが「亡国の民」として語る歴史が、日本による満洲支配の正当性を強調する役割を担った。夜には、ロシア人ダンサーがキャバレーで異国情緒を演出し、観光客に「外人征服の快感」を提供する場として機能した。このように、哈爾濱は昼夜異なる上演によって観光客を魅了しつつ、帝国主義的価値観を補強する装置として働いた。

一方、中国人向け観光バスは、日本人向けとは異なる目的と特性を持っていた。一九三九年以降に新京で運行された中国語コースでは、観光ルートに「衛生技術廠」や「放送局」といった近代化を象徴する施設が含まれていた。これは中国人観光客に近代化への憧憬を抱かせ、日本の統治がもたらす文明的な恩恵を強調することを目的としていた。一方で、日露戦争や満洲事変に関わる戦跡観光は、デリケートな感情を刺激する可能性があるため除外されており、日本のプロパガンダが慎重に設計されていたことがうかがえる。

観光バスは、満洲という空間を近代的劇場として具現化し、観光客を「観客」としてその舞台に組み込むことで、帝国の理念を上演する役割を果たした。都市空間は「聖地」や「展望台」「盛り場」「歓楽郷」などの象徴的舞台に再構築され、満洲の「楽土」としてのイメージが観光客に強く印象付けられた。また、観光バスは都市空間の中で「日本の近代性」と「現地社会の前近代性」を際立たせる装置として機能し、支配の正当性を内外に示すものとなった。

こうして、満洲の都市空間を舞台とする観光バスは、単なる交通手段にとどまらず、植民地政策と結びついた「近代の象徴」として、帝国の理念を視覚化し、体感させる媒介となった。それは、観光という営みを通じて、国家のプロパガンダを日常風景に巧妙に織り込み、観光客に帝国の支配構造を深く浸透させる手段となったのである。

第８章
観光・民俗・権力——民俗行事「娘々祭」の変容

在満日本人観光機関が内地日本人客を対象に積極的に行った多様な満洲旅行誘致策については、すでに述べてきた。その一方、在満日本人による観光政策は中国人の旅行スタイルや現地の満洲社会にもさまざまな影響を与えていた。その最も顕著な例は、満洲最大の民俗行事「娘々祭《ニャンニャンサイ》」(中国語で「娘々廟会」)の観光化である。満洲在来の宗教には道教、儒教、回教、シャーマン教とチベット仏教(ラマ教)などがあるが、中でも道教は一般に深く浸透し、特に「娘々」は民間信仰の対象として最も普遍的な神といわれている。(1) 娘々信仰は中国各地に見られるが、特に満洲はその信仰が篤い地域の一つである。

「娘々」とは「道教化サレタル女神」であり、人間が求めるあらゆる幸福を司る女神のことである。祭神は廟ごとに多少の違いがみられるが、おおむね福寿・治眼・授児の三体の女神であり、薬王、龍王などの神々を合祀するものもある。(2) 娘々祭の開催時期は地方によって異なるが、毎年旧暦四月一八日を中日として三日から五日間を通じて行われることが多い。

娘々祭の特徴としては、その殷賑さに加え、①民衆の生活に密着する道教系の土俗的な民間行事であること、②市場や娯楽など経済的、社会的機能も備えた祭であること、③参詣者の多くは農民だが、普段外出する機会の少ない農村部の女性や子供も大勢含むこと、などが指摘できる。すなわち、娘々祭は老若男女が参集する、経済的、社会的機能を具備した民間祭典である。

満洲において日露戦争以前から盛大に行われていた娘々祭は、大石橋娘々祭など一部のものに過ぎなかった。日露戦争後、特に満洲国時代に入ってからは大石橋だけでなく満洲各地で盛んに催され、興隆の一途をたどるようになった。満洲事情案内所長の奥村義信が一九四〇年にまとめた『満洲娘娘考』によると、満洲全土に散在している娘々廟の数は二七〇から二八〇カ所と推定され、毎年の参詣者は二五〇から二六〇万人を下らないという(3)。参詣者には日本人もいるが、圧倒的に多いのは中国人である。在満日本人観光機関などの植民地権力の介入により、娘々祭は廃れるどころか、ますます賑わいを呈するようになった、という意外な現象が起きていたのである。

本章では、一九〇八年から終戦の一九四五年にかけて日本主導で推進された娘々祭の変容過程を辿りながら、中国人参詣者向けの誘致策や日中間の交渉の諸相を明らかにするとともに、娘々祭振興の背景とそれがもたらした影響について考察する(4)。

一　日露戦争から満洲事変まで

1　参詣者の誘致

満洲の娘々祭の中で最も著名かつ屈指の賑いを誇るものは、大石橋迷鎮山の娘々祭である(図8－1、図8－2の⑦・D)。迷鎮山(一名「岳州山」)は満鉄本線の大石橋駅から数キロ離れた所にある山で、その頂上に海雲寺という名の娘々廟が建っている。創建の時期は不明であるが、清の第二代太宗皇帝の時代(天聡九年・一六三五年)に勅命により修繕され、盛大な式典が挙げられたとの碑文が残っている(5)。また、大石橋の娘々廟の由来については次のような伝説が残っている。昔、ある馬車夫が三人娘を乗せて迷鎮山の麓に行ったところ、三人娘は人の足とは思えない速さで山頂近くに登りつき、祈りをはじめ、後光の中を昇天していった。のちに村人たちは三人娘が祈りをしたその場所に娘々廟を建て三体の女神を祀った、と言い伝えられている(6)。

近代に入ってからも、大石橋娘々祭の人気は衰えていないようだ。満洲から遠く離れた上海の漢字新聞『申報』では、一八八三年と一八九二年に、それぞれ大石橋娘々祭を報道し、賭博場が盛んに開かれていることや、遠近の高級娼妓も行楽に訪れることなど、その殷賑ぶりを伝えている。[7] ロシアが敷設した東清鉄道が正式に営業開始したのは一九〇三年

図 8-1 「娘々祭(大石橋迷鎮山)」南満洲鉄道株式会社総務部庶務課編『満洲概観 2594 年版』南満洲鉄道株式会社，1934 年，27 頁

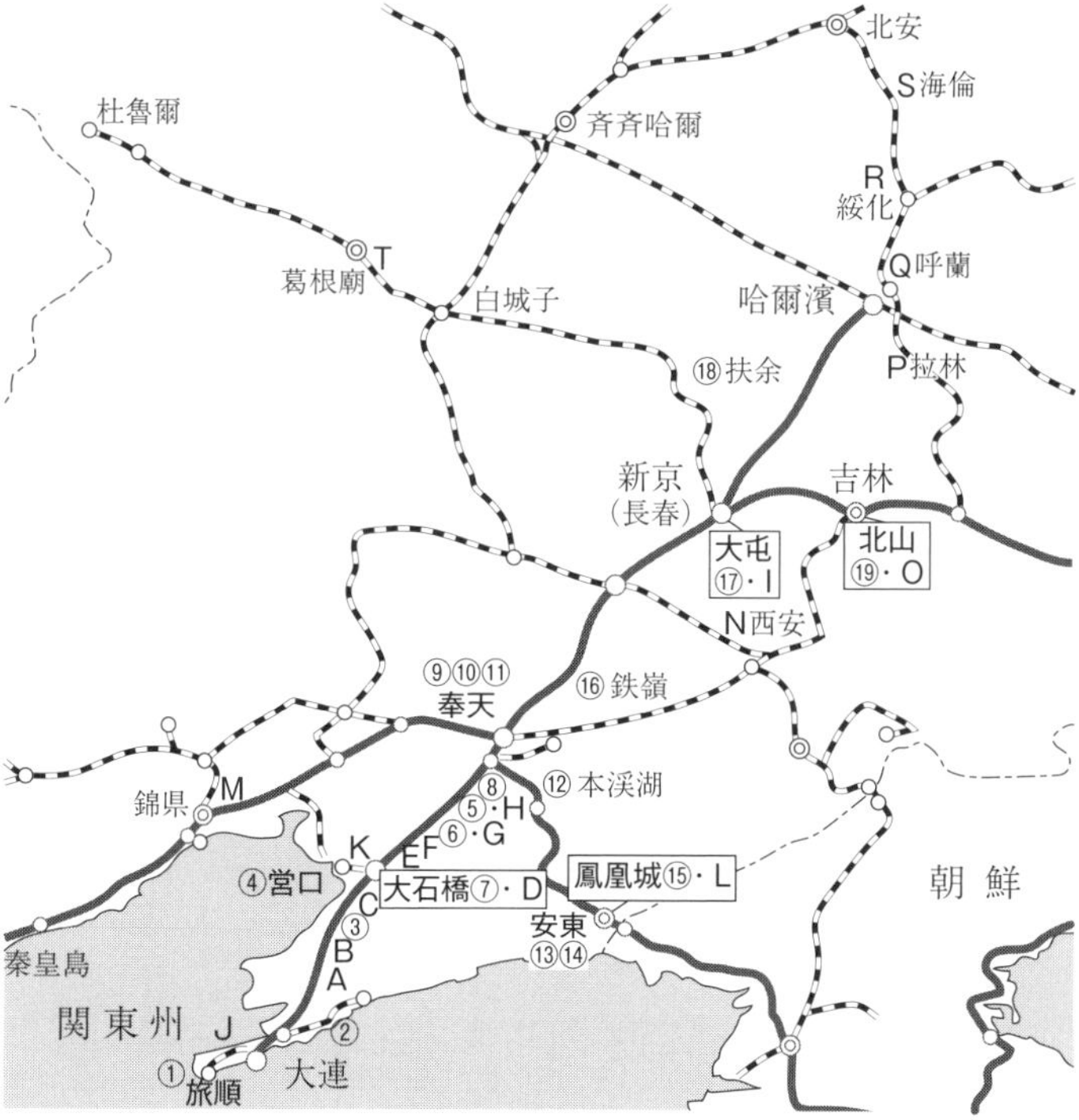

図 8-2 満洲における娘々廟の位置関係図
注 数字とアルファベットはそれぞれ表 8-1 と表 8-2 に対応している

のことであるから、鉄道開通の二〇年も前に、大石橋娘々祭の名は上海まで轟いていたことになる。また、一九〇六年から大石橋で旅館業を営んでいた小林才治は「その頃は北平、哈爾濱方面からも押寄せて来たもので、交通が不便だったから馬車で来たのだが、その騒ぎは大変なものだつた」と振り返り、汽車がまだ不便だった日露戦争直後の時期に、参詣者の多くが馬車を利用していたとも証言している(8)。

一九〇七年四月に業務を開始した満鉄は、早速翌一九〇八年の春に大石橋娘々祭の参詣者向けに思い切った割引プランを発表した。旧暦四月一七日と一八日(西暦五月一六日と一七日)の二日間に、大石橋発着の貨物列車に四等客車を連結し、通用期限二日間の往復五割引切符を発売するだけでなく、女性参詣者のために専用の四等車をも特別に連結する、という大盤振る舞いの内容であった(9)。この割引プランは満鉄の機関紙『満洲日日新聞』と奉天で日本人が発行していた漢字新聞『盛京時報』(10)の両方に掲載されていたが、「あまり支那人間に割引の知られなかつた為めに」、汽車を利用しての参詣者は比較的少なく、発売した四等往復切符は二〇一八枚であった。また、この年は銀貨暴落と雨天のため、例年の人出一〇万人に対し約三万人と不景気であったという(11)。

翌一九〇九年六月、満鉄は旧暦四月一八日を挟む最も賑やかな三日間、男女問わず参詣者一般向けに三等往復割引券を発売した。その結果、「今年は中々の盛況を示した、三日間に大石橋駅に吐き出した支那人の数約三万に上るだらうとの事である、無蓋貨車三十余輛に支那人を満載して駛る列車は随分奇観である、四日(西暦六月四日、旧暦四月一七日)の夜の如きは新民屯より三千、海城より四千の団体一時に下車した、大石橋駅は頗る繁昌で、従つて駅員の多数田舎者取扱には骨折れたらう」と悲鳴を上げるほどの成功を収めている(12)。

続く一九一〇年、満鉄は迷鎮山の麓に仮停車場まで設置し、大石橋駅から仮停車場までの臨時列車を無賃で運行するという大サービスを実行した。「仮停車場はテント作りにして此所に数名の駅員昼夜交代にて詰切り既に電話の架設さへ了へ夜間はアセチリンランプを点し同所より山麓に至る約二丁許の間には両側に二十個の篝を設けあり炎々と燃揚る其明は昼をも欺く許りなり(13)」と、仮停車場の設置から電話の架設や夜間の照明まで駅員らの奮闘ぶりを垣間見ることができる。

この年(一九一〇年)以降、割引往復乗車券、臨時列車、仮停車場という三大特典は、大石橋娘々祭誘致の定番となった。これらに加え、告知方法も工夫され、従来の漢字新聞での掲載以外に、一九一八年から満鉄は中国語の広告ビラを作成し、関係駅に「普ク附近村落ニ頒布シ乗客ノ勧誘ニ努メラルヘシ」との指示を出した(14)。娘々祭の時期が近付くと、この広告は「赤、黄、青の三色に色彩れて満鉄沿線の各駅に貼られて」いたという(15)。

一九二三年の会期中、大石橋行割引往復乗車券の利用客は計一万二九〇三人、割引運賃収入四八八〇・四三円と、ともに最高記録を更新し、割引運賃ではない普通運賃を払った旅客も平日の「約倍数に達した」という(16)。また一九二八年の調査によれば、参詣者数は七万人を超えているという(17)。汽車ではなく徒歩や馬車を利用する者も多数いるが、それを差し引いても大石橋娘々祭は満鉄にとっての文字通りのドル箱イベントになったといえよう。

2　畜産植林の啓蒙宣伝

一九〇八年から約二〇年間、満鉄は旅客誘致策の一つとして娘々祭の利用を進めてきた。一九二八年頃からは単に参詣者数を増やすだけでなく、参詣者の多くを占める農民向けに畜産や植林の啓蒙宣伝を行うという新たな動きが出てきた。その宣伝を直接手がけたのは、関東庁(一九一九年に設置された関東都督府の後継機関)と満鉄の後援のもとに、満蒙文化の開発を図る目的で一九二〇年七月に設立された宣伝調査機関「満蒙文化協会」である(18)。

満蒙文化協会が誕生した背景について、一九二一年七月一三日に、陸軍憲兵司令官が外務次官宛に送った文書には、「満蒙及東露ニ於ケル文化ノ開発ヲ目的トスルモノナルカ本会ノ「内情」ニ関シ探聞スル処」の文言に続き、興味深い見解が書かれている。「従来我国ノ対支態度ハ常ニ露骨ナル侵畧的行動ニ出ツルコト多ク従テ真ニ日本ノ利益ヲ獲得スルコト能ハス常ニ支那ハ勿論他ノ列国ヨリモ彼此非難ヲ受ケ国家ノ不利大ナルニ鑑ミ本協会ハ此ノ誤解ヲ解クト共ニ支那ニ対シ好感情ヲ与ヘ真ニ帝国永遠ノ利益ヲ得ントスルニアリ」(19)。一九一五年の「対華二一カ条要求」や、一九一九年の山東半島の権益問題などで、中国全土で大規模な反日運動が繰り広げられてきた。満蒙文化協会は、「露骨ナル侵畧的行動」とは正反対の「文化開発」を武器に、悪化する対日感情を好転させる役目を背負って誕生したのである。

満蒙文化協会は早くから郷土色豊かな娘々祭に注目し、調査研究に乗り出した。その担当者こそ、娘々祭の目玉となる「豚の彩票入り花火」の発案者であり、後の満洲国時代に、「娘々祭工作」の先導役としても有名な奥村義信である。奥村は一八九三年北海道小樽に生まれ、一九一五年小樽高等商業学校を卒業後、山東省の糧桟（穀物問屋）や遼陽の焼鍋（酒屋）など中国人の会社の雇傭人となり、[20]「支那人社会中に身を投じ、つぶさに人情風俗習慣を体得した」[21]。一九二一年八月満蒙文化協会に入ってからは『満蒙年鑑』の編纂に携わる傍ら「社命により数年に亘る娘々祭現場調査」を行った。その結果、「南満の農村を対象とする農民群の欲求するものと、偶々満鉄会社側の企図せる養豚改良普及事業とを結びつけ」、花火の中に福引き券（彩票）を仕込んで打ち上げ、拾ったものに改良豚を引渡すという奇想に結実したのである。[22]

それまで、娘々祭の余興といえば、村芝居や高脚踊《たかあしおどり》、獅子舞、生人形《いきにんぎょう》の山車といった中国的なものが多かった。一九二八年、中日文化協会（一九二六年満蒙文化協会から改称）は、「花火を昼夜間断なく五分間置きに打あげて親善を計る」催し物を披露した。[23]翌年には、初の試みとして仔豚一〇頭と苗木一万数千本を賞品とする「彩票入り花火」が導入され、満鉄が唱える畜産植林の普及に寄与するとともに、呼び物としても好評を博した。[24]戦前に満鉄の宣伝活動に従事した石原秋朗は戦後、彩票入り花火の持つインパクトの大きさを次のように振り返っている。「白昼の打揚げ花火というものが中国にはなかった（夜の花火は中国が元祖らしい）ので、まず民衆のドキモをぬき、それに「彩票」（仔豚引換券）がつくというので、人気は大へんなものだった」[25]。

また、娘々祭中に大規模な露店市が開かれることに注目した満鉄は一九二九年から大石橋商店協会と営口輸入組合に補助金を出し、在満邦商の進出を積極的に後援し、日本商品の販路拡大を図った。二年目の一九三〇年には、無料休憩所でお茶と冷水の接待を行い、景品の抽籤が実施されるなど、中国人顧客向けの工夫も随所に見られた。ただし、購買力の弱い中国人客には低廉の品物しか売れず、販売効果はほとんど望めなかった。一方、日の丸を掲げた日本商店の存在を一挙に十数万もの中国人に知らしめたことで「大いに所期の目的を達することが出来」たと、満鉄商工課は娘々祭の持つ宣伝効果を高く評価している(26)。

3　日中間の摩擦

鳳凰城娘々祭での抗日演説

一九三一年になると、満鉄と中日文化協会はもう一つの祭典――安奉線沿線にある鳳凰城娘々祭（図８－２の⑮・L）にも力を入れるようになった。大石橋と同様に、中日文化協会側は恒例の彩票入り花火を打ち上げ、満鉄側は三等往復乗車券五割引、仮停車場の設置、駅から仮停車場までの臨時運転など「猛烈な努力」で誘致に努めた。直前の大石橋は会期四日間に駅・仮停車場間の臨時運転回数が一日五往復だったのに対し、鳳凰城は会期三日間で一日一二往復と、満鉄が大石橋以上に力を入れていることがわかる(27)。それが功を奏して、例年「五千人がせいぜい」だった参詣者は一気に八万人に跳ね上がり、「祭典開始以来本年始めての大盛況」となった(28)。

この光景は、鳳凰城に近い安東在住の日本人から不満の声が出た程、異常なものに映っていた。安奉線の起点である安東の付属地には鎮江山公園という桜の名所があり、二年前の『大連新聞』による「満洲八景」公選で第一位に選ばれたばかりであった（第４章第三節参照）。『大連新聞』は、満鉄と中日文化協会が付属地内の鎮江山の花見よりも付属地外の鳳凰城娘々祭を重要視する姿勢に対し、「鉄道収益からしても安東の方が多い筈であり大和民族を表徴する桜を中国人に紹介するにしてももう少し満鉄も大局に眼を注ぎコノ安東の桜を以つて鉄道増収法も今から考究しておく必要もあらう又中日文化協会にしてもアノ鳳凰城の娘々廟に対して、払つた犠牲も千金に近いものであらう、それが半金でも安東に使用せば桜を利用して中国人を吸収する方法はある」と、苦言を呈している(29)。

一方、鳳凰城娘々祭への満鉄の熱心な誘致ぶりに対して、中国側はどう受け止めていたのだろうか。一九三一年七月号の中日文化協会の機関誌『満蒙』には「中国側は県知事以下の総出動の応援」との記述がありながらも、少し気になる言葉も書き残されている。「犬の遠吠えのやうに、どの場合にも悪い意味をつけて邪魔をするそこらの人はこの何等私心のない催しに対し、まさに気死すべきであらう」(30)。

これはおそらく娘々祭直前および期間中に起きた一連の不穏な事件を指すのだろう。祭が始まる前日(六月一一日)、中国側(鳳城県城内)の各学校は生徒に対し「過激ナル排日宣伝ノ講演」を行ったり、日本の企みに用心せよと書かれたビラを散布したりした。

一九三一年六月三〇日付関東庁警務局長から拓務次官等宛の報告書に、事件の概要とビラの日本語訳が掲載されている。それによると、ビラは次のような厳しい口調で述べられている。「鳳凰山(鳳凰城娘々廟のある山)ハ我等ノ山ニシテ廟会ハ我等ノ挙行スルモノニ係リ日本トハ毫モ関係ナキニ何カ為ニ日本人ハ之ヲ宣伝スルヤ?四月二十八日ハ昔カラ鳳凰山ノ廟会日タルハ婦女子モ之ヲ知ル誰レカ日本ニ其宣伝法ヲ依頼セシヤ?日本人ノ山ニアラス日本人ノ廟ニアラス実ニ国事ニ干渉スルモノニアラスシテ何ソヤ?実際其事実ナク狭猾極マルモノニシテ名義ヲ借リ之ヲ壟断スルモノニシテ無恥モ亦甚シ」。

ここには、日本の娘々祭誘致に対する強い危機感と嫌悪感が表されている。続いて、ビラは満鉄の臨時列車や中日文化協会の催し物「豚の彩票」にも批判の矛先を向けている。臨時列車に関しては、たとえ一〇銭の運賃でも無駄にお金を流出させれば国家を滅ぼしかねないと、「愛国観念」と結びつけながら利用しないよう注意を促す。また、「豚の彩票」は「唯一匹ノ大豚ヲ以テ我等ヲ愚弄シタルハ侮蔑ノ極ミナリ」として、日本人の「誘惑」に抗い、その抽籤に参加すべきではないと呼びかけている(31)。

実際、祭の期間中にも、花火見物に集まる群衆の前で突如「排日の演説」を行った中国人が現れた。「『成る程只今の煙火からは彩票が出て種豕を呉れる。それはよろしい。然し諸君!最後の一発は気を付け給へ。それには最も強力な爆薬が装置してあつて恐らく此処に集つた人々を殲滅《せんめつ》するであらう』とやつたもんだから、いや大変な騒ぎに成つたよ」と、その場にいた満鉄情報課の嘱託画家である伊藤順三が記録している(32)。

大石橋娘々祭での警官衝突

一九三一年に鳳凰城娘々祭で繰り広げられたのは日中間の宣伝戦であったが、その直前に開催された大石橋娘々祭においては、両者による武力衝突が発生してしまった。

序章で述べたように、日本は満鉄付属地内に行政権を有し、その一環として警察権も行使していた。このため、付属地内を日本の警官が巡回する光景は日常的なものであった。

六月四日(旧暦四月一八日)昼、娘々祭で治安維持にあたった中国人警官が、仕事を妨害されたとして日本の警察署に雇われた中国人密偵を殴り、駆けつけてきた日本人警官とも対峙し、両者の緊張は一気に高まった。そこへたまたま日本人警官四人が娘々祭見物の帰りにサイドカーで通りかかったところ、中国側はサイドカーに向かって威嚇発砲を行った。日本側の負傷者はなかったが、発砲した中国人警官ら三人は日本側に捕らえられ、度重なる交渉の末、二二日後に釈放された(33)。

七月八日、営口県県長から遼寧省政府主席宛に出された報告書によると、当初は双方の主張がかみ合わず、交渉が難航したという。中国側は、事件の主因が日本警察の中国人使用人による業務妨害にあると強調したのに対して、日本側は、制服を着用した日本人警官への意図的発砲は重大な侮辱行為だと主張し、県長自らの謝罪を含む五つの要求を中国側に突き付けた。そして、日本の強硬姿勢は、中国側には「国力を笠に公理を蔑視する」威圧的な態度として映ったのである(34)。

鳳凰城での排日講演、大石橋での警官衝突はいずれも、満洲事変(一九三一年九月一八日)直前に相次いだ日中間の紛糾事件の一端をなすものであった。事変前の緊張が高まる中、娘々祭は日中両国の軋轢を表面化する場ともなったのである。

二　満洲国時代の「娘々祭工作」

1　北進する娘々祭

満洲事変(一九三一年九月)と続く満洲国の成立(一九三二年三月)を契機として、娘々祭を取り巻く環境は大きく変貌した。

表8-1は中日文化協会(一九三二年「満洲文化協会」と改名)が、満洲国建国前(一九三〇年)と後(一九三三年)にまとめた「満洲(国)各地娘々廟会一覧」の概要である。一九三〇年版の全一六カ所(図8-2の①〜⑯)の所在地は、関東州内二カ所(図8-2の①と②)と満鉄沿線一四カ所であり、満洲事変前の南満における日本の勢力範囲とそのまま重なる。一方、満洲国建国をはさんだ一九三三年版では、満洲における日本勢力の北進に伴い、国都新京を中心とした北満の三カ所(図8-2の⑰・I、⑱、⑲・O)が新たに加えられるようになった。

ここで、一九三三年版に初登場した三カ所のうち、好対照をなす大屯娘々祭(図8-2の⑰・I)と吉林北山廟会(図8-2の⑲・O)を見てみよう。

満洲国時代に再興した大屯娘々祭

大屯は長春駅から普通列車で約三〇分の地点にあり、駅の西北に阜豊山がある。山腹にある慶雲観という娘々廟は久しく廃れていたため、満鉄沿線にありながらほとんど無名の存在であった。ところが、一九三二年に満洲国の都が長春に定められたことを転機に、政治的中心に近い大屯は満洲国政府の肝煎りで「久し振に再興」されるようになった。(35)

建国翌年(一九三三年)の春、満洲の邦字漢字新聞各紙には突如、大屯娘々祭を紹介する記事が溢れている。「満洲国政府では全満の隅々までも建国の精神を普及徹底せしめる為め現下国内の情勢より見て宗教に依るの必要を痛感し先づ第一着に風光明媚を以つて鳴る大屯、阜豊山慶粉観〔慶雲観〕の娘々祭を本年度より政府の重要事業の一として大々的に行ふ模様である、現在娘々祭として最も盛大で有名なのは大石橋の娘々祭であるが満洲国としては将来慶粉観の娘々祭をより以上盛んなものにすべく意気込んでゐる(36)」と喧伝されているように、大屯は地の利を活かし一躍脚光を浴びるようになった。この年、沿線各駅から殺到した乗客は三日間で六六二七人に達し、ほかに徒歩や馬車の利用客を合わせると「優に一日二万の人出である」と、空前の賑いを見せた(37)。

排日運動の舞台であった北山廟会

大屯が満洲国建国の時運に応じて現れた新興の娘々祭だとすれば、吉林の北山廟会は大石橋の娘々祭と並んで、古くから根強い人気を誇る著名な祭典である。駅から西方数キロの市街を一望できる北山山頂には娘々廟、薬王廟、関帝廟などいくつかの寺廟が聳え立つ。そのうち清代乾隆五二年（一七八七年）に大修繕された薬王廟の大祭は旧暦四月二七、二八、二九日に行われ、全山の諸廟もこの日に一斉に開帳し、遠近から一〇万以上の参詣者が集まり、殷賑を極める(38)。また、大石橋は「農村大衆を対象とするために、一種の原始的な市が立つて信仰と購買が一緒になつてゐる」のに対し、北山廟会の特色は「吉林市民及び近郊の比較的富裕階級を対象とするために市といふものが無く、行楽的意味が強い」ところにあるといわれる(39)。

北山廟会のある吉林は吉長鉄道の起点である。この鉄道は一九一二年一〇月に開通した中国国有鉄道だが、一九一八年から三〇年間満鉄がその経営を引受け営業純益の二割を収得することになった(40)。満鉄への委託とはいえ、吉長鉄道は管理権が中国にあるため、事変前までは満鉄との接続が悪く、大連から吉林に行くのに長春の乗換えで二、四時間も待たねばならなかった。乗り換えなしの直通列車で行けるようになったのは、満洲国時代に入ってからである(41)。また、吉林での日本勢力は満鉄沿線都市と比べれば相対的に弱く、これまで幾度となく学生を中心とする排日運動が起こり、「排日の巣窟」とも呼ばれていた(42)。一九一五年の「対華二一カ条要求」受諾（五月九日）や一九二五年に上海で起こった反各地娘々廟会一覧」

概　況			
催物	参集者数	商店	その他
支那芝居等	2, 3 万人	飲食店，農具類の販売	
支那芝居等	数千人		
芝居等	前後 3 日間で毎日 3000 人		
支那芝居活動写真等	数万人	各種店舗約 100 戸の出張所	
支那芝居等	祭典後 5 日間に約 20 万人		「北は奉天撫順から南は大石橋から集る」
種々の催物	数万人		
各種催物	10 数万人	各種商店の出張所	「満洲第一」
	2 万人	商店の出張所約 200 カ所，大部分は飲食店	
各種催物	比較的多い		
各種催物	比較的多い		
各種催物	比較的多い		
手品等	相当の数		
支那芝居等	数万人		「前後五日間盛況を極める」
	5 万人		
	8000 人		
	多い		「殊に十八日は盛況を極める」
種々の催物			
			「当日の参集する村民の喜捨香資料は数万吊文に及ぶ」
	10 万人以上		

499 頁に基づいて，⑰～⑲は「満洲国各地娘々廟会一覧」『満蒙』14 巻 5 号，満洲文化協会.
じ①～⑯が載っている．番号はそれぞれ図 8-2 の位置情報と対応しており，□を付した番号

表 8-1　1930 年と 1933 年の「満洲(国)

番号	名称	所在地	位置	祭典時期(旧暦)
①	娘々廟	旅順	蟠龍山	4 月 18 日
②	金頂山廟	関東州内	金福線，亮甲店会	4 月 18 日
③	岳陽寺	熊岳城	満鉄付属地	6 月 27 日
④	西大廟	営口	旧市街西端	4 月 28～29 日
⑤	興盛廟	鞍山	満鉄付属地内鉄道西	4 月 6～10 日
⑥	娘々廟	湯崗子	駅の西側	4 月 16～18 日
⑦	娘々廟	大石橋	大石橋駅より 1 里	4 月 16～19 日
⑧	天斉廟	遼陽	城内	3 月 27～29 日
⑨	天斉廟	奉天	小東関	3 月 25 日～4 月 1 日
⑩	娘々廟	奉天	南関	4 月 15～20 日
⑪	薬王廟	奉天	大南関	4 月 15 日～5 月 1 日
⑫	娘々廟	本渓湖	臥龍村	4 月 18 日
⑬	元宝山娘々廟	安東	八道溝山麓	3 月 23 日～4 月 18 日
⑭	大孤山娘々廟	安東	大孤山	3 月 23 日
⑮	鳳凰城娘々廟	鳳凰城	鳳凰山	4 月 18 日
⑯	娘々廟	鉄嶺	西門内	4 月 18～20 日
⑰	娘々廟	大屯	阜豊山	4 月 18～20 日
⑱	三母廟	扶余	扶余県内	3 月 3 日
⑲	娘々廟(薬王廟と合祀)	吉林	北山	4 月 28 日

注　①～⑯は「満洲各地娘々廟会一覧」『満蒙年鑑 昭和六年』中日文化協会，1930 年，1933 年 5 月，192 頁に基づいて作成．ただし『満蒙』にも『満蒙年鑑 昭和六年』と同は，図 8-2 で□を付した廟祭に対応している

帝国主義の「五・三〇運動」(五月三〇日)はいずれも北山廟会の直前に起きたため、熾烈な排日宣伝は廟会も舞台にして繰り広げられていた。(43)

建国直後の一九三二年五月、大石橋や鳳凰城の娘々祭は通常通り開催されたが、北山廟会は東北抗日義勇軍による吉林市襲撃の恐れがあったため、異例の中止となった。(44)翌一九三三年には早くも再開し、人出は例年と比べ少ないものの、三日間で一三万人もの参詣客が押し寄せたという。(45)さらに一九三七年には数万円の巨費を投じ建設されていたドライブウェーもついに完成し、北山廟会の盛況に一層拍車をかけることになった。(46)

娘々祭の広まり

娘々祭の北進の背景には、いうまでもなく満洲国建国を契機とする満鉄事業の画期的進展がある。第4章で述べたように、建国の翌年(一九三三年)、満鉄は満洲国政府から国有鉄道(国線)の経営を委任され、それに伴い、奉天に「鉄路総局」、大連に「鉄道建設局」を設置し、それぞれ国線の経営と新線の建設を担当した。一九三五年に旧東清鉄道の北満鉄道の接収を経て、翌一九三六年、「鉄路総局」の後身にあたる新設の「鉄道総局」の下に、全満洲鉄道の一元的経営が実現されるに至った。

かつてない統制のとれた経営状態のもとで、一九三七年五月、鉄道総局は娘々祭を中心とする全満二〇カ所の廟会を対象とする「祭典参拝割引往復乗車券」を発売した(表8－2)。個人・団体を問わず、満鉄社線三等と国線二、三等に限り往復運賃が半額になるという特典である。全二〇カ所のうち、満洲事変前からすでに同等の割引策が行われたのは大石橋、鳳凰城を含む六カ所(表8－2の※印)のみで、(47)残りの一四カ所はいずれも満洲国時代に入ってから割引特典が適用されるようになったところである。そのうち、満鉄沿線から遠く離れた北満の四つの娘々廟(図8－2と表8－2のP～S)も新たに割引対象に入っていることから、満洲国建国後、日本勢力の拡大と軌を一にして、娘々祭は北満まで推し進められていたことがうかがえる。

表 8-2 満洲国時代の「祭典参拝割引往復乗車券」(1937 年 5 月より発売)

記号	廟，寺名	所在地	発売区間
A	薬王廟※	連京線王家(大明山)	普蘭店熊岳城間各駅ヨリ大明山仮乗降場行往復
B	小寺廟	連京線万家嶺(李劉溝)	瓦房店熊岳城間各駅ヨリ李劉溝仮乗降場行往復
C	康寧寺	連京線蘆家屯	万家嶺海城間及営口線各駅ヨリ蘆家屯駅行往復
□D	娘娘廟※	連京線大石橋(迷鎮山)	瓦房店奉天間及営口線各駅ヨリ迷鎮山仮乗降場行往復
E	薬王廟※	連京線分水	蓋平海城間及営口線各駅ヨリ分水駅行往復
F	慈化寺	連京線甘泉舗	大石橋遼陽間及営口線各駅ヨリ甘泉舗駅行往復
G	娘娘廟※	連京線湯崗子	遼陽大石橋間各駅ヨリ湯崗子駅行往復
H	興盛廟※	連京線鞍山	奉天大石橋間及営口線各駅ヨリ鞍山駅行往復
□I	娘娘廟	連京線大屯(阜豊山)	新京四平街各駅ヨリ阜豊山仮乗降場行往復
J	永興寺	旅順線営城子	大連金州間及旅順線各駅ヨリ営城子駅行往復
K	観音廟	営口線老辺	蓋平海城間各駅及営口駅ヨリ老辺駅行往復
□L	娘娘廟※	安奉線鳳凰城(鳳凰山)	安東連山関間各駅ヨリ鳳凰山仮乗降場行往復
M	三才廟	錦古線上斉台	溝幇子連山間及錦県義県間各駅ヨリ上斉台駅行往復
N	娘娘廟	平梅線西安	磐石山城鎮間，梅河口三源浦間及平梅線(四平街ヲ含ム)各駅ヨリ西安駅行往復
□O	娘娘廟，薬王廟，関帝廟，観音廟	奉吉線北山	新京敦化間各駅(吉林駅ヲ除ク)及新站駅ヨリ吉林駅及北山駅行往復 朝陽鎮黄旗屯間各駅ヨリ北山駅行往復
P	娘娘廟	拉濱線拉林	三棵樹五常間各駅ヨリ拉林駅行往復
Q	娘娘廟	濱北線呼蘭	三棵樹興隆鎮間各駅ヨリ呼蘭駅行往復
R	娘娘廟	濱北線綏化	呼蘭海倫間各駅ヨリ綏化駅行往復
S	娘娘廟	濱北線海倫	克音河白家間各駅ヨリ海倫駅行往復
T	葛根廟	白阿線葛根廟	洮南索倫間各駅ヨリ葛根廟駅行往復

注 『規定類纂 第二編鉄道 第一類営業(旅客)』南満洲鉄道株式会社，発行年不明(1938 年以降と推定)，953～960 頁に基づいて作成．アルファベットはそれぞれ図 8-2 の位置情報と対応しており，□を付した番号は，図 8-2 で□を付した廟祭に対応している．※は満洲事変前からすでに割引往復乗車券が発行されていた廟祭

一九四一年四月一五日、「未曽有の輸送難」により、旧来の祭典参拝割引、温泉行割引、観桜旅行割引といった「遊山団体割引」は廃止となったが、戦時下の体位向上を目的とする健康ハイキング向けの「厚生運賃割引」が新たに実施されるとともに、「満人方面に宗教心の昂揚と人心に慰安を与へるため」に、一割乃至三割の個人参詣者向けの割引が行われることになった[48]。つまり、民心安撫という国策的見地から、割引率が縮小したものの、廟会割引自体は存続することになったのである。

さらに、満洲国建国一〇周年にあたる一九四二年五月に、鉄道総局は「日系に比較して行楽の少い満系にとつては唯一の春の楽しみ」である廟会を盛大に開催しようと、再び「団体、個人を問はず」旅客運賃を割引すると発表した。「大東亜戦を満系に認識させよう」と、各鉄道局では大東亜戦写真展、大東亜戦に関するニュース映画の上映などの計画を立て「時局調廟祭」を開催すると報じられている。この記事に挙げられた開催予定の廟会は、娘々祭をはじめ、孔子廟会やラマ教の廟会も含めて計二〇カ所、大半は北満、東満、西満の鉄道沿線に散在している[49]。戦時下の輸送難の中、満洲全土で娘々祭を含むさまざまな廟会は、「時局調廟祭」の名のもとで積極的に振興が図られていたことがわかる。

2 建国前後の内外宣伝

満洲国時代には、鉄道収益の価値以上に、娘々祭が持つ宣伝的価値が最大限に引き出され、民衆宣撫工作の重要な一環として政治的に活用されることになった。その動きはすでに満洲事変直後の建国工作の中で始まっていた。

一九三一年一一月、関東軍の意向のもとで、新政権の設立に向う治安工作の統一機関として、中国の要人・于沖漢を部長に戴いた「自治指導部」が奉天に設立された。奉天文治派三巨頭の一人である于が出廬の一条件として挙げたのは、武力に頼る覇道に代わる「王道政治」の実現である。「新政権の不養兵主義の確立――厳格なる東北モンロー主義、神聖なる王道政治の前には軍隊は不用である。〔中略〕新政権は真の王道政治によつて、経済政策文化政策を唯一の目標とし、世界に冠絶する極楽国家の建設を目的とすべきである」[50]。ここに出ている「王道」はのちに満洲国の立国の精神とも定められるようになった。また、「王道楽土」という言葉は建国宣言の中にも盛り込まれ、「五族協和」とともに満洲国の代表的なスローガンとなった。

建国促進運動の一環として、自治指導部内に特別宣伝委員会が設けられ、宣伝資料として数百万枚に及ぶ各種のポスターや伝単（ビラ）が作成・配布された[51]。そのうちの一枚は、「平和の女神が妖雲を払つて現れたところに新国家の光明を象徴してゐる」という図案に、キャッチコピー「王道政治！われらの光明は来た」が添えられたものである[52]（表８－３の１）。本来「王道政治」とは儒教の教えに基づくものであり、武力を背景とした政治を排除し、専ら文徳による治世を意味するものである[53]。ポスターのデザインが、儒教の神様である「孔子」ではなく、道教の土俗祭神である「娘々」と「王道」を結びつけている点が興味深い。これは、知識階級に尊崇される儒教の抽象的な理論を、民衆に親しまれる娘々の姿によって具現化し、農民や婦女子に効果的に訴求することを狙ったものであると考えられる。「娘々」と「王道」の組合せは、建国後もポスターやビラに踏襲され、なかば定番のように登場している（表８－３）。

また、建国直後に配布されたと思われる宣伝ビラ（中国語）に、娘々と新国家が次のように関連付けて語られている。

天道様が皆さんに告げる／親愛なる皆さん！／この新たに生まれた尊い国家を愛しなさい。／この満洲国は皆さんの敬神する娘々によって生み出されたものだ。／きっと可愛くて優良な子孫を授けてくれるだろう。／天道様の赤子たちよ！／天道様を信じなさい。／新国家満洲国を愛しなさい。／そうすれば念願の金持ちの夢もきっと実現するだろう。／天道様を信じなさい！／この満洲国を愛しなさい。／そうすればいま苦しんでいる諸病もきっと完治するだろう[54]。〔筆者訳〕

子孫繁栄、金運招来、無病息災は、民衆が日頃娘々に対して切願していることであり、それらがすべて叶う理想的な満洲国は娘々の所産であると、宣伝ビラは現世利益をもって新国家の正当性を巧みに訴えているのである。

一九三二年三月、満洲国建国と同時に自治指導部が解消され、その精神は満洲国資政局に引き継がれた。この資政局内に設置された「弘法処」こそ、満洲国最初の弘報機関である。存続期間は一九三二年三月から七月とわずか四カ月だ

ポスターとビラ

和訳(筆者訳)	図案説明(筆者注)	形態
「王道政治！われらの光明は来た」	雲の上に立つ娘々像１体，鳩３羽	ポスター
「娘々の神徳に偏りなし，満洲国の王道に光あり」	雲の上に立つ娘々像１体	ポスター
「満洲国は幸せな国である／働けば誰でも飯が食える」「王道政治」	農家の家の前で，親子三人が団欒を楽しんでいる．遠くでは二人の子供が手を振り，その一人は満洲国国旗を掲げている．上空に娘々が現れ，その体に「王道政治」と書かれている	ポスター
「娘々の功徳は宏大無辺／王道の恩恵は万民に行き渡る」	雲の上に立つ娘々像１体(デザインは2と同じ)	ポスター
「王道楽土」	娘々像１体の下に「大満洲国」と書かれた満洲国国旗	ポスター
「坦々たる王道，浩々たる皇恩」	満洲国国旗，大石橋迷鎮山娘々廟と参拝者	ポスター
「廟会と王道／我々満洲帝国の立国の根本は道徳にある．道徳の源流は王道にある．王道が盛んであることは，忠孝を尊ぶ人が多くなることである．善男善女や忠孝を尊ぶ人は，皆国家の良民である．廟会の意義は，人を善に導くことにあり，即ち国民を王道に導くことにある……」	娘々の頭像３体	ビラ

chi/htmls/pages/2011_20.html（2024 年 11 月 1 日閲覧）

学文理学部資料館，2012 年，18 頁

が、その間、弘法処が手がけた最大の仕事は、国際連盟派遣のリットン調査団向けの宣伝工作である。リットン一行の満洲滞在は四月二〇日から六月四日まででちょうど娘々祭の開催時期と重なる。そこで、弘法処は「治安が次第に回復し、人民は安居楽業の境に近づいていることを示すために」、調査団の入満と同時に各地で建国大運動会を開催し、「満洲民族の祭典である娘々祭」も各地で催した(55)。

大石橋娘々祭は当初「時局柄内輪祭典に止め多人数の集合は遠慮するとかの説もあつたが新国家成立礼讃の意味を以て却《かえっ》て盛大に」挙行することに決定した。ただし「満洲国側では保安上衛生上最善の努力を払ふ事となつたが例年のやうに夜間の芝居だけはこれを厳

表 8-3 娘々像と娘々祭を図案化した

番号	制作時期(推定)	制作元	文字(中国語)
1	1932 年 3 月	自治指導部	「王道政治！我們的光明来了」
2	1932 年 3~7 月	満洲国資政局弘法処	「娘娘的神徳無遍／満洲国王道有光」
3	1932 年 7 月以降	満洲国協和会	「満洲国是一個很幸福的国家／肯倣活的人都有飯吃」 「王道政治」
4	1933 年 5 月	満洲国	「娘娘的功徳宏大無遍／王道的恩恵普遍万民」
5	1933 年	満洲国	「王道楽土」
6	1934 年 5~6 月	満洲国	「坦坦王道／浩浩皇恩」
7	1934 年 5 月~1937 年 5 月	満洲国	「廟会与王道／我満洲帝国立国的根本，在於道徳，而道徳的源流，乃在王道，王道興，則忠孝的人多，善男善女，忠孝之人，皆国家之良民也，廟会之意義，在於導人為善，実為使国人歩入王道之□……」

出典：1. 『大阪毎日新聞』1932 年 3 月 1 日 15 面
2. 「娘々祭グラフ」『満蒙』14 巻 5 号，満洲文化協会，1933 年 5 月
3. 拓殖大学「旧外地関係資料アーカイブ」https://opac.lib.takushoku-u.ac.jp/kyugai
4. 『大連新聞』1933 年 5 月 13 日 4 面
5. 日本大学文理学部資料館編『描かれた〈満・蒙〉――「帝国」創造の軌跡』日本大
6. 貴志俊彦『満洲国のビジュアル・メディア』吉川弘文館，2010 年，122 頁
7. 阪田彌太郎『満洲帝国写真大観』第 57 図，満洲教材出版社，1937 年

禁した」(56)という記事から、情勢不安定の中での敢行と読み取ることができる。また、祭典終了直後の別の記事には、「特派された満洲国側官憲は規律正しく不眠不休で是等群衆の整理其他警備の完璧を期し些の事故を生じないので群衆何れも恵まれた新国家の施設に感激してゐる」、「最終日の今日迄好天気に恵まれ毎日数万の人出で例年に劣らぬ賑やかさで新国家の祝福を謳歌する気分に溢れてゐる」と書かれ、秩序の回復と民心の安定が内外向けにアピールされている(57)。

3 「廟会主義」「伝道者」としての奥村義信

一九三三年、娘々祭工作は一つの大きな転機を迎える。この年か

ら、満洲国政府は「廟会主義を王道国家思想の普及に努め」、積極的に「廟会主義の隆盛方針」を採ることになった[58]。「廟会主義」について明確な定義は存在しないが、伝統的な祭りや行事を国家の宣伝や政治的目的のために組織化し、その理念を広める方針を指すと考えられる。

「廟会主義」の伝道者ともいえる存在は、満洲事変前に「豚の彩票入り花火」を発案した奥村義信である。満洲国建国後、奥村は中日文化協会時代の経験を買われ、新京に新たに設立された満洲経済事情案内所の主事(のちに所長)に抜擢された。

満洲経済事情案内所は、一九三三年一月に、関東軍特務部の特殊指令および満洲国政府、駐満日本大使館、満鉄の後援によって開設され、翌一九三四年一月に満洲事情案内所と改称された。経済事情にとどまらず、広く満洲諸事情の調査紹介に努める機関であった。一九三九年には、満洲国政府が資本金五〇万円全額を出資する準特殊会社に改編されることになった[59]。つまり、案内所は当初から関東軍や満洲国政府と深いつながりを持ち、「官公署等の代理機関」としての機能も備える特設機関であった[60]。

満洲経済事情案内所所長に就任早々、一九三三年五月七日、奥村は新京放送局で「満洲国の娘々祭り」と題する三〇分間の講演放送を行った。この放送は日本内地にも中継され、「趣味講座として各地ラヂオ・フアンを喜ばし大好評を博した[61]」。放送原稿は直後に『大連新聞』『新京日報』『新京日日新聞』など複数の邦字新聞に連載された[62]。また、時期を同じくして、満洲文化協会(中日文化協会の後身)の機関誌『満蒙』一九三三年五月号において、五八頁にわたる記事と二〇頁分のグラフによる「娘々祭特別記事」が組まれた[63]。さらに、それを訂正増補したものが同じ月に『満洲国の娘々廟会と其市場研究――日本商品販路拡張策好指針』の題名で満洲経済事情案内所報告の第六号として刊行された[64]。

ラジオや新聞雑誌に頻繁に登場した奥村は、その後も機会あるごとに、娘々祭を土台とした政治工作の重要性を熱く語る。たとえば、一九三七年五月、奥村は『満洲日日新聞』において、娘々祭について六回にわたる連載を執筆し、同月二五日の最終回において次のように述べている。

王道楽土は満洲国民の真の欲求である。王道実現はこの信仰の道を土台としてこそ始めて得られると思ふ。／先づ三千万民衆の心を摑み、而してその求むるものを与へつゝ、徐々に王道を民衆化し、不知不識の裡に大同の精神を培養し、これを伸展して行かねばならない(65)。

ここからは、奥村が娘々祭を単なる伝統行事ではなく、王道楽土という満洲国の理念を民衆に浸透させる政治工作の基盤として捉えていたことがうかがえる。

協和会主導の宣伝工作

一九三三年、奥村が唱導する娘々祭の政治利用は、早速満洲国政府によって実施に移された。その推進役を務めるのは、一九三二年七月に資政局の廃止とともに設立された協和会である。

協和会は「満洲国の建国精神作興並王道政治の宣化を図る」ことを目的とする国民教化団体である(66)。また、一九三三年に設立された満洲国総務庁情報処（一九三七年七月に「弘報処」と改称）と連携しながら弘報宣伝に努める、いわば情報処の実働部隊のような存在である。協和会主導の下、娘々祭は運営体制から宣伝内容、宣伝手法に至るまで、さまざまな側面で変容を見せている。

事変前における娘々祭の運営は民間の自発的な活動であり、「会首」と呼ばれる地方の商人団体が仕切ることが多かった。たとえば、一九二〇年頃、吉林北山薬王廟の会首は当地の薬種業者の団体であり、各店舗の規模に応じて会費を募っていた。また、会期中に目薬を無料で配布したり、衛生的な飲み水を提供したりして、会首としての役割を果たしていた(67)。

一方、満洲国建国後の一九三七年には主催者は「北山廟会委員会」となり、吉林省公署を筆頭に吉林市公署、吉林鉄路局、協和会吉林市本部、総商会、商工会議所、永吉県公署、電業会社吉林支店、吉林商店協会、輸入組合、旅館組合、料理組合、飲食店組合の計一三団体がメンバーとして名を連ねている(68)。また、一九三九年、北満奥地の濱江省青岡県で十数年ぶりに盛大に開かれた娘々祭において、主催者は協和会県本部、農事合作社、金融合作社、商工公会、道徳会の五団体で、後援者は青岡県公署となっている。費用も主催者側と後援者側の按分負担により、合計三〇〇〇円を計上したという。[69]このように、協和会と官公署主導のもとで、娘々祭の運営体制は組織化と官営化が加速しているのである。

宣伝内容の推移

娘々祭工作の宣伝内容は満洲国の国策とともに変遷を見せている。一九三二年、三三年頃は「建国精神」の浸透が喫緊な課題であったが、一九三四年は帝政への移行に伴い、帝政の実施が「清朝復辟《ふくへき》」と見なされる認識を是正するため、「帝政実施の本義」の徹底に力が注がれるようになった。[70]一九三六年、恩賜財団普済会（後の満洲国赤十字社）による施療・施薬が各地の娘々祭で始まり、「国民精神の作興保健」や衛生観念の普及が図られた。[71]一九三九年には禁煙（阿片麻薬厳禁）政策の実施に呼応して、禁煙芝居や禁煙仮装行列などが登場した。[72]

一九四〇年に、満洲国では「国兵法」が公布され、翌四一年から満一九歳以上の青年を対象とした徴兵制度が実施された。一九四一年の吉林北山では、満洲国軍による壮烈な模擬演習が行われ、国兵義務の宣揚に寄与した。[73]次第に濃くなっていく戦時色を反映して、一九四二年には大東亜戦争戦捷展覧会などが登場し、[74]一九四三年には「糧穀増産」「勤労奉仕」が唱えられるようになった。[75]終戦の年である一九四五年、大石橋娘々祭では、山頂に近い第一層殿の入口の中央に「一個の大きな献金箱がおかれ、それには「献金報国銃後赤誠」と墨書してあり、三、四名の僧侶が口々に「献金献金」と叫んでいて、まさに献金廟会の感がある」とも評された。[76]

多様な宣伝手法

満洲国時代の娘々祭工作では、ビラ、ポスター、ラジオ、映画という多様なメディアを駆使した宣伝手法が目立っている。

ビラやポスターは旧来のように会場内に貼り付けるだけでなく、飛行機を用いて空中から大量投下するというスペクタクルな仕掛けが取り入れられている。たとえば、一九三五年の大石橋娘々祭では、「日満元首交驩が日満永遠の不可分の基となる」という意味を示す印刷物六万枚と、建国当初から進められてきた「愛路工作」(鉄道愛護運動)の宣伝ポスター五万枚が営口海辺警察隊の水上飛行機三機により投下された(77)。一九三六年には、飛行機二機により「建国精神の大義、日満一徳一心の真意、王道国政の各要目」が書かれた五色ビラ三〇万枚が(78)、一九三七年には、飛行機で協和会と放送局の宣伝文が五万枚ずつ散布された(79)。また、事変前からの人気行事「彩票入り花火」は、満洲国時代には、定番の豚券に加え、「鉄道愛護と王道楽土」の宣伝ビラも入れて打ち上げられることになった(80)。これは、紙を特別に大事にし、拾えば必ず保存する中国人の風習に目をつけた工夫である。実際、満洲文化協会が打ち上げた娘々像を描いた王道楽土のビラを壁に貼り、拝んだ中国人家庭もあったという(81)。

識字能力を必要としないラジオや映画は、非識字者の多い農民層への宣伝に有効であると考えられていた。ラジオが初めて娘々祭に登場したのは一九三三年の北山廟会であり、協和会吉林事務局が満洲国の王道主義を宣伝するラジオ放送を行った(82)。また、一九三六年六月七日には大連・奉天両放送局の計画により、日本語と中国語による大石橋娘々祭の実況放送が実現し、満洲全土をはじめ日本内地にまで祭の盛況を届けた(83)。この実況放送は、一九三六年から一九四二年に至るまで、毎年欠かさず行われていた。

映画も一九三三年頃から娘々祭の余興の定番となっているが、そのジャンルはほとんどニュース映画や記録映画である。たとえば、一九三三年の大屯娘々祭では、満鉄弘報係撮影の『新興満洲国大観』(邦題『新興満洲国の全貌』)五巻が封切りされた。事変前後の満洲を描いたこの記録映画に、大石橋娘々祭のシーンも一カ所挿入されている。それは事変二年前の一九二九年、満鉄経営下の南満地方の繁栄と平和を表す場面である。

「村には平和な娘々祭」の字幕に続き、「朝明けの迷鎮山遠望／寺廟へ急ぐ幌馬車／進香の人の群…山裾の露店…其処では満洲娘の風俗が見られる／奉納の村芝居／お山へ上る団参の数々」といった内容の映像が次々と映る(84)。ここでは、前年(一九二八年)までの蔣介石と北京軍閥との戦いで混乱に陥った中国本土とは対照的に、満洲は日本の「善政」によって「平和」的な安住の地になっていることがアピールされている。また、一九三五年の大石橋娘々祭では、直前の満洲国皇帝訪日に関するニュース映画が夜間に映写された(85)。一九三九年には、西安娘々廟会と吉林北山廟会で「愛路工作」の宣伝映画が上映された(86)。

ラジオと映画の宣伝手法からもわかるように、娘々祭は中国人参詣者向けに満洲国の国策を宣伝する恰好な舞台を提供すると同時に、ラジオや映画に収められた娘々祭の賑やかな音色や景色は満洲国国内のみならず、日本や海外に向けて「王道楽土」の姿を誇示する恰好な材料ともなっているのである。

一方、高脚踊や生人形の山車、曲馬、伝統芝居といった土着的な見世物は、満洲国時代においても排除されることなく、むしろ効果的な宣伝ツールとして重宝されている。一九三九年に、満洲国総務庁弘報処地方班が、祭典における宣伝の極意について次のように述べている。「祭典に於ける群集は式典と異《ことな》り非組織的集団であるが、彼等は一種の祭典気分に支配されてゐる。従つて祭典に於ける宣伝は此の気分を破壊せず、反対に此の異常心理を利用して実施する様注意すべきである」、「祭典に於ける宣伝は可成堅苦しい方法を避け、映画、演劇、紙芝居等の娯楽的要素を多分に有する手段を利用し、祭典と国家宣伝とを巧みに結び付けねばならない(87)」。

民衆に熱狂的に歓迎される土着的な見世物は、このような「祭典気分」を高揚させ、祝祭的興奮の中で宣伝効果を最大限に上げる、極めて有効な手段だと思われる。それを助長するかのように、一九四二年の鳳凰城で、運営する鳳凰城景勝委員会は、わざわざ北京から「一流支那芝居」の役者一行五〇名余を招くことにした(88)。また、一九四五年の大石橋では、満洲鉱産株式会社の奉納芝居『空城記』(『三国演義』に基づく人気演目)が上演され、正面上部の横幕の中央に「協和会」、左の幕に「禁烟巨毒」「復興民族」などと書かれた舞台の前に観衆はすし詰めになっていた(89)。

三　小　結

近代満洲における娘々祭は、満洲国建国前までは満鉄と満蒙文化協会、満洲国建国後には協和会の主導のもとで、繰り返し催されてきた。その裏では、旅行奨励、産業振興から王道宣伝、民心安撫に至るまで、さまざまな思惑が渦巻いていた。

満鉄は開業した翌年の一九〇八年から、大石橋娘々祭の参詣者向けに、運賃の半額や四等専用車両の連結などの特典を設けた。その後、仮停車場の設置や臨時列車の運行など一連の優遇策を打ち出してきたが、主として鉄道営業上の旅客誘致の一策として娘々祭の誘致に努めた。一九二八年から、満鉄は中日文化協会の協力のもとで、豚や苗木の「彩票入り花火」を導入し、中国人の射幸心を利用して、畜産植林の啓蒙宣伝を図った。さらに、一九二九年と一九三〇年に、邦人商業団体に補助金を下付し、娘々祭への出店を積極的に助成した。この時期の満鉄は、娘々祭に多大な資金を投入し、産業振興の宣伝に大きな期待を寄せていた。一方、満洲事変直前、鳳凰城では排日演説、大石橋では警官衝突といった事件が相次ぎ、娘々祭は日中双方の緊張関係が顕在化する場となった。

満洲事変と続く満洲国誕生により、日本の勢力は満鉄沿線を中心とする南満洲から満洲全土へと拡大していった。政治的中心の北移に伴い、新京に近い大屯の娘々祭と吉林の北山廟会は大々的に振興され、大石橋、鳳凰城と並ぶ娘々祭の代表的存在となった。さらに、満洲の全鉄道の経営一元化に伴い、一九三七年に「祭典参拝割引往復乗車券」の特典が発表され、戦時下の一九四二年にも「時局調廟祭」が開催されるなど、娘々祭を含む各種廟会の奨励促進は北満へ、さらに満洲全土にまで展開されていった。

一九三二年三月の満洲国建国に向けて、娘々祭は内外への宣伝宣撫工作の一環として政治的に活用されるようになった。「娘々」と「王道」との組合せで描かれたビラやポスターが散布され、「建国精神の鼓吹」と「王道文化の謳歌」に寄与した。また、建国直後の一九三二年五月、満洲の治安はまだ十分に回復されていない中、リットン調査団の来満に合わせ、満洲各地で娘々祭が敢行され、「王道楽土」の景勝が繰り広げられる満洲国建国の正当性を巧みに演出した。

一九三三年頃、満洲国は明確な「廟会主義」の隆盛方針を打ち出すことになった。これにより、娘々祭の性格も大きく変貌を遂げていった。まず、政府の直接関与や資金提供のもとで、運営体制の組織化と官営化が進行した。また、宣伝内容は国策を色濃く反映するようになり、宣伝手法もビラやポスターの空中投下や、ラジオ、映画の導入など多岐にわたる。一方、祝祭性と娯楽性を併せ持つ土着的な見世物も「国家宣伝」の重要な手段として活用されていた。

娘々祭の観光化は、中国人参詣者に鉄道の利便性と快適性を提供したり、ラジオや映画に接する機会を増やしたりするなど、さまざまな近代的な経験をもたらした。その一方で、娘々祭興隆の背後には、複数の在満日本人観光機関が関与し、さまざまな政治的力が働いていたことは見逃せない。「不要不急」の旅行が著しく制限される戦時下において、娘々祭は中止されることなく、終戦の年まで継続して開催され続けたことは驚くべきである。満洲の善男善女は、旅行誘致や国策宣伝の対象者として繰り返し動員されると同時に、彼ら彼女らの姿そのものもまた、「楽土」という絵巻物の観賞に欠かせない「点景」の一つとして必要とされていたのである。

「我等ノ山ニシテ廟会ハ我等ノ挙行スルモノニ係リ日本トハ毫モ関係ナキニ何カ為ニ日本人ハ之ヲ宣伝スルヤ?(中略)日本人ノ山ニアラス日本人ノ廟ニアラス実ニ国事ニ干渉スルモノニアラスシテ何ソヤ?」——満洲事変直前、鳳凰城で散布された排日ビラの行間からにじみ出るこの叫びは、「娘々祭は誰のものか」という問いを改めて鋭く突き付けている。

第9章 ポストコロニアルな「再会」——満洲観光の戦後史

一九四五年八月九日、対日宣戦を布告したソ連軍は満洲国との国境を越えて一斉に侵攻し、関東軍に壊滅的な打撃を与えた。継戦能力を失った日本は同年八月一四日、連合国への無条件降伏を受諾する。その三日後の八月一七日、満洲国の解体が宣言され一三年半弱の歴史は幕を下ろした。帝国日本の崩壊に伴い、満洲国もまた消滅することになったのである。かつて探検家、軍人、入植者、旅行者によって拓かれていった渡満ルートは、そのまま引揚者たちの旅路と化した。

戦後における日本人の満洲観光は、長い「空白」の期間を経て一九七二年の日中国交正常化の実現により、ようやく再開することになった。この際、戦後の満洲観光の主体を担ったのは、奇しくも満洲からの引揚者たちであった。かつての支配者と被支配者が観光という場で「再会」した時、「帝国の記憶」はいかによみがえり、どのように消費されていったのだろうか。

ツーリズムは、ホスト社会とゲスト社会を結びつける「越境産業」であると同時に、場所や風景に息づく歴史を商品価値として再生させる「記憶産業」でもある。

本章では、一九七二年から二〇〇〇年代半ばに至る戦後の満洲観光史を辿りつつ、記憶産業としてのツーリズムの現場で交錯する「支配者」/「被支配者」、ゲスト/ホストという二重のまなざしのもつれあいを解きほぐし、双方の記憶がいかに絡みあいながらデフォルメされていったのかを考察する。

一　「再会」までの「空白」と「時差」

終戦当時、満洲には一五五万人もの日本人が在住しており、これは在外日本人が最も集中する地域であった。この満洲からの引揚においても、引揚者の規模、[1]引揚時死亡率の高さ、[2]および引揚が継続した期間の長さは、[3]他地域と比較して際だっている。

一九七二年、満蒙同胞援護会会長を務める元満鉄副総裁平島敏夫は『楽土から奈落へ』と題される本を出版した。[4]このタイトルが端的に示しているように、満洲引揚者にとっての満洲は、「生」(楽土)と「死」(奈落)という引き裂かれた体験が重なりあう場である。

しかし、満洲引揚者が嘗めた過酷な敗戦体験は、内地人のそれとは共有されがたいものであった。たとえば、小説家の宮尾登美子は次のように述懐している。「ものすごい体験をしたから、周りの人に話したくてね。でも、「そんな苦しみは、内地だって同じことだった」と一蹴されて、一気に話す気がなくなっちゃった」と述懐する。[5]

また、敗戦の翌年に引き揚げてきた作詞家・小説家のなかにし礼(当時八歳)は、引揚船の中で船員から内地ではやっている「リンゴの唄」を教えられ、「われわれが肉親を失い、財産を失い、ふるさとも失い、いろんなものを失って船上で海をさまよっているのに、日本という国は「リンゴの唄」を歌って、海外にいる同胞のことは忘れて新たな出発をしているのか!」と、早くも明るい戦後を迎えた内地人に、置き去りにされたような思いがしたという。[6]

一方、一九四六年五月に上映されたニュース映像は、着の身着のまま帰ってきた満洲引揚者たちのみすぼらしい姿を映し出し、「この人たちは軍国主義者によって悲惨な境遇に陥れられた最も気の毒な犠牲者です」といったナレーションとともに、彼らを憐れむべき「軍国主義の犠牲者」として意味付けていた。[7]戦後の日本社会には、満洲引揚者を「犠牲者」と見るにとどまらず、「帝国主義の手先」と批判する風潮さえあった。「名利を捨て、五族の同志と手を組んで、ひたむきに満蒙の資源開発、或いは理想新国家の建設のために、努力した人々をも帝国主義侵略の手先とし、また日本人の繁栄は原住民からの搾取したものといわれることは、我々として絶対に容認できないところである」と、平島は反発している。[8]

内地／外地の敗戦体験の相違、戦前／戦後の歴史観の断絶——このような二重の疎外は、満洲引揚者に内地社会と戦後歴史観からの心理的逸脱を促し、いまはなき幻の満洲を、失われた帝国のシンボリックな残影として懐旧せしめ、彼らは国交断絶によって、もはや満たされることのなくなった満洲への郷愁を募らせていったのである。満洲は、たんに戦争・植民・引揚といった歴史事件と関わりの深い地域であるだけでなく、戦後に支配的となった満洲観と乖離する満洲引揚者の集合的記憶の原点ともなっているのである。

一方、中国では、一九四五年九月一八日、解放後初の「九・一八事変」(満洲事変)記念日にあたり、国民党委員長の蔣介石は「敵偽」統治から解放された「東北同胞」をねぎらい、「今日は実に喜ばしい日である。なぜなら、九月一八日はもともと我々の近代史における最も痛ましい国恥記念日であったが、今や東北と台湾を回復し、民族復興を成し遂げた祝日となったのだ」というラジオ演説を行った。[9]「敵」と「偽」は、それぞれ日本軍と日本が作り上げた満洲国とを指し、後者の「偽」は満洲国の正当性を認めないという意味で用いられている。このラジオ原稿を収録した『新東北指南』では、「まだ接収作業を終えていない機関と工場には暫定的に古い呼称を使うが、ただし「偽」の字を冠むる」とし、「偽満洲中央銀行」や「偽交通部」という表記を用いていた。[10]

二年後、国共内戦さなかの一九四七年九月、〝九・一八〟事変一六周年に際し、中国共産党は「二満洲」(第二の満洲)という表現を用い、東北地方における国民党の統治は「偽満」時代以上の悪政であると痛烈に批判した。[11] ここでの批判の矛先は、過ぎ去った満洲国時代ではなかった。むしろそれは、その時代に付随する痛ましい記憶を呼び起こしながら、現在の国民党政権に向けられていたのである。

さらに、中華人民共和国成立の翌々年(一九五一年)三月に出版された『新東北介紹』において、東北地方の歴史は

〝九・一八〟事変前の「旧中華民国時代」、「偽満洲国」時代、蔣介石政権による「反動統治」の時代、共産党による解放と経済建設の時代の四つに区分された。同書は一九四五年八月一五日をはさんで、鉄や石炭などの資源が日本と国民党に相次いで搾取されたことを指摘し、日本帝国主義と国民党の統治をまとめて批判している。(12)

朝鮮戦争のさなかの一九五一年、日本帝国主義が中国東北地方で犯した罪を暴露する『東北人民血涙仇』が出版された。その背景には、戦前の日本帝国主義への批判だけではなく、同時代的に進行中の「米帝国主義による日本の再軍備」への警戒があった。(13)また、朝鮮戦争停戦の翌年(一九五四年)に刊行された『偉大祖国的東北』は、米帝国主義がかつての日本帝国主義と同様に東北地方をアジア侵略の基地にしようとしたことを非難し、東北をアジア平和の堅固な砦として建設すべきであると主張した。(14)

このように国民党も共産党も共通して、満洲国の正当性を否定する表現としての「偽満」を用いるようになった。さらに共産党は、第二次世界大戦後に直面する政治状況に応じて、「二満洲」という言葉を創出し、国民党統治や日米帝国主義への批判に用いていったのである。

一九七二年の国交正常化、および七八年における中国の改革開放政策への転換により、日中双方は満洲観光のゲストとホストとして「再会」することになった。とはいえ、一方が戦後社会に対する疎外感からの逃げ場として「旧満洲」への望郷の念を醸し出しているのに対して、他方は否定すべき対象として満洲国時代を「偽満」とする批判的な認識を持ち続けていた。

二　記憶の拮抗

1　国交正常化前年の「望郷満洲」批判

一九七〇年一月一九日、第六二回芥川賞に詩人・清岡卓行《きよおかたかゆき》(一九二二〜二〇〇六年)の私小説『アカシヤの大連』が選ばれた。

かつての日本の植民地の中でおそらく最も美しい都会であったにちがいない大連を、もう一度見たいかと尋ねられたら、彼は長い間ためらったあとで、首を静かに横に振るだろう。見たくないのではない。見ることが不安なのである。もしもう一度、あの懐かしい通りの中に立ったら、おろおろして歩くことさえできなくなるのではないかと、密かに自分を怖れるのだ。[15]

このような書き出しに始まる小説は、生まれ故郷であり、最愛の妻と出会い結婚した地である大連を、「抑えがたい郷愁にかられ」る町として描いている。『アカシヤの大連』の芥川賞受賞は、「引揚」「戦争」「馬賊」といった旧来の満洲イメージを打ち破り、引揚者の間で共有されてきた「望郷」の念を、広く一般社会に認知させる契機となった。[16]

受賞発表から半年後、『週刊読売』は一九七〇年七月一七日と九月一八日の二回にわたり、「あゝ満洲」と題する特別企画を組んだ。翌一九七一年一月一七日の『サンデー毎日』も「あゝこの切ない大陸への望郷!」と題する特集を組み、満洲をはじめとする旧植民地体験者の回想を掲載した。人気週刊誌での特集を通して、「望郷満洲」のイメージはかつてないほど世間に広まるようになった。

一方、これらの雑誌特集は日本との国交をまだ樹立していない中国において、思わぬ波紋を呼び起こした。一九七一年二月二〇日に、中国共産党の機関紙『人民日報』は、中国人民解放軍某部隊所属の侯慶文が書いた署名記事を掲載し、『サンデー毎日』を名指しして痛烈な批判を加えた。その一カ月後、中国の海外向け週刊誌『北京周報』日本語版に同記事の日本語訳が掲載された。記事は「「あゝこの切ない望郷」など犬にでも食われろ!」という強烈な題名のもとに、「われわれの神聖な領土であるのは分かりきったことだ《ママ》のに、日本軍国主義はそれを、なんとかれらの「いまはなき地」、「失われた」「ふるさと」などといいくるめている。これは恥しらずも極点に達したものであるばかりか、捲土重来をはかる日本軍国主義の大それた野望をも赤裸々に暴露している」と、「望郷満洲」を日本軍国主義復活の兆しと捉え強い警戒感をあらわにした。[17]

この他にも一九七一年二月から九月にかけて「日本軍国主義」の批判本の出版が相次ぎ[18]、中国政府系の日本語総合月刊誌『人民中国』が一九七一年三月に特集号「復活している日本軍国主義を打倒しよう」を出し[19]、日本軍国主義復活反対の一大キャンペーンが繰り広げられていった。

さらに『人民中国』の同年一一月号は、『週刊読売』や『サンデー毎日』に対抗するかのように二五頁に及ぶ特集「繁栄する中国東北地方」を組んだ。特集のリード文は、次のように書かれている。

美しくゆたかな中国の東北地方。本世紀の三十年代、日本帝国主義はこの地を植民地にかえ、血なまぐさい絵巻をくりひろげた。／中国人民の手にもどったこんにちの東北地方は、過去のいたましいすがたをすっかりあらため、めざましい発展をしめしている[20]。

このように特集では、日本帝国主義時代の「生き地獄」とは対照的な「新東北」の変貌ぶりが強調された。こうして、日中国交正常化の前年の日本社会に広まっていた「望郷満洲」の風潮に対し、中国政府は「日本軍国主義復活」の証と見なして激しく非難したのである。

2 「日本人民も同じ被害者」

一九七二年九月、日本と中国の国交が正常化した。それから一九八二年までの一〇年間、歴史問題をめぐる日中間の摩擦はほとんど起きなかった。この時期、中国政府は戦争遺跡の保存・展示に消極的であった。それどころか、友好関係に水を差すまいと日本人観光客に侵略の傷跡を見せたがらない傾向すらあった。

瀋陽市（旧奉天）にある満洲事変発端の地・柳条湖は、戦前の奉天観光バスも立ち寄る戦跡スポットであり、一九三八年五月に先端が三つ又に分かれた形のコンクリート製の記念碑が日本によって建てられた[21]。この碑は戦後になって倒され、一九七五年の写真によると、コンクリートには「不忘〝九・一八〟牢記血涙仇！」（九月一八日（満洲事変の記念日）を忘れるな、血のにじむような恨みを心に刻め！）と大書されていた[22]。

ところが、三年後の一九七八年八月になるとこの碑に書かれた文字は「すでに末尾の方から消えかかっている。中国側に、いつ建てたか、またいつ倒れたのかあるいは倒したのかを尋ねても、すべて知らないという返事である」といった状態であった(23)。

また、一九七八年八月に、国交正常化前年の一九七一年に開館した平頂山殉難同胞遺骨館をＮＨＫ取材班が見学した際、「案内の馬氏は、その場の重苦しい雰囲気を察してか、一日平均二千人の参観者があるが、日本人にはとくに希望がない限り見せないようにしていると話してくれた」という(24)。

こうした「歴史のタブー視」とも呼べる現象とともに、「歴史問題の階級問題化」も、この時期における中国の歴史言説の大きな特徴であった。国交正常化の一〇年前の一九六二年に開かれた北戴河工作会議において、毛沢東は「絶対に階級と階級闘争を忘れるな」と発言し、階級闘争の重要性を強調した。これを受け、中国東北地方では日本軍や日本人資本家によって酷使され、殺害された中国人労働者の遺骨が次々と発掘され、その虐殺の跡では「階級教育展覧館」が開館した。これらの階級教育展覧館の垂れ幕や記念碑には「不忘階級苦　牢記血涙仇」(階級の苦しみを忘れるな、血のにじむような恨みを心に刻め)と大書されるのが定番であった(25)。

このフレーズにおいて注目すべきなのは、「国民」「民族」ではなく「階級」が強調されているという点である。「忘れるな」とされているのは「民族」「国民」の恨みよりは「階級の苦しみ」であって、日本帝国主義への批判は、支配階級(資本家)対被支配階級(労働者)との「階級闘争」の言説の中に収斂されていたのである。「憎むべきは一握りの軍国主義者で、日本人民も中国人民と同じ被害者である」といった「許し」の論理も、同じ階級に属する「人民」同士の連帯に基づく階級教育の延長線上に生み出された発想だったといえる。

3　対抗措置としての戦争記念館建設

抗日戦争勝利三五周年という節目の年にあたる一九八〇年、中国では大規模な記念イベントは実施されず、『人民日報』にも戦争関連の社説は見あたらなかった。ところが二年後の一九八二年、日中国交正常化一〇周年にあたるこの年に日中関係を悪化させる「教科書問題」と「満州建国の碑」騒動が立て続けに起きた。

「教科書問題」とは、一九八二年六月に行われた教科書検定で、文部省が教科書会社に「侵略」を「侵攻」「進出」と書き換えさせたり、南京大虐殺などの表現を変更するよう求めたりしたことに対し、七月に中国政府が抗議を申し入れたことを指す[26]。この出来事は、それまで予定調和的であった中国の戦争遺跡の見学現場に緊張を走らせた。中国人ガイドは決まり文句であった「憎むべきは一握りの軍国主義者で、中日人民は世々代々友好に」の後に、「「伝えられるところでは、今度日本の文部省が……」と切り出して、「侵略を進出にしたのは間違いである。歴史は歴史、真実の歴史を伝えてこそ友好につきあっていけるのだ」」と強調する一言を付け加えるようになったという[27]。

また、岸信介元首相らが一九八二年二月に「満州建国の碑」を建立しようと計画を立てたことに対し、九月一一日に中国の元外相は教科書問題に関連させ「日本で「満州建国の碑」を建てるなら、私たちは「日本侵略被害者の碑」を建てねばならなくなる」と強く反発した[28]。その三日後、「満州建国の碑」の計画は取りやめになった[29]。

「満州建国の碑」建立は中止になったものの、これに刺激された中国文化部は同年一〇月一一日、各地の文化局や文物局宛に「做好保護日本侵華罪証遺址工作的通知」(日本侵略の遺跡をよく保存することに関する通牒)を出し、日本の侵略を立証する文物や遺跡の保存に努めるよう指示した。通牒の冒頭には、中国共産党中央宣伝部長である鄧力群の講話が引用された。講話は鄧小平が「岸信介が満洲建国の碑を建てるなら、我々は至るところに「日本侵略の碑」を建てねばならない。これは、人民や青少年および子孫の教育にとって特別な意義を持っている」と発言したことにも言及していた[30]。

教科書問題や「満州建国の碑」騒動は、皮肉にも中国に日本の侵略の証拠となる遺跡を保存することの重要性に気付かせることになった。それまで「友好」への影響を心配し、日本の侵略の歴史説明に消極的だった中国は、これを境に戦争遺跡の保存や記念館の建設などに乗り出すことになった。この変化について、一九九〇年に、日本人旅行者の一人は、案内してくれた中国人ガイドから次のように聞いた。

「中国は中日友好条約（日中平和友好条約、一九七八年八月に調印）のあと「過ぎたことにはこだわらない」という方針だったんです。一般人民も同じ思いでした。ところが「教科書問題」がおこったために、中国では、侵略の事実を見なおす動きがでてきたのです。／「九・一八事変　炸弾碑」（柳条湖）や「中国人民抗日戦争紀念館」（盧溝橋）なども、教科書問題のあとすぐ建設されたのです。侵略の事実が日本の心ない一部の政治家によって消し去られるという危機感をもったからです[31]」。

実際、中国東北地方では一九八四年に満洲国皇帝・溥儀の宮廷を復元した「偽皇宮陳列館」、一九八五年に「侵華日軍第七三一部隊罪証陳列館」などが開館した。

4　愛国教育の強化

一九八九年六月、民主化運動を求める学生や市民が軍によって弾圧される「天安門事件」が起き、中国における愛国主義教育は新しい段階に入る。一九九〇年代以降、愛国主義教育を強化する中央政府の方針のもと、各地で戦争記念館の建設・修繕が積極的に進められるようになった。

ここで中国東北地方にある代表的な記念館二館を取り上げる。一つは天安門事件の二年後である一九九一年に瀋陽で開館した「〝九・一八事変〟陳列館」で、もう一つは一九八四年に長春で開館した「偽皇宮陳列館」である。

満洲事変六〇周年にあたる一九九一年九月一八日に、満洲事変の引き金となった柳条湖事件の現場付近に「〝九・一八事変〟陳列館」が開館した。前述の倒された柳条湖の爆破記念碑もこれを機に陳列館前の広場に移された。陳列館の建物は日めくりカレンダーの形を模しており、そこには「国難」の始まりとされる一九三一年九月一八日の日付が刻まれている。陳列館の中に入ると真っ先に目に入るのは「勿忘国恥」（国辱を忘れる勿《なか》れ）の四文字である。その後、大規模改修を経て一九九九年九月一八日に「〝九・一八事変〟歴史博物館」と改称しリニューアルオープンした。館名は江沢民の揮毫によるものである。改修工事に際しての国からの予算は二三〇〇万元、国内外からの寄付金・物資は五〇〇〇万元に上り、広く社会的関心を集めた(32)。

地元企業の瀋陽東融新型建築材料有限公司は、五九万元を投じて鋳造した「警世鐘」を同館に贈呈した。その鐘には、同社取締役の筆による「勿忘国恥」の四文字が刻まれている。同社は毎年、事変記念日の二日前である九月一六日を社内の「愛国主義日」に制定し、その日には社員が鐘の掃除を行い、歴史を忘れまいと誓う儀式を催すなど、愛国主義精神と「団体精神」の涵養に努めているという(33)。「警世鐘」は博物館前広場に設置され、毎年九月一八日に開催される定例の記念式典において欠かせない「警世の鐘を打ち鳴らす」儀式に活用されることになった。

かつて「階級闘争」を最優先課題とした階級教育展覧館が、「国恥を忘れる勿れ」として広く一般国民を動員する愛国教育基地へ転換したことは、中国における歴史言説の重心が「階級」から「愛国」へと移行したことを端的に示している。

こうした変化の中、かつて「日本人民も同じ被害者である」と中国人から言われ、戸惑いながらも救われた気がしていた日本人観光客は、〝九・一八事変〟歴史博物館の前で自分が加害国の国民であることを意識せざるをえなくなった。「ガイドの韓さんは、この記念日(九月一八日)に近い時期には、日本人に反感を持っている人が出ないとも限らない。中に入らない方がいいだろうと忠告があったので、外から建物を見るだけにした(34)」と、中国人からの敵対的な雰囲気をリアルに感じ取った日本人もいた。

一方、一九八四年にすでに開館していた「偽皇宮陳列館」も、九〇年代以降、満洲時代の苦難の歴史を強調した内容が大幅に増えていく。一九九一年に吉林省を視察した江沢民総書記(当時)は、本年のいくつかの重要な記念日を利用し、一般大衆、とりわけ青少年向けに近代史教育、愛国主義教育と社会主義教育を行うべきであると指示した。これを受け、一九九一年九月一八日、偽皇宮陳列館は新しい陳列展「〝九・一八事変〟を忘れるな――東北占領十四年の歴史」を始め、江沢民は陳列展のために「勿忘〝九・一八〟」(〝九・一八〟を忘れるな)と揮毫した。この陳列展には、開始から三カ月で一三万人もの観客が足を運んだという(35)。

その後、偽皇宮陳列館は大規模拡張工事を経て、二〇〇一年一一月に「偽満皇宮博物院」として新装開館した。二〇〇六年九月一八日には、敷地内に新たに「東北淪陥史陳列館」が増設され、陳列展「九・一八を忘れるな――日本の東北侵略の史実」が開催された。二〇〇九年より、東北淪陥史陳列館は一般に無料で開放することになった。

二〇〇五年、ある在満経験者の日本人グループが偽満皇宮博物院を訪れた。記念撮影の際に、そのうちの一人が博物院内の写真屋さんが用意してくれた垂れ幕「偽満皇宮博物院参観留念」(偽満皇宮博物院見学記念)の「偽」の字を隠して撮影した。彼は「あまりにも堂々と「偽」をつけて日本人を受け入れているのに腹が立ったのです。ロシアやドイツや英国の建造物には「偽」は付けていないと思います。中国東北部はロシアが少々開発しましたが、日本が十数年間でロシアの数倍の規模で開発を進め中国人からも賞賛をもらった位のようです(36)」と、中国側の「偽満」史観への違和感を露わにしている。

三　記憶の共振

1　旅行広告に多用される「郷愁」

教科書問題が起こる四年前の一九七八年、中国は改革開放路線を打ち出し、社会主義的計画経済から市場経済への転換に踏み切った。これを契機に、従来中央政府に制限されていた地方の権限が拡大し、地方自治体が積極性を発揮して外資誘致を図ることも可能となった。観光業も友好交流中心の「政治型」から、外貨獲得中心の「市場型」へと移行しつつあった。こうした環境の変化によって一九七九年には、従来は受入観光客数の制限や観光コースのお仕着せなど、閉鎖的であった中国の観光市場は開放され、日本側の旅行社も一般向け中国旅行の募集が行えるようになった。

戦後中国に抑留された元戦犯からなる「中国帰還者連絡会」(中帰連)(37)が主催した一九八〇年の第六次訪中団は、経済

図 9-1 近畿日本ツーリストの広告(『読売新聞』1981 年 8 月 10 日 23 面)

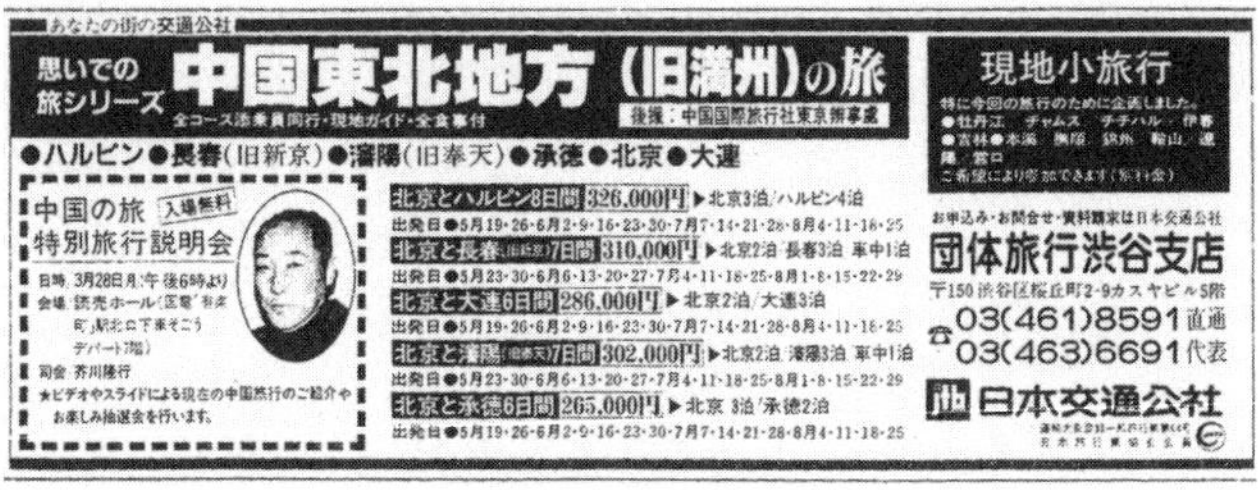

図 9-2 JTB の広告(『読売新聞』1983 年 3 月 26 日 23 面)

建設に突入する転換期の中国を目の当たりにした。

この旅行では、二年前には可能であった平頂山殉難同胞遺骨館の見学が案内されることはなかった。対照的に撫順市当局が熱心に興味を示したのは貿易問題や技術協力であった。「経済界、企業界の進出が最も望ましく、パック旅行での外貨を沢山落としてくれる団体が好ましい」中国の現状では、戦争の傷を掘り返すのは「もはや時代遅れのものとなってきている」のだと団員たちは実感したようである[38]。

一方、日本の旅行業界が最もニーズが高いと想定している層は、いうまでもなく、満洲経験者や引揚者といった「郷愁組」である。一九八一年八月、近畿日本ツーリストはいち早く満洲経験者向けのツアーを発売し、『読売新聞』に「旧満州郷愁の旅」の広告を掲載した(図9-1)。ここには「中国東北地方」の文言は一切なく、現在の地名である瀋陽と長春の後ろに、それぞれ「(旧奉天)」、「(旧新京)」と満洲時代の呼び名が書き加えられている。「あなたがかつて住み、育った想い出の地への旅がこの秋可能になりました」と、直接満洲引揚者に訴えている。

「更に奥地の思い出深い町へも訪れていただこうという多年の望みを実現した特別企画です。ぜひ、懐かしい旧満州へお出掛け下さい」と、「思い出深い町」「多年の望み」「懐かしい」といった郷愁を誘う言葉がちりばめられている。

その二年後、ＪＴＢも『読売新聞』に「思いでの旅シリーズ　中国東北地方(旧満州)の旅」の広告を出している(図9-2)。「後援：中国国際旅行社東京弁事処」と挙げたためか、「旧満州」の前に「中国東北地方」と書かれたこの広告は、郷愁色がやや控えめである。また、おのおのの思い出の地を訪ねる「現地小旅行」の用意は、満洲引揚者の痒いところに手が届くサービスといえよう。

一九九七年、筆者が一九八〇年代の中国観光市場に詳しい近畿日本ツーリスト中国部のＳ部長(一九四一年生まれ、満洲体験なし)に「郷愁ツアー」を売り出した経緯について尋ねたところ、彼は次のようなことを語ってくれた。

一九七五年に、「友好訪中団」の添乗で初めて中国東北地方を訪れた彼は、中国側の作ったコースでは観光客の抱いている郷愁を満たすことができないと実感した。満洲旅行市場の中核を担う郷愁組のニーズに応えるべく、一九七九年以後、近畿日本ツーリストは郷愁をテーマにパッケージツアーを売り出し、自由行動でそれぞれの思い出の地をめぐるためのオプショナル・ツアーも考案した。ただし当初は、駐日中国大使館からの反発を予想して、パンフレットに「満洲」という表現の使用を控えていた。「旧満洲」という言葉さえためらい、かわりに「望郷」や「思い出」といった表現を多用して、郷愁を抱く人々に訴える工夫を凝らした。ところが八〇年代半ば頃から(図9-1からもわかるように実際は八〇年代初め頃から)、「急速に資本主義へと走る」中国社会の現状を見て徐々に「満洲」の使用を解禁した。「やはり中国東北地方は満洲時代への「郷愁」以外には、日本人に訴える力のある観光資源を持っていない」と、彼は結論付けたのである。(39)

2　大連の「アカシア祭」

一九九一年から二〇一〇年にかけて、東北三省ではアジア通貨危機(一九九七年)、ニューヨーク同時多発テロ(二〇〇

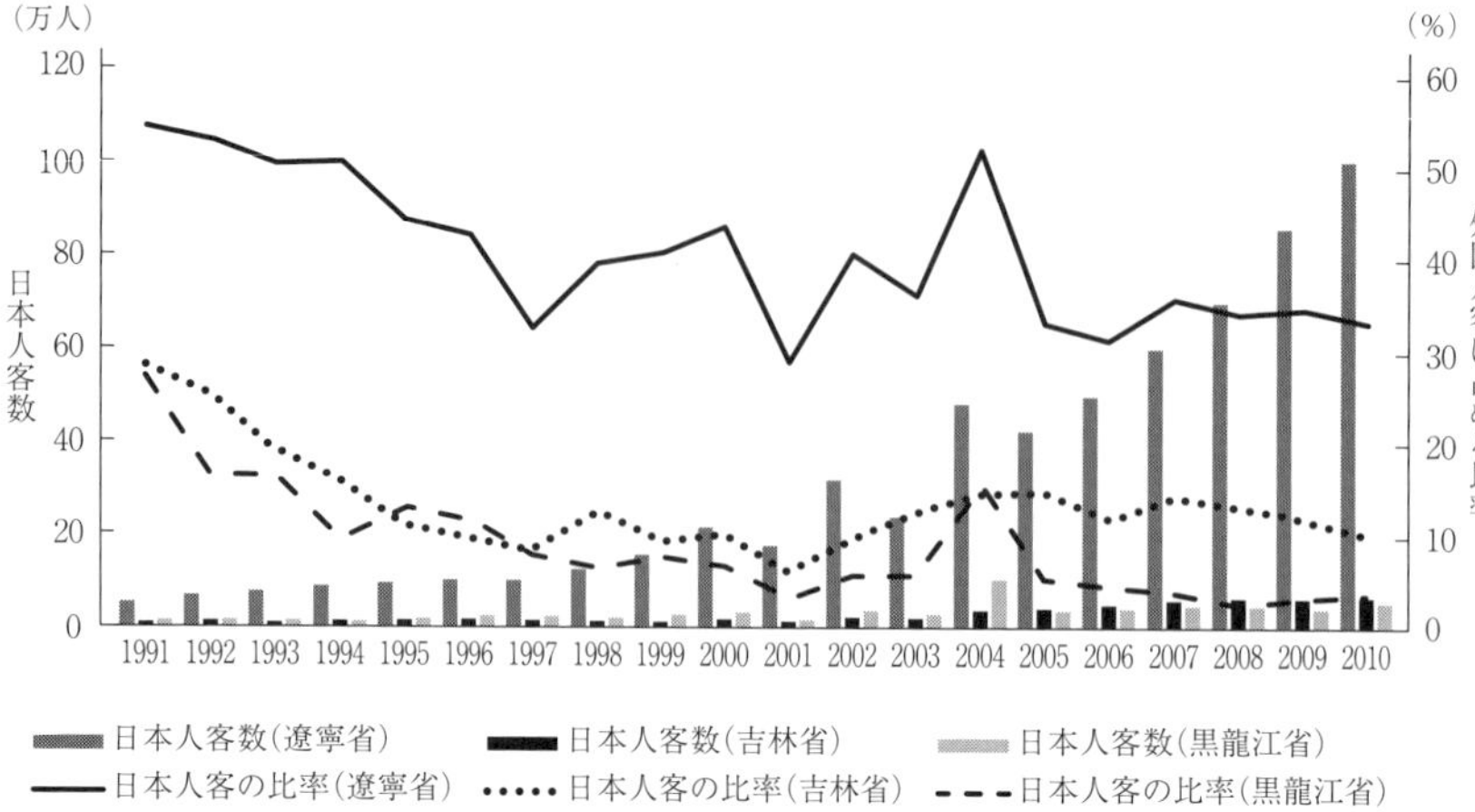

図 9-3　日本人観光客数と外国人観光客全体に占める割合の推移(1991～2010 年)

注：1991～1993 年のデータは，遼寧省統計局編『遼寧経済年鑑』1993～1994 年版(中国統計出版社，1993～1994 年)，吉林省統計局編『吉林統計年鑑』1993～1994 年版(中国統計出版社，1993～1994 年)，および黒龍江省統計局編『黒龍江統計年鑑』1994 年版(中国統計出版社，1994 年)に基づいて，1994～2010 年のデータは，中華人民共和国国家旅游局編『中国旅游統計年鑑』1995～2011 年版(中国旅游出版社，1995～2011 年)に基づいて作成

一年)、SARS(二〇〇三年)、反日デモ(二〇〇五年)の影響で日本人観光客数が減少したが、それ以外の期間は増加傾向にあった。特に遼寧省では、二〇一〇年に日本人観光客数が過去最高の一〇〇万人を超え、一九九一年の約五万三〇〇〇人から一九年間で約一九倍に増加した。同省を訪れた日本人観光客の割合は、二九%から五四%の間であり、東北三省で最も高い比率を記録した(図9-3)。

遼寧省内では大連市が特に顕著であり、一九八九年の一万九〇〇〇人から二〇一〇年の五七万人に達し、二一年間で約三〇倍に増加した。大連の外国人観光客に占める日本人の割合も四六%から七二%の間で推移し、高水準を維持していた[40]。

日露戦争の勝利によりロシアから日本へ租借権が譲渡された大連は、満鉄本社の所在地であり、満洲における日本の植民地支配の拠点都市であった。一九四二年末の大連在住日本内地人の人口は一九万七〇〇〇人余[41]、一九四六年から四九年にかけて大連港から引き揚げた日本人は二二万六〇〇〇人近くに達している[42]。

日本人の大連観光の起爆剤として、一九八九年から日本人観光客向けに始められた「アカシア祭」が挙げられる。

前述の一九七〇年の芥川賞受賞作『アカシヤの大連』の影響で、日本国内においてアカシアは大連と結びつく最もよく知られるイメージの一つとなっていた。ところが、一九七三年一一月に大連を再訪した一人の日本人が、のちに大連一中の同窓会で次のように報告した。「私どもの想い出の中では、大連とアカシヤは切っても切れない関係にある。しかし、今日の大連はアカシヤに関心がない」。大連では、老化の激しいアカシアを柳に植え替えたところが増えて、「今や、「アカシヤの大連」は消えつつある。少なくとも、大連に住んだ日本人の郷愁には、アカシヤを切り離した大連は考えられない。その意味では、今日のふるさとは、皆さんの追い求める大連のイメージから遠ざかりつつある」と彼は大連の変貌ぶりについて述べている(43)。

それから一二年後の一九八五年、映画館・岩波ホールの総支配人であり、大石橋生まれで大連育ちの高野悦子（一九二九〜二〇一三年）は、大連市外事弁公室による招宴の席上、大連のシンボルとなる木を、アカシアにするか目下会議で検討中だという話を聞いた。

　私は飛びあがらんばかりに驚いた。大連のシンボルはアカシア以外にはないはずだ。私は沈副主任に向かって、／「一定要槐樹（断固アカシアです）」／と叫んだ。／沈さんは、／「大連のアカシアは純中国産ではありません。ロシア人が大連を建設する際、ヨーロッパから街路樹として移植したもので、ニセアカシアです。中国人は洋槐とよんでいます。五月になると白い花が咲き、甘い香りがただよう。枝には鋭いトゲがあります。一方、中国北方の各所で見られるアカシアは夏に花が咲くので、北京ではちょうど満開だったでしょう。黄色い花で香りがなく、トゲもありません。槐《えんじゅ》とよばれ、中国産だから中国槐です」／という。／私はニセアカシアでも、五月に花咲く洋槐がよい。／「我一定要槐樹（断固アカシアです）」／ともう一度さけんだ。／「請放心（まあまあご心配なく）」／ということだったが、今でも心配でならない(44)。

ニセアカシアの生態的特徴を説明しながら中国原産でないことを強調する沈副主任と、あくまでコロニアルな風景に固執する高野は、極めて対照的だった。日中の文化交流に尽力してきた高野の提言に触発されたのか、大連市はニセアカシアを市のシンボルの花に定め、一九八九年五月二七日から三〇日にかけて第一回「アカシア祭」(賞槐会)を開催することになった。大連地方志編纂委員会弁公室の編纂による『大連年鑑』では、アカシア祭を「日本人観光客の誘致を主とする観光イベント」と明言している。一九八九年は天安門事件の最中にもかかわらず、この年に大連を訪れた日本人観光客は一万八〇〇〇人余に達し、全外国人観光客に占める割合は六八%強と断トツ一位である。(45)

開催に合わせ、大連引揚者の親睦団体「大連会」(一九四八年設立)は大連市にからくり人形付時計台を寄贈した。(46)以来毎年アカシア祭の開催期には、市政府の招待による大連会の「里帰り旅行」が定例となった。日本の旅行業者も「ベストシーズンに行く郷愁の大地　大連アカシア祭り」といったようなうたい文句で、アカシア祭を「郷愁大連」の観光目玉としてアピールするようになった。(47)

一九九〇年一〇月、大連市旅游局の協力のもと、『写真集　大連旅游』が日本で発刊された。その表紙を飾ったのは、ほかでもなく、満開のニセアカシアの花であった。巻頭には魏富海市長による「日本の皆さん、アカシアの大連にようこそ」と題する特別寄稿が掲載され、観光誘致にかける大連市の熱い意気込みが伝わってくる。(48)同じ本に、高野悦子や山田洋次も大連の思い出について寄稿している。同年一〇月に、東京で開かれた出版記念会には、当時の薄熙来大連市副市長が率いる代表団も出席した。会場には、日本各界の有名人や以前大連で生活していた〝大連を故郷とする人々〟など数百名が集まったという。(49)

大連市は自ら「アカシアの都」としてアピールするために、一九九八年からメインストリートの街灯までニセアカシアの花びらの形にし、その数は二〇〇五年現在、三一五基を数えている。(50)さらに、市政府は二〇〇五年に、一キロに及ぶアカシア並木の大通りを「アカシア・ストリート」(槐花大道)と命名し、一六回目を迎えたアカシア祭の分会場の一つに指定した。(51)いまや、アカシア祭は大連の代表的な国際イベントとなっており、ニセアカシアもまた高野や大連引揚者の願いどおり、再び大連の都市風景と分かちがたく結びつくことになったのである。

一九八五年の大連市政府内では、中国原産ではないニセアカシアが市のシンボルとして適格か否かの議論があった。しかし、高野のような友好的で影響力のある満洲引揚者の懇願もあり、大連市は大連引揚者の心象風景として根を下ろしたニセアカシアから「ニセ」を取り去り、さらに「アカシア祭」として換骨奪胎させることで、日本人観光客誘致の切り札として活用することになった。

前述のとおり、一九八二年の教科書問題や「満洲建国の碑」建立騒動を契機に、中国東北部では戦争記念館の建設が加速し、観光現場における「旧満洲」と「偽満」史観の齟齬が表面化しつつあった。しかし一方では、経済発展の波が押し寄せる中で大連のアカシア祭に見られるように、地方自治体は観光市場の中核を占める日本人のノスタルジックな欲求に積極的に応えるといった動きもまた、同時に進行していったのである。

四　記憶の感染

八〇年代半ば以降、市場経済化政策の活発な展開とともに中国の都市建設は急ピッチで進められてきた。老朽化する建物が次々と取り壊され、都市風景は急速に変貌を遂げている。この時期、日本人観光客が植民地遺跡に向けた郷愁のまなざしは、思わぬところで中国東北地方の中国人自身の都市の歴史への郷愁をかき立てることになった。

1　写真集『大連・古い建物／大連老房子』

二〇〇三年、一冊の写真集が日中両国でほぼ同時に出版された。二冊とも題名は「大連・古い建物／大連老房子／Old Architecture of Dalian」と表記され、写真の解説やキャプションも日中英三カ国語で併記されている。中国語版は大連出版社から、日本語版は沖縄の「池宮商会」から出版されている。

著者の呂同挙は、一九四四年遼寧省瓦房店生まれ、一一年間の軍隊生活の後一九七六年に復員する。その後、大連市人民政府、大連市外事弁公室、大連市旅游局の科長、副処長、処長を歴任し、『大連・古い建物／大連老房子』の出版前年には大連でメディア関係の会社を立ち上げ、代表取締役社長を務めることになった(52)。

この写真集の制作顧問を担当した池宮城晃は、一九四九年沖縄県那覇市生まれ、毎日新聞西部本社写真部に勤務した後、一九七九年に退職し、満洲引揚者の父親が創業した池宮商会の出版担当役員を務める。一九八四年、彼は父親に随行して中国東北地方を旅行した。その後、『旧満洲の街角1984年』（一九八五年）や『旧満洲』（一九八八年）といった写真集を相次いで出版し、一九三四年発行の『最新満洲写真帖』の改題復刻も手がけた(53)。一九九五年、池宮城は中日合資大連池宮印刷有限公司を設立し、自ら社長に就任して大連に移住した。

一九八六年、『旧満洲』の取材が縁になり、池宮城は当時大連市旅游局の処長であり、大連撮影家協会副主席でもあった写真家の呂同挙と知り合った。一九八六年当時、大連市の管轄である旅順口区は軍港という理由から外国人の立ち入りが禁止されていた。旅順の取材ができない池宮城は、呂が撮影していた旅順の写真数枚を提供してもらった。六七〇頁にも及ぶ『旧満洲』は、東北地方一八都市の写真一〇〇〇点を収める大作である。この写真集は満洲を懐かしむ読者から寄せられた要望に応えるために企画され、満洲引揚者を主な読者層と想定していた。と同時に、池宮城はこの写真集が中国にとっても歴史の記録という面で役に立つだろうと「あとがき」の中で予見している。

経済開放によって急激に発展している中国の中では東北地区は未だ経済力は弱く、これから変貌していく自らの街を写真に記録する余裕はなさそうに見受けられる。中国東北地区の都市が経済発展を遂げて、変貌した後にこそ、これらの写真は中国に必要になると考えられるからである(54)。

『旧満洲』刊行から二カ月後、池宮城は呂から大連の観光写真集を制作する考えはないかと打診される。一九八九年の天安門事件の影響で予定より取材が長期化したが、大連市旅游局の全面的な協力のもと、前述の『写真集　大連旅游』は一九九〇年に出版された(55)。

呂と付き合い始めた頃、池宮城は「早いうちに大連の旧建築物を撮影しておくようにと、幾度なく提言」をした。その影響を受けた呂は「このような中で私も撮影家は歴史の変化と発展を記録することが使命であると感じた。間もなく消滅するものであるなら、それを記録しなければならないと考え」、「老房子」(古い建物)を「都市の歴史」として撮影することを決めた(56)。

『大連・古い建物／大連老房子』の収録写真の大半は、一九八〇年代末から九〇年代初めにかけて撮影されたもので、全篇白黒の色調に統一されている。中には、日本人観光客の郷愁を誘う戦前大連の街並みの写真も十数枚挿入されているが、同じく白黒であるためか呂が撮影した戦後の写真と違和感なく溶け込み、ともに大連という都市の歴史の一部として織り込まれている。

『大連・古い建物／大連老房子』は、日本では内山書店などの中国語書店に、大連では主要観光地や空港国内線の売店に並べられた。セピア色に染められたこの写真集は、日中双方の読者に、異なるコンセプトの郷愁を同時にかき立てる媒体となっている。

2　「老満洲」と「旧影」シリーズ

写真集『大連・古い建物／大連老房子』のタイトルにある「老《ラオ》」には、中国語の語感から言えば懐かしさや愛着が込められている。同じ「老」の付いた写真集に、一九九八年に出版された上下二冊からなる『老満洲――偽満老写真(私蔵版)シリーズ』がある。タイトルには「老満洲」と「偽満」が奇妙に同居し、表紙には「血がにじんでいる千枚の写真が、あなたに真の〝満洲〟を教える」と「〝満洲〟」という言葉も併用されている(57)。

第一章から第六章までは、それぞれ「東北淪陥」「傀儡偽政権」「屠殺と罪証」「難民と労工」「武装移民と略奪」「抗戦闘争史」というタイトルが付けられ、従来の東北関連本に多く見られる「偽満」批判の論調とさほど変わらないように思える。だが「老満洲風俗と建築」と題された最後の第七章だけは、これまで扱われることの少なかった満洲時代の文化を当時の写真や絵葉書をもって再現している。表記の混同と構成の不統一が目立つ『老満洲』には、従来の「偽満」史観のトーンを踏襲しながらも、民俗的な文脈において古き満洲時代を懐かしく語るという動きの兆しも見てとれる。

「老満洲」的な視点をさらに深めたものとして、「中国名都百年」叢書の一環として刊行された東北地方四大都市の写真集「旧影」（昔日の面影）シリーズを挙げることができる。[58] その中の一冊、『哈爾濱旧影』（二〇〇〇年）は、「辺境の小さな町」「交通の要衝」「都市と農村の激変」「国際商業都市」「建築博覧」「教会と寺院」「文化の交差点」「工商市政」「都市の風情」「歴史の海から」という一〇章構成になっている。収録された三〇〇枚余の白黒写真の大半は、哈爾濱に暮らしていたロシア人や日本人が撮影した生活写真、および満鉄などが発行した観光絵葉書である。

『哈爾濱旧影』の企画者である孟烈は黒龍江省映画家協会副主席であり、編者李述笑は黒龍江省社会科学研究院ユダヤ研究センターの副主任である。[59] 二人は、哈爾濱建築芸術館（旧ソフィア教会）内で展示された一九九七年の「哈爾濱老照片展（哈爾濱古写真展）」の企画者でもあった。

ソフィア教会はもともと一九〇七年に駐屯ロシア兵のために建てられたビザンチン様式の建築であり、文化大革命以降一九九七年までは哈爾濱第一デパートの倉庫などに使われていた。一九九七年になって、哈爾濱市政府はソフィア教会の修繕工事を行い、哈爾濱建築芸術館として新装オープンさせた。

建築芸術館の開館と同時に始まった「哈爾濱古写真展」は、「都市の幼年時代」（七七枚）、「昔日の姿」（一一六枚）と「社会の横顔」（一〇七枚）の三部からなっている。そこには、漁村から都市への変貌や多彩な建築、異国情緒などが淡々と記述され、知られざる哈爾濱の過去への郷愁を誘う展示構成となっている。「哈爾濱古写真展」の人気は、二十数年経過した二〇一七年の時点でもいまだに衰えていない。

写真集『哈爾濱旧影』と写真展「哈爾濱古写真展」には二つの共通点がある。一つ目の共通点は、中国共産党の活動や東北抗日聯軍の勇敢さ、日本軍の残虐さを表す写真が少ないことである。その理由について、『哈爾濱旧影』は「哈爾濱における中国共産党満洲省委員会の活動や、地下党員が指揮したストライキ、東北抗日聯軍の勇ましい戦いぶりなどは、いずれも視覚資料が残っていない」と説明している。(60)二つ目の共通点は、戦前に満鉄などが発行した観光写真や観光絵葉書も歴史史料の一つとして活用している点である。史料の「国籍」とは関係なく、文化や建築、社会風貌といった都市独自の記憶を取り戻すために活用しようとする、編者・企画者のスタンスがうかがわれる。

「老満洲」式郷愁は「旧満洲」式郷愁との感染回路を持ちながらも、異なる文脈の中で消費されている。同じ写真でも、「老満洲」的な語りによって、コロニアルな風景としてではなくローカルな風景あるいはコスモポリタンな風景として、積極的な意味を付与されている。同時に「老満洲」は、従来の「偽満」史観からこぼれ落ちた都市自身の記憶を拾い集めることによって、ナショナルな語りと乖離する「満洲像」をも浮かび上がらせているのである。

五　記憶の流用

1　「新亜細亜号」の運行

一九九六年七月一〇日、日清・日露戦争の激戦地であった旅順は、一部地域に限ってではあるが外国人の立ち入りが認められることになった。それまでも、旅順を行政管轄下におく大連市政府は中央政府に対して対外開放を何度も働きかけていたが、軍事要衝であるとの理由で、中央政府は外国人観光客の立ち入りを一切制限していたのであった。しかし対外開放が認められるや、旅順は一躍、中国東北観光の新たな目玉となり、日本人向けの観光商品が次々と企画されるようになった。

中でも、特に目を引くのは、二〇〇一年夏から登場した「「新亜細亜・展望車」で行く　旅順１日観光」と銘打たれたオプショナル・ツアーである。この企画は、二〇〇一年に創立五〇周年を迎える日本航空（ＪＡＬ）が大連東北国際旅行社、大連鉄道公司関係部門と共同で立案・実施したもので、かつての満鉄を代表する超特急列車「あじあ号」の展望車のレプリカを約六〇〇万円をかけて製作した。そして、大連駅の地下構内に錆ついたまま長年放置されていた「あじあ号」の蒸気機関車は、外観の化粧直しが施され、この企画のために大連から旅順への途中駅に運ばれ、観光客に公開されることになった。(61)

本物の「あじあ号」を見学するためには、個人の観光客は「新亜細亜号」と銘打つ観光列車で旅順に向かうオプショナル・ツアーに参加する必要がある。催行は一〇人からで、昼食と旅順での観光、および大連までのバスを含めて、料金は一人約八〇〇元(二〇〇二年一〇月現在、一万二八〇〇円当)である。(62)

「新亜細亜号」の立案者の一員であるJALは、一九九七年に大阪―大連線を就航し、翌一九九八年に成田を結ぶ路線も開設した。一九八七年に大連線を就航させた全日空(ANA)と比べ、JALの大連進出は出遅れたが、成田―大連線は順調に旅客数を伸ばし、二〇〇一年上半期の搭乗率は平均八〇%以上と好調で、一一月一六日から現在の週三便から週四便に増便すると発表した。(63)

二〇〇一年夏から「新亜細亜・展望車」ツアーは日本国内で販売が開始された。JAL傘下の旅行社ジャルパックのパンフレット(二〇〇二年一〇月~〇三年三月)は、このツアーの魅力を次のように訴えている(図9-4)。

「旧あじあ」号は旧満鉄時代にハルピン―大連間を最高時速120kmで走っていた当時世界最速の列車です。旧満鉄時代の面影を残す駅に立ち寄りながら旧「あじあ号」を偲ぶ特別観光列車「新亜細亜・展望車」に乗って旅順に向かいます。途中、満鉄当時に旧「あじあ」号を牽引していた蒸気機関車(SL757)を見学します。(64)

旅順と「あじあ号」という満洲観光の二つの目玉の魅力を一気に堪能するこのツアーは、たちまち人気を呼んだ。日本航空大連支店支店長によると、ジャルパックでは反響の大きさに驚いていたという。(65)このツアーは、ジャルパックの各種パンフレット以外にもJTBの旅行誌『旅』や、バックパッカーに人気の『地球の歩き方』などに大きく紹介されていた。(66)

このオプショナル・ツアーを催行する大連東北国際旅行社は、一九九九年五月設立の比較的新しい会社である。当初の社名は「大連東北旅行社」であったが、二〇〇一年七月に「大連東北国際旅行社」と改称した。同社は、一九九九年九月にジャルパックの中国東北地区サービスセンターに指定され、日本関連の旅行業務が大半を占めるようになった。「新亜細亜・展望車」ツアーは同社のオリジナルコースとして打ち出され、ツアー開始と同時に中国の工商管理局に「新亜細亜号展望車」というブランド名も登録された[67]。

図 9-4 「新亜細亜・展望車」ツアーの案内(パンフレット『アイル 中国 2002.10～2003.3』株式会社ジャルパック，2002 年，36 頁)

筆者は二〇〇四年に同社「新亜細亜・展望車」ツアー担当のL主任にインタビューを行った。L主任によると、このツアーは日本人客向けの独自企画であり中国人客を対象にはしていないとのこと。「新亜細亜」の名称はL主任が考案したもので、もし「あじあ」(亜細亜)をそのまま使うと政治的に問題が生じる恐れがある。しかし、「新」という文字を冒頭に加えることで、ブランド登録ができるだけでなく、その他の政治的な問題も回避できたという。車両の横に掲げられた行先板「新亜細亜展望車」を見た中国人の反応について尋ねたところ、この列車は中国人乗客の目に触れる機会が少なく、あまり知られていないのが現状だとのこと。また、鉄道職員の間には「新亜細亜号」ではなく「遊五〇一号」というコードネームで呼ばれているという。運営実績は現在までのところ順調で、大連東北国際旅行社はさらに車両を増やすことを計画しており、そのために日本側のパートナーを探しているという[68]。

たしかに列車の行先板に書かれた「新亜細亜展望車」の

漢字は、日本の漢字であり、現在中国で使われている簡体字ではない。日本人観光客のための特別企画であることが明らかである。また、同社が作成した「新亜細亜号」のツアー参加者向けの案内資料には、東清鉄道や満鉄の歴史、「あじあ号」の時速などについて詳細な解説が付されているが、「戦争」や「植民」「侵略」といった忌まわしい歴史記憶を呼び起こすような内容は見られなかった。

2 偽「亜細亜」号

図9-4のパンフレットに掲載された広告からもわかるように、写真三枚のうち、本物の「あじあ号」(蒸気機関車)の写真が最も大きく、その次は旅順の水師営の写真で、最も小さいのは「新亜細亜・展望車」の写真である。また、「新亜細亜・展望車」の写真の下には、「「新亜細亜・展望車」に使用している車両は、旧満鉄時代に運行していた旧「あじあ」号の車両とは異なります」との注意書きも記されている。

その二年後に発行された同じパンフレットでは、「あじあ号」の展示場所が大連駅近くに移され、それに伴い、ツアーの順番が変更され、先に大連で「あじあ号」を見学してから、「新亜細亜・展望車」に乗って旅順に向かう形となった。広告の文句はほとんど変わっていないが、「水師営」と「新亜細亜・展望車」の写真は省かれ、本物の「あじあ号」の写真のみとなった[69]。このツアーの目玉はあくまで本物の「あじあ号」であり、「新亜細亜・展望車」ではないことが示されている。それどころか、「あじあ号」とは無関係の「新亜細亜号」を「偽「亜細亜」号」と一蹴する旅行者も現れた。

二〇〇二年五月、一人の日本人鉄道ファンが「新亜細亜・展望車」に乗車したが、「座敷側は空調設備もないのに大きな窓のはめ殺しで、天井には扇風機が回っていた」と、車内設備の粗末さに失望した。「どうやらこの新「亜細亜」号は、かつてパシナ(型蒸気機関車)が牽引していた「あじあ」号の展望車を真似ているようなのだが、その割には車体が丸みを帯びておらずインチキっぽいので、以後偽「亜細亜」号と呼ばせていただく[70]」と彼は断言している。本物の

「あじあ号」に似ても似つかない「新亜細亜号」への彼の判定は「偽」だった。彼が中国語の「偽満」という言葉を念頭に入れて発言しているかどうかは明らかでないが、少なくとも、彼の目には「旧あじあ号」を模して造られた「新亜細亜号」は、皮肉にも「偽亜細亜号」に映ったようである。

大連線の需要拡大を目論むＪＡＬと、独自のブランドの確立を目指す新興の大連東北国際旅行社の思惑が一致し、「新亜細亜・展望車」という旅行商品が生み出されることになった。Ｌ主任が考案した「新亜細亜号」の「新」は、単に観光の目玉である「あじあ号」の名称に「新」を付け加えたものであり、戦後の中国に見られる「旧満洲」に対抗する「新東北」の「新」とは意味が異なる。一方、「新亜細亜号」は「旧あじあ号」のレプリカ（偽物）であって、本物の「あじあ号」を彷彿とさせる列車からは程遠いものである。「新亜細亜号」は、いわば「旧」を流用した「新」であって、「偽」をもって「偽（満）」的言説を脱中心化する「偽・偽満洲」式の観光商品である。

六　小　結

本章は、戦後における満洲観光の歴史的経緯を踏まえ、一九七二年からの約三〇年間において、観光の現場で交錯している四つの言説（「偽満」「旧満洲」「老満洲」「偽・偽満洲」）を手がかりに、戦争・植民地遺跡の商品化過程におけるホスト／ゲスト間の記憶の拮抗、共振、感染、流用の諸相描写を試みた。それは、主として二つの問題に焦点を当てることでなされた。

第一に、満洲の記憶をめぐる日中間の「時差」の問題である。日本と中国は満洲観光のゲストとホストとして「再会」するまで長い空白期間が存在していた。大日本帝国の崩壊から国交回復に至るまでの断絶期間において、日中両社会ではそれぞれ「旧満洲」と「偽満」という相容れない二つの歴史観が形成されていた。続く国交回復後の一〇年間は、中国側による「歴史のタブー視」と「歴史問題の階級問題化」が行われた。この間、「旧満洲」と「偽満」の二つの歴史観はすれ違い続け、正面衝突することはなかった。冷戦構造やイデオロギーの相違により「再会」が遅延したこの空白と「時差」は、八〇年代に加速する日中間の記憶の共時性を考えるための前提となっている。

第二に、観光現場で顕在化する記憶間の相互作用の問題である。一九八二年に起こった教科書問題や「満州建国の碑」建立騒動への反発、さらに天安門事件後に強調された愛国主義教育を契機に、中国における歴史をめぐる言説空間は、「階級」から「国家」「民族」へと転換した。「勿忘国恥」をスローガンに掲げた戦争記念館の建設は、「旧満洲」に対抗する「偽満」史観の表面化を象徴している。こうした記憶の拮抗が進む一方、経済建設と観光振興が積極的に推進されていく中、「旧満洲」に共鳴するアカシア祭の誕生や、「旧満洲」との感染回路を持つ「老満洲」式写真集・写真展の出現、さらには「旧満洲」の記憶を流用した「偽・偽満洲」式「新亜細亜号」など、さまざまな記憶のバリエーションも生み出されてきた。戦争・植民地遺跡の商品化においては、国家のみならず、地方自治体や旅行社、文化エリート、さらにはＪＡＬのようなグローバルな観光資本に至るまでの多様な主体が、記憶のありように影響を与えていることが指摘できる。

日中の「再会劇」は、満洲観光を舞台に繰り広げられている。本章では「再会」の道程を照射することによって、戦争や植民地の記憶が単なる硬直した静態的なものではなく、「時差」を内包しつつ相互に影響しあい、日々変化する動態的なものであることを明らかにした。これらの記憶にこびりつくポストコロニアルな残滓は、当該社会の内部に閉じられた孤立・断片化されたものとしてではなく、グローバルな資本と権力の中で連動する一体のものとして浮き彫りにする必要がある。日中の「再会」に踏み込むことは、依然として両者間に残る歴史のわだかまりを解消するための有効な手がかりを提供するであろう。

終　章

本書ではこれまで、一九〇六年以降、約一世紀にわたる満洲ツーリズムの歴史を辿ってきた。その歴史の中で見えてくるのは、単なる観光活動ではなく、帝国の構築や維持、そして人々の記憶に深く関わる政治的・文化的な動きである。満洲という土地は、支配と被支配、記憶と忘却、近代化の夢とその裏に潜む矛盾が交錯する舞台であった。観光という営みは、その空間を単に「訪れる」だけでなく、そこに新たな意味や物語を刻み込み、帝国のアイデンティティを形成し、時には再構築する力を持っていた。

終章では、「観光を生み出す政治」と「観光が生み出す政治」の相互作用に着目し、観光という視点を通して、満洲がいかに帝国支配の象徴となり、またその後の記憶の中でどのように再構築されていったのかを探っていく。観光という切口から浮かび上がるのは、歴史の表層に隠された支配と記憶の再生産のメカニズム、そして観光がもたらす「まなざし」が生み出した多層的な物語である。

一　「帝国の舞台装置」——観光を生み出す政治とポスト帝国の記憶再編

戦前、日本による満洲の植民地支配の中で、観光は単なる娯楽の手段にとどまらず、帝国の支配と理念を広め、帝国意識を植え付けるための重要な装置として機能していた。

戦前の満洲観光において、特に重要な役割を担ったのが「代理ホスト」である。満洲には、本来の意味での「ホスト」と呼べる存在が欠けていた。実際、満洲の主権を持つべき中国はその権力を十分に行使できず、その空白を埋める形で日本陸軍が観光の道を切り開き、後に満鉄やＪＴＢ大連支部が観光業を支配した。また、在満洲の県人会や校友会が、送迎、招宴、案内などの役割を積極的に担った。

この「代理ホスト」には、主に三つの重要な機能があった。第一に、満洲の風土や歴史文化を帝国の視点で再解釈し、満洲を「父祖の血が流れた土地」として位置付け、帝国日本にとって特別な意味を持つ地として認識させることであった。これにより、満洲は単なる帝国の支配地にとどまらず、尊敬と崇敬の念を込めて巡礼すべき「父祖の地」として生まれ変わり、旅行者にとって神聖視される対象となった。第二に、同郷者や同窓生を中心とした「帝国のネットワーク」を活用することによって、旅行者に感情的な価値を提供し、彼らとの深い絆を築くことである。この絆を通じて、旅行者は異郷でありながら故郷のような親近感を抱き、満洲の地を特別な場所として捉えるようになった。第三に、観光開発や観光空間の支配を通じて、満洲の主権を象徴的に掌握し、満洲を帝国日本の一部として位置付け、さらには日本の発展と繁栄を象徴する「憧れの地」として再定義することであった。

戦後の満洲観光は、日中両国の歴史認識の違いや政治的な意図が絡み合いながら進行した。まず、日本側の観光市場では、戦後の「満洲」という概念が過去の支配と切り離せない形で扱われ、ノスタルジーの喚起が重要な役割を果たした。「旧満洲」や「郷愁」といった言葉が観光の広告やツアーに頻出するようになり、かつて満洲に暮らし、その地への帰属意識を持っていた人々が、帝国時代の記憶をよみがえらせながら現地を再訪する姿が見られた。この過程で、戦前に「代理ホスト」としての役割を担っていた一部の日本人は、戦後は「ゲスト」として、失われた故郷への再訪という形で観光活動に参加するようになった。

一方で、「ホスト」として復権した中国側では、一九八九年の天安門事件後に愛国主義教育が強化され、満洲に対する歴史認識の軸が「階級」から「国家」「民族」へとシフトした。この変化に伴い、「勿忘国恥」を掲げた戦争記念館の建設が進められ、「偽満」の歴史観が表面化した。また、戦争や植民地遺跡の商品化の過程では、「旧満洲」に共鳴するアカシア祭などの行事が誕生し、「旧満洲」の記憶を流用した「偽・偽満洲」式の観光商品や旅行パッケージが登場した。

これらは、満洲観光が国家の枠を超えて、地方自治体や旅行会社、さらにはグローバルな観光資本によって展開される様子を示している。日中双方の観光業者や地方自治体が記憶の再構築に影響を与えながら、観光という営為が「旧満洲」の記憶を流用し、観光資本の利益を追求する経済的側面も浮き彫りになった。

このように、戦前から戦後にかけて、観光は単なる娯楽活動にとどまらず、帝国の支配や「ポスト帝国」の記憶の再構築、さらにはそれを消費することによって新たな政治的・経済的関係を生み出していったのである。

二 「まなざしの交響曲」——観光が生み出す政治と経験の多層性

満洲観光は単なる観光という娯楽活動を超え、政治的・社会的な意図が絡み合った複雑な意味を持つものであった。観光が提供するのは単に風景や文化の体験ではなく、帝国の支配の正当化や歴史の再構築、さらには戦争の記憶の消費といった、深い政治的背景を帯びていた。特に、観光という場における多様な主体間、または各主体内で生じる葛藤は、「まなざしの交錯」として浮かび上がる。このまなざしの交錯こそが、観光が生み出す政治の核心を成し、その多層的な経験を形作ったのである。

戦前の満洲観光におけるまなざしの交錯は、非対称的な力関係の中での邂逅と密接に関わっていた。日本人観光客は、戦勝国民としての誇りを持ちながら、満洲を「楽土」として体験する一方で、現地の中国人との接触を通じて、支配の矛盾や異文化との対峙に直面していた。この不均衡な力関係の中で、観光客の反応はさまざまであり、帝国意識を強化する者もいれば、逆にその意識を相対化する者もいた。多くの観光記録では、満洲における日本の支配が引き起こす社会的不平等や、現地住民の生活条件に無意識に触れ、帝国のまなざしをあからさまにする記述が見受けられる。対照的に、戦争や支配の矛盾に直面した観光客の中には、その経験を通じて帝国意識に対する反省を促される場面もあった。

代理ホストとゲストのまなざしの交錯も、「観光が生み出す政治」の一環として、満洲観光における意識のズレとその政治的意味を浮き彫りにする重要な側面である。たとえば、在満県人会は、満洲観光を通じて、帝国の理念や政治的意義を旅行者に再認識させ、帝国の一部としての満洲の重要性を強調することを期待していた。しかし、満洲を単に異国の風景や名所を楽しむ場所として捉え、政治的な意義や帝国の視点に対してはあまり関心を示さない旅行者もいた。このようなまなざしの交錯は、観光がどのように帝国主義の枠組みと、個々の旅行者の認識や関心が交差する場となり、政治的な意図と個々の体験の間にどのような緊張が生まれるかを明示している。

ホスト社会である中国と日本人旅行者とのまなざしの交錯も興味深いものがある。満洲事変前夜、日本の旅行団が増加する中で、中国政府は、東北地方を列強に狙われた「危地」として認識し、その領有権を取り戻すための政治的意図を含んだ「東北旅行奨励策」を導入した。日本と中国のまなざしは、互いに交錯しながらも、根本的に対立する政治的意図を反映していた。日本側の観光客の視線は、帝国の支配を肯定するものであり、満洲をその象徴的な一部として捉えようとした。一方で中国側は、満洲を取り戻すための「正当性」を主張し、「反支配」の視線を通じてその領土を再定義しようとした。この交錯するまなざしは、観光という営為が政治的・歴史的な意識の形成に関与し、両国の対立を際立たせる役割を果たしていたことを示している。

戦後の満洲観光は、歴史認識や記憶の再構築をめぐるまなざしの交錯と、その中で生じるダイナミズムが特徴的であった。日本人観光客は、戦前に「楽土」として描かれた満洲への郷愁とともに再訪し、かつての支配者としての視線と、現在のゲストとしての立場との間で揺れ動いた。一方、ホストとなる中国側は、日本の植民地支配を「国辱」として記憶し、その視線には民族としての誇りの回復を目指す意識が込められていた。

この二つの異なるまなざしは、観光という場で交錯しながらも、時に緊張や反発、あるいは新たな共感や共振を生み出した。たとえば、日本人観光客が旧満洲の遺構を懐かしむ姿は、中国側にとっては過去の痛みを思い出させるものであり、一方でその遺構が中国国内で観光資源として活用されることは、経済発展や地域文化の再評価を促すというダイナミズムを生み出した。

この交錯は単なる対立にとどまらず、やがて「記憶の感染」や「記憶の流用」といった現象として現れた。日本人観光客の郷愁的な視線が、中国側の観光産業や歴史保存活動に影響を与え、「アカシア祭」のように新たな都市アイデンティティの創出につながった。また、写真集や観光ガイドにおいては、日本の視線を取り込みつつ、中国側が自らの歴史を再構築する試みも見られた。

このように、観光はまなざしの交錯によって静的な記憶を揺り動かし、支配と被支配、過去と現在、郷愁と反省が入り混じるダイナミックなプロセスを生み出した。戦前・戦後を通じて、満洲観光が示したのは、観光という行為が単なる娯楽や記憶の消費ではなく、歴史認識を再構築し、文化的・経済的価値を生み出す「政治的」な場であったということである。

三 「近代の万華鏡」——帝国、近代、観光の相互浸透

本書における「帝国」「近代」「観光」の関係性は、満洲ツーリズムがいかにして帝国の政治的、社会的背景を反映し、近代日本のアイデンティティの形成に寄与したのかを解き明かすものである。満洲観光は、帝国の支配と近代の発展が交差する場として機能し、観光という営為がいかにして政治的・社会的な意味を持っていたのかを理解するための鍵を提供する。

戦前の満洲観光は、帝国の拡大と近代化の一環として、鉄道網や交通インフラの整備、観光施設の開発が進められた。満鉄をはじめとする在満観光機関は、満洲を「近代的な楽土」として描き出し、満洲観光を通じてその近代化の成果を内外に示すことを目的とした。観光は、戦争の栄光や近代的な発展を宣伝し、観光客に「帝国の力」を体験させる手段

であった。満洲は単なる帝国の支配地ではなく、帝国日本の最先端の文明を示す「展望台」として描かれ、観光はその近代化の成果を祝う役割を果たした。鉄道での移動や豪華な宿泊施設は、日本の近代化の象徴であり、観光そのものが「文明化」の成果として示されたのである。

戦後の満洲観光は、近代化と植民地支配が複雑に絡み合った歴史を再認識し、再構築するプロセスを象徴している。観光は単なる「歴史の回顧」にとどまらず、帝国の経験とその記憶を再生産し、現代の日本社会における「近代」の意味や位置付けを問い直す手段となった。日本人観光客が再訪した満洲は、戦前の「楽土」としての栄光や近代化の成功体験と、戦争と支配の暗い記憶が交錯する多層的な場所であった。こうした観光の営為は、まなざしの交錯を通じて展開した。日本人観光客は、自らの歴史的経験を振り返る中で、近代化を成し遂げた元「支配者」としての視線と、戦後に新たに与えられた「ゲスト」としての視線の間で揺れ動いた。一方、ホストとしての中国側は、かつての植民地支配を記憶しつつ、観光資源として歴史を再構築し、経済的・文化的価値を引き出そうとする姿勢を示した。満洲という地における「近代」は、観光の中で新たに物語られ、過去と現在、支配と反発、郷愁と国恥が交錯するダイナミックな再構築の過程となったのである。

このように、満洲観光は、帝国、近代、観光という三つの要素が相互に浸透しあい、近代日本の歴史とアイデンティティを形作る重要な営為であった。観光を通じて、帝国と近代、支配と記憶が交錯し、満洲という地はその象徴的な舞台となったのである。

四 「経験の交差点」——重なりあう経験としての満洲観光

本書のテーマは日本人による満洲観光史であり、主に日本内地を出発地とする内地人の旅行を扱っている。しかし、帝国日本の植民地であった朝鮮半島や台湾を出発地とする朝鮮人や台湾人の満洲観光の重要性も無視できない。満洲観光は単なる日本と中国という二国間の出来事にとどまらず、帝国時代における東アジア全体の「重なりあう経験」を浮き彫りにする歴史的現象であったからである。特に、満洲修学旅行は日本内地のみならず、朝鮮や台湾の中等以上の教育機関でも実施されており、これらの旅行体験は、満洲が「帝国的経験」の一部として広く共有されていたことを示す重要なテーマであると認識している。本書を締めくくるにあたり、朝鮮や台湾からの満洲修学旅行について簡潔に触れたい。

1　朝鮮人の満洲修学旅行

朝鮮における満洲観光ブームは、日本内地におけるそれとほぼ同時期に発生している。一九二四年には、奉天を訪れた内地からの団体客が約三五〇〇人であったのに対し、朝鮮からは八〇四名が訪れ、これらは主に学生団体であったとされている。(1) また、一九二九年四～五月の『満洲日報』の記事を見ても、わずか二カ月間の報道だけで、日本人を主とする京城公立中学校、新義州公立中学校、大田公立中学校、釜山公立中学校、龍山公立中学校、光州公立中学校、大邱公立中学校、京城公立高等女学校、木浦公立高等女学校、朝鮮人を対象とした京城第一公立高等普通学校、京城第二公立高等普通学校、咸興公立高等普通学校、光州公立高等普通学校、松都高等普通学校、儆新学校、および日本人と朝鮮人共学の京畿公立商業学校、開城公立商業学校、元山公立商業学校、仁川公立商業学校の計一九校が満洲修学旅行を実施したことがわかる。(2)

一九三八年には、朝鮮の三四校から三三五二人が満洲修学旅行に参加しており、その中には師範学校、女子師範学校、農学校、水産学校、職業学校といった多様な教育機関も含まれている。(3) このことから、植民地朝鮮において、満洲修学旅行がさまざまな教育機関において広く行われ、教育活動の一環として定着していたことが明らかとなる。

一九三五年五月二八日、京城第一公立高等普通学校（朝鮮人向けの名門中学校）に通う三年生は、修学旅行から帰ってきた兄について日本語で日記に記した。兄の通っていた学校は不明だが、満洲を訪れていたという。「昨夜午後十一時頃、九日前程満洲見学旅行ヲ行ツタ兄サンガ帰ヘツテ来タ。今日ハ満洲御土産ノ絵葉書ヲ見タリ、又ロシヤ飴ヲ食ツタリシテ楽シク満洲ノ風ヲ聞ケタ」(4)。物質的な土産としての絵葉書やロシア飴を楽しんだだけでなく、兄の満洲での旅行談に喜びを込めて耳を傾ける様子が伝わってくる。これにより、満洲観光が単なる個人の経験にとどまらず、家族や周囲の人々にも共有される重要な文化的・社会的イベントであったことがうかがえる。

しかし、ここで満洲観光が朝鮮人生徒にとってどのような意味を持つのかを改めて考えてみる必要がある。兄の修学旅行体験に聞き入る彼の日記には、純粋な興奮とともに、自らの未来や置かれた状況に対する微妙な思いが感じられる。おそらく彼は兄から、満洲の近代的な発展ぶりや帝国日本の成功の象徴を聞いて、新たな可能性に胸を膨らませながらも、もし自分が満洲に足を踏み入れたら抱くであろう疑問や葛藤を無意識に想像していたのだろう。朝鮮人でありながら、帝国の一員として同化を求められ、日本語教育を受け、満洲開拓や日本の国策に協力することが奨励される一方で、彼自身が帝国の支配構造の中で周縁化される存在であるという矛盾が浮かび上がった可能性がある。さらに、兄の話を聞きながら、満洲の発展を思い描く一方、植民地朝鮮の現実——貧困と不平等——との対比が彼の心には、期待と不安、誇りと葛藤が入り混じる複雑な思いを生じさせたことだろう。日記の行間には、そうした多層的な感情がひそかに潜んでいるようにも思える。

2 台湾人の満洲修学旅行

地理的に満洲と接している朝鮮に対して、台湾は満洲から遠く離れているため、満洲修学旅行の規模は限定的であった。たとえば、一九三八年には、台北高等商業学校、嘉義中学校、台北商業学校、嘉義農林学校の四校から計一一九人のみが参加している(5)。台北高等商業学校は、高等商業学校ならではの特色として、毎年のように海外調査を実施しており、一九二三〜二七年、二九年、三二〜三四年、三七年、三八年、四〇〜四二年にかけて満洲を訪れていた(6)。また、嘉義中学校は一九三五年から三九年にかけて、満洲修学旅行を毎年実施していた(7)。嘉義農林学校は一九三七年から三九年にかけて満洲修学旅行を行った。[8] さらに、台北高等学校（一九二九年）、台北帝国大学附属農林専門部（一九三一年、三三年）、台北州立第一中学校（一九三三年、三五年、三九年）、台中州立台中商業学校（一九三九年）なども満洲旅行を行った記録が残っている。[9] このように、台湾における満洲修学旅行は朝鮮と比較して実施校が限られ、頻度も低かったものの、一定の規模で実施されていたことがわかる。

一方、台北高等商業学校や嘉義中学校、嘉義農林学校では、旅程として満洲単独ではなく、中国南部や日本内地も巡る長い旅を実施していたことが特色の一つである。このため、台湾の修学旅行は朝鮮のそれと比べ、旅行の範囲がより広範であったことがうかがえる。さらに、朝鮮の中等教育機関（商業学校を除く）が日朝別学制を採用していたのに対し、台湾の中等教育機関は日台共学制であったため、日本人と台湾人の生徒たちが寝食を共にしながら満洲を旅する様子が印象的である。このような交流を通じて、満洲修学旅行は日台の生徒たちにとって、絆を深め、共通の体験を共有する貴重な機会となったのである。

一九三六年、嘉義中学校修学旅行団の台湾人生徒の一人が、満鉄の列車で隣に座った満鉄社員に声をかけられた。台湾から来たことを知った満鉄社員は、台湾はバナナの味が美味しいなどと、お世辞とも受け取れる言葉を口にした。それに対し、台湾人生徒は「又彼氏の話を総合すれば、台湾は文化の余り進んでない、野蛮な所位に思つて居るやうである。一般に満洲に居る日本人は台湾に対して認識が不足であると思ふ」と感じ、その後、日本語で校友会誌にその思いを記した。満鉄社員の台湾に対する認識は限られたもので、バナナという単純なイメージに偏っていることに、彼は強い違和感を抱いたのである。[10]

この出来事は、帝国の植民地である台湾出身の「ゲスト」が、満洲という別の帝国の支配地で、満鉄社員という「代理ホスト」に向けた不信と懐疑のまなざしとして捉えることができる。表面的には友好的に見える会話であっても、その背後には植民地間の優劣意識や文化的偏見が潜んでいた。満鉄社員のお世辞の言葉は、台湾に対するステレオタイプに基づいており、台湾人生徒は自らが「未開な地の出身者」と見なされていることに不満と屈辱を感じたのである。こうした瞬間に、帝国支配の構造が「観光」という接触の場に浮かび上がった。満洲という地を訪れること自体が、観光客の立場や帝国内におけるヒエラルキーを明確にし、無意識のうちに支配と被支配の関係を再生産した。こうした植民地支配の現実が旅先の接触を通じて露呈し、再認識される過程こそ、「観光が生み出す政治」の力学を浮き彫りにしていたのである。

本書において筆者は、満洲観光を通じて、帝国と近代が織り成す複雑な政治性や歴史的記憶の多層性を解明し、東アジアにおける「経験の交差点」を浮かび上がらせることを試みた。満洲観光をめぐる本書の「旅」は、決して終わることなく続いていくだろう。観光という営みが、帝国の「残響」として、異なる時代や地域を越えて物語を紡ぎ出し、現代のわれわれにも新たな問いを投げかけ続けるからである。

満洲観光の歴史を紐解くことは、単なる過去の再現にとどまらない。当時の旅行者たちが抱えた未解決の問いや葛藤を掘り起こし、植民地支配の構造やアイデンティティの揺らぎ、異なる立場や経験が交錯する中で生じた複雑さを浮き彫りにする行為でもある。そうした問いや葛藤は、現代のわれわれにも、日中関係の歴史的背景や、東アジアにおける国家間の相互理解、あるいは異文化交流のあり方を見直す契機を与え、未来に向けた具体的な対話や協力の方向性を示唆している。

本書が提示したささやかな考察が、読者自身の思索と重なり合い、やがて新たな「旅」を生み出す一歩となることを願い、この論考を締めくくりたい。

注

[序章]

(1) ピアーズ・ブレンドン著、石井昭夫訳『トマス・クック物語――近代ツーリズムの創始者』中央公論社、一九九五年、一四～三八頁、三四三～三七六頁。

(2) 長永義正編『関東州経済図説 昭和十四年版』大連商工会議所、一九三九年、三頁、松本豊三編『南満洲鉄道株式会社三十年略史』南満洲鉄道株式会社、一九三七年、四六七頁。

(3) エドワード・W・サイード著、大橋洋一訳『文化と帝国主義1』みすず書房、一九九八年、三一頁。

(4) Mary Louise Pratt, *Imperial Eyes: Travel Writing and Transculturation*, N.Y.: Routledge, 1992, pp. 6-7.

(5) ジョルダン・サンド著、天内大樹訳『帝国日本の生活空間』岩波書店、二〇一五年、三頁。

(6) ケネス・ルオフ著、木村剛久訳『紀元二千六百年――消費と観光のナショナリズム』朝日新聞出版、二〇一〇年。

(7) Kate McDonald, *Placing Empire: Travel and the Social Imagination in Imperial Japan*, University of California Press, 2017.

(8) 千住一「日本統治下台湾・朝鮮・満洲における観光に関する研究動向」『奈良県立大学研究季報』二二巻二号、二〇一一年一月。

(9) 曽山毅『植民地台湾と近代ツーリズム』青弓社、二〇〇三年。

(10) 竹国友康『韓国温泉物語』岩波書店、二〇〇四年。

(11) 千住一、老川慶喜編『帝国日本の観光――政策・鉄道・外地』日本経済評論社、二〇二二年。

(12) 松重充浩「戦前・戦中期高等商業学校のアジア調査――中国調査を中心に」末廣昭編『岩波講座「帝国」日本の学知6 地域研究としてのアジア』岩波書店、二〇〇六年、阿部安成「大陸に興奮する修学旅行――山口高等商業学校がゆく「満韓支」「鮮満支」」『中国21』二九号、風媒社、二〇〇八年三月。

(13) 長志珠絵「「満洲」ツーリズムと学校・帝国空間・戦場」駒込武、橋本伸也編『帝国と学校』昭和堂、二〇〇七年、内田忠賢「奈良女高師の満州旅行に関する覚書――同時期の東京女高師の満州旅行と比較して」『奈良女子大学文学部研究教育年報』一九号、二〇二三年三月。

(14) 長谷川怜「満洲を旅した学生たち――旧制学習院の満洲修学旅行を事例として」伊藤真実子、村松弘一編『世界の蒐集』山川出版社、二〇一四年、長谷川怜「学生は大陸で何を見たか――神宮皇學館の海外修学旅行から」『日本歴史』八七二号、二〇二一年一月。

(15) 井澤直也「大陸への修学旅行と帝国日本」斉藤利彦編『学校文化の史的探究』東京大学出版会、二〇一五年。
(16) 宋安寧「広島高等師範学校における満韓修学旅行」『研究論叢』一二号、神戸大学教育学会、二〇〇五年一二月、宋安寧「兵庫県教育会による教員の「支那満鮮視察旅行」――「満洲国」建国直後を中心として」『社会システム研究』二一号、立命館大学社会システム研究所、二〇一〇年九月。
(17) 有山輝雄『海外観光旅行の誕生』吉川弘文館、二〇〇二年、一～八八頁。
(18) 荒山正彦「戦前期における朝鮮・満洲へのツーリズム――植民地視察の記録『鮮満の旅』から」『関西学院史学』二六号、一九九九年三月。
(19) 米家泰作「近代日本における植民地旅行記の基礎的研究――鮮満旅行記にみるツーリズム空間」『京都大学文学部研究紀要』五三号、二〇一四年三月。
(20) たとえば、竹内実『日本人にとっての中国像』(春秋社、一九六六年、一九六～三一三頁)や、范淑文「夏目漱石――漱石に語られる「満洲」像」(和田博文、黄翠娥編『〈異郷〉としての大連・上海・台北』勉誠出版、二〇一五年)などがある。
(21) 山﨑眞紀子、石川照子、須藤瑞代、藤井敦子、姚毅『女性記者・竹中繁のつないだ近代中国と日本――一九二六～二七年の中国旅行日記を中心に』研文出版、二〇一八年、張競『与謝野晶子の戦争と平和――戦乱期中国へのまなざし』東京大学出版会、二〇二四年。
(22) 和田桂子「満鉄と満洲イメージ」和田桂子編『コレクション・モダン都市文化82 満鉄』ゆまに書房、二〇一二年、七一九～七四二頁。
(23) 貴志俊彦『満洲国のビジュアル・メディア』吉川弘文館、二〇一〇年、三五～三九頁。
(24) 西原和海「満洲における弘報メディア――満鉄弘報課と『満洲グラフ』のことなど」『國文學 解釈と教材の研究』五一巻五号、二〇〇六年五月、白戸健一郎「中国東北部における日本のメディア文化政策研究序説――満鉄弘報課の活動を中心に」『京都大学生涯教育学・図書館情報学研究』九号、二〇一〇年三月。
(25) たとえば、坂部晶子『「満洲」経験の社会学』(世界思想社、二〇〇八年、一三七～一六七頁)や、高山陽子「文化資源としての戦跡――旅順の事例を中心に」(塚田誠之編『民族文化資源とポリティクス』風響社、二〇一六年)などがある。
(26) Yukiko Koga. *Inheritance of Loss: China, Japan, and the Political Economy of Redemption after Empire*, University of Chicago Press, 2016.
(27) 高媛「記憶産業としてのツーリズム――戦後における日本人の「満洲」観光」『現代思想』二九巻四号、二〇〇一年三月、高媛「「国恥」と観光――旅順の歴史景観と戦争記憶の商品化」同時代史学会編『日中韓ナショナリズムの同時代史』日本経済評論社、二〇〇六年。
(28) バレーン・L・スミス編、三村浩史監訳『観光・リゾート開発の人類学』勁草書房、一九九一年、六三頁、三七二頁。
(29) 「権威の潜在的代行者」は、サイードが、『アラビアン・ナイト』の訳者で知られる大英帝国の探検家であるリチャード・フランシス・

バートンに対して用いた言葉である。エドワード・W・サイード著、今沢紀子訳『オリエンタリズム』上、平凡社、一九九三年、四四五頁。

(30)『観光』八巻一号、国際観光協会、一九四〇年一月、一一四頁。

(31)井上萬壽藏『観光読本――観光事業の理論と問題』無何有書房、一九四〇年、一三頁。

(32)『大連新聞』一九二一年九月九日三面。

(33)「満洲旅行の栞 六大都市観光案内」『新満洲』三巻一一号、満洲移住協会、一九三九年一一月、一六二頁。

［第1章］

(1)眞下飛泉作歌、三善和気作曲『学校及家庭用言文一致叙事唱歌第三篇 戦友』五車楼、一九〇五年九月一二日発行、一九〇七年七月九日六七版。

(2)中見立夫『「満蒙問題」の歴史的構図』東京大学出版会、二〇一三年、八頁。

(3)大谷幸太郎「「辺界」から「大富源」へ――日露戦争前夜の満州ヴィジョン」『比較文学』三八巻、日本比較文学会、一九九六年三月、九三頁。

(4)間宮林蔵述、村上貞助編、洞富雄、谷澤尚一編注『東韃地方紀行』平凡社、一九八八年、一三五～一四八頁。

(5)黒龍会本部編『西南記伝 上巻二』黒龍会本部、一九〇八年、「附録」二二一～六〇頁、田口稔『満洲地理点描』満鉄社員会、一九三九年、三七八～三八〇頁。

(6)『満洲紀行』(全四冊)、参謀本部、発行年不詳。安達将孝「参謀本部編『満州紀行』」軍事史学会編『軍事史学』三七巻二・三合併号、錦正社、二〇〇一年一〇月、山室信一「文化相渉活動としての軍事調査と植民地経営」『人文学報』九一号、京都大学人文科学研究所、二〇〇四年一二月、二三六～二三七頁。

(7)永山武四郎『周遊日記』屯田兵本部、一八八九年、原田藤一郎『亜細亜大陸旅行日誌并清韓露三国評論』青木嵩山堂、一八九四年。

(8)原山煌「福島安正のシベリア単騎旅行に関する大衆メディアの諸相――絵図をめぐって」(平成一三・一四年度科学研究費補助金特定領域研究(A)(一一)「東アジアの出版文化」研究成果報告書)、二〇〇三年。

(9)西村時彦編、福島安正校閲『単騎遠征録』金川書店、一八九四年。

(10)『日清戦争実記』は、一八九四年八月三〇日に博文館によって創刊され、一八九六年一月七日まで計五〇編が発行された。写真銅板の印刷技術を採用したこの雑誌は、鮮明な人物写真と詳細な戦況記事が相俟って好評を博した。坪谷善四郎『博文館五十年史』博文館、一九三七年、八七～九〇頁。

(11)劉建輝「「満洲」幻想の成立とその射程」『アジア遊学』四四号、勉誠出版、二〇〇二年一〇月、五～六頁。

(12)石原重高編『東支鉄道を中心とする露支勢力の消長』上巻、南満洲鉄道株式会社、一九二八年、五一～五三頁。
(13)小越平陸『満州旅行記――一名白山黒水録』善隣書院、一九〇一年。
(14)『満州旅行記』の中の一篇「露西亜人の新都会」は、一九〇二年一二月に文学社より出版された和田万吉編『中学国語教科書』第九巻第三課に収録されている。田坂文穂編『旧制中等教育国語科教科書内容索引』教科書研究センター、一九八四年、七五頁。
(15)小越、前掲書、六～七頁。
(16)小越、前掲書、一八〇頁。
(17)戸水寛人『東亜旅行談』有斐閣書房、東京堂、一九〇三年、一二六～一二七頁。
(18)大谷、前掲文、九九～一〇一頁。
(19)向後恵里子「日露戦争における海軍艦船満州丸の観戦行について」『表象・メディア研究』三号、早稲田表象・メディア論学会、二〇一三年三月、一三一～一三二頁。
(20)向後、前掲文、一三六～一三七頁。
(21)志賀重昂『大役小志』博文館、東京堂、一九〇九年、二頁。
(22)志賀、前掲書、六四頁。
(23)志賀、前掲書、七七～七八頁。
(24)満洲丸の旅から帰った一カ月後の一九〇四年八月、志賀は政界での豊富な人脈を活かし、陸軍省から特別許可をもらい、ロシア軍の旅順要塞を攻囲する乃木希典の第三軍司令部に従軍することになった。二〇三高地、東鶏冠山北砲台での激戦を経験し、さらに旅順陥落を見届けたあと、一九〇五年一月下旬に帰国の途についた。志賀、前掲書、「例言」二～三頁、一〇九～四〇一頁。
(25)「拿捕船満洲丸二(一〇)」JACAR(アジア歴史資料センター)Ref. C09020150900、明治三七～三八年 戦時書類 巻八五 拿捕船満洲丸二止(防衛省防衛研究所)、第三～八画像目。
(26)『読売新聞』一九〇五年一月一五日二面。
(27)京城と釜山を結ぶ京釜鉄道は、日清戦争中の一八九四年に日本が敷設権を獲得し、一九〇一年に日本の民間会社・京釜鉄道株式会社が敷設事業にあたった。日露戦争開戦前に、日本政府の命令によって工事が急ピッチで進められ、一九〇五年一月に開業した。
(28)『東京朝日新聞』一九〇五年五月六日七面。
(29)中林友信「満州視察談(上)」『茅渟の海』一七号、大阪府立堺中学校々友会、一九〇五年一二月、中林友信「満洲視察談(下)」『茅渟の海』一八号、大阪府立堺中学校々友会、一九〇六年七月、松本政春「日露戦争と堺中学校」『社会科研究』三七号、大阪府高等学校社会科研究会、一九九四年、八頁。

(30) 鵜飼退蔵『韓満行日記』鵜飼退蔵、一九〇六年、六一〜六二頁。
(31) 「満韓経済事情」は一九〇五年七月一〇日から七月二三日までの『芸備日日新聞』紙上にいずれも一面で毎日欠かさず連載された。
(32) 『芸備日日新聞』一九〇五年七月一〇日一面。
(33) 『芸備日日新聞』一九〇五年七月二三日一面。
(34) 『読売新聞』一九〇五年一月五日二面。
(35) 『読売新聞』一九〇五年五月七日七面。
(36) 『東京朝日新聞』一九〇五年八月一七日四面。
(37) 松本敬之『富の満洲』言文社、一九〇四年、平山勝熊編『満洲及西伯利の富源』隆文館、一九〇四年、今井忠雄『東亜の大宝庫満洲案内』実業之日本社、一九〇四年。
(38) 西村駿次、山崎寛猛『最近調査満韓之富源』内外興業社、一九〇六年、茅村行客、今井忠雄編『満韓利源調査案内』独立堂奥出書店、一九〇六年、『満洲富源案内』遼東新報社、一九〇六年。
(39) 平野健一郎「「満州産業調査」(一九〇五年)について」近代日本研究会編『幕末・維新の日本』山川出版社、一九八一年、四四八頁。
(40) 『明治三十七八年戦役満洲軍政史』第一巻、陸軍省、一九一六年、一九一頁、一〇四九頁。
(41) 『明治三十七八年戦役満洲軍政史』第一巻、前掲書、一〇四九〜一〇五〇頁。
(42) 「満洲利源調査員所要経費に関する件」明治四一年「満大日記 六月上」JACAR(アジア歴史資料センター)Ref. C03027622500(防衛省防衛研究所)、第三二〜三九画像目。
(43) 『明治三十七八年戦役満洲軍政史』第一巻、前掲書、一〇五一〜一〇五四頁。
(44) 『明治三十七八年戦役満洲軍政史』第一巻、前掲書、一〇五四〜一〇六〇頁。
(45) 「満洲利源調査員所要経費に関する件」前掲文書、第八九〜九一画像目。
(46) 「満洲利源調査員所要経費に関する件」前掲文書、第八八画像目。
(47) 「満州視察の便宜」『東京経済雑誌』一三〇九号、経済雑誌社、一九〇五年一〇月二八日、三七頁。
(48) 『満洲産業調査資料(商業製造業)』関東洲民政署、一九〇六年、巻頭言七頁、『東京朝日新聞』一九〇五年一一月二九日三面。
(49) 『東京朝日新聞』一九〇五年一一月二九日三面。
(50) 『読売新聞』一九〇五年一一月二九日二面。
(51) 『満洲産業調査資料(商業製造業)』前掲書、巻頭言七頁。
(52) 『時事新報』一九〇六年七月四日四面の記事によれば、満洲利源調査者希望者に対して陸軍省が渡航許可を出した人数は、第一回が六

○○人余、第二回が四三○人余であるという。渡航許可を得たあと、種々の都合で渡航しなかった者を差し引いたうえで、実際の渡航者は一○○○人を下らないと推計されている。ちなみに、一九○六年四月までに、一二三名の実業家が陸軍の渡航許可を得て満洲での利源調査を行った。また、一九○五年一二月一日から翌年七月二日までに渡航許可を得た満洲利源調査員は計四二五人であったことが、吉良芳恵の研究によって判明している。「満洲利源調査の為府県実業家渡航せしめ度照会の件」JACAR（アジア歴史資料センター）Ref. C03027057400、明治三九年「陸満普大日記 満大日記 四月下」（防衛省防衛研究所）、第四画像目、吉良芳恵「日露戦後の「満洲利源調査」と浦賀」『市史研究横須賀』四号、横須賀市総務部総務課、二○○五年三月、四〜八頁。

(53) 『読売新聞』一九○三年一二月二九日一面、一九○八年一月二七日三面。

(54) 「満洲利源調査員村松万三郎より視察報告書提出の件」一九○六年六月一五日、明治三九年「満大日記 六月下」JACAR（アジア歴史資料センター）Ref. C03027164500、陸軍省―陸満普大日記（防衛省防衛研究所）。

(55) 『山陽新報』一九○六年八月七日一面、八月八日一面、八月九日一面、八月一○日一面、八月一四日一面、八月一五日一面、田中慎一「満韓視察員と韓国農業奨励組合」『北海学園大学経済論集』三八巻二号、一九九○年一二月。

(56) 「満韓産業視察報告書類」『貿易通報』一六巻一号、大阪商業会議所、一九○六年一一月、二二〜二五頁、同一六巻三号、一九○七年二月、一七〜一八頁、同一六巻四号、一九○七年三月、二三〜二五頁。

(57) 「満韓産業視察報告書類」『貿易通報』一六巻四号、大阪商業会議所、一九○七年三月、二四〜二五頁、『山陽新報』一九○六年六月二六日三面、六月二七日三面、六月三○日六面、津久居平右衛門「満洲利源調査報告」『横浜商業会議所月報』一一六号、横浜商業会議所、一九○六年六月、一九〜二二頁、同一一七号、一九○六年七月、一四〜一七頁。

(58) 『芸備日日新聞』一九○六年八月四日三面、八月五日三面、八月八日三面、『中国』一九○六年八月五日三面、八月六日一面、八月八日一面、八月一○日二面。

(59) 一九○五年一一月の時点で、実業家に与えられる便宜は、「汽船鉄道の無賃便乗及び宿泊食料等ハ各兵站部に於て之を供給する」と、汽船と鉄道の交通費、宿泊費および食費はすべて無料という内容であった。その後、満洲各地で兵站機関が撤去されたことにより、一九○六年四月頃からは、「御用船并ニ東清安東両鉄道ノ便乗若ハ場合ニ依リ宿舎ノ供給等ハ許可可相成候得共船内食料及食費其他ハ一切渡航者ニ於テ自弁スル儀」と改められ、宿舎の供給は「場合による」とされ、食費・食料はすべて自己負担となった。これにより、便宜の範囲は縮小されることになった。『読売新聞』一九○五年一一月一日二面、「満洲利源調査の為府県実業家渡航せしめ度照会の件」前掲文書、第二画像目、吉良、前掲文、四頁、九頁。

(60) 『山陽新報』一九○六年五月五日一面。

(61) 『佐賀新聞』一九○六年八月二四日二面。

(62)「聯合教育会紀事」『岡山県教育会誌』七四号、私立岡山県教育会、一九〇六年六月、三四頁、四二〜四三頁。
(63)津田利八郎編『東京便覧』明治協会、一九〇六年、二〇八〜二〇九頁、『東京朝日新聞』一九〇六年四月一九日六面、『都新聞』一九〇六年四月二七日五面。
(64)『東京日日新聞』一九〇六年四月二七日七面。
(65)『人民新聞』一九〇六年四月二七日三面。
(66)『読売新聞』一九〇六年四月二八日三面。
(67)『読売新聞』一九〇六年四月二四日一面。
(68)『時事新報』一九〇六年四月二六日七面。
(69)『報知新聞』一九〇六年四月二七日四面。
(70)ベルナール・コマン著、野村正人訳『パノラマの世紀』筑摩書房、一九九六年、四〜九頁。
(71)木村小舟『少年文学史 明治篇 別巻』童話春秋社、一九四三年、四七〇〜四七五頁。
(72)『国民新聞』一九〇六年四月二七日四面。
(73)『中央新聞』一九〇六年四月二七日三面。
(74)『東京日日新聞』一九〇六年四月二七日七面。
(75)津田編、前掲書、二〇九頁。
(76)『国民新聞』一九〇六年四月二七日四面。
(77)「観客」と「乗客」という二重の動的身体感覚に関する考察は、ヘイルズ・ツアーズに関する加藤幹郎の研究から示唆を得た。加藤幹郎『映画館と観客の文化史』中央公論新社、二〇〇六年、一七四〜一七六頁。
(78)津田編、前掲書、二〇八頁。
(79)ジャン・デ・カール著、玉村豊男訳『オリエント・エクスプレス物語――大陸横断寝台列車』中央公論社、一九八二年、一八一〜一八五頁。
(80)加藤、前掲書、一七四頁。
(81)小林一三『小林一三日記(一)』阪急電鉄株式会社、一九九一年、一五三頁。
(82)秩父宮雍仁親王『皇族に生まれて――秩父宮随筆集』渡辺出版、二〇〇五年、三一頁。
(83)『東京朝日新聞』一九〇六年一一月九日六面。
(84)津田編、前掲書、二〇九頁。

(85) 安藤仲太郎が一九〇七年九月二六日より「日比谷の観戦鉄道の跡」で歌舞伎の背景画を揮毫しはじめた、とのことから、観戦鉄道はその頃には閉館していたと推測される。安藤仲太郎「下加茂の背景に就て」『歌舞伎』九一号、歌舞伎発行所、一九〇七年一一月、二〇頁。
(86) 橋爪紳也『大阪モダン――通天閣と新世界』NTT出版、一九九六年、一一〇〜一一三頁。

【第2章】

(1) 『明治三十七八年戦役満洲軍政史』第一巻、陸軍省、一九一六年、六八頁、七八頁と七九頁の間の折込頁。
(2) 松本豊三編『南満洲鉄道株式会社三十年略史』南満洲鉄道株式会社、一九三七年、一頁。
(3) 吉見俊哉「メディア・イベント概念の諸相」津金澤聰廣編『近代日本のメディア・イベント』同文館出版、一九九六年、三〜五頁。
(4) 川上富蔵編『毎日新聞販売史――戦前・大阪編』毎日新聞大阪開発株式会社、一九七九年、一三四頁。なお、「桐原式」とは大阪毎日新聞社営業部長を務める桐原捨三が一九〇〇年から実施した、新聞に投票用紙を刷り込み、読者に投票イベントへの参加を促す販売拡張策のことを指している。津金澤聰廣「大阪毎日新聞社の「事業活動」と地域生活・文化――本山彦一の時代を中心に」津金澤編、前掲書、二一九〜二二〇頁、二二四〜二二六頁。
(5) 朝日新聞百年史編修委員会編『朝日新聞社史 資料編』朝日新聞社、一九九五年、三三〇頁。
(6) 川上編、前掲書、六〇四頁。
(7) 大阪本社販売百年史編集委員会編『朝日新聞販売百年史(大阪編)』朝日新聞大阪本社、一九七九年、一四四頁。
(8) 朝日新聞百年史編修委員会編『朝日新聞社史 明治編』朝日新聞社、一九九〇年、四九九頁。
(9) 石川周行『朝日新聞満韓巡遊船』東京朝日新聞会社、一九〇六年、一頁、朝日新聞社史編修室編『上野理一伝』朝日新聞社、一九五九年、六四〇頁。
(10) 『東京朝日新聞』一九〇六年六月二二日二面、『大阪朝日新聞』一九〇六年六月二二日一面。
(11) 『東京朝日新聞』一九〇六年六月二三日二面。
(12) 『大阪朝日新聞』一九〇六年六月二四日九面。
(13) 『満洲富源案内――附対清日本商工大家集』遼東新報社、一九〇六年、三四頁。
(14) 『大阪朝日新聞』一九〇六年六月二五日一面。
(15) 上田卓爾「明治期を主とした「海外観光旅行」について」『名古屋外国語大学現代国際学部紀要』六号、二〇一〇年三月、五六〜六一頁。
(16) 『清国商工業視察勧誘広告』一八九九年七月〔チラシ〕、「石田喜兵衛氏の清国視察談」『大日本織物協会会報』一六二号、大日本織物協会、一九〇〇年四月、一四九～一五四頁。
(17)『日本旅行百年史』株式会社日本旅行、二〇〇六年、三四頁。なお、一九〇五年創業当初は特に「日本旅行会」の名称は用いず、この商号がつけられたのは大正初期のことである。
(18)『東京朝日新聞』一九〇六年七月一五日二面。
(19)『大阪朝日新聞』一九〇六年六月二二日一面。
(20)『大阪朝日新聞』一九〇六年六月二二日一面。
(21) 有山輝雄『海外観光旅行の誕生』吉川弘文館、二〇〇二年、四七頁。
(22)『東京朝日新聞』一九〇六年六月二七日二面。
(23) 石川、前掲書、四～五頁。
(24)『大阪朝日新聞』一九〇六年七月一日二面。
(25)『大阪朝日新聞』一九〇六年七月一〇日二面。
(26)『東京朝日新聞』一九〇六年七月一四日二面。
(27) 石川、前掲書、七頁。
(28)『東京パック』二巻一三号、有楽社、一九〇六年七月一日。
(29) 石川、前掲書、八頁。
(30)『都新聞』一九〇六年六月二三日二面。
(31)『人民新聞』一九〇六年六月二三日一面。
(32)『九州日日新聞』一九〇六年七月二四日二面。
(33)『東京朝日新聞』一九〇六年六月二七日二面、『大阪毎日新聞』一九〇六年六月二七日二面。
(34)『大阪毎日新聞』一九〇六年八月一八日二面。
(35) 石川、前掲書、九頁。
(36)『大阪朝日新聞』一九〇六年六月二二日一面。
(37) 朝日新聞写真班撮影『ろせつた丸満韓巡遊紀念写真帖』東京朝日新聞会社、一九〇六年。
(38)『東京朝日新聞』一九〇六年一一月一一日一面。
(39) 石川、前掲書。
(40) 石川、前掲書、「会員名簿」一～八頁。

(41)『東京朝日新聞』一九〇六年七月一八日二面。
(42)『大阪朝日新聞』一九〇六年七月一日一一面。
(43) 一九〇六年の東京朝日新聞の発行部数は九万六四七五部で、大阪朝日新聞の発行部数は一二万一八〇〇部である。朝日新聞百年史編修委員会編、前掲書、三三〇頁。
(44) 有山によると、『大阪朝日新聞』は関西地区で『大阪毎日新聞』とほぼ寡占状態を形成しているのに対し、関東ではほかの有力紙も多いため、『東京朝日新聞』の読者占有率はそれほど高くなかった。有山、前掲書、四二頁。
(45) 石川、前掲書、二九九頁。
(46)『大阪朝日新聞』一九〇六年七月一六日一面、七月二三日一面、石川、前掲書、一一一頁、「会員名簿」一～八頁。
(47)『東京朝日新聞』一九〇六年七月二二日三面、一〇月一五日四面。
(48)『大阪朝日新聞』一九〇六年七月一九日一面、石川、前掲書、一一一頁、「会員名簿」一～八頁。
(49) 石川、前掲書、一一〇頁。
(50)「清水智光君の満韓談」『大阪経済雑誌』一四年一一号、大阪経済社、一九〇六年九月、三七頁。
(51) 碎玉生「満韓巡遊ろせつた赤毛布」『龍門雑誌』二二〇号、龍門社、一九〇六年九月、二九～三〇頁、石川、前掲書、「会員名簿」二頁。
(52)『東京朝日新聞』一九〇六年六月三〇日二面。
(53) 石川、前掲書、五二～五三頁、五九頁。
(54)「鉄道乗車に関する件」JACAR(アジア歴史資料センター)Ref. C03027204900、明治三九年「満大日記 七月全」(防衛省防衛研究所)、第一〇～一一画像目。
(55)『東京朝日新聞』一九〇六年六月三〇日二面。
(56)『東京朝日新聞』一九〇六年七月一六日二面。
(57) 別働隊として、朝日新聞社の社員一人が旅行者中の有志一三人を率いて、平壌から京義鉄道と安奉線を利用して陸路で奉天に入り、そこから南下し南関嶺駅で本隊と合流した。石川、前掲書、一九六～二二五頁。
(58) 石川、前掲書、一三七～一三九頁。
(59)『東京朝日新聞』一九〇六年七月一九日二面。
(60) 石川、前掲書、一七七頁。
(61) 石川、前掲書、一七八～一七九頁。
(62) 石川、前掲書、二二九頁。

(63) 石川、前掲書、一七六頁。
(64) 『明治三十七八年戦役満洲軍政史』第六巻、陸軍省、一九一七年、三六五〜三六六頁。
(65) 石川、前掲書、一八二〜一八五頁。
(66) 石川、前掲書、一九一頁。
(67) 石川、前掲書、一九二頁。
(68) 石川、前掲書、一九三〜一九五頁。
(69) 旅順民政署編『旅順要覧』興文会、一九二七年、一〇二頁。
(70) 振東学社『雪斎遺稿』振東学社、一九三三年発行、一九三七年再版、六九八頁。
(71) 石川、前掲書、二二八頁。
(72) 石川、前掲書、二三一〜二三二頁。
(73) 石川、前掲書、二三五頁。
(74) 石川、前掲書、二四四頁。
(75) 伊藤武一郎『満洲十年史』満洲十年史刊行会、一九一六年、一四四〜一四五頁。
(76) 松尾為作『南満洲ニ於ケル宗教概観』教化事業奨励資金財団、一九三一年、四二〜四七頁。
(77) 『東京朝日新聞』一九〇六年八月二五日三面。
(78) 石川、前掲書、一四三頁。
(79) 藤村徳一、奥谷貞次編『満洲紳士録 前編』奥谷貞次、一九〇七年、九四〜九六頁、広告頁。
(80) 伊藤、前掲書、四九七頁。
(81) 石川、前掲書、一四四〜一五〇頁。
(82) 石川、前掲書、一五九頁、一七九〜一八〇頁、一八六頁、二二七頁。
(83) 石川、前掲書、一八〇頁。
(84) 石川、前掲書、三〇一頁。
(85) 塚瀬進『満洲の日本人』吉川弘文館、二〇〇四年、六〜一三頁。
(86) 『東京朝日新聞』一九〇五年七月二六日五面。
(87) 『東京朝日新聞』一九〇六年一月二六日四面。
(88) 長谷寶秀「満韓修学旅行談」『六大新報』一六〇号、六大新報社、一九〇六年九月二日、一〇頁。

(89) 安孫子凡楽、田中大楽「満韓巡遊たより」『手紙雑誌』三巻九号、有楽社、一九〇六年九月、四九頁。
(90) 「中村三郎君の満韓談」『大阪経済雑誌』一四年一一号、前掲誌、三五頁。
(91) 石川、前掲書、二九一頁。
(92) 「竹内重固君の満韓談」『大阪経済雑誌』一四年一一号、前掲誌、三七〜三八頁。
(93) 石川、前掲書、二九九頁。
(94) 碎玉生「満韓巡遊ろせつた赤毛布(四)」『龍門雑誌』二二三号、龍門社、一九〇六年一二月、三八〜三九頁。
(95) 石川、前掲書、一七九頁。
(96) 石川、前掲書、二三〇頁。

[第3章]

(1) 一九〇六年当時の新聞記事では、「満韓修学旅行」のほかに、「満韓旅行」、「満韓視察」などの表現も用いられていたが、本書では、一九〇六年六月二九日の陸軍省の文書に従い、「満韓修学旅行」に統一する。「学校生徒満韓修学旅行に関して」JACAR(アジア歴史資料センター)Ref. C06041373500、「明治三九年六月七月八月分 第六号臨時書類綴 参謀本部副官」(防衛省防衛研究所)。
(2) 我羊生「満洲所感(其二)」『東亜の光』一巻五号、弘道館、一九〇六年九月、九八頁。
(3) 『東京高等師範学校沿革略志』東京高等師範学校、一九一一年、三七〜三八頁。
(4) 『文部省第十五年報(明治二十年分)』文部省、一八八八年一二月、五一頁。
(5) 曽山毅「明治中期に形成された修学旅行と行軍の分離」『玉川大学観光学部紀要』七号、二〇二〇年三月。
(6) 「東京府外九県の学事実況六十九件」『教育報知』五三一号、東京教育社、一八九六年一一月二八日、二二頁。
(7) 永野耕造編『日本商業学校一班』永野耕造、一九〇六年、一七〜一八頁。
(8) 長商創立七十五周年記念誌編集員会編『長商卒業生の生活と意見――母校の歩みに因んで』長商創立七十五周年記念事業協賛会、一九六一年、二二一頁。
(9) 長商創立七十五周年記念誌編集員会編、前掲書、二一八〜二一九頁。
(10) 長崎商業学校のほかに、一九〇六年までに以下の学校による海外修学旅行の実施が確認できている。上海方面へは、熊本商業学校(一八九八年、一八九九年、一九〇一年、一九〇四年、一九〇五年)、兵庫県立神戸商業学校(一八九九年)、鹿児島商業学校(一九〇一年)、横浜商業学校(一九〇一年)、広島商業学校(一九〇一年)、京都市立商業学校(一九〇一年、一九〇二年)が挙げられる。韓国方面へは、熊本商業学校(一九〇〇年)、福岡市立福岡商業学校(一九〇二年、一九〇三年)、四日市市立商業学校(一九〇二年)、和歌山市立和歌山商業学校

（一九〇五年）、神戸高等商業学校（一九〇五年）、大阪高等商業学校（一九〇五年）などが修学旅行を実施した。また、台湾へは一九〇三年に横浜商業学校が、天津へは一九〇五年に神戸高等商業学校がそれぞれ修学旅行を実施した。商業学校や高等商業学校以外に、岡山県の私立関西中学校は、一九〇二年に韓国と米国へと二回にわたって海外修学旅行を実施した。『熊本県立商業学校一覧（明治三十九年度）』熊本県立商業学校、一九〇七年、一〇〇～一〇一頁、岡本米蔵『修学行商日記』培風館、一九〇〇年発行、一九一八年二一版、一一五～一四三頁、永野編、前掲書、二一頁、上野正澄編『福商六十年史』福岡市立福岡商業高等学校、一九五九年、五五～五六頁、六七～六九頁、神戸高等商業学校『韓国旅行報告書・天津雑貨視察復命書』一九〇六年、市立大阪高等商業学校編『市立大阪高等商業学校三十五年史』市立大阪高等商業学校同窓会、市立大阪高等商業学校校友会、一九一五年、一〇四頁、「関西中学校の海外修学旅行」、「学生の南清旅行」『教育界』二巻一号、金港堂書籍株式会社、一九〇二年一一月、一四一頁、王莞晗「20世紀初頭、九州地方に於ける海外修学旅行記録――商業学校を中心に」『近現代東北アジア地域史研究会ニューズレター』二四号、二〇一二年一二月、関儀久「明治期の地方商業学校に於ける海外修学旅行について――熊本商業学校・函館商業学校の事例を中心に」『教育学研究』八二巻二号、日本教育学会、二〇一五年六月、三〇〇頁。

(11) 坪谷善四郎『博文館五十年史』博文館、一九三七年、八七～九〇頁、一七一～一八四頁。

(12) 葛生能久『東亜先覚志士記伝』下巻、黒龍会出版部、一九三六年、五九四頁。

(13) 坪谷、前掲書、一七五頁。

(14) 有賀長雄「旅順と修学旅行」『日露戦争実記』七五編、博文館、一九〇五年六月一三日、七～八頁。

(15) 八木奘三郎『学生必携修学旅行案内』博文館、一九〇五年、六七〇～六七八頁、白幡洋三郎『旅行ノススメ』中央公論社、一九九六年、一二四～一二五頁。

(16) 『日露戦争実記』一一〇編、博文館、一九〇五年一二月二三日、一二八頁。

(17) 『鹿児島実業新聞』一九〇六年二月三日五面。

(18) 草薙金四郎「西讃出身の勤王家岩崎筑前介」『讃岐史談』一巻一号、讃岐史談会、一九三六年六月、五四～九三頁、岩崎行義編『岩崎行親』松下兼知、一九七四年、一七～二一頁、三一～三三頁。

(19) 内村鑑三『内村鑑三著作集 第一巻』岩波書店、一九五三年、四〇四頁。

(20) 宮部金吾「故岩崎行親君小伝」岡積勇輔編『岩崎嶽東先生詩歌小集』敬天舎、一九二九年、ページ付なし。

(21) 八串生「予想外」『学友会雑誌』八号、第七高等学校造士館学友会、一九〇七年二月、「附録」四九頁。

(22) 『鹿児島実業新聞』一九〇六年四月二八日五面。

(23) 『鹿児島実業新聞』一九〇六年五月一一日五面。

(24) 岩崎行親「感想談」永吉實宏編『記念誌』第七高等学校記念祝賀会、一九二六年、三四三～三四六頁。

(25) 西園寺首相の満洲視察は四月一五日から五月一五日までで、かつ岩崎が東京出張から鹿児島に戻ったのは五月二九日とあることから、岩崎と寺内との面会日は五月一六日から二八日の間であったと推定される。中山治一「西園寺首相の満洲旅行について――日露戦後の満洲問題、その二」『人文研究』一三巻七号、大阪市立大学文学会、一九六二年八月、一四頁、『鹿児島新聞』一九〇六年六月一日二面。
(26) 『東京朝日新聞』一九〇六年二月一一日六面、五月二三日二面、『読売新聞』一九〇六年四月二七日一面。
(27) 『官報』六八八二号、一九〇六年六月九日、二七三頁。
(28) 杉原の満洲視察期間は以下の新聞記事による。『東京朝日新聞』一九〇六年四月二九日二面、六月一〇日二面。
(29) 『読売新聞』一九〇六年六月一二日一面。
(30) 『読売新聞』一九〇六年六月一七日一面。
(31) 杉原栄三郎『清韓実業管見』杉原商会、一九〇六年、五三～五六頁。
(32) 「学校生徒満韓修学旅行に関して」前掲文書、「満韓地方に修学旅行をする者の取扱」JACAR(アジア歴史資料センター)Ref. C06041373600、「明治三九年六月七月八月分 第六号臨時書類綴 参謀本部副官」(防衛省防衛研究所)、『大阪朝日新聞』一九〇六年六月三〇日二面。
(33) 『読売新聞』一九〇六年六月三〇日二面、『萬朝報』一九〇六年六月三〇日二面。なお、六月二七日に、『東京朝日新聞』と『大阪毎日新聞』はいち早く、陸軍省が満韓旅行団体のために御用船などの便宜を提供すると報じてはいたが、正式発表前の噂情報のためか、両方とも数行程度の短い記事に止まり、実施の詳細については不明のままであった。『東京朝日新聞』一九〇六年六月二七日二面、『大阪毎日新聞』一九〇六年六月二七日二面。
(34) 『大阪朝日新聞』一九〇六年七月一日二面。
(35) 『読売新聞』一九〇六年七月三日二面。
(36) 「雑報」『巌手学事彙報』七六八号、盛岡市九皐堂、一九〇六年七月一五日、二二～二五頁。
(37) 『岐阜日日新聞』一九〇六年七月一一日二面、『時事新報』一九〇六年七月一三日三面、『福岡日日新聞』一九〇六年七月二五日三面。
(38) 『読売新聞』一九〇六年七月三日二面。なお、当時、エリートといわれる帝国大学、高等師範、高等工業、高等商業といった官学出身者の初任給は二五円乃至六〇円であり、薄給といわれる小学校教員の平均月給は一二円乃至二〇円である。三〇円の旅費は官学出身者の初任給の半月分から一・二カ月分、小学校教員の平均月給の一・五カ月分から二・五カ月分に相当する。世外生『全国直轄学校入学案内』大学館、一九〇七年、九～一〇頁、『読売新聞』一九〇六年六月二八日二面。
(39) Y生「満州旅行」『校友会雑誌』四二号、東京開成中学校校友会、一九〇六年一二月、八三頁。
(40) 竹下豊次「七高の想い出」第七高等学校造士館同窓会編『七高思出集 後篇』第七高等学校造士館同窓会、一九六三年、一一〇頁。

(41) 『読売新聞』一九〇六年六月三〇日二面。
(42) 「雑報」前掲文、二二三～二二四頁。
(43) 『読売新聞』一九〇六年七月三日二面、「雑報」前掲文、二二一～二二三頁。
(44) 『信濃毎日新聞』一九〇六年七月七日二面、『京都日出新聞』一九〇六年七月一〇日一面、『都新聞』一九〇六年七月一三日二面。
(45) 『東京朝日新聞』一九〇五年一一月二五日四面。
(46) 「教育者満韓地方視察に便宜を与へらる」『岡山県教育会誌』七五号、私立岡山県教育会、一九〇六年七月、五一～五二頁、北野霞山「満韓視察の夢」『長崎県教育雑誌』一七〇号、長崎県教育会、一九〇六年九月、二九頁。
(47) 『静岡民友新聞』一九〇六年七月六日一面。
(48) 『岩手日報』一九〇六年七月一四日二面。
(49) 『埼玉新報』一九〇六年七月二四日二面。
(50) 『岐阜日日新聞』一九〇六年七月一八日五面。
(51) 『京都日出新聞』一九〇六年七月一八日一面、『大阪朝日新聞』一九〇六年七月一八日欄外記事、『山陽新報』一九〇六年七月一八日一面、『中国』一九〇六年七月一八日一面。
(52) 『東奥日報』一九〇六年七月一三日二面。
(53) 「満韓渡航者勧誘」『信濃教育会雑誌』二三八号、信濃教育会事務所、一九〇六年七月、四三頁、『信濃毎日新聞』一九〇六年七月一〇日三面。
(54) 『東京朝日新聞』一九一四年三月三〇日三面。
(55) 『読売新聞』一八九六年八月二〇日一面。
(56) 『信濃毎日新聞』一九〇六年七月一九日二面。
(57) 「満韓旅行者の記念」『信濃教育会雑誌』二四一号、信濃教育会事務所、一九〇六年一〇月、三三頁、『満韓旅行紀念名簿』一九〇六年。
(58) 『学友会々報』六号、福岡市立福岡商業学校学友会、一九〇七年二月、目次、九三頁、一三三頁。
(59) 『琉球新報』一九〇六年七月二一日二面、八月二四日一面、「中学校彙報」『沖縄教育』七号、沖縄教育会、一九〇六年九月、七頁。
(60) 田淵友彦『満韓旅行記』時習舎、一九〇七年、「叙言」一頁、(本文)一～二頁。
(61) 東京高等師範学校修学旅行団記録係編『遼東修学旅行記』東京高等師範学校修学旅行団記録係、一九〇七年、一頁、『満韓修学旅行記念録』広島高等師範学校、一九〇七年、三～六頁。
(62) 一九〇六年度の両高等師範学校の学生数は九三八人、教員数は一二〇人である。『日本帝国文部省年報第三十七年報 自明治四十二年至

明治四十三年 上巻』文部大臣官房文書課、一九一一年、八四〜八五頁。
(63)『日本帝国文部省年報第三十七年報 自明治四十二年至明治四十三年 上巻』前掲書、八四〜八五頁。
(64)「満韓旅行記事」『校友会誌』三〇号、秋田県師範学校校友会、一九〇七年三月、「附録」二一〜二二頁。
(65)表3－1に基づいて計算した。滋賀県、京都府、大阪府、高知県、大分県の小学校数は不明であるが、便宜上小学校教員数をもとに一人一校と計算した。また、鳥取高等小学校の教員数は不明であるが、便宜上一人と計算した。
(66)一九〇六年度の全国小学校は二万七二六九校、小学校教員数は一一万六〇七〇人である。『日本帝国文部省年報第三十七年報 自明治四十二年至明治四十三年 上巻』前掲書、八四〜八五頁。
(67)『萬朝報』一九〇六年七月五日二面、『大阪朝日新聞』一九〇六年七月一七日一一面、『伊勢新聞』一九〇六年七月一五日二面、『海南新聞』一九〇六年七月六日一面、『東京日日新聞』一九〇六年七月一六日三面、『大阪朝日新聞』一九〇六年七月一二日一一面、『京都市教育会報』一二二号、京都市教育会事務所、一九〇六年八月、六九頁、『神戸又新日報』一九〇六年七月一五日二面、『鎮西日報』一九〇六年七月二七日二面。
(68)『伊勢新聞』一九〇六年七月一五日二面。ただし、一人あたりの補助額は、師範学校生徒と小学校教員が一五円、県立学校職員が二五円であった。
(69)南大路会長「満韓旅行土産」『会報』一三号、京都市第一高等小学校旭日同窓会、一九〇七年二月、三三頁。
(70)長谷寶秀「満韓修学旅行談(つゞき)」『六大新報』一六四号、六大新報社、一九〇六年九月三〇日、一〇頁。
(71)『中国』一九〇六年八月一八日一面。
(72)大隈義郎「奉天より鉄嶺を経て遼陽に向ふ」『学友会々報』六号、前掲誌、一一二頁。
(73)「雑報」前掲文、二四〜二五頁。なお、同資料には甲班の大連到着予定日は七月一九日と書かれているが、実際の大連到着日は七月一八日であるため訂正した。和田一次「満韓修学旅行日誌」『学友会雑誌』八号、前掲誌、「附録」四〜五頁。
(74)『学友会雑誌』四九号、東京府第一中学校学友会、一九〇六年末から一九〇七年初頭と推定、九〜五一頁。
(75)「諸学校職員生徒満洲旅行に関し注意の件」JACAR(アジア歴史資料センター)Ref. C07041817600、参大日記 明治四〇年自七月至九月(防衛省防衛研究所)、第五〜七画像目。なお、同文書には死亡者は京都府の中学生と、栃木県の小学校教員の二人のみと書かれているが、『神戸又新日報』一九〇六年八月二五日七面の記事により、姫路中学校の生徒も旅行中に病死したことが判明した。
(76)『読売新聞』一九〇六年七月二七日二面。
(77)北村重敬「回顧録」『創立三十周年記念誌』奈良県女子師範学校、一九三二年、九七頁。
(78)『文部省往復 明治三十九年』乙、東京帝国大学、一九〇六年、一四五頁。

(79) 白井生「満洲旅行日誌」『越佐教育雑誌』一六六号、越佐教育雑誌社、一九〇六年一〇月、二八頁。

(80) 白井生「満洲旅行日誌（承前）」『越佐教育雑誌』一六七号、越佐教育雑誌社、一九〇六年一一月、二七頁。

(81) 吉丸一昌編『満洲修学旅行記』東京府立第三中学校学友会、一九〇八年、二三頁、三一～五二頁。

(82) 山本亀三「満韓紀行」『六稜』二八号、大阪府立北野中学校校友会、一九〇七年三月、二三頁。

(83) 和田、前掲文、「附録」五～六頁。

(84) 梅木末吉『満蒙開発と三州人』満鮮三州社、一九二五年、一九〇頁。

(85) 山岸岩根「本校学生満韓修学渡航」『早稲田学報』一三八号、早稲田学会、一九〇六年九月、五六～五九頁、古川晰二「満韓修学旅行記（続）」『慶應義塾学報』一一〇号、慶應義塾学報発行所、一九〇六年一〇月、四八頁、北村可三「満韓旅行記」『多士』六号、熊本県立中学済々黌奨学部、一九〇八年四月、九九～一〇〇頁。

(86) 古川、前掲文、四八頁。

(87) 『満韓修学旅行記念録』前掲書、一九〇七年、「英語部生徒記事」一一頁。

(88) 『鎮西日報』一九〇六年八月一七日一面。

(89) 『扶桑新聞』一九〇六年八月一八日四面。なお、小出鈔の所属校については、同紙一九〇六年八月二日三面による。

(90) 牧田寅之助「船中の記」『学友会雑誌』四九号、東京府第一中学校学友会、前掲誌、九一～九二頁。

(91) 山田民治郎、相川新次郎「満韓旅行記（承前）」『長崎県教育雑誌』一七一号、長崎県教育会、一九〇六年一〇月、三四頁。

(92) 「満洲紀行（旅行隊生徒輪番筆記）」『学友会雑誌』五号、東京府立第二中学校学友会、一九〇七年二月、一八二～一八三頁。

(93) 東京高等師範学校修学旅行団記録係編、前掲書、一五三～一五四頁。

(94) 福井利吉郎「満韓紀行」『校友会誌』一六〇号、第一高等学校校友会、一九〇六年一〇月、三四頁。

(95) 楢原友満編『沖縄県人事録』沖縄県人事録編纂所、一九一六年、四九四頁。

(96) 尚旦「満洲旅行雑記」『学友会雑誌』四九号、東京府第一中学校学友会、前掲誌、八五～八七頁。

(97) 森岡格「満韓旅行の功價」『愛媛教育雑誌』二三一号、愛媛教育協会、一九〇六年九月、三頁。

(98) 吉丸編、前掲書、二五～二七頁。

(99) 『師友』四六号、北海師友会、一九〇六年一二月、八四～八五頁。

(100) 『校友会誌』二〇号、下関商業学校校友会、一九〇六年一二月、六一頁。

(101) 『読売新聞』一九〇七年六月一四日二面、「満韓修学旅行」『教育界』六巻一〇号、金港堂書籍株式会社、一九〇七年八月、一一六～一一七頁。

(102) 横川定「余が寄生虫研究の五十週年回顧(一)」『東京医事新誌』七一巻八号、東京医事新誌局、一九五四年八月、五八〜五九頁。
(103)「満鮮地方修学旅行ニ関スル件」『明治期東京府文書 明治四十五年』(東京都公文書館所蔵 630-A5-1)、一九一二年七月一七日。
(104)『満洲日日新聞』一九一二年七月二六日二版二面、二版五面、七月三〇日二版二面。

[第4章]

(1) 南満洲鉄道株式会社『南満洲鉄道株式会社十年史』南満洲鉄道株式会社、一九一九年、一四九〜一五〇頁、一八五頁。
(2) 南満洲鉄道株式会社、前掲書、三一二頁、六六八頁。
(3)『朝鮮及満洲』七一号、朝鮮雑誌社、一九一三年六月、広告頁。
(4) 南満洲鉄道株式会社、前掲書、六六八〜六七二頁。
(5) 一九二九年一二月版は、一九三〇年五月一〇日に、装丁・紙質を替えた「普及版」として再刊されている。
(6) 一九二二年三月に『鮮満支観光旅程』と改題したものも発行された。
(7)『東京朝日新聞』一九一三年九月七日一面。
(8) 大塚令三「鮮満案内所の事業」『読書会雑誌』八巻七号、満鉄読書会、一九二一年七月、三五頁、『東京朝日新聞』一九一八年七月二一日八面。
(9)『東京朝日新聞』一九一八年七月二二日八面。
(10)『南満洲鉄道株式会社社報』三四三七号、南満洲鉄道株式会社、一九一八年八月二四日、七頁。
(11)『満蒙大体の話』南満洲鉄道株式会社、一九二四年から一九二九年と推定(リーフレット)。
(12) 大塚、前掲文、三五〜三六頁。
(13)『萬朝報』一九二一年四月一〇日三面。
(14) 大塚、前掲文、三六頁。
(15) 荒尾栄次「鮮満案内所に就いて」『読書会雑誌』九巻一〇号、満鉄読書会、一九二二年九月、六〇頁。
(16)『読売新聞』一九二三年四月二一日三面、『東京朝日新聞』一九二三年四月二三日四面。
(17)『東京朝日新聞』一九二三年三月一六日九面。
(18) 東京案内所主任「東京案内所現況報告」『鮮満案内所主任会議々事録』一九二四年五月一五日、五〜六頁。
(19) 見聞子「東京便り丸ビルのぞ記」『協和』二巻四号、満鉄社員会、一九二八年四月一日、一三一頁。
(20) 東京案内所主任、前掲文、一頁。

(21)『朝鮮時報』一九二三年七月一四日三面、「鮮満案内所」『平原』四号、満鉄鉄道部旅客課平原編輯部、一九二三年八月、表紙裏。
(22)「問題の満蒙と鮮満案内所」『実業之世界』二三巻四号、実業之世界社、一九二六年四月、九一頁。
(23)『大阪毎日新聞 満洲版』一九三六年一月一六日五面。
(24)『新潟新聞』一九三八年四月二二日夕刊四面。
(25)『満洲日日新聞』一九三九年三月二八日二版一一面。
(26)『社員録 昭和十五年七月一日現在』南満洲鉄道株式会社総裁室人事課、一九四〇年、七二九〜七三〇頁。
(27)東亜交通公社満洲支社編『満支旅行年鑑 昭和十九年版』東亜交通公社満洲支社、一九四四年、四六四頁。
(28)「告知板」『旅行雑誌』一一巻五号、東亜交通公社満洲支社、一九四四年五月、一八頁。
(29)『満洲日日新聞』一九二三年一二月一六日一面。
(30)『満洲日日新聞』一九二四年二月八日二面。
(31)下関案内所主任「下関案内所現況報告」『鮮満案内所主任会議々事録』前掲書、二四〜二五頁。
(32)「ツーリストビユーロー満洲支部十五年を語る座談会」における藤次清二の発言『観光東亜』八巻七号、ジヤパン・ツーリスト・ビユーロー満洲支部、一九四一年七月、七八〜七九頁。ちなみに、藤次は宣伝隊の派遣時期を「大正十四年」と発言したが、実際は大正一三（一九二四）年である。
(33)眞山孝治に関しては、高媛「一九二〇年代における満鉄の観光宣伝――嘱託画家・眞山孝治の活動を中心に」（『Journal of Global Media Studies』一七・一八合併号、駒澤大学グローバル・メディア・スタディーズ学部、二〇一六年三月）、伊藤順三に関しては、貴志俊彦『満洲国のビジュアル・メディア』（吉川弘文館、二〇一〇年、三七頁）、田島奈都子編『明治・大正・昭和初期日本ポスター史大図鑑』（国書刊行会、二〇一九年、三五八〜三六二頁）をそれぞれ参照されたい。
(34)『満洲日日新聞』一九二七年四月二日夕刊七面、『大連新聞』一九二八年一二月一八日七面、『満洲日報』一九三二年六月二三日夕刊二面、『吉田初三郎のパノラマ地図』（別冊太陽）、平凡社、二〇〇二年、一〇五頁、一三六頁。
(35)ポスターの作者情報は田島編（前掲書、二三五頁）に基づく。制作年が一九三六年以前と推定されるのは、ポスターに記載された「下関鮮満案内所」が、一九三六年一月に新設された「門司鮮満案内所」の下関派出所に変更されたためである。
(36)『極東交通略図』満鉄東京鮮満案内所、一九二六年（リーフレット）。
(37)『満鮮支那視察の栞』満鉄鮮満案内所、一九二八年（チラシ）。
(38)三五生「海の旅小感」『海』八号、大阪商船株式会社、一九二六年七月、二〇頁。
(39)『満洲日日新聞』一九二七年二月二三日三面。

(40) 宮本通治編『満洲事変と満鉄』南満洲鉄道株式会社、一九三四年、四二五頁。
(41) 『満洲日日新聞』一九三六年七月四日二版夕刊二面。
(42) 『満洲日日新聞』一九三六年五月六日一版夕刊二面、六月一日一版夕刊三面。
(43) 高媛「満鉄の観光映画──『内鮮満周遊の旅 満洲篇』(1937年)を中心に」『旅の文化研究所研究報告』二八号、二〇一八年一二月。
(44) 田坂文穂編『旧制中等教育国語科教科書内容索引』教科書研究センター、一九八四年、一四四頁、三五八頁。
(45) 夏目漱石『満韓ところ〴〵』春陽堂、一九一五年八月一五日発行、一九一七年九月五日一〇版、一二～一三頁。
(46) たとえば、荒尾栄次「満洲紀行」(『平原』七号、満鉄鉄道部旅客課平原編輯部、一九二四年一〇月、八頁)や、朝倉都太郎、古川一郎『満洲国遊興行脚』(誠文堂、一九三二年、八～九頁)などがある。
(47) 棟尾松治『満洲見物支那紀行』大阪屋號書店、一九二二年、一頁。
(48) 緒方菊太郎「註文帳」『月刊満洲』一二巻八号、月刊満洲社、一九三九年八月、一二九頁。
(49) 木村毅「明治文学に現はれたる満洲」満鉄福祉課編『昭和十一年度 夏期大学講演集』満鉄社員会、三三五頁。
(50) 南満洲鉄道株式会社編『南満洲鉄道旅行案内』南満洲鉄道株式会社、一九二九年、四八頁、七八頁、一四〇頁。
(51) 高、前掲文、二〇一六年三月。
(52) 『ジヤパンツーリストビユーロー大正六年度事業報告』一九一八年、八六頁、八八頁、八九頁。
(53) 清水好雄編『東亜旅行社満洲支部十五年誌』東亜旅行社奉天支社、一九四三年、四～五頁。同書には「大連支部が南満洲鉄道株式会社運輸部内に設置された」と書かれているが、一九一二年当時の満鉄の職制では「運輸部」ではなく、「運輸課」であるため訂正した。松本豊三編『南満洲鉄道株式会社三十年略史』南満洲鉄道株式会社、一九三七年、三七頁。
(54) 清水編、前掲書、六～八頁。
(55) 「ツーリストビユーロー満洲支部十五年を語る座談会」における藤次清二の発言、前掲文、七九頁。
(56) 清水編、前掲書、九頁。
(57) 一九一二年から一九二六年にかけて、JTB大連支部長は延べ九人が任命され、そのほとんどが満鉄総裁(社長)を兼任していた。ただし、第七代支部長である島安次郎のみは、満鉄社長事務取扱としての任命であった。これは、前任の第六代支部長である早川千吉郎(満鉄社長)が急逝したため、島が後任の満鉄社長(川村竹治)が就任するまでの一一日間のみJTB大連支部長を務めたためである。なお、第一〇代以降の歴代支部長就任時の満鉄での肩書は以下のとおりである。第一〇代・宇佐美寛爾(満鉄鉄道部次長)、第一一代・村上義一(満鉄理事)、第一二代・宇佐美寛爾(満鉄理事)、第一三代・伊澤道雄(満鉄理事)、第一四代・足立長三(満鉄理事)。清水編、前掲書、一六三頁、財団法人満鉄会編『満鉄四十年史』吉川弘文館、二〇〇七年、二三六～二三九頁。『東京朝日新聞』一九二二年一〇月一六日夕刊一面、長

岡源次兵衛『満鉄王国』大陸出版協会、一九二七年、三四一〜三四三頁、『満洲日報』一九三四年七月二四日夕刊一面、寺澤俊雄編『満支旅行年鑑 昭和十八年』東亜旅行社奉天支社、一九四二年、四五四頁。
(58) 清水編、前掲書、一八頁。
(59) 清水編、前掲書、八頁、一一八頁。
(60) 清水編、前掲書、七五頁。
(61) 清水編、前掲書、一八頁。
(62) 清水編、前掲書、一三頁。
(63) 清水編、前掲書、二四頁、二七七頁。
(64) 『東京朝日新聞』一九四一年八月二日五面、一九四三年一一月一日四面。
(65) 清水編、前掲書、一二四頁。
(66) 清水編、前掲書、六五〜六七頁。なお、この本の六六頁に『旅行満洲』が隔月刊から月刊に改められた時期は「昭和十一年四月」と書かれているが、同誌(一九三六年六月号)にある「本号が月刊四号目」という記述に従い、月刊に変わる時期を一九三六年三月号からと訂正した。「編輯後記」『旅行満洲』三巻五号、ジャパン・ツーリスト・ビューロー大連支部、一九三六年六月、七一頁。
(67) 高媛「満洲国時代の旅行文化の一断面――『旅行満洲』を読む」『『旅行満洲』解説・総目次・索引』不二出版、二〇一九年。
(68) 『政府公報』八七四号、国務院総務庁、一九三七年三月二日、一九〜二〇頁。
(69) 柴野少佐「皇道文化の西流」『月刊満洲』一〇巻三号、月刊満洲社、一九三七年三月、一三三頁。
(70) 『大新京日報』一九三七年五月一九日夕刊二面。
(71) 『満洲日日新聞』一九四〇年二月一四日七面。
(72) 『満洲日日新聞』一九四〇年三月七日五面、四月四日夕刊二面。
(73) 『満洲日日新聞』一九四〇年四月四日夕刊二面。
(74) 山田健二「満洲の観光資源」『観光東亜』七巻五号、ジャパン・ツーリスト・ビューロー満洲支部、一九四〇年五月、四九頁。
(75) 『盛京時報』一九二九年四月二八日四面。
(76) 『大連新聞』一九二九年六月二八日夕刊二面。
(77) 『東北新建設』一巻二号、東北新建設雑誌社、一九二八年一一月、「雑俎」一九頁。
(78) 鹽澤郡次編『奉天駅史』南満洲鉄道株式会社奉天駅、一九二七年、二〇一頁。
(79) 王雨亭『東北印象記』実現社、一九三三年再版、六二頁。

(80)『申報』一九三四年九月二〇日三面。
(81) 東亜交通公社満洲支社編、前掲書、五三五～五四一頁。
(82)『鮮満団体』南満洲鉄道株式会社東京鮮満案内所、一九三五年(リーフレット)。
(83)『撫順佐賀県人会々員名簿 昭和十七年度』一九四二年、四四頁、四七～四八頁。
(84) 田口三郎『満鮮の旅』昭和十三年山形県教育会視察団、一九三八年、「旅を終へて」一～二頁。
(85) 大久保光志「視察を終へて」『長野県青年代表満鮮視察旅行記』長野県社会教育課、一九三六年、一二三頁。
(86) 各和福次『鮮満北支視察感想録』一九三七年、ページ付なし。
(87) 三船秋香編『満洲名勝風俗写真帖』三船写真館、一九一一年。
(88)「満鉄にて援助せる旅館」『平原』五号、満鉄鉄道部旅客課平原編輯部、一九二三年一一月、三八頁。
(89) 高媛「戦争の副産物としての湯崗子温泉」『湯崗子温泉株式会社二十年史』(復刻版)ゆまに書房、二〇一六年、高媛「満洲の熊岳城温泉と軽便鉄道」旅の文化研究所編『「小さな鉄道」の記憶――軽便鉄道・森林鉄道・ケーブルカーと人びと』七月社、二〇二〇年。
(90) 與謝野寛、與謝野晶子『満蒙遊記』大阪屋號書店、一九三〇年、五九頁。
(91) 高媛「帝国の風景――満洲における桜の名所「鎮江山公園」の誕生」『Journal of Global Media Studies』一一号、二〇一二年一二月、一一～一五頁。
(92) 高媛「租借地メディア「大連新聞」と「満洲八景」」『Journal of Global Media Studies』四号、二〇〇九年三月。
(93) 高、前掲文、二〇一二年一二月、一五～二一頁。
(94) 高、前掲文、二〇一九年、二三～二六頁。
(95)『満洲新聞』一九四〇年三月一四日夕刊四面。
(96) ジヤパン・ツーリスト・ビユーロー満洲支部編『満支旅行年鑑 昭和十五年』博文館、一九四〇年、三〇七～三〇八頁。
(97) 池上等「肉眼で見た移民村」『月刊満洲』一一巻一〇号、月刊満洲社、一九三八年一〇月、一一一頁。
(98) 松尾武幸「満支衛生見学印象記 大連から哈爾浜」『観光東亜』七巻三号、ジヤパン・ツーリスト・ビユーロー満洲支部、一九四〇年三月、三四頁。
(99) 松本編、前掲書、二四一～二四二頁。
(100) 芝田研三編『満洲概観 2601年版』南満洲鉄道株式会社総裁室弘報課、一九四一年、ページ付なし。
(101)『旅』一一巻六号、日本旅行協会、一九三四年六月、一六三頁、林重生編『満支旅行年鑑 昭和十四年 康徳六年』ジヤパン・ツーリスト・ビユーロー満洲支部、一九三八年、八九頁。

(102)『東京朝日新聞』一九三一年一一月二九日七面、津金澤聰廣、有山輝雄編『戦時期日本のメディア・イベント』世界思想社、一九九八年、二三八〜二四三頁。
(103)『東京朝日新聞』一九三二年三月三一日三面。
(104)『犯罪科学』三巻五号、武俠社、一九三二年四月一五日、二五五頁。
(105)『大阪毎日新聞』一九三二年三月一〇日夕刊三面。
(106)『大満洲国視察団人名簿』夕刊大阪新聞社、一九三二年四月。
(107)『東京朝日新聞』一九三三年一一月一日九面。
(108)『東京朝日新聞』一九二九年三月二一日五面。
(109)林編、前掲書、八一頁。
(110)「一二一 学生生徒児童ノ中華民国満洲国ヘノ旅行ニ関スル件 昭和十五年五月」JACAR(アジア歴史資料センター)Ref. B05016178600、参考資料関係雑件/学校及学生関係 第七巻(H. 7. 2. 0. 4-1_007)(外務省外交史料館)、第三〜四画像目。
(111)東亜交通公社満洲支社編、前掲書、三九頁。

[第5章]

(1)『満鮮之旅(岐師専 満鮮旅行記念)』岐阜県師範学校、一九二九年九月、一頁。
(2)K『鮮満の旅』大阪府女子師範学校、一九三五年五月、四六頁。
(3)守島治「第五学年鮮満旅行記」『修猷』七六号、修猷館学友会雑誌部、一九三六年一二月、七六頁。
(4)権田一郎「満洲旅行記」『校友会誌』九〇号、市立下関商業学校校友会、一九三八年三月、一三一頁。
(5)今井信義「満鮮内地修学旅行記」『瑞穂』一三号、台南州立嘉義農林学校校友会、一九三八年七月、八七頁。
(6)一九二五年四月に公布された陸軍現役将校学校配属令により、中等学校以上の学校に現役将校が配属されるようになった。配属将校随行の満洲旅行も一九二〇年代後半から増えてきたが、その規模と実態については未だに不明な点が多い。満鮮旅行における配属将校の役割については、立命館大学の事例を取り上げた次の先駆的な研究を参照されたい。眞杉侑里「一九三〇年満鮮見学旅行にみる大学配属将校の活動と立命館の距離」『立命館 史資料センター紀要』二号、二〇一九年三月。
(7)「学生の満韓旅行」『教育界』六巻九号、金港堂書籍株式会社、一九〇七年七月、一一九頁。
(8)『満洲日日新聞』一九〇八年七月九日一版二面。
(9)『満鮮観光旅程』南満洲鉄道株式会社運輸部営業課、一九一六年、四頁。

(10)『満鮮観光旅程 大正七年四月改訂』南満洲鉄道株式会社大連管理局営業課、一九一八年、四頁。
(11)統率職員「女子師範の満鮮旅行所感」『愛媛教育』四三四号、愛媛教育協会事務所、一九二三年七月、三三頁。
(12)「旅行座談会」における阪本政五郎(坂本政五郎)の発言『事業之日本』八巻七号、事業之日本社、一九二九年七月、一九〜二〇頁。
(13)佐藤勉「満鮮旅行記」『学友会雑誌』三一号、大分県立宇佐中学校学友会、一九二七年三月、七一頁。
(14)原國樹「鮮満修学旅行記」『翠ケ丘』三三号、島根県立松江商業学校学友会、一九三六年三月、八三頁。
(15)『大満蒙』一九三三年七月一日夕刊二面。
(16)八重津貞雄「修学旅行記/満鮮旅行記」『同窓会雑誌』五五号、久留米商業学校同窓会、一九二七年三月、五三頁。
(17)小山正三郎「修学旅行記」『桑都』一一号、東京府立第二商業学校校友会、一九三一年一二月、六三頁。
(18)高砂政太郎「鮮満案内雑感」『旅』一巻九号、日本旅行文化協会、一九二四年一二月、二六頁。『旅』は一九二四年四月から一九四三年八月にかけて東京で発行された、戦前期日本内地の代表的な旅行雑誌である。創刊時の発行元は日本旅行文化協会であったが、一九二六年一一月に同協会は日本旅行協会へと名称変更され、一九三四年一〇月にジャパン・ツーリスト・ビューローと日本旅行協会が合併する。これに伴い、『旅』はジャパン・ツーリスト・ビューロー(日本旅行協会)に付属して新設された日本旅行倶楽部にて、一九三四年一一月号より継続発行することとなった。
(19)南満洲鉄道株式会社地方部学務課『教育施設要覧 昭和六年度』一九三一年、二〜三頁。
(20)南満洲鉄道株式会社『社員録 大正十年八月一日現在』一九二一年、五一一〜五一二頁。
(21)竹中憲一「満鉄学務課長 保々隆矣小伝(一)」渡部宗助、竹中憲一編『教育における民族的相克——日本植民地教育史論I』東方書店、二〇〇〇年、一七四〜一八三頁。
(22)『満洲日日新聞』一九二〇年三月二一日三面。
(23)保々隆矣「思ひ出るままに(二)」『協和』二〇一号、満鉄社員会、一九三七年九月一五日、三三頁。
(24)『会報』四号、中学校長協会、一九二二年四月、二九〜三〇頁。
(25)法本義弘編『内堀維文遺稿並伝』内堀維文遺稿並伝刊行会、一九三五年、八一一頁。
(26)「全国中学校長会議記事」『台湾教育』二九五号、台湾教育会、一九二七年一月、三頁。
(27)保々、前掲文、三三頁。
(28)「全国小学校長会議並同満鮮視察団要項」『南満教育』五八号、南満洲教育会、一九二六年三月、九〇頁。
(29)伊奈森太郎『私の鮮満旅行』伊奈森太郎、一九二六年、二頁。
(30)『満洲日日新聞』一九二四年一〇月一〇日五面。

(31) 『満洲日日新聞』一九二四年五月八日二面。
(32) 児玉九十伝編纂委員会編『児玉九十自伝』明星大学出版部、一九九〇年、一七一〜一七二頁。
(33) 児玉九十「思い出の鮮満旅行」明星学苑編『明星学苑四十年』明星学苑、一九六三年、九四頁。
(34) 『会報』四号、前掲誌、二六頁、やまだつとむ『まぼろしの楽土・満州——実録・戦乱をこえた民族協和』展転社、一九八八年、一五七〜一五八頁、一六三頁。
(35) 東京支社鉄道課『案内所業務打合会議事録』一九三七年。
(36) 「50年の歩み」編集委員会『50年の歩み』東京都立第一商業高等学校50周年記念事業実行委員会、一九六九年、一六頁。
(37) 姫商七十年編集委員会編『姫商七十年史』兵庫県立姫路商業高等学校創立七十周年記念事業委員会、一九八一年、一二七頁、『京工』三五号、京都市立第一工業学校同窓会、一九三三年四月、八頁。
(38) 『旅』大阪府天王寺師範学校、一九三二年七月、表紙裏、二三〜二四頁。
(39) I『足の跡3 昭和拾年 満鮮旅行』大阪府池田師範学校、一九三五年(自作スクラップ帳)。
(40) 上田恭輔「今後の対支貿易に就いて」『東光』三号、東京府立第一商業学校《ママ》友会、一九二八年七月、一〜二一頁、同六号、一九三四年三月、三〇一頁。
(41) 『満洲日報』一九三二年五月二三日一版二面。『満洲日報』は、一九二七年一〇月に『満洲日日新聞』から改題され、一九三五年八月に再び『満洲日日新聞』となった。
(42) 『東光』六号、前掲誌、三〇一〜三〇二頁。
(43) K、前掲書、二四頁。
(44) 『鮮満旅行の栞』福岡県門司中学校、一九三八年五月。
(45) 南太助「伊万里——京城」『橘岡』一三号、伊万里商業学校、一九三六年二月、一〇三頁。
(46) 的場実『見たまゝの北支と満蒙』東京府立第一商業学校校友会、一九二九年。
(47) 羽田又永「序」岡田潤一郎編『僕等の見たる満洲南支』東京府立第一商業学校校友会、一九三二年、「序」二頁。
(48) 山岸岩根「本校学生満韓修学渡航」『早稲田学報』一三八号、早稲田学会、一九〇六年九月、五七頁、「校友会報」同三五〇号、早稲田大学校友会、一九二四年四月、六頁。
(49) 磯部愉一郎編『早稲田大学校友会会員名簿』早稲田大学校友会、一九三四年、八二〇頁、岡本真希子「東アジア地域における早稲田大学校友会——帝国日本のなかの〈校友共同体〉」『早稲田大学史記要』四四号、二〇一三年二月、一四六頁。
(50) 佃次郎「奉天」『修猷』七五号、修猷館学友会雑誌部、一九三五年一二月、一一八頁。

(51) 宮川飛龍「大連着より発迄」『鳥陽』八号、大分県立日田中学校校友会、一九三四年二月、四三頁。
(52) I、前掲スクラップ帳。
(53) 佐藤秀夫「満鮮旅行記」『桑都』一八号、東京府立第二商業学校校友会、一九三九年一月、八三頁。
(54) 伊藤武雄『満鉄に生きて』勁草書房、一九六四年、三六～四〇頁。
(55) 「内地学生の見た満洲と朝鮮」『会報』奉天富山県人会、一九二五年四月、一三～一四頁。
(56) 奈良教育大学創立百周年記念会百年史部編『奈良教育大学史――百年の歩み』奈良教育大学創立百周年記念会、一九九〇年、三七七～三七九頁。
(57) 『大満蒙』一九三三年七月一日夕刊二面。
(58) 『東京朝日新聞』一九三四年九月二日三面。
(59) 『大阪朝日新聞　満洲版』一九三五年七月二六日五面。
(60) 多田実「満洲雑感」西憲一郎編『鮮満旅行』京二商鮮満旅行団、一九三六年、二九頁。
(61) 満洲事変を機にそれまでに「馬賊」と呼ばれたものは「匪賊」と呼ばれるようになった。「匪賊」は、従来の馬賊以外に「満洲事変による敗兵くずれの兵匪、それにいはゆる共匪、鮮匪、救国軍などと称する反満抗日軍、宗教的迷信団匪等頗る雑多である」。中西伊之助『支那・満洲・朝鮮――随筆』実践社、一九三六年、二〇九～二一〇頁。
(62) 丘灯至夫編「僕も行くから君も行け／狭い日本にゃ住みあいた」『別冊一億人の昭和史　日本植民史2　満州』毎日新聞社、一九七八年、二七六～二七七頁。
(63) 野瀬巌「満鮮修学旅行記」『二原会会報』三九号、福岡県朝倉中学校一原会、一九二九年二月、九五頁。
(64) 岡本和夫『満洲遙かなれど――わが魂の中国東北部回想記』本の理想社、一九八六年、二〇頁。
(65) 山本正次「たゝかひの跡」『校友会誌　昭和七年度』大阪天王寺師範学校校友会、一九三三年三月、八〇頁。
(66) 三木隆夫「満鮮断想」『断金』四三号、兵庫県姫路師範学校校友会、一九三四年一二月、一三二～一三三頁。
(67) 久光忠見「満鮮旅行印象記」『同窓会雑誌』七二号、久留米商業学校同窓会、一九三七年三月、二八～二九頁。
(68) 『満洲日報』一九三一年四月二日四面。
(69) 『満洲日報』一九二九年三月一二日四面。
(70) 三木、前掲文、一三三頁。
(71) 藤大路親美「満鮮旅行日記」『学習院輔仁会雑誌』一三七号、学習院輔仁会、一九二九年一一月、二六一頁。
(72) 三木、前掲文、一三一頁。

(73) I、前掲スクラップ帳。
(74) K、前掲書、四六頁。
(75) 奈良県師範学校生徒の旅行日記、一九三八年、四六～四七頁(タイトルなしの肉筆旅行日記、書き手姓名不明)。
(76) 「北平」は、一九二七年に蒋介石が南京に樹立した国民政府が、一九二八年六月に北京を改称したものである。一九三七年一〇月、日本軍占領下の北平で、親日の行政組織「北平地方維持会」が再び「北京」と改めた。『東京朝日新聞』一九二八年六月二九日二面、一九三七年一〇月一三日二面。
(77) 『東北新建設』一巻二号、東北新建設雑誌社、一九二八年一一月、「日俄拓殖雑訊」一三～一四頁、同一巻一一号、一九二九年一一月以降と推定、「日俄拓殖雑訊」四頁、『華北日報』一九三〇年一一月一六日九面、『民国日報』一九三一年三月一四日一版四面。
(78) 『中央日報』一九三〇年一月二六日二版一面。
(79) 『申報』一九三〇年二月一〇日九面。
(80) 「提倡東北旅行」『瀋海鉄路月刊』二巻一一号、瀋海鉄路公司、一九三〇年三月、「交通麟爪」九～一一頁。
(81) 『教育行政週報』一巻二〇号、北平市教育局、一九三一年八月三〇日、二～四頁。
(82) 「一二一 学生生徒児童ノ中華民国満洲国ヘノ旅行ニ関スル件 昭和十五年五月」JACAR(アジア歴史資料センター)Ref. B05016178600、参考資料関係雑件/学校及学生関係 第七巻(H. 7. 2. 0. 4-1_007)(外務省外交史料館)、第三～四画像目。

【第6章】

(1) 『王道国家満洲国往訪団』日本旅行会、一九三三年一月(リーフレット)。
(2) 一九三一年五月の東京鉄道局主催の鮮満旅行について、次の先行研究が挙げられる。荒山正彦「戦前期における朝鮮・満洲へのツーリズム――植民地視察の記録『鮮満の旅』から」『関西学院史学』二六号、一九九九年三月。
(3) 『日本旅行百年史』株式会社日本旅行、二〇〇六年、三〇～四五頁。
(4) 『日本国有鉄道百年史 通史』日本国有鉄道、一九七四年、二五三頁。
(5) 「団体旅行を纏めると手数料を出します」『旅』二巻八号、日本旅行文化協会、一九二五年八月、八三頁。
(6) 『満洲巡遊案内』南満洲鉄道株式会社運輸部営業課、一九一四年六月(リーフレット)。その後、満鮮巡遊団体往復切符の適用条件は何回か改正が行われ、一九二九年頃には、一〇人以上二〇人未満の一般団体は二等または三等の車船の等級に限り、鉄道省線(関釜連絡船を含む)、朝鮮総督府鉄道局線、満鉄線はともに運賃の三割引、二〇人以上の一般団体ではともに五割引、大阪商船は人数を問わず一割引となっている。加えて、監督者に対し、大阪商船以外の各鉄道や関釜連絡船賃について、二〇人以上五〇人までは内一人、五一人以上は五〇人までを増すごとに内一人を無賃扱いという特典も与えられている。一九四一年四月一日より同切符は、一五人以上の一般団体に対して、鉄道省線、朝鮮総督府鉄道局線、満鉄所管線の運賃はともに三割引、五〇人以上は四割引、一〇〇人以上は五割引と改正され、無賃世話人制度も廃止された。なお、同割引制度は一九四四年一月までは続いていることを確認している。南満洲鉄道株式会社編『南満洲鉄道旅行案内』南満洲鉄道株式会社、一九二九年、一九七〜一九八頁、『大陸旅行通報』六号、満鉄門司鮮満支案内所、一九四一年五月、七〜八頁、東亜交通公社満洲支社編『満支旅行年鑑 昭和十九年版』東亜交通公社満洲支社、一九四四年、三五二頁。

（7） 一九二七年、台湾総督府交通局鉄道部では、日本内地・満鮮・樺太から台湾へ、または台湾より内地・満鮮・樺太行の二〇人以上の団体客に対し、二等車と三等車に限り運賃の五割引が適用されていた。台湾総督府交通局鉄道部編『台湾鉄道旅行案内』台湾総督府交通局鉄道部、一九二七年、二七三頁。

（8）『台湾視察団説明書』日本旅行会、一九二九年一一月（リーフレット）。

（9） 表6-1の典拠は以下のとおり。〔1〕『新緑萌ゆる朝鮮と満州視察』日本旅行会、一九二七年五月（リーフレット）、桑田次郎編『日本旅行会 満鮮巡遊記念帖』桑田次郎、一九二七年。〔2〕『旅』六巻四号、日本旅行協会、一九二九年四月、七五頁、『鮮満巡遊』日本旅行会、一九二九年、一〜一六頁。〔3〕『満蒙視察 連絡表』大毎旅行会、一九三三年五月、南満洲鉄道株式会社東京支社『日本内地発鮮満視察団体 昭和八年中』南満洲鉄道株式会社東京支社、一五頁。〔4〕『視察と見学 鮮満（北支）の旅 会員募集』日本旅行会、一九三七年四月（リーフレット）、『快適明朗な旅……躍進満洲は招く 興味と実益と感激の三重奏』日本旅行会、一九三七年五月（チラシ）、南新助編『昭和十二年五月 鮮満（北支）の旅 記念写真帳』日本旅行会、一九三七年、一四〜一五頁。〔5〕『旅とカメラ』二巻三号、日本旅行会、一九三八年三月、八〜一一頁、南新助編『鮮満北支の旅 皇軍慰問・戦跡巡礼（昭和十三年五月）』日本旅行会、一九三八年、一〇〜一一頁、一五〜四四頁。〔6〕『旅とカメラ』二巻八号、一九三八年八月、一六〜一八頁、ジャパン・ツーリスト・ビューロー満洲支部編『満支旅行年鑑 昭和十五年』博文館、一九四〇年、九二頁。〔7〕『旅とカメラ』二巻一二号、一九三八年一二月、八〜九頁、ジャパン・ツーリスト・ビューロー満洲支部編『満支旅行年鑑 昭和十六年』博文館、一九四一年、二九九頁。〔8〕『鮮満北支視察団募集』日本旅行会、一九三九年六月（チラシ）、ジャパン・ツーリスト・ビューロー満洲支部編『満支旅行年鑑 昭和十六年』前掲書、二九九頁。〔9〕『旅とカメラ』四巻二号、一九四〇年二月、二六頁、ジャパン・ツーリスト・ビューロー満洲支部編『満支旅行年鑑 昭和十六年』前掲書、二九九頁。〔10〕『旅とカメラ』四巻二号、前掲誌、三二〜三三頁、東亜旅行社満洲支部編『満支旅行案内 昭和十七年版』博文館、一九四二年、三二七頁。〔11〕『旅とカメラ』四巻二号、前掲誌、四二〜四三頁、南満洲鉄道株式会社東京支社『日本内地発鮮満支向団体調 昭和十五年』南満洲鉄道株式会社東京支社、三五頁。〔12〕『旅とカメラ』四巻九号、一九四〇年九月、二六〜二七頁、南満洲鉄道株式会社東京支社『日本内地発鮮満支向団体調 昭和十五年』前掲書、三五頁。〔13〕『鮮満視察団募集趣意書』日本旅行会、一九四一年四月（チラシ）。〔14〕『夏の船旅 赤い夕日の満洲へ 日露戦蹟巡礼』日本旅行会、一九四一年と推定（チラシ）。〔15〕〔16〕『旅行ニュース』日本旅行会、一九四一年八月、八〜九頁。

(17)『慶祝満鮮全一周視察団 友邦満洲国建国十周年記念』日本旅行会、一九四二年と推定(チラシ)。(18)『旅行ニュース』日本旅行会、一九四三年と推定、四頁。

(10) 第Ⅰ期では、一九二七年五月と一九二九年五月の二回以外に、一九二九年九月と一九三〇年にも日本旅行会主催の団体が満洲を訪れた。一九二九年九月の旅行は、京城で開催された朝鮮博覧会の見物が主目的であるが、その後、団員の一部(二五〇人)は満洲まで足を延ばした。また、一九三〇年の旅行参加者は五〇人という記録は残っているが、詳細は不明である。『日本旅行百年史』前掲書、七三頁、『満洲日報』一九二九年九月二二日一版四面、宮崎県立都城商工学校鮮満旅行記編輯部『白い着物と黒い衣裳』宮崎県立都城商工学校、一九三一年、二五一頁。

(11) この頃、もう一つの日満連絡ルートである大阪商船経営の大連航路は、週に二回門司・大連間を発着している。『鮮満見学旅行日程』満鉄鮮満案内所、一九二八年八月(チラシ)。

(12)『新緑萌ゆる朝鮮と満州視察』前掲リーフレット。

(13) 松崎稔「兵士の日清戦争体験——東京府多摩地域を事例に」檜山幸夫編『近代日本の形成と日清戦争——戦争の社会史』雄山閣出版、二〇〇一年、三八五〜三八九頁。

(14) 加藤道雄編『日旅六十年史』株式会社日本旅行、一九七〇年、三一〜三二頁。

(15) 中村五十一郎「日本旅行会主催第二回鮮満視察旅行団誌」『鮮満巡遊』日本旅行会、一九二九年、七〜八頁(図6-2の同名のチラシとは別物)。

(16)『鮮満巡遊』前掲書、一九二九年。

(17) 南満洲鉄道株式会社総裁室情報課編『満洲写真帖 昭和四年版』中日文化協会、一九二九年。

(18)『旅行界』一巻三号、日本旅行会、一九三二年三月、三〇〜三一頁。

(19)『満蒙視察団』日本旅行会、一九三二年三月(リーフレット)。

(20)「年頭の辞にかへて」『旅行界』二巻一号、日本旅行会、一九三三年一月、三頁。

(21)『王道国家満洲国往訪団』前掲リーフレット。

(22) 川上富蔵編『毎日新聞販売史——戦前・大阪編』毎日新聞大阪開発株式会社、一九七九年、一七四〜一七六頁、三一五〜三一六頁、三三六頁。

(23)『日本旅行百年史』前掲書、四五頁。

(24) 川上編、前掲書、一七五頁、二四九頁、二七五頁、桑田編、前掲書。

(25) 中村五十一郎、前掲文、一一〜一六頁。

(26) 「年頭の辞にかへて」前掲文、四頁。
(27) 『帝政一周年北鉄接収記念 第二回満洲国視察団』大毎旅行会、東日旅行会、一九三五年四月(リーフレット)。
(28) 南編、前掲書、一九三七年、一頁、一五頁。
(29) 『東京朝日新聞』一九三四年二月一五日三面。
(30) 『大阪朝日新聞 満洲版』一九三五年五月四日五面。
(31) 『視察と見学 鮮満(北支)の旅 会員募集』前掲リーフレット。
(32) 『視察と見学 鮮満(北支)の旅 会員募集』前掲リーフレット。
(33) 結城彌太郎「鮮満北支見聞記」南編、前掲書、一九三七年、三頁。
(34) 『旅とカメラ』二巻三号、日本旅行会、一九三八年三月、一一頁。
(35) 『鮮満北支の旅 経済視察・戦跡巡礼 御旅行の御注意』日本旅行会、一九三九年四月(リーフレット)。
(36) 『旅とカメラ』二巻一二号、日本旅行会、一九三八年一二月、八〜九頁。
(37) 「第九類 軍司行政警察/支那視察団に対する陸軍としての支援許可に関する件」JACAR(アジア歴史資料センター)Ref. C13070818900、秘憲兵令達集 第二巻(防衛省防衛研究所)、第一〜二画像目。
(38) 『読売新聞』一九四〇年五月八日夕刊一面。
(39) 『旅とカメラ』四巻九号、日本旅行会、一九四〇年九月、二六頁。
(40) 林重生編『満支旅行年鑑 昭和十四年 康徳六年』ジャパン・ツーリスト・ビユーロー満洲支部、一九三八年、九七〜九九頁、ジャパン・ツーリスト・ビユーロー満洲支部編『満支旅行年鑑 昭和十五年』前掲書、九〇〜九一頁、東亜旅行社満洲支部編『満支旅行案内 昭和十七年版』博文館、一九四二年、三二六〜三三一頁。
(41) 『旅とカメラ』四巻九号、日本旅行会、一九四〇年九月、二六〜二七頁。
(42) 『旅行ニユース』日本旅行会、一九四一年八月、八〜九頁。
(43) 『慶祝満鮮全一周視察団 友邦満洲国建国十周年記念』前掲チラシ。
(44) 『旅行ニユース』前掲誌、一九四三年と推定、四頁。
(45) 内閣情報部編『写真週報』一一六号、内閣印刷局、一九四〇年五月一五日。
(46) 『満洲日日新聞』一九二七年五月一四日夕刊二面。
(47) 『旅』六巻四号、日本旅行協会、一九二九年四月、七五頁、『旅』六巻五号、日本旅行協会、一九二九年五月、五五頁。
(48) 『日本旅行百年史』前掲書、八五〜八六頁。

(49)『旅とカメラ』二巻八号、日本旅行会、一九三八年八月、一七〜一八頁。
(50)川上編、前掲書、四一六〜四一七頁。
(51)岡村好治、南編、前掲書、一九三七年、一二頁、一五頁。
(52)『旅とカメラ』四巻二号、日本旅行会、一九四〇年二月、二四〜二六頁、三〇〜三三頁、四二〜四三頁。
(53)内閣統計局『家計調査報告 自大正十五年九月至昭和二年八月 第二巻 給料生活者及労働者の部 上』東京統計協会、一九二九年、二二一〜二二三頁。
(54)内閣統計局『家計調査報告 自昭和十五年九月至昭和十六年八月』東京統計協会、一九四二年、八〜九頁。
(55)『わが町あれこれ』千代田区富士見地区町会連合会、一九八一年、一三七〜一三八頁。
(56)『大満洲国視察団人名簿』夕刊大阪新聞社、一九三二年四月。
(57)「鮮満視察団員名簿」ジャパン・ツーリスト・ビューロー主催、一九三六年（チラシ）。
(58)岡村好治「鮮満（北支）の視察を了へて／吾が所感を述ぶ」南編、前掲書、一九三七年、一〇〜一一頁。
(59)『快適明朗な旅……躍進満洲は招く 興味と実益と感激の三重奏』前掲チラシ。
(60)近藤新「鮮満北支見聞記」南編、前掲書、一九三八年、二六頁、三七頁、四四頁。

［第7章］

(1)加藤郁哉「満洲の旅行に就て」『旅行満洲』二巻三号、ジャパン・ツーリスト・ビューロー大連支部、一九三五年五月、二八〜二九頁。なお、放送日は『大阪朝日新聞 満洲版』一九三五年三月二二日四面による。
(2)ほかに、一九三七年に吉林市、一九三八年に承徳市においても観光バスが運行を開始した。ジャパン・ツーリスト・ビューロー満洲支部編『満支旅行年鑑 昭和十六年』博文館、一九四一年、二九〇頁、『観光東亜』五巻六号、ジャパン・ツーリスト・ビューロー満洲支部、一九三八年六月、一二四頁。
(3)『満洲日報』一九三二年五月一六日二版二面。
(4)E・ゴッフマン著、石黒毅訳『行為と演技——日常生活における自己呈示』誠信書房、一九七四年。
(5)吉見俊哉『都市のドラマトゥルギー——東京・盛り場の社会史』弘文堂、一九八七年、吉見俊哉『メディア時代の文化社会学』新曜社、一九九四年、二五八〜二九三頁。
(6)『東京朝日新聞』一九二三年七月一五日夕刊一面、清水正巳『必らず儲かる営業自動車の経営法』山田出版株式会社、一九二六年、一一一〜一一三頁。

(7)『東京朝日新聞』一九二五年一二月一五日四面。
(8) 酒井昇(奉天交通株式会社観光係長)「満洲の観光バス」『月刊満洲』一三巻八号、月刊満洲社、一九四〇年八月、一四二頁。
(9)『読売新聞』一九四〇年八月二五日夕刊二面。
(10) 表7-1の注を参照。
(11) 酒井、前掲文、一四三頁。
(12)『哈爾濱観光協会創立趣意書 附会則、役員氏名』哈爾濱観光協会、一九三九年以後と推定。
(13) 座談会「今日の奉天を語る」における酒井昇の発言『月刊満洲』一三巻一一号、月刊満洲社、一九四〇年一一月、九九頁。
(14)『読売新聞』一九四〇年九月一二日三面。
(15)『満洲日日新聞』一九四一年一月一七日五面。
(16) 寺澤俊雄編『満支旅行年鑑 昭和十八年』東亜旅行社奉天支社、一九四二年、二七三頁、東亜交通公社満洲支社編『満支旅行年鑑 昭和十九年版』東亜交通公社満洲支社、一九四四年、三五三頁、『旅行雑誌』一一巻五号、東亜交通公社満洲支社、一九四四年五月、広告頁。
(17) 西條八十『国民詩集』日本書店、一九三三年、二九三〜二九五頁。
(18)『満洲日報』一九三一年二月二六日四面、三月六日四面。
(19)『満洲日報』一九三一年二月二六日四面。
(20)『聖地旅順』旅順市役所、一九三三年八月(リーフレット)。なお、同名のリーフレットは一九三九年二月に改定版が発行された。
(21) 座談会「今日の奉天を語る」における酒井昇の発言、前掲文、九八頁。
(22)『奉天観光案内』奉天交通株式会社、一九三八年、二頁。ただし、一九三九年の奉天観光バスの全コースでは鉄西工業地区は復活した。
(23) 關口英太郎「新京観光バスと私」『月刊満洲』一二巻九号、月刊満洲社、一九三九年九月、二一七頁。
(24) 橘外男「新京・哈爾賓赤毛布」『文藝春秋』一八巻六号、一九四〇年四月、三二四頁。
(25) 長谷川傳次郎『満洲紀行』目黒書店、一九四一年、九〇頁。
(26) 軽部雅太郎編『鮮満支等視察報告 横浜市教育視察団』軽部雅太郎、一九四〇年、二三頁。
(27) 軽部編、前掲書、六六〜七一頁、八七頁。
(28)「満洲事変の聖地北大営に立ちて——奉天観光バス案内嬢の説明から」『新満洲』三巻九号、満洲移住協会、一九三九年九月、六三頁。
(29) 座談会「今日の奉天を語る」における酒井昇の発言、前掲文、九九頁。
(30) 宇佐美喬爾「観光満洲」『旅行満洲』四巻四号、ジヤパン・ツーリスト・ビユーロー満洲支部、一九三七年四月、一四頁。
(31) 加藤、前掲文、二七頁。

(32)『新京』満鉄鉄道総局営業局旅客課、一九三七年六月。このパンフレットに掲載された観光バスの全コースは以下のとおりである(○印は下車個所)。新京駅前—中央通—○新京神社—軍司令部前—○忠霊塔—○寛城子—新京駅前—日本橋通—旧国務院前—○宮内府—大馬路—南関—○南嶺—財政部前—○国務院—興亜街—○国都建設局—新京駅。
(33) 木南人「全満観光バス行脚(3) 大連の部」『月刊満洲』一一巻一〇号、月刊満洲社、一九三八年一〇月、一四〇〜一四一頁。
(34)『満洲の観光バス案内』大連都市交通株式会社・奉天交通株式会社・新京交通株式会社・哈爾濱交通株式会社共同発行、一九三九年(パンフレット)。
(35) 杉山佐七『観て来た満鮮』日本商業教育会、一九三五年、一〇四〜一〇七頁。
(36) 大連観光バスの廻る順番は碧山荘が先で埠頭が後となっている。『満洲の観光バス案内』前掲パンフレット。
(37) 篠崎嘉郎『満洲と相生由太郎』福昌公司互敬会、一九三二年、一九六〜二〇〇頁、九六二〜九六四頁。
(38)『大連』(昭和五年版)南満洲鉄道株式会社、一九三〇年(リーフレット)。
(39) 藤山一雄編『碧山荘』福昌華工株式会社、一九二九年、表紙裏。
(40) 木南人、前掲文、一四五頁。
(41)『鮮満之旅』名古屋運輸事務所、あさか写真社、一九三四年。
(42)『大連旅順旅行案内』国際観光案内出版部、一九三九年、六頁。
(43)『支那在留本邦人及外国人人口統計表(第二十四回)昭和六年末日現在』外務省亜細亜局、一九三二年、八九〜九〇頁。
(44) 大阪毎日新聞社編『日本都市大観——附・満洲国・北支那・蒙疆 二千六百年版』大阪毎日新聞社、東京日日新聞社、一九四〇年、六九六頁、七〇六頁。
(45) 大阪毎日新聞社編、前掲書、六九七頁、六九九頁、七〇九頁、七一一頁、七一四頁、七一八頁。
(46) 田中正男「マンシウ偶感」杉道助編『大阪より満鮮北支へ』満支視察団記編輯部、一九三六年、一八一〜一八二頁。
(47) 中溝新一編『満洲年鑑 昭和八年 普及版』満洲文化協会、一九三三年、五一五〜五一六頁。
(48) 田山花袋『満鮮の行楽』大阪屋號書店、一九二四年、五三頁、吉田潤「満洲のどこをねらふか(3)」『旅行満洲』四巻四号、前掲誌、七一頁。
(49) 吉見、前掲書、一九八七年、一九五頁。
(50) 木南人、前掲文、一四四頁。
(51) 眞殿星磨は一八八六年生まれ、一九一三年に通信官吏練習所を卒業後、関東庁通信監理局に入庁し、計理課主計係長や鞍山郵便局長を歴任する。退官後の一九二五年、大連満鉄社員倶楽部の書記長に迎えられ、その経営に携わる。一九三三年に新京記念公会堂書記長に就任する。眞殿は『月刊満洲』からの依頼を受け、「木南人」のペンネームで、新京、奉天、大連の観光バスの乗車記をそれぞれ同誌一九三八年七月号、九月号および一〇月号に連載した。眞殿の履歴については、中西利八編『満洲紳士録 昭和十二年版』満蒙資料協会、一九三七年、一三四七頁による。

(52) 木南人、前掲文、一四四頁。
(53) 木南人、前掲文、一四四〜一四五頁。
(54) 西島武郎「ハルピン漫景」『満洲観光聯盟報』四巻五号、満洲観光聯盟、一九四〇年九月と推定、二七頁。
(55) 千田萬三『満洲事典』満鉄社員会、一九三九年、一一五〜一一六頁、一二一〜一二二頁。
(56) 濱本浩『旅順』六興商会出版部、一九四二年、一一一頁。
(57) 奥野他見男『ハルピン夜話』潮文閣、一九二三年一月一〇日発行、同年三月八日四五版、『東京朝日新聞』一九二四年四月一四日夕刊二面。
(58) 『ハルピン夜話』成光館書店、一九二八年七月二五日発行、一九三二年七月二五日六版、『ハルビン夜話』玉井清文堂、一九二九年、『支那街の一夜・ハルピン夜話』大洋社出版部、一九三九年。
(59) 『読売新聞』一九二三年二月二六日一面、四月六日一面。
(60) 奥野、前掲書、一九二三年、一一五頁。
(61) 小秋元隆一「満洲茶話 搦手から覗いた満洲」『海外』一巻三号、海外社、一九二七年五月、五四頁。
(62) 『哈爾濱案内』南満洲鉄道株式会社、一九三一年五月(リーフレット)、『哈爾濱』南満洲鉄道株式会社、一九三三年七月(リーフレット)、『哈爾濱』南満洲鉄道株式会社、一九三四年九月(リーフレット)。
(63) 『大阪朝日新聞 満洲版』一九三五年九月二〇日五面。
(64) 『満洲日日新聞』一九三六年六月一日一版夕刊三面。
(65) 『内鮮満周遊の旅 満洲編』南満洲鉄道株式会社提供、満鉄映画製作所、一九三七年。
(66) 「異国情緒豊な哈爾濱に 観光客を招く新プラン」『観光東亜』六巻三号、ジヤパン・ツーリスト・ビユーロー満洲支部、一九三九年三月、一一九〜一二〇頁。
(67) 南部春雄『哈爾濱ノ観光 附サービス読本』哈爾濱観光協会、一九三九年、一七頁。
(68) M生「突撃隊」『満洲観光聯盟報』四巻五号、前掲誌、三二頁。
(69) 『大新京日報』一九三八年一〇月三日三面。
(70) 『大同報』一九三八年一一月一二日一〇面。

(71)『満洲新聞』一九三九年四月二日夕刊二面。
(72)寺澤俊雄編『満支旅行年鑑 昭和十八年』東亜旅行社奉天支社、一九四二年、三六一頁。
(73)『観光大汽車 哈爾濱』哈爾濱交通株式会社、一九三九年以降と推定(リーフレット)。
(74)『奉天観光指南』奉天交通株式会社、一九四一年。

[第8章]

(1)小林胖生「満洲の春を彩る娘娘祭と娘娘」中目尚義編『満洲国読本』日本評論社、一九三四年、一六二頁。
(2)浦城満之助編『恩賜財団普済会史』浦城満之助、一九三八年、三一七頁。
(3)奥村義信『満洲娘娘考』満洲事情案内所、一九四〇年、一頁。
(4)戦前期の娘々祭に関する主な先行研究は以下のとおりである。橋本雄一「日本植民地の近代メディアはどうはたらいたか」安田浩、趙景達編『戦争の時代と社会――日露戦争と現代』青木書店、二〇〇五年、一八九～一九三頁、深尾葉子、安冨歩「廟に集まる神と人」安冨歩、深尾葉子編『「満洲」の成立』名古屋大学出版会、二〇〇九年、二四三～二八八頁、貴志俊彦『満洲国のビジュアル・メディア』吉川弘文館、二〇一〇年、一〇四～一〇五頁、劉揚『礼俗与生活――近代中国東北郷土社会研究』中国社会科学出版社、二〇二〇年、四三～六三頁、王楽『満洲国における宣撫活動のメディア史』新聞通信調査会、二〇二三年、二〇六～二五一頁。これらの先行研究にはそれぞれ有効な視点が見出されるが、満洲国建国の前と後における娘々祭の質的変化や大石橋以外の娘々祭の位相を俯瞰する体系的な叙述は行われていない。さらに、先行研究では植民地権力の介在によって生まれた日中交渉の諸相について十分に論じられていない。
(5)奥村、前掲書、二三〇～二三五頁。
(6)満洲事情案内所編『満洲の伝説と民謡』満洲事情案内所報告(40)、満洲事情案内所、一九三六年、三七～三八頁。
(7)『申報』一八八三年六月一五日二面、一八九二年六月一六日二面。『申報』は一八七二年にイギリス人によって上海の租界で創刊された有力な漢字新聞で、一八七七年当時の発行部数は五〇〇〇部、一九一二年当時の発行部数は七〇〇〇部である。趙日迪「1930年代『申報』の国際ニュース――1930年1月『申報』の国際電報を中心に」『コミュニケーション科学』二八号、東京経済大学コミュニケーション学会、二〇〇八年一二月、六四～六五頁。
(8)小林才治「大石橋の今昔」米野豊実編『満洲草分物語』満洲日日新聞社、一九三七年、三八二頁。
(9)『満洲日日新聞』一九〇八年五月一三日二版二面。
(10)『盛京時報』一九〇八年四月一六日五面(日付は旧暦)。『盛京時報』は中島真雄が外務省からの補助金を得て一九〇六年一〇月奉天で創刊した漢字新聞で、一九〇九年一月当時の発行部数は四〇〇〇部である。「三 清国ニ於ケル新聞紙調査ニ関スル件 一」JACAR(アジア

歴史資料センター）Ref. B03040674100、政務局編纂外国新聞調査書配布一件 第一巻(1.3.1.17_001)（外務省外交史料館）、第七画像目。

(11)『満洲日日新聞』一九〇八年五月二二日二版二面、一九〇九年六月七日三面。

(12)『満洲日日新聞』一九〇九年六月七日三面。

(13)『満洲新報』一九一〇年五月二六日三面。

(14)『南満洲鉄道株式会社社報』三三四九号、南満洲鉄道株式会社、一九一八年五月一二日、二頁、三九五〇号、一九二〇年五月一四日、二一〜五頁。

(15)奥村義信「迷鎮山への瞑想」『協和』二号、満鉄社員会、一九二九年五月一五日、八頁。

(16)『満洲日日新聞』一九二三年六月九日夕刊二面。

(17)奥村、前掲文、八頁。

(18)満蒙文化協会は一九二四年三月に組織を財団法人から社団法人に改め、一九二六年九月には「中日文化協会」と改称し、さらに、一九三二年三月の満洲国建国と同時に、「満洲文化協会」と名を改めた。

(19)「一四．満蒙文化協会」ＪＡＣＡＲ（アジア歴史資料センター）Ref. B03040997400、在内外協会関係雑件／在外ノ部 第二巻(1.3.3.1-1_002)（外務省外交史料館）、第二六画像目。

(20)奥村義信「満洲年鑑回顧」『満蒙』一六巻九号、満洲文化協会、一九三五年九月、一四頁、中西利八編『満洲紳士録 第三版』満蒙資料協会、一九四〇年、二八〜二九頁。

(21)「豆月旦 満洲事情案内所長 奥村義信君」『月刊満洲』七巻一〇号、月刊満洲社、一九三四年一〇月、一三〇〜一三一頁。

(22)奥村、前掲書、二〇九〜二一〇頁。

(23)『満洲日報』一九二八年六月三日四面。

(24)『満洲日報』一九二九年五月二一日七面。

(25)石原巌徹「大陸弘報物語（七）」『満鉄会報』五五号、満鉄会、一九六八年五月一五日、八頁。

(26)渡部奉綱「大石橋娘々祭露店売出に就て」『満洲輸入組合聯合会会報』二一号、満洲輸入組合聯合会、一九三〇年六月、一五〜一六頁、南満洲鉄道株式会社総裁室地方部残務整理委員会『満鉄附属地経営沿革全史 中巻』南満洲鉄道株式会社、一九三九年、二三三頁。

(27)『南満洲鉄道株式会社社報』七二三二号、南満洲鉄道株式会社、一九三一年五月二六日、一〜三頁、七二三八号、一九三一年六月二日、五〜七頁。

(28)「娘々廟と本協会の活動」「編輯私記」『満蒙』一二巻七号、中日文化協会、一九三一年七月、一五八〜一五九頁。

(29)『大連新聞』一九三一年六月一六日五面。

(30)「編輯私記」『満蒙』一二巻七号、中日文化協会、一九三一年七月、一五九頁。
(31)「二 昭和六年 分割二」JACAR(アジア歴史資料センター)Ref. B05016124400、支那ニ於ケル排日調査関係雑件 第二巻(H. 7. 1. 0. 8_002)(外務省外交史料館)、第六九~七一画像目。
(32)伊藤順三「物見遊山業者の手記」『旅』一巻二号、満洲旅館協会、一九三一年八月、三二頁。
(33)『満洲日報』一九三一年六月六日四面、「営口県呈為調査大石橋中日警隊衝突交渉情形」(遼寧省档案館所蔵「奉天省公署」档案 JC010-01-001916、辛元字第207号)。
(34)「営口県呈為調査大石橋中日警隊衝突交渉情形」前掲文書。
(35)『大満蒙』一九三三年五月一三日夕刊二面。
(36)『大連新聞』一九三三年四月二七日七面。
(37)『新京日報』一九三三年五月二四日三面。
(38)奥村、前掲書、二四七~二四八頁。
(39)石敢当(石原巌徹)「満洲随話(4)」『月刊満洲』九巻四号、月刊満洲社、一九三六年四月、二七頁。
(40)関東庁『関東庁施政二十年史』関東庁、一九二六年、一〇一一頁。
(41)『中外商業新報』一九三二年四月一三日四面。
(42)米野編、前掲書、五八頁、六三頁。
(43)『盛京時報』一九一五年六月一六日七面、一九二五年六月二一日四面。
(44)『申報』一九三四年六月一四日一七面。
(45)『新京日報』一九三三年五月二五日三面。
(46)「観光満洲四方山話」『旅行満洲』四巻九号、ジャパン・ツーリスト・ビューロー満洲支部、一九三七年九月、一二七頁。
(47)『南満洲鉄道株式会社社報』三三四九号、南満洲鉄道株式会社、一九一八年五月一二日、一~四頁、四八四四号、一九二三年五月一二日、一一~一三頁、五四一九号、一九二五年四月二一日、一~二頁、五七四八号、一九二六年五月二八日、一頁、七二三八号、一九三一年六月二日、五~七頁、七二四〇号、一九三一年六月四日、一~二頁。
(48)「観光報知」『観光東亜』八巻六号、ジャパン・ツーリスト・ビューロー満洲支部、一九四一年六月、一〇五頁。
(49)『満洲日日新聞』一九四二年五月二日一版三面。
(50)満洲国史編纂刊行会編『満洲国史 総論』満蒙同胞援護会、一九七〇年、一五五~一五七頁。
(51)満洲国史編纂刊行会編、前掲書、一八六頁。

(52)『大阪毎日新聞』一九三三年三月一日一五面。
(53)中溝新一編『満洲年鑑 昭和八年 普及版』満洲文化協会、一九三三年、二頁。
(54)「娘々祭グラフ」『満蒙』一四巻五号、満洲文化協会、一九三三年五月。
(55)満洲国史編纂刊行会編『満洲国史 各論』満蒙同胞援護会、一九七一年、六〇頁。
(56)『満洲日報』一九三三年五月二〇日一版四面。
(57)『満洲日報』一九三三年五月二六日一版四面。
(58)『大連新聞』一九三三年五月一三日四面、五月一四日四面。
(59)和田日出吉編『年刊満洲 康徳八年版』満洲新聞社、一九四〇年、二七六〜二七七頁。
(60)弘報処監理科「満洲事情案内所の機能に就て」『宣撫月報』三巻一〇号、国務院総務庁弘報処、一九三八年一〇月、一〇五〜一一〇頁。
(61)『新京日日新聞』一九三三年五月一一日一面。
(62)『大連新聞』一九三三年五月一一日四面、一三日四面、一四日四面、『新京日報』一九三三年五月一一日三面、一二日夕刊二面、『新京日日新聞』一九三三年五月一一日一面、一二日一面、一三日一面、一四日一面、一七日一面。
(63)『満蒙』一四巻五号、前掲誌、一六一〜二一九頁。
(64)中溝新一編『満洲国の娘々廟会と其市場研究——日本商品販路拡張策好指針』満洲経済事情案内所報告6、満洲文化協会、一九三三年。
(65)『満洲日日新聞』一九三七年五月二五日一版夕刊四面。
(66)中溝編『満洲年鑑 昭和八年 普及版』前掲書、四八二頁。
(67)『盛京時報』一九二〇年六月一七日四面。
(68)『盛京時報』一九三七年五月二八日一一面。
(69)濱江省青岡県公署「娘々廟祭と宣伝」『宣撫月報』四巻七号、国務院総務庁弘報処、一九三九年八月、二八三〜二八九頁。
(70)『満洲日報』一九三四年六月三日二版三面。
(71)『大新京日報』一九三六年五月二二日二面。
(72)『満洲新聞』一九三九年六月一四日夕刊二面。
(73)『満洲日日新聞』一九四一年五月二三日四面。
(74)『満洲日日新聞』一九四二年五月一九日四面。
(75)『盛京時報』一九四三年五月一九日六面。
(76)内田智雄『中国農村の家族と信仰』清水弘文堂書房、一九七〇年、三七九頁。

(77)『満洲日報』一九三五年五月一八日一版九面。
(78)『満洲日日新聞』一九三六年六月二日三面。
(79)『満洲日日新聞』一九三七年六月一日一版夕刊三面。
(80)『大連新聞』一九三四年五月二四日四面。
(81) 小林、前掲文、一七三頁。
(82)『満洲日報』一九三三年五月二五日一版五面。
(83)『満洲日日新聞』一九三六年六月三日一版九面、『東京朝日新聞』一九三六年六月七日一四面。
(84)「一．一般／五 昭和八年五月二四日から昭和八年六月二四日」JACAR(アジア歴史資料センター)Ref. B02030888900、各国宣伝関係雑件／満洲国対内外宣伝関係 第一巻(A. 3. 1. 0. 3-1_001)(外務省外交史料館)、第一六画像目。
(85)『満洲日報』一九三五年五月一八日一版九面。
(86) 吉林鉄道局附業課「愛路工作月報」『宣撫月報』四巻八号、国務院総務庁弘報処、一九三九年九月、三八三頁。
(87) 弘報処地方班「儀式(祭典)と宣伝」『宣撫月報』四巻一一号、国務院総務庁弘報処、一九三九年一一月、四八頁。
(88)『朝日新聞 北満洲版』一九四二年五月二六日三面。
(89) 内田、前掲書、三七五～三七六頁。

[第9章]

(1) 一九七六年末当時、満洲からの引揚者は軍民合わせて一二七万一四七九人を数え、引揚者総数の五分の一強を占める。このうち、一般邦人の満洲引揚者は一二一万八六四六人に達し、一般邦人引揚者全体の三分の一を超えている。厚生省援護局編『引揚げと援護三十年の歩み』ぎょうせい、一九七八年、六九〇頁。
(2) 引揚に伴う在満一般邦人の死亡者数は一七万六〇〇〇人と推定された。それは一五五万人と見積もられた在満邦人(関東州を含む)の一一・四%にあたる。しかも死亡の大部分は満洲から引揚が終了するまでの一年数カ月の間に起こったことである。特に在満邦人の一七・四%に過ぎない開拓移民が、全死亡者の約四五%にも及んでいることは特筆すべきことである。若槻泰雄『戦後引揚げの記録』時事通信社、一九九一年、一六四頁。
(3) ほかの地域に残留していた日本人の大半は、終戦から一年数カ月の間に組織的かつ迅速に引き揚げた。一方で、満洲からの引揚事業は終戦後の中国内戦による混乱状況や、一九四九年一〇月からの日中国交断絶と米ソ冷戦の影響により、遅滞と中断を経て、集団引揚が一九五八年まで続いていた。厚生省援護局編、前掲書、八〇～一一五頁。

(4) 平島敏夫『楽土から奈落へ――満洲国の終焉と百万同胞引揚げ実録』講談社、一九七二年。
(5)「宮尾登美子 五十二年ぶりに旧満州を訪ねて」『週刊朝日』一〇三巻五五号、一九九八年一一月二七日、一六頁。
(6)『産経新聞』二〇〇三年一月一日二面。
(7) 朝日新聞社、NHKソフトウェア企画『映像ドキュメント 現代日本の歩み 社会編2 引き揚げ』NHKソフトウェア、一九九五年。
(8) 平島、前掲書、三〇四頁。
(9) 王恵民編『新東北指南』商務印書館、一九四六年、二二二～二二八頁。
(10) 王編、前掲書、一頁。
(11)『人民日報』一九四七年九月二二日一面。
(12) 林朋編『新東北介紹』東北人民出版社、一九五一年、一～二頁、六～一三頁。
(13) 潘崑編『東北人民血涙仇』空羣出版社、一九五一年、「序言」一頁。
(14) 王維屏『偉大祖国的東北』新知識出版社、一九五四年、九～一〇頁。
(15) 清岡卓行『アカシヤの大連』講談社、一九八八年、七一頁。
(16) 一九四五年から七〇年代初頭にかけて、日本のメディアにおいて、「満洲」は主として三つのテーマから取り上げられてきた。第一に、ラジオ番組「尋ね人の時間」(一九四六～六二年)や「引揚者の時間」(一九四七～五七年)、ベストセラー小説『流れる星は生きている』(藤原てい、日比谷出版社、一九四九年、同年大映より映画化)などに代表されるように、満洲は「引揚」という悲惨な社会問題と結びついて語られることが多かった。第二に、映画『明治天皇と日露大戦争』(新東宝、一九五七年)をはじめ、『人間の條件』(全三本、松竹、一九五九～六一年)、『兵隊やくざ』(シリーズ全八作、大映、一九六五～六八年)、『日本海大海戦』(東宝、一九六九年)、『戦争と人間』(三部作、日活、一九七〇～七三年)といった戦争映画の舞台として、満洲が登場していた。第三に、小説『夕日と拳銃』(檀一雄、新潮社、一九五五年、翌年東映により映画化)、『日本人馬賊王』(小日向白朗、第二書房、一九五七年)、『馬賊戦記』(朽木寒三、番町書房、一九六六年)といった、ロマンに満ちた馬賊物語としての満洲である。六〇年代末頃までは、ラジオや小説、テレビ、映画などのメディアで生産された満洲表象において、「郷愁」がメインテーマとして成り立つことはなかった。もっとも、『満洲の回想』(淵上白陽編、恵雅堂、一九五八年)や『ハルビンの回想』(麻田平草編、恵雅堂出版、一九六六年)などの写真集という媒体では、すでに満洲引揚者内部に潜んでいた「郷愁」の端緒が垣間見てとれた。これらの写真集において、編者や読者のほとんどが満洲経験者によって担われていた点が特徴として指摘できる。
(17) 侯慶文「「あゝこの切ない望郷」など犬にでも食われろ!」『北京周報』九巻一三号、北京周報社、一九七一年三月三〇日、一七頁。
(18)『打倒復活的日本軍国主義』(復活している日本軍国主義を打倒せよ――筆者訳、以下同)遼寧省新華書店、一九七一年二月、『日本軍国主義復活的鉄証』(日本軍国主義復活の動かせない証拠)上海人民出版社、一九七一年三月、『日本軍国主義侵略野心的大暴露』(日本軍国主義の侵略的野心の大暴露)遼寧省新華書店、一九七一年八月、林宇『絶不允許日本軍国主義重演〝九一八〟事変』(日本軍国主義が満洲事変を繰り返すことを決して許してはいけない)吉林人民出版社、一九七一年九月。

(19)『人民中国』三月号、人民中国雑誌社、一九七一年三月。

(20)『人民中国』一一月号、人民中国雑誌社、一九七一年一一月、一七頁。

(21)『満洲日日新聞』一九三八年五月二三日一版夕刊二面。

(22)『一億人の昭和史1 満洲事変前後 孤立への道』毎日新聞社、一九七五年、一三四頁。

(23)NHK取材班『新・中国取材記Ⅲ――ハルビン・瀋陽・大連』日本放送出版協会、一九七九年、二四二頁。

(24)NHK取材班、前掲書、二五四頁。

(25)本多勝一『中国の旅』朝日新聞社、一九八一年、一七五頁、森正孝編『中国の大地は忘れない』社会評論社、一九八六年、五一頁。

(26)『朝日新聞』一九八二年七月二七日三面。

(27)「旧「満州」で見た日本軍「侵略」のツメ跡」『週刊時事』一一六〇号、一九八二年九月一一日、三〇頁。

(28)『朝日新聞』一九八二年九月一二日二面。

(29)『朝日新聞』一九八二年九月一五日二面。

(30)遼寧省文物管理委員会、遼寧省文化庁編『文物工作文件選編』遼寧省文物管理委員会、遼寧省文化庁、一九八六年、九二～九三頁。

(31)石上正夫『平頂山事件――消えた中国の村』青木書店、一九九一年、一八五頁。

(32)『人民日報』一九九九年九月一九日四面。

(33)〝九・一八〟歴史博物館の公式ホームページ http://www.918museum.org.cn/news/ReadNews.asp?NewsID=320 二〇〇五年七月三一日閲覧。

(34)あなたのやぎさん(ハンドルネーム)「何日君再来――二度目の旧満州旅行」http://www.geocities.jp/yajisan_ao/index/tyuugokutouhokunotabi.html 二〇〇五年九月一五日閲覧。

(35)吉林省文化庁、偽皇宮陳列館編『勿忘〝九・一八〟――東北淪陥十四年史実展覧図片集』吉林美術出版社、一九九二年、七～九頁、一四九頁。

(36)みつや(ハンドルネーム)の「満洲談話会」(満洲経験者中心の電子掲示板)での書き込みである。みつやは、二〇〇五年九月九日から一五日にかけて「満洲談話室」主催の中国東北旅行に参加した。http://noura.sakura.ne.jp/bbs42/bbs42.cgi 二〇〇五年一〇月一日閲覧。

(37)「中帰連」は、一九五七年に、寛大政策によって釈放された中国での元戦犯が、「日中友好と反戦平和」を願って設立した団体である。二〇〇二年に、同団体は解散し、その事業は「撫順の奇蹟を受け継ぐ会」に受け継がれた。

(38) 中国帰還者連絡会編『帰ってきた戦犯たちの後半生――中国帰還者連絡会の四〇年』新風書房、一九九六年、二四七頁、二八三～二八四頁。
(39) 一九九七年四月一〇日、近畿日本ツーリスト東京本社で行ったインタビューによる。
(40) 中華人民共和国国家旅游局編『中国旅游統計年鑑』(1990～2011年版)、中国旅游出版社、一九九〇～二〇一一年。
(41) 出井盛之『大連経済便覧』大連商工会議所、一九四三年、七頁。
(42) 厚生省援護局編、前掲書、一〇二～一〇三頁。
(43) 平田元「中国東北への旅――大連を訪ねて」『満洲と日本人』二号、大湊書房、一九七六年一月、一七四頁。
(44) 高野悦子『黒龍江への旅』新潮社、一九八六年、八五～八六頁。
(45) 大連地方志編纂委員会弁公室編『大連年鑑(1990)』大連出版社、一九九一年、一三〇～一三一頁。
(46) 井上孝「からくり人形付時計台について」『Dalian booklet』二〇〇〇～二〇〇一年冬号、大連市旅游局、二〇〇一年と推定、二八～二九頁。本冊子は「大連市旅游局情報冊子」と書かれ、発行所も大連旅游局となっているが、実質的に池宮城晃(後出)が取材・編集し、彼が社長を務める中日合資大連池宮印刷有限公司が印刷したフリーマガジンである。
(47) 『旅の友』近畿日本ツーリストクラブツーリズム事業本部、一九九七年四月、裏表紙。
(48) 池宮商会『写真集 大連旅游』池宮商会、一九九〇年、二～三頁。
(49) 呂同挙『大連・古い建物／大連老房子』池宮商会、二〇〇三年、一五四頁。
(50) 『大連晩報』二〇〇三年四月二日一〇面、『大連日報』二〇〇五年一月八日二面。
(51) 石軼群「北方浪漫之都 体験特色旅游」『北方旅游』五五号、《北方旅游》雑誌社、二〇〇五年七月、一六頁。
(52) 呂、前掲書、一五六頁。
(53) 池宮城幸興、池宮城晃『写真集 旧満洲の街角1984年』池宮商会出版部、一九八五年、池宮城晃『写真集 旧満洲』池宮商会、一九八八年、山崎鋆一郎編『懐しの風景――復刻 満洲絵葉書写真帖』池宮商会出版部、一九八六年。
(54) 池宮城晃『写真集 旧満洲』前掲書、六五七頁。
(55) 池宮商会『写真集 大連旅游』前掲書、三二八頁。
(56) 呂、前掲書、一五四頁。
(57) 李成、王長元主編『老満洲』(上・下)、中国民族撮影芸術出版社、一九九八年。
(58) 李元奇編『大連旧影』人民美術出版社、二〇〇〇年、李述笑主編『哈爾濱旧影』人民美術出版社、二〇〇〇年、許芳主編『瀋陽旧影』人民美術出版社、二〇〇〇年、劉鳳楼、李貴忠主編『長春旧影』人民美術出版社、二〇〇三年。

(59) 曽一智『城与人――哈爾濱故事』（都市と人間――哈爾濱物語）黒龍江人民出版社、二〇〇三年、二一六～二二一頁。
(60) 李述笑主編、前掲書、一一〇頁。原文は中国語、筆者訳。
(61) 池宮城晃「新亜細亜展望車で行く、パシナ見学ツアー」『Dalian booklet』二〇〇一年夏号、大連市旅游局、二〇〇一年と推定、二二一～二三三頁。
(62) 『アイル 中国 2002.10～2003.3』株式会社ジャルパック、二〇〇二年、三六頁（パンフレット）。
(63) 『読売新聞』二〇〇一年一〇月一二日一一面。
(64) 『アイル 中国 2002.10～2003.3』前掲パンフレット、三六頁。
(65) 池宮城晃、前掲文、二二一～二二三頁。
(66) 『旅』七五巻一一号、JTB、二〇〇一年一一月、一一〇頁、『地球の歩き方D04大連と中国東北地方２００３～２００４年版』ダイヤモンド・ビッグ社、二〇〇二年、六四頁。
(67) 大連東北国際旅行社の公式ホームページ http://www.ne-tourist.com/annei/hsyg.php 二〇〇五年七月三一日閲覧。
(68) 二〇〇四年八月二三日、大連東北国際旅行社で行ったインタビューによる。
(69) 『アイル 中国 2004.10～2005.3』株式会社ジャルパック、二〇〇四年、四〇頁（パンフレット）。
(70) たぶれっと駅長「南満州鉄道の痕跡を探し求めて」http://homepage1.nifty.com/tablet-station/text/mantetsu.htm 二〇〇五年七月三一日閲覧。

［終章］

(1) 柿谷米次郎編『会報』奉天富山県人会、一九二五年四月、八頁。
(2) 『満洲日報』一九二九年四月一八日夕刊二面、五月二日夕刊二面、五月五日四面、五月九日七面、五月一三日四面、五月一四日七面、五月二一日四面、五月三〇日四面。
(3) 林重生編『満支旅行年鑑 昭和十四年 康徳六年』ジャパン・ツーリスト・ビユーロー満洲支部、一九三八年、九七～九九頁、ジャパン・ツーリスト・ビユーロー満洲支部編『満支旅行年鑑 昭和十五年』博文館、一九四〇年、九〇～九一頁。
(4) 『博文館当用日記』一九三五年（書き手姓名不明）。この日記の存在について教示し、また資料を提供してくださった樋浦郷子先生に深く感謝申し上げる。なお、朝鮮人の満洲修学旅行に関する先行研究としては、조윤정『백년전수학여행』（百年前の修学旅行）（세창미디어、二〇一八年、一二二～一三九頁）と、金恩淑「京城師範学校の修学旅行」（梅野正信編『校友会雑誌にみる「帝国日本」「植民地」「アジア認識」』三恵社、二〇二四年）が挙げられる。特に前者の著作をご教示いただいた朴裕河先生に、心より感謝の意を表する。

（5） 林編、前掲書、九七〜九九頁、ジャパン・ツーリスト・ビューロー満洲支部編、前掲書、九〇〜九一頁。

（6） 横井香織「旧制高等商業学校学生が見たアジア――台北高等商業学校の調査旅行を中心に」『社会システム研究』一五号、立命館大学社会システム研究所、二〇〇七年九月、一六〇〜一六二頁、『大連新聞』一九三二年七月一六日夕刊一面、林編、前掲書、九九頁。

（7） 『旭陵』七号、嘉義中学校校友会、一九三六年四月、一六八〜二〇九頁、同八号、一九三七年四月、二一九〜二四四頁、同九号、一九三八年五月、一八七〜二〇九頁、同一〇号、一九三九年六月、二二三〜二三四頁、ジャパン・ツーリスト・ビューロー満洲支部編『満支旅行年鑑 昭和十六年』博文館、一九四一年、三〇一頁。

（8） 蔡錦堂「嘉義農林学生的修学旅行――以1937年満洲、朝鮮、日本内地的旅行論述為中心」『師大台湾史学報』一二期、国立台湾師範大学台湾史研究所、二〇一九年一二月、林編、前掲書、九九頁、ジャパン・ツーリスト・ビューロー満洲支部編『満支旅行年鑑 昭和十六年』前掲書、三〇一頁。

（9） 『日本内地発鮮満視察団体 昭和四年中』発行者未表記（満鉄と推定）、二七頁、『大連新聞』一九三二年六月一九日夕刊一面、南満洲鉄道株式会社東京支社『日本内地発鮮満視察団体 昭和八年中』南満洲鉄道株式会社東京支社、三六頁、『台湾日日新報』一九三三年七月七日七面、同一九三五年七月五日夕刊二面、ジャパン・ツーリスト・ビューロー満洲支部編『満支旅行年鑑 昭和十六年』前掲書、三〇一頁。なお、台湾人の満洲修学旅行に関する先行研究としては、前掲の横井や蔡の論文に加え、市山雅美「台湾の中学校の満州・朝鮮修学旅行、およびその記録に表れたアジア認識」（梅野編、前掲書）が挙げられる。

（10） 施明烈「新京―撫順―奉天」『旭陵』八号、前掲誌、二二六頁。

あとがき

「満洲」という地名を聞いて、多くの人がまず思い浮かべるのは、「日露戦争」「満洲事変」「引揚者」「残留孤児」といった言葉ではないだろうか。それも無理はない。戦後の日本では、満洲は「戦争」と切り離せない殺伐とした地域として語られてきたからである。そのため、本書のタイトルにある「満洲」と「観光」の組み合わせに、違和感を覚える人も少なくないだろう。

このテーマと出合うきっかけは、一九九〇年九月、一八歳で生まれ育った北京市を離れ、長春市にある吉林大学日本語学部に入学したことである。語学に興味があった私は、中学時代から学んでいた英語に加え、もう一つ別の外国語を学びたいと漠然と考えていた。当時、中国では日系企業の進出が進み、日本語は英語に次いで人気の高い言語となっていた。中国東北地方屈指の総合大学である吉林大学は、日本語教育が全国トップクラスとの評判を聞き、私は迷わず第一志望に選んだ。そして、親元を離れ、未知の都市と新たな世界へ飛び込むことを決意した。

振り返れば、この選択は私の人生に大きな転機をもたらしてくれた。日本語学部の校舎は、満洲国時代に皇帝が礼拝する天壇が設けられていた「順天広場」(現・文化広場)に隣接しており、大通りを挟んだ向かいには満洲国国務院の壮麗な庁舎がそびえていた。また、日本の敗戦によって建設途中で放棄された「宮廷造営地」(現・地質宮)も徒歩圏内にあり、昼休みによく散策したものだ。長春で過ごした四年間は、日本語の習得にとどまらず、旧満洲国の首都としてのこの都市の歴史や風土を肌で感じる、極めて貴重な時間となった。

一九九六年、東京大学大学院に入学した私は、まだ研究テーマを決められずにいたが、幸運なことに上智大学から転任してきた吉野耕作先生(故人)のゼミで「ツーリズムとナショナリズム」に関する文献を読む機会を得た。この経験をきっかけに、吉林大学在学中に長春の街角で出会った年配の日本人観光客のことや、一九九六年六月二三日の『読売新聞』で見た「郷愁を誘う 中国東北をめぐる旅」という旅行広告、さらには神保町の古書店で目にした戦前満洲の旅行パンフレットや絵葉書などが結びつき、「日本人の満洲観光史」というテーマが浮かび上がってきた。

その後、姜尚中先生、吉見俊哉先生、吉野耕作先生、上野千鶴子先生をはじめ、多くの先生方の懇切丁寧なご指導を賜り、『観光の政治学――戦前・戦後における日本人の「満洲」観光』を題名とする博士論文を完成させ、二〇〇五年二月に博士号を取得した。すぐに単著の出版に取りかかるつもりだったが、研究を進めるにつれて、このテーマの奥深さを実感し、より深い分析が必要だと感じるようになった。加えて、私の元来の遅筆も影響し、気付けば二〇年が経過してしまった。

本書のいくつかの章は、この二三年間に発表してきた論文をベースにしているが、原形をとどめないほど大幅に加筆・修正を加えたものもある。参考までに、各論文の初出情報を以下に記しておく。

序章　書き下ろし。

第1章「戦地から観光地へ――日露戦争前後の「満洲」旅行」『中国21』二九号、風媒社、二〇〇八年三月。「観戦鉄道」旅の文化研究所編『「小さな鉄道」の記憶――軽便鉄道・森林鉄道・ケーブルカーと人びと』七月社、二〇二〇年。

第2章　書き下ろし。

第3章「戦勝が生み出した観光――日露戦争翌年における満洲修学旅行」『Journal of Global Media Studies』七号、駒澤大学グローバル・メディア・スタディーズ学部、二〇一〇年九月。

第4章「戦前日本における満鉄の観光誘致」千住一、老川慶喜編『帝国日本の観光――政策・鉄道・外地』日本経済評論社、二〇二二年(部分)。

「満洲国時代の旅行文化の一断面――『旅行満洲』を読む」『『旅行満洲』解説・総目次・索引』不二出版、二〇一九年(部分)。
「満鉄の観光映画――『内鮮満周遊の旅 満洲篇』(1937年)を中心に」『旅の文化研究所研究報告』二八号、旅の文化研究所、二〇一八年一二月(部分)。
「招待旅行にみる満洲イメージ」旅の文化研究所編『満蒙開拓青少年義勇軍の旅路――光と闇の満洲』森話社、二〇一六年(部分)。
「「楽土」を走る観光バス――一九三〇年代の「満洲」都市と帝国のドラマトゥルギー」吉見俊哉ほか編『岩波講座 近代日本の文化史6 拡大するモダニティ』岩波書店、二〇〇二年(部分)。
第5章 「戦前日本における満鉄の観光誘致」(部分)前掲文。
第6章 「戦争とツーリズム――戦前における日本旅行会の満洲旅行」劉建輝、石川肇編『戦時下の大衆文化――統制・拡張・東アジア』KADOKAWA、二〇二二年。
第7章 「「楽土」を走る観光バス――一九三〇年代の「満洲」都市と帝国のドラマトゥルギー」前掲文。
第8章 「観光・民俗・権力――近代満洲における「娘々祭」の変容」『旅の文化研究所研究報告』二五号、二〇一五年一二月。
第9章 「ポストコロニアルな「再会」――戦後における日本人の「満洲」観光」杉原達ほか編『岩波講座 アジア・太平洋戦争4 帝国の戦争経験』岩波書店、二〇〇六年。
終章 書き下ろし。

今年は日露戦争終結一二〇周年、第二次世界大戦の終戦八〇周年にあたる。そして私にとっては、来日してからちょうど三〇年という節目の年である。これまでの三〇年間、留学や研究生活を続けてこられたのは、多くの方々とのかけがえのない出会いがあったからである。

東京大学大学院時代には、姜尚中先生が指導教官として植民地研究の基礎を丁寧に教えてくださった。講義やテレビ出演などで多忙を極める中、留学生であった私の生活や健康まで親身に気にかけてくださった。吉見俊哉先生からは、歴史社会学の方法論や植民地観光史の分析視点を学ばせていただき、何度も共著の執筆機会を与えていただいた。また、大学院生であった私を非常勤研究員として受け入れてくださり、駒澤大学への就職後もサバティカルの斡旋を含め、多大なご支援をいただいた。さらに、吉野耕作先生、上野千鶴子先生、佐藤健二先生、木下直之先生、北田暁大先生からも、研究の姿勢や研究者としての成長に欠かせない指導を賜った。これら諸先生からの薫陶は、今もなお私の研究と生き方を支える貴重な財産である。

旅の文化研究所（一九九三〜二〇二一年）所長であった民俗学者・神崎宣武先生との出会いも、私にとって非常に大きな幸運であった。一九九七年、「「大東亜旅行圏」から「郷愁を誘う」旅へ——日本人の「満洲」観光」という研究計画が旅の文化研究所の公募に採択されて以来、共同研究会やフィールドワーク、シンポジウムへの参加を通じて、私の研究視野は大きく広がった。それだけでなく、研究所での活動は私自身を一人間として成長させる糧にもなった。旅の文化研究所は二〇二一年に惜しまれつつ閉所となったが、二八年にわたり多くの若手研究者を育てる場であった。私もその恩恵を受けた一人として、神崎先生をはじめ、主幹の山本志乃先生（現・神奈川大学教授）、中里照代氏を含む研究所の皆様に深く感謝を申し上げたい。

国際交流研究所の所長である大森和夫氏と、その夫人である弘子氏に、この場を借りて心より感謝の意を表したい。ご夫妻との出会いは、一九九三年四月、天津の南開大学で開催された「第一回中国大学生日本語作文コンクール」の表彰式に遡る。当時、私は吉林大学の三年生であり、自作の作文が幸運にも一等賞を受賞したことをきっかけに、ご夫妻との交流が始まった。大学卒業後、ご夫妻は私に日本留学を勧めてくださり、身元保証人という重要な役割を快く引き受けてくださった。一九九五年一〇月三〇日、私が日本留学の初日を迎えた際には、大森所長が成田空港で温かく出迎えてくださり、その後、ご夫妻の自宅兼国際交流研究所でいただいた弘子夫人の手料理の味を、今でも鮮明に覚えている。国際交流研究所は、ご夫妻が一九八九年に私財を投じて設立した非営利団体である。以来、同研究所は三六年間にわたり、「日本語作文コンクール」の開催をはじめ、日本語教材の編集・出版、さらにはそれらの寄贈活動など、多岐にわたる取り組みを精力的に続けている。ご夫妻の国際交流への情熱と、その素晴らしい人間性には、深い敬意を抱かずにはいられない。もしご夫妻の存在がなければ、本書の完成はおろか、日本留学そのものの実現も困難であったに違いない。本書が、ご夫妻へのささやかな恩返しとなることを、心から願っている。

最後に、遅筆の私を辛抱強く支え、編集作業に尽力してくださった岩波書店の吉田浩一氏にも、深く感謝を申し上げる。

なお、東京大学大学院在学中には、アジア教育文化交流協会やロータリー日本財団から奨学金の支援を受けた。また、これまでの研究は、旅の文化研究所をはじめ、トヨタ財団、三菱財団、ＪＳＰＳ科研費(JP20730348、JP25580158、JP17K02125、JP21K12463)などの助成を受けてきた。さらに、出版に際しては、令和六年度の駒澤大学特別研究出版助成を得たことを記しておきたい。これらすべての支援に、心より感謝を申し上げる。

二〇二五年一月

高　媛

索　引

あ 行

か 行

さ 行

な 行

は 行

ま 行

や 行

ら 行

高　媛
1972年，中国北京市生まれ．1994年，吉林大学日本語学部卒業．1995年に来日．2003年，東京大学大学院人文社会系研究科博士課程単位取得満期退学．2005年，博士号取得(社会情報学，東京大学)．現在，駒澤大学グローバル・メディア・スタディーズ学部教授．2011年4～9月，ハーバード大学ライシャワー日本研究所客員研究員．2020年4月～2021年3月，東京大学大学院情報学環・学際情報学府客員教授．専門は，歴史社会学・観光社会学．
主要業績「「満洲」というファンタジーの創出と空転──宝塚少女歌劇『満洲より北支へ』(一九三八年)」(山口みどり，中野嘉子編『憧れの感情史──アジアの近代と〈新しい女性〉』作品社，2023年)，「戦前日本における満鉄の観光誘致」(千住一，老川慶喜編『帝国日本の観光──政策・鉄道・外地』日本経済評論社，2022年)，「満洲の熊岳城温泉と軽便鉄道」(旅の文化研究所編『「小さな鉄道」の記憶──軽便鉄道・森林鉄道・ケーブルカーと人びと』七月社，2020年)など．

帝国と観光　「満洲」ツーリズムの近代

2025年3月18日　第1刷発行
2025年7月4日　第2刷発行

著　者　高《こう》　媛《えん》

発行者　坂本政謙

発行所　株式会社 岩波書店
〒101-8002 東京都千代田区一ツ橋2-5-5
電話案内 03-5210-4000
https://www.iwanami.co.jp/

印刷・精興社　製本・牧製本

ISBN 978-4-00-024070-3　Printed in Japan